GERHARD GAMM

Philosophie im Zeitalter der Extreme

Eine Geschichte philosophischen Denkens im 20. Jahrhundert

Lizenzausgabe für die Wissenschaftliche Buchgesellschaft

ISBN 978-3-534-22004-5

Die Herausgabe des Werkes wurde durch die Vereinsmitglieder der WBG ermöglicht.

Gedruckt auf säurefreiem und alterungsbeständigem Papier
Layout und Satz: Satzpunkt Ursula Ewert GmbH, Bayreuth
Printed in Germany

www.wbg-wissenverbindet.de

Inhalt

Wie zu lesen sei
Vorwort

Philosophie genügt nur dort sich selbst,
wo sie mehr ist als ein Fach.
Th. W. Adorno

Man kann Gotthold Ephraim Lessing nur zustimmen: Ein dickes Buch ist ein großes Übel. Dieses Übel in unserem Fall nicht radikal genug bekämpft zu haben, lässt sich nur mit der objektiven Weitläufigkeit der Sache entschuldigen, und damit, dass die Philosophie nicht nur ein Fach neben anderen ist.

Eine Hilfe, das Buch dennoch mit großem Vergnügen zu lesen, kann darin bestehen, die Lektüre aufzuteilen. Denn jedes seiner vier größeren Kapitel kann für sich allein gelesen werden. Dabei dürfte es für die, die mit der Philosophie beginnen, von Vorteil sein, die Unterkapitel der vier großen Teile nacheinander zu lesen, sie bauen aufeinander auf und erläutern sich wechselseitig. Das Buch ist in erster Linie für sie gedacht; was aber nicht ausschließt, dass auch die, die sich in der Materie auskennen, auf das stoßen (können), was der große französische Schriftsteller Paul Valéry einmal die „Überraschung durch das Erwartete" genannt hat.

Das Buch richtet sich an alle, die wissen möchten, was in und mit der Philosophie seit dem Ende des 19. Jahrhunderts bis in die jüngste Gegenwart passiert ist: welche Fragen sie diskutiert, welche Sichtweisen sie entfaltet, welche historischen und gesellschaftlichen Veränderungen und Ereignisse sie zum Anlass genommen hat, über sich und die Welt nachzudenken. Über den näheren Inhalt informiert die Einleitung „Die Philosophie aufheben – Eine Geschichte der Philosophie im 20. Jahrhundert".

In seiner Darstellung orientiert sich das Buch sowohl an den Namen herausragender Philosophen als auch an den Hauptströmungen der Philosophie. Passagen des temperierten Überblicks wechseln mit paradigmatisch angelegten Fallstudien. Diese Geschichte der Philosophie geht davon aus, dass Information und Reflexion – auch wenn sie schwerlich miteinander zu versöhnen sind – sich so wenig ausschließen müssen wie ein stärker narrativer und ein argumentativer Denkstil. Die größte Schwierigkeit liegt in der Wahl des richtigen Abstands zum Gegenstand: Zwischen Fach- und Weltwissen (Weisheit), philosophischer Terminologie und Alltagssprache das richtige Maß zu finden. Und das liegt bekanntlich zwischen den Extremen, aber nicht in der Mitte.

Es wäre der Tod der Philosophie, sie nur als Lehre zu betrachten. Um sie zu praktizieren, muss man mitdenken; um Philosophieren zu lernen, muss man sich auf die Sache konzentrieren und darauf hoffen, dass sie sich uns assimiliert. Es ist wie mit allen anthropologischen und kulturellen Praktiken, die man nur erwirbt, ausbildet und festigt, wenn und solange man sie praktiziert. Man lernt Schwimmen nur dadurch, dass man sich ins Wasser wagt, und Denken nur dadurch, dass man entlang der Gedanken von anderen sich seine eigenen Gedanken macht. Eine Besonderheit philosophischen Denkens besteht freilich darin, im Tagesgeschäft innezuhalten. Darin liegt etwas Befremdliches, aber auch Befreiendes, es ermöglicht uns, die Dinge mit anderen Augen zu sehen.

In diesem Sinne zielt diese Geschichte der Philosophie des 20. Jahrhunderts nicht auf eine Ahnengalerie abgelegter Geister. Sie möchte verhindern, dass philosophische Systeme oder Positionen zu toter Meinung oder bloßer Vergangenheit werden. Eine Voraussetzung, um der Vergleichgültigung durch die Geschichte entgegenwirken zu können, nennt der Philosoph Hegel, wenn er schreibt, dass der lebendige Geist, der in einer Philosophie wohnt, um sich zu enthüllen, danach verlange, durch einen verwandten Geist geboren zu werden.

Damit einem dicken Buch trotz allem ein gutes Ende beschieden ist, braucht es der tatkräftigen Unterstützung vieler dienstbarer Geister. Besonders bedanken möchte ich mich bei der Programmleitung des Primus-Verlags – bei Regine Gamm – für den alltäglich sanften Druck, im Schreiben, Ordnen und Kürzen des Textes nicht nachzulassen, um ja dem großen Übel, das Lessing prophezeit, nicht weiter zu erliegen. Unterstützt haben mich bei dieser Aufgabe vor allem Anja-Maria Foshag durch ihre gründlichen stilkritischen Lektüren, Andreas Schulz durch seine umfangreichen Literaturrecherchen und nicht zuletzt Nicole Gerstner, Katarzyna Adamiak und Catherine Janssen durch ihre unermüdliche und sorgfältige Hilfe bei der Erstellung des Textes, auch ihnen gilt mein aufrichtiger Dank.

Die Philosophie aufheben

Eine Geschichte der Philosophie im 20. Jahrhundert

Kein Ding gerät, an dem nicht
der Übermut seinen Anteil hat.
F. Nietzsche

Auf die Frage, wie eine Geschichte der Philosophie im 20. Jahrhundert zu schreiben wäre und mittels welcher Leitfäden sie aufzurollen sei, lautet eine naheliegende Antwort: Man könnte eine Geschichte der Namen schreiben, eine Geschichte der Namen großer Philosophen, beginnend beispielsweise mit Husserl und Heidegger, Wittgenstein und Russell und endend in der Gegenwart mit Rorty und Derrida. Man könnte sich an deren *Hauptwerken* orientieren oder anhand von Porträts die Grundgedanken dieser herausragenden Gestalten entwickeln. Das wird häufig gemacht, manchmal auch, um sich den Großteil der gedanklichen Arbeit zu ersparen. Man hält sich dabei mehr oder weniger strikt an die Ausführungen, die ein Philosoph jeweils zu dieser oder jener Frage gemacht hat.

Ein anderes Verfahren wäre, sich an bestimmten *Themen* zu orientieren; dieses Vorgehen ist deshalb anspruchsvoller, weil man sich überlegen muss, welche Fragen – offen oder eher hintergründig – bedeutende Knotenpunkte der Diskussion während der letzten 100 oder 150 Jahre gewesen sind. Recht schnell kommen einem hervorstechende Anliegen in den Sinn. Zum Beispiel das Thema „Existenz", es gibt einen breiten Strom der Existenzphilosophie, der sich von der Mitte des 19. bis zum Ende des 20. Jahrhunderts durch Europa wälzt. Ein anderes zentrales Anliegen der Philosophie war und ist die „Sprache" und/oder auch die „Wissenschaft". Es ist das Zeitalter des forcierten Aufstiegs der Wissenschaften, sowohl der Natur- als auch der Sozialwissenschaften. Sehr häufig – und auch zu Recht – wird die Geschichte der neueren Philosophie in einer Auseinandersetzung mit der oder den Wissenschaft(en) betrachtet. Ein anderer Begriff, der zu Beginn des 20. Jahrhunderts

Hochkonjunktur hatte, dann wieder abebbte und in der Gegenwart, seit ungefähr 20 Jahren wieder einen Boom erlebt, ist „Kultur".

Man könnte also eine Rekonstruktion der Geschichte der Philosophie entlang solcher Großbegriffe betreiben, reizvoll wäre aber auch die umgekehrte Fragestellung: Was war im 20. Jahrhundert denn so gut wie gar kein Thema? Zum Beispiel kommt ein (der) Fragenkomplex, der ganze Jahrhunderte bewegt hat – „Gott" – in den Hauptströmungen der Philosophie des 20. Jahrhunderts nicht mehr vor, während im 19. Jahrhundert, dem Zeitalter der Religionskritik, noch sehr darum gestritten wurde. Noch erstaunlicher aber ist, dass in den Hauptströmungen der ersten Hälfte des 20. Jahrhunderts die „Ethik" nur eine geringe und untergeordnete Rolle gespielt hat. Eine intensive Diskussion über die Ethik setzt erst wieder in den 60er- und 70er-Jahren ein. Auch vor dieser Zeit gab es Debatten über Ethik, z. B. im Neukantianismus, aber ein solch überragendes Interesse, wie wir es gegen Ende des 20. Jahrhunderts erleben, hat es während seiner ersten Hälfte nicht gegeben. Das könnte ein geradezu aufregendes Faktum sein, über dessen Gründe und Zusammenhänge sich nachzudenken lohnte. Kurz, man könnte sich an bestimmten Themen entlanghangeln und in der Rekonstruktion darauf verweisen, wann, wo und wie intensiv diese Themen behandelt worden sind.

Die Geschichte der Philosophie ließe sich aber auch in Orientierung an den *Schulen* und *Strömungen* organisieren, die sich in den letzten 100 bis 150 Jahren entwickelt haben, also: „Existenzphilosophie", „Phänomenologie", „Hermeneutik", „Kritische Theorie", „Marxismus", „Wissenschaftstheorie", „Analytische Philosophie". Das wären – in Ausrichtung und Gewicht – ganz unterschiedliche Strömungen, die das ganze Jahrhundert mehr oder weniger kontinuierlich begleiten, und manchmal schon auf dem Sprung stehen, den Charakter einer Disziplin auszubilden. Ebenso könnte man sich an die *Hauptdisziplinen* der Philosophie halten: Erkenntnistheorie, Ethik, Ästhetik, Logik, Rechtsphilosophie, Anthropologie – und fragen: Welche Entwicklung haben diese Fächer, diese Disziplinen, jeweils im Verlauf des Jahrhunderts genommen? Aber auch das ist nicht eigentlich eine philosophische Geschichtsschreibung, gibt man doch einen von außen gesetzten, mindestens in Teilen kontingenten Rahmen vor.

Existiert nicht vielleicht ein *inneres* Band? Wie könnte man eine Geschichte der Philosophie schreiben, ohne dass alle Namen und Themen,

Strömungen und herausragenden Ereignisse in ein Mosaik unzusammenhängender Teile zerfallen, das kein wirkliches Bild oder keinen relevanten Begriff erkennen lässt? Das Einfachste – aber auch ganz und gar unphilosophisch – wäre es, der Chronologie zu folgen. Das hieße, die Geschichte umfassend, d. h. *enzyklopädisch* zu schreiben und so gut wie alles, was Rang und Namen hat, aufzulisten. Eine Enzyklopädie definiert sich darüber, dass die wichtigsten Tendenzen und Autoren genannt werden.

In einem gewissen Gegensatz zur Enzyklopädie stünde eine *paradigmatische* Geschichtsschreibung: Man wählt exemplarisch einige Positionen aus, von denen man glaubt, dass sie bedeutsam und fruchtbar (gewesen) sind, dass sie im Zentrum des Denkens und Argumentierens gestanden und bis in die Peripherie der Probleme ausgestrahlt haben. Beispielsweise käme man dann sicherlich auf einen Begriff wie den der *Existenz* zu sprechen oder auch auf die *Sprache*.

Der Philosoph Walter Schulz hat sich auf eine andere Weise beholfen, indem er Großtendenzen für das 20. Jahrhundert beschrieben und versucht hat, eine Art Diagnose der gegenwärtigen Situation zu leisten. Seinem umfangreichen Werk zufolge gibt es vier Zentraltendenzen. Die erste sieht er in der „Verwissenschaftlichung" unserer Welt, eine zweite in der „Verinnerlichung" – lernen die Menschen doch mehr und mehr, sich in ihrer Individualität, d. h. sich von der Psychologie ihres Innenlebens her zu begreifen. Eine dritte Tendenz findet er in der „Verleiblichung". Der Mensch entdeckt im 19. und 20. Jahrhundert seinen Leib bzw. seinen Körper neu, und zwar auf eine so nachdrückliche Weise, wie es in den vorangegangenen Jahrhunderten nicht der Fall gewesen ist. Zu diesen Themen oder Strömungen tritt viertens – gerade auch im Zusammenhang mit der Verwissenschaftlichung und Technisierung – die „Verantwortung". Je mehr die Menschen beherrschen, je mehr sie in der Lage sind, ihre innere und äußere Natur wissenschaftlich und technisch umzugestalten, desto mehr fühlen sie sich auch verpflichtet, für ihre Handlungen die Verantwortung (oder die Rhetorik der Verantwortung) zu übernehmen.[1] In einer stark themenorientierten Lektüre wird in diesem Buch ein anderer Vorschlag gemacht.

Selbstverständigung – Vorüberlegungen zu diesem Buch

Im Verlauf des 19. – des „großen Jahrhunderts", wie Thomas Mann es bei Gelegenheit genannt hat, wurde die Idee, Philosophie bestehe darin, das zeitlose und unveränderliche Wesen der Dinge zu begreifen, immer fraglicher. Stattdessen trat die Philosophie, wie man im Rückblick sagen kann, in einen Prozess ununterbrochener Selbstverständigung über sich und die Welt ein. Karl Marx war einer der Ersten, der dieses Anliegen für seine philosophischen und ökonomischen Schriften in Anspruch genommen hat. Zwar dient sein Hauptwerk, *Das Kapital*, der Analyse einer ökonomisch bestimmten Gesellschaftsformation, der „Anatomie der bürgerlichen Gesellschaft". Es ist aber auch eine methodische Selbstverständigung über den Status der eigenen wissenschaftlichen und philosophischen Arbeit sowie darüber, in welcher historischen Realität die Menschen ihr Leben fristen, unter welchen gesellschaftlichen Bedingungen sie arbeiten und sich reproduzieren müssen, welche Aussichten auf eine Änderung ihres Lebens sie haben, was sie dafür tun können, um sich aus dieser neuen Abhängigkeit und Herrschaft, die der Kapitalismus um sie gelegt hat, zu befreien.

Die Philosophie erwacht zu einem neuen Selbstbewusstsein, interessanterweise durch die Orientierung an zwei Einsichten bzw. Aufgaben, deren an Spannungen reiches Verhältnis in ein diffuses Licht getaucht bleibt. Auf der einen Seite schöpft es seine Kraft daraus, dass es sieht, wie abhängig das vorgeblich reine Denken der Philosophie von außer- oder vorphilosophischen (ökonomischen, sozialen, sprachlichen usf.) Voraussetzungen ist. Auf der anderen Seite steht es ganz im Zeichen des Aufbruchs: Die Menschen können – weit mehr, als es ihnen jemals zuvor bewusst gewesen ist – die Welt verändern. Es ist, als ob das Zeitalter unzähliger „Wenden", „Aufbrüche", „Anfänge", „Herausforderungen", „Übergänge", „Reformen" und „Revolutionen" anbräche. In der Philosophie wird die Kategorie des Möglichen gegen die Übermacht des Wirklichen in den Zeugenstand gerufen. Das Schicksal der Menschen wird nicht von Gott oder von irgendwelchen außerweltlichen Kräften bewegt, sondern von denen, die durch Arbeit und politische Organisation, durch Wissenschaft und Technik eine bestimmte neue gesellschaftliche Ordnung anstreben. Die Philosophie sieht sich in einen gesellschaftlichen Diskussionsprozess verwickelt; weniger darüber, wer die Menschen ihrem Wesen nach eigentlich sind oder welches die unerschütterlichen Grundlagen jeder gesellschaftlichen Ordnung, die nicht in den Naturzustand zurückfallen will, sind. Es geht eher um die Frage: An welchem Punkt stehen wir, wohin gehen wir? Und, eng damit verbunden, jene nach dem Spielraum unserer Selbstbestimmung.

Die Philosophie der Neuzeit sagt, der Mensch sei prinzipiell frei, liege aber überall in Ketten. *Selbstbestimmung* und *Selbstthematisierung* rücken immer stärker ins Zentrum des philosophischen Diskurses, u. a. auch deshalb, weil der historische, religiöse, metaphysische Hintergrund, das Aufgehobensein in einem durch göttliches Wirken gesicherten Kosmos, wegbricht. Es ist ja eines der Großereignisse dieses „langen" 19. Jahrhunderts, dass die Rückversicherung in einem welttranszendenten, göttlichen Wesen als einem *fundamentum inconcussum veritatis* (einem unerschütterlichen Grund der Wahrheit) nicht mehr recht gelingen will. An diese Rückbindung (*religio*) glauben immer weniger Menschen. Die gesellschaftliche, in den Institutionen und Symbolsystemen verankerte Realität des christlichen Glaubens wird schwächer. Schon L. Feuerbach schreibt, dass sie „nichts weiter mehr ist, als eine fixe Idee, welche mit unseren Feuer- und Lebensversicherungs-Anstalten, unseren Eisenbahn- und Dampfwägen, unseren Pinakotheken und Glyptotheken, unseren Kriegs- und Gewerbeschulen, unseren Theatern und Naturalienkabinetten im schreiensten Widerspruch steht".[2]

Die Menschen fragen zunehmend nach sich selbst und nach der Zeit, in der sie als Zeitgenossen leben. Bei Marx, Darwin, Nietzsche u. a. fragen sie gleichsam in großen Bögen und langen Zeiträumen. Sie versuchen sich selbst, die Spuren der Menschen und der Menschheit als die eines großen Projekts zu verstehen: Woher sie kommen, wohin sie gehen, was sie tun und worauf sie hoffen können.

Anders gesagt, auf diese Fragen gibt es keine selbstverständlichen Antworten mehr. Ein Philosoph des 20. Jahrhunderts – Ernst Cassirer – schreibt: „Unsere Welt wird zu einem Kosmos, der in sich selbst ruht und in sich seinen Schwerpunkt haben muß." Und: „Der Anspruch des Menschen auf die Position im Zentrum ist bodenlos geworden. Er agiert jetzt im unendlichen Raum [...]. Er ist umgeben von einem stummen Universum, von einer Welt, die auf seine religiösen Empfindungen und moralischen Forderungen mit Schweigen reagiert."[3]

Insofern sie ohne eine transzendente oder göttliche Offenbarung auskommen muss, wird die Welt auf einen eigenen, ihr immanenten Schwerpunkt verwiesen. Jürgen Habermas, ein anderer zeitgenössischer Philosoph und Gesellschaftstheoretiker, geht davon aus, dass es charakteristisch für die Moderne sei, dass die Vernunft sich aus sich selbst begründen müsse: „die Moderne kann und will ihre orientierenden Maßstäbe nicht mehr Vorbildern einer anderen Epoche entlehnen, *sie muß ihre Normativität aus sich selber schöpfen.* Die Moderne sieht sich, ohne Möglichkeit der Ausflucht, an sich selbst verwiesen."[4] Sie kann sich nicht mehr an eine Offenbarung, an eine außerweltliche Heilsordnung wenden. Auch auf „die Natur" kann sie nicht mehr ohne Weiteres zählen, auch wenn sie hofft – im 19. wie im 20. Jahrhundert – aus der Natur, insbesondere aus der „Evolution" und ihren Gesetzmäßigkeiten Aufschluss über das menschliche Leben zu gewinnen. Doch zuletzt muss sie sich verständigen über das, was sie als „vernünftig" oder „natürlich" akzeptieren will. Und das Wissen darüber kann sie nur aus ihren eigenen Überlegungen und Erfahrungen schöpfen und nicht mehr aus zweifelhaft autorisierten Instanzen – sei es aus „Gott" oder aus der „Natur".

Man kann in diesem Zusammenhang einen weiteren Gedanken anschließen: „Die Geschichte" wird wichtig – aber auch problematisch. Nicht nur die Geschichte der Natur, deren Evolution, sondern auch die Geschichte der menschlichen Gesellschaften gerät in den Fokus philosophischen Interesses, insofern sie sowohl als konstitutiv für die zeitgenössische Weise der Bezugnahme auf Selbst und Welt wie auch als zu bewältigende Aufgabe begriffen wird: als eine Geschichte religiöser Entfremdung, wirtschaftlicher Unterdrückung und wissenschaftsförmiger Verdinglichung des Menschen, aus der es gilt, sich herauszuarbeiten. Dieser Aspekt verweist auf ein weiteres Charakteristikum – die *Zeit.* Vor allem die Zukunft wird wichtiger, also das, was *vor* den Menschen liegt. Entsprechend erhält im Modernisierungsprozess das Neue einen unendlichen Wert. Im 20. Jahrhundert scheint sich die Entwicklung zu überschlagen, das Neue überhaupt einen Wert an sich selbst zu bekommen.

Programm

Vor diesem allgemeinen Hintergrund sollen in diesem Buch vier Hinsichten entwickelt werden, die für die Philosophie im Verlauf des 20. Jahrhunderts zentral erscheinen. Und zwar ausgehend von einem Gedanken, der wiederum von Marx stammt, aber auch von anderen Philosophen um die Mitte des 19. Jahrhunderts geteilt wurde. Man sprach davon, die Philosophie „aufheben" zu müssen.[5] Die Philosophie stürzt in heftige Selbstzweifel, wie sie sie immer wieder erfahren hat: Zweifel hinsichtlich des Sinns oder Unsinns dessen, was sie tut. Was soll Philosophie eigentlich? Wozu taugt sie? Diese Zweifel werden um die Mitte des 19. Jahrhunderts stark und abgründig. Der Philosoph L. Feuerbach spricht von einem Prozess notwendiger „Selbstenttäuschung“, durch den die Philosophie hindurchgehen müsse. Das philosophische Denken tritt geradezu in ein Stadium der Selbstenttäuschung ein – in des Wortes doppelter Bedeutung. Das, was die Philosophie glaubte über die Welt mit Fug und Recht feststellen zu können – das kann sie gar nicht. Und in diesem dräuenden Schatten der Aufhebung der Philosophie oder auch ihrer Selbstaufhebung, ihres Selbstzweifels, ihrer Selbstzerstörung, kann sie nach neuen Fragen und Antworten Ausschau halten, eine Neubegründung initiieren, sie sollte sich radikal von der alten unterscheiden.

Welche Antworten hat die Philosophie angeboten, um in diesem Zusammenhang der Selbstbegründung mit ihrem radikalen Selbstzweifel fertigzuwerden? Was kann die Philosophie eigentlich noch leisten? Worin also besteht das Besondere, das sie in der modernen Welt von derjenigen anderer Epochen unterscheidet?

Anders gesagt, diese kleine Geschichte der Philosophie im 20. Jahrhundert folgt nicht jenem beliebten Schema, nach dem gesagt wird, die ganze Geschichte der Philosophie bestünde lediglich aus Fußnoten zu Platon – ein berühmter Satz A. N. Whiteheads. Es könnte auch so sein, dass es besondere, durch historische Konstellationen spezifizierte Fragen sind, vor denen die Philosophie in den letzten zwei Jahrhunderten gestanden hat und steht.

Vorphilosophische Welterfahrung

Einen ersten Gedanken, der wichtig erscheint, kann man wie folgt umschreiben: Das, was *nicht philosophiert*, drängt sich, beginnend im 19. Jahrhundert – und wie zu ihrem Erstaunen –, ins Bewusstsein der Philosophen, man könnte es die *vorphilosophische Welterfahrung* nennen. Offensichtlich hat die Philosophie versäumt, auf eine besondere Art der Erfahrung Acht zu geben. Diesen Mangel, der von vielen Autoren seit der Mitte des 19. Jahrhunderts angemahnt wird, sind wir im 20. Jahrhundert ständig bemüht zu beheben. ‚Vortheoretische Weltbedeutsamkeit‘ ist ein anderer Ausdruck, der – im Zusammenhang mit *Lebenswelt* – auf vergleichbare Bedenklichkeiten verweist.

Worum handelt es sich dabei? Programmatisch erklärt Feuerbach: „Der Philosoph muß das im Menschen, was *nicht* philosophiert, was vielmehr *gegen* die Philosophie ist, dem abstrakten Denken *opponiert*, das also, was bei Hegel zur *Anmerkung* herabgesetzt ist, in den *Text* der Philosophie aufnehmen. [...] Die Philosophie hat daher nicht *mit sich*, sondern mit ihrer *Antithese*, der Nichtphilosophie"[6], zu beginnen. Man kann diese wenigen Zeilen des Philosophen Ludwig Feuerbach nicht hoch genug veranschlagen. Vor allem erschließen sie eine große Anstrengung der Philosophie der modernen Welt. Es müssen Erfahrungen in den Text der Philosophie aufgenommen werden, die für sie zuvor in einem gewissen Sinne nicht existiert haben oder vorschnell als irrelevant oder irrational abgetan worden sind.

Worin artikuliert sich diese vorphilosophische Welterfahrung? Wie verschafft sie sich ihren Ausdruck? Sobald die entsprechenden Begriffe genannt werden, erhellt sich sehr schnell, was damit gemeint ist. Es kommen Begriffe wie Leben, Praxis, Leib, Unbewusstes, aber auch Grenzerfahrungen wie Angst, Verzweiflung, Wahnsinn, Tod usw. ins Spiel, Themen, die für die philosophische Tradition eher eine marginale Rolle gespielt haben: unbewusste Motive, soziale, politische und ökonomische Zusammenhänge. Das alles lag nicht unbedingt vollständig außerhalb des philosophischen Interesses, aber es gerät nun in einer anderen Konstellation und mit einem anderen Gewicht in die philosophische Diskussion.[7] Die Welt verändert sich (Industrialisierung, Mobilisierung, Demokratisierung, Aufstieg und Ausdifferenzierung der Wissenschaften, Säkularisierung, moderne Kunst, Expansion des (Aus-)Bildungssektors usf.) und mit ihr auch die Ordnung der Begriffe und Diskurse. Jene Topoi gelangen in den Blick als wirkungsstarke Hintergrundfaktoren, die unser Leben immer schon bestimmen, ohne dass wir uns ihrer, also z. B. dessen, dass ökonomische Zusammenhänge, unbewusste Konflikte, bestimmte Leidenschaften, sprachliche Strukturen oder auch das Alltägliche das Denken der Philosophen in ‚reinen' Begriffen bestimmen, bewusst sind.

Die Philosophie versucht, ausgehend von dieser vorphilosophischen Welterfahrung – man könnte auch sagen, vom „Leben" – eine Perspektive zu gewinnen: nämlich die, wofür und in welcher Hinsicht Philosophie wichtig wird. Der erste Teil dieses Buches beschäftigt sich mit der Diskussion über das Leben und den Begriff, mit der ständigen Revolte des Lebens gegen den Begriff, die sich anhand von vier wichtigen Erfahrungsdimensionen – *Existenz*, *Leib*, *Praxis* und *Unbewusstes* – artikuliert.

In Auseinandersetzung mit den Wissenschaften

Ein zweiter leitender Gesichtspunkt ist die Auseinandersetzung der Philosophie mit den neu entstehenden Wissensagenturen, nämlich mit den *Wissenschaften*. Das 19. und das 20. Jahrhundert sind vor allem Zeitalter der modernen, empirisch-experimentellen Wissenschaften, ihres Aufstiegs und ihrer Ausdifferenzierung. Auch von dort her muss sich die Philosophie neu positionieren: Was eigentlich kann sie noch an Wissen, an Erkenntnissen beitragen, wenn die Natur, die Gesellschaft, der Mensch unter den verschiedenen Wissenschaften aufgeteilt und zu ihrer Erforschung freigegeben werden? Welche Aufgabe hat in diesem Augenblick noch die Philosophie? Das ist eine weitere Anfrage an die Philosophie, durch die sie in tiefe Selbstzweifel verstrickt wird. Was kann sie noch leisten in Bezug auf die Domäne, die über zweitausend Jahre enorm wichtig für sie war, nämlich das Wissen, das Wissen von der Welt, das Wissen von den Menschen, das Wissen von der Gesellschaft und der Natur?

Die Hoheit über das Wissen von den Menschen wird von der Psychologie und Soziologie, aber auch der Medizin reklamiert, das Wissen um die Gesetzmäßigkeiten der materiellen Welt fällt an die Physik, die Chemie und an die Biologie – was also bleibt für die Philosophie? Die Philosophen des 20. Jahrhundert sind bemüht, eine neue Arbeitsteilung zu etablieren, sie überlassen das positive, empirische Wissen den mit Experiment und Statistik operierenden Wissenschaften und fragen nur noch oder in erster Linie nach den begrifflichen und logischen Grundlagen, mit denen die Wissenschaften die Welt zu erklären versuchen. Damit einher geht der Aufschwung der Wissenschafts- und der Erkenntnistheorie. Sie werden vor allem in der ersten Hälfte des 20. Jahrhunderts zu Hauptarbeitsfeldern der Philosophie – also nicht die gegenständliche Erkenntnis der Welt, sondern Metatheorie wissenschaftlichen Erkennens. Wissenschafts- und Erkenntnistheorien konzentrieren sich in erster Linie auf die erkenntnismäßigen Mittel, die die Wissenschaften verwenden, um die Welt zu erforschen, kurz, sie leisten Methodenkritik.

In Anlehnung an die Sprache

Der dritte leitende Gesichtspunkt entwickelt sich in einem großen Umfang und in einer enormen Intensität im Ausgang der großen klassischen Philosophie, anschließend an die Gedanken Kants, W. von Humboldts und Hegels. Der Grundimpuls der berühmten kopernikanischen Wende Kants, die Welt vom Subjekt oder vom Bewusstsein des Menschen, von seinem Denken her auszulegen, wird im Folgenden immer weiter vertieft. Die Philosophen des 19. und 20. Jahrhunderts untersuchen die sprachlichen Voraussetzungen, auf denen unser Denken beruht, die syntaktischen, d. h. die grammatikalischen, die semantischen, also die bedeutungsmäßigen, und die pragmatischen, d. h. die handlungsförmigen Voraussetzungen unseres Denkens und Sprechens. Die Philosophen fragen immer genauer danach, auf welchen sprachlichen Voraussetzungen unser Denken eigentlich beruht, in welchem Umfang es durch die Grammatik und die Logik unseres Sprechens bestimmt wird. Der Erste, der das in neuerer Zeit in Form von Aphorismen und Sentenzen thematisiert hat, war, nahe Darmstadt geboren, Georg Christoph Lichtenberg.

Nietzsche, Wittgenstein und die Folgenden haben ein überaus empfindliches Organ dafür entwickelt, wie tief unser Denken in sprachlichen Strukturen verhaftet ist. Das soll die dritte, überaus wichtige Perspektive sein: die Auseinandersetzung der Philosophie mit der Sprache. Aber so, dass sie zeigt, auf welche überraschend vielfältige Weise die „Wende zur Sprache", der berühmt-berüchtigte *linguistic turn*, vollzogen wird – sowohl in Bezug auf die Sprache als Medium (des Philosophierens) als auch als Gegenstand (der Selbstkritik). Die Wende reicht von der sprachanalytischen Philosophie bis hin zur Hermeneutik und zu den philosophischen Strömungen, die das Narrative (Erzählende) und die Alltagssprache zum Dreh- und Angelpunkt einer Philosophie der Sprache gemacht haben. Noch überraschender ist indes zu sehen, wie gegen Ende des 20. Jahrhunderts auch der Glanz dieses großen Paradigmas verblasst und das Zutrauen schwindet, alle philosophisch bedeutsamen Fragen im Medium sprachlicher Zeichen erörtern zu können. Wie gegenüber einer Philosophie, die generell als Wissenschaft auftreten wollte, Skepsis sich breit macht – auf vergleichbare Weise scheint auch der Anspruch der Sprachphilosophie, *prima philosophia* (‚Erste Philosophie') zu sein, nicht eingelöst werden zu können.

Im Zeitalter der Extreme

Bleibt ein letzter Gesichtspunkt, von dem angenommen wird, dass er ganz wesentlich das philosophische Denken im 20. Jahrhundert bestimmt hat. Der britische Historiker Eric Hobsbawm hat über das 20. Jahrhundert gesagt, es sei *das Zeitalter der Extreme* gewesen: Ein ungeheurer gesellschaftlicher Fortschritt, vor allem im Westen, kontrastiert mit einem Rückfall in die Barbarei unvorstellbaren Ausmaßes, der - in unseren Breiten - seine Chiffre im Namen *Auschwitz* gefunden hat. Es sei, so schreibt Hobsbawm, „ohne Zweifel das mörderischste Jahrhundert von allen“[8] gewesen. Nicht nur aufgrund der Weltkriege, andere apokalyptische Namen in einer langen Kette unvorstellbar großer Verbrechen lauten Hiroshima, Kolyma, Ruanda. Nach den moralischen Katastrophen dieses mörderischsten Jahrhunderts muss man sich fragen, inwieweit die Philosophie, die Vernunft und das Denken überhaupt einen humanitären Wert haben. Angesichts dessen, was geschehen ist, haben sie versagt.

Was soll Philosophie, wenn sie nichts dazu beiträgt oder dazu beitragen kann, diese menschheitlichen Katastrophen oder, wie der Soziologe und Philosoph Zygmunt Bauman sagt, den „kategorialen Mord“ zu verhindern? Auch von dieser Warte aus werden die Philosophie und ihr Plädoyer für die Einrichtung vernünftiger Zustände zutiefst infrage gestellt. Der Philosophie - wie aller höheren Kultur Alteuropas - wird der Vorwurf gemacht, angesichts der beispiellosen Verbrechen des 20. Jahrhunderts keinen nennenswerten Widerstand entwickelt zu haben. Der schlimmste Verdacht gegen die Philosophie ist der, dass mit diesen Katastrophen auch die Begriffe zerstört worden sind, um über Ereignisse dieser Tragweite noch sprechen, um sie diagnostizieren und klären zu können. Das heißt, dass auch die begrifflichen Mittel der Philosophie angegriffen werden durch die Unvorstellbarkeit der Verbrechen jenes Jahrhunderts. Ein Teil der Philosophie setzt sich diesem (zwiespältigen) Zweifel aus. Offenbar ist die humanitäre Substanz im 20. Jahrhundert so weit aufgebraucht, dass der Gebrauch traditioneller philosophischer Begriffe von vornherein gewissen Täuschungen unterliegt, er sich eigentlich verbietet.

Das sind die vier Gesichtspunkte, in deren Schatten die Philosophie im 20. Jahrhundert nach Antworten sucht. Zunächst: Wie kann die vorphilosophische Welterfahrung jedes Einzelnen - die Erfahrung des Alltäglichen wie die von Grenzsituationen - in die Reichweite der Philosophie gebracht werden? Dann, zweitens: Wie sollen wir uns positionieren angesichts der Wissenschaften, die immer größere Felder des Wissens für sich reklamieren? Was bleibt der Philosophie? Erschließen sich ihr neue Themen? Durch neue Vokabulare? Durch Umschichtungen im kulturellen Gedächtnis? Muss sie vielleicht im Prozess der Kultur nicht stärker als je zuvor den Widerstreit zwischen Wissen und Weisheit, Wissenschaft und Kunst/Literatur, zwischen Diskursivität und dem, was an den Rändern des Diskursiven sich abspielt, austragen? Die dritte Frage lautet: Welche Rolle spielt die Sprache? Wie verstehen wir uns und die Anderen von den Strukturen sprachlicher Verständigung her? Der letzte Gesichtspunkt stellt die Philosophie unter einen Generalverdacht: Taugen ihre begrifflichen Instrumente überhaupt noch, um sich über eine Welt zu verständigen, die Verbrechen unvorstellbaren Ausmaßes wie Auschwitz und Hiroshima, den Gulag und den Faschismus in seinen unterschiedlichen europäischen (und außereuropäischen) Gestalten hervorgebracht hat?

I Vorphilosophische Welterfahrung

Begriff und Leben
Zum Einstieg

[...] das in uns, was nicht philosophiert, soll in den Text der Philosophie aufgenommen werden.
L. Feuerbach

Eine Herausforderung, vor der die Philosophie im 19. und mehr noch im 20. Jahrhundert steht, ist die auffällige Lücke, die zwischen der Philosophie und dem Leben klafft. Eindrucksvoll wird sie von Johann Gottlieb Fichte (1762–1814) auf den Punkt gebracht: „Worin man befangen ist, was man selbst ist, das kann man nicht erkennen. Man muss aus ihm herausgehen, auf einen Standpunct außerhalb [...]. Dieses Herausgehen aus dem wirklichen Leben [...] ist die Speculation [...]. Man kann leben ohne das Leben zu erkennen; aber kann man nicht das Leben erkennen, ohne zu speculiren [...]. *Leben* ist ganz eigentlich *Nicht-Philosophiren*; *Philosophiren* ist ganz eigentlich *Nicht-Leben*, und ich kenne keine treffendere Bestimmung beider Begriffe, als diese. Es ist hier eine vollkommene Antithesis, und ein Vereingigungspunct ist [...] unmöglich."[1]

Es muss offenbleiben, ob die Antithese von Begriff und Leben, wie Fichte glaubte, zwangsläufig und eine für die Philosophie notwendige Annahme ist, oder aber, ob es sich um eine tiefe Entfremdung (Erkrankung) handelt, von der die Philosophie an der Wende zum 19. Jahrhundert befallen ist. Im Horizont dieser Antithese jedenfalls werden sich weite Teile der modernen Philosophie bewegen.

Für Fichte heißt Leben, im Leben befangen (zu) sein. Wer im Leben befangen ist, kann es nicht erkennen. Philosophieren ist – nicht nur für Fichte – die große und schwierige Verführung, es dennoch zu versuchen (zu schaffen): uns eben doch – und wer weiß schon wie weit – aus der Befangenheit des Lebens herauszulösen.

Ein geeignetes Mittel, einen gewissen Abstand zur relativen Blindheit, die vor allem aus dem *Vollzug* des Lebens resultiert, herzustellen, ist die *Reflexion* (Besinnung) oder, wie Fichte sagt, die Spekulation. Aber weder Philosophie und Leben noch Selbstreflexion und Existenz können zur Deckung gebracht werden. Philosophie als Erfahrung im Medium begrifflicher Reflexion steht dabei „über“ oder besser, „neben“ dem Leben: Das Leben ist das Andere zur Philosophie.[2]

Dass das Leben seine Befangenheit und die Philosophie ihre Lebensferne nicht grundsätzlich abstreifen können, heißt aber weder, dass der Lebensvollzug in seinen alltäglichen Routinen unfrei oder unbedacht ist, noch, dass die Philosophie desinteressiert am Leben vorbeigeht: Was genau es besagt, wird zum eigentlichen Kampfplatz der Philosophie im 19. und 20. Jahrhundert. Auch wenn das Leben und seine Erkenntnis im Widerstreit stehen, kann von ihm und seiner Erfahrung doch weit mehr und auch anderes, als in der traditionellen Philosophie üblich, Aufnahme in den Text der Philosophie finden. Es könnte sein, dass sich unter dem Ansturm des Lebens sowohl die Formate wie die Gewichte verschieben.

Jedenfalls machen sich das Gefühl und die kämpferische Einstellung breit, dass die klassische Philosophie, repräsentiert durch Kant und den Deutschen Idealismus (Fichte, Hegel, Schelling), das wirkliche Leben nicht erreichen kann, dass der Kontakt zur Basis abgerissen ist und die Vokabulare, die sie benutzt, um die Welt zu beschreiben und der Erfahrung des Einzelnen zum Ausdruck zu verhelfen, eigentümlich schemenhaft, abstrakt und unwirklich bleiben. Immer wieder werden die „wirkliche Welt“ und der „wirkliche Mensch“, das „Leben“ und der Verlust der lebendigen Beziehungen beschworen.[3] Es geht um eine Auffassung von Philosophie als Teil des alltäglich erfahrenen, politischen und kulturellen Lebens, dem die Philosophie nicht als ein davon getrennter und geschützter Raum reiner und abstrakter Begriffe gegenübersteht.

Dabei hat die Emphase, mit der auf der „wirklichen Welt“ und dem „leibhaftigen Subjekt“ der individuellen Existenz eines jeden bestanden wird, eine betont kritische Spitze, nämlich die einer ständigen Revolte gegen das vorzüglichste Organ der Philosophie: den Begriff. Denn einer allgemein verbreiteten Auffassung der Philosophie zufolge ist nur das real/rational, was in Begriffen klar und deutlich bestimmt (erkannt) und im Zusammenhang anderer Begriffe sowie ihrer Korrespondenz zur wirklichen Welt erklärt und abgeleitet werden kann. Nur was sich im Rahmen begrifflich kontrollierten Denkens klar sagen und diskursiv explizieren lässt, ist philosophisch kreditwürdig. Das begriffliche Denken ist die Grenze, bis zu der das Leben etwas zu sagen hat. Jenseits dieser Grenze verliert es seinen Wert: seine Mitsprache- und Teilhaberechte am philosophischen Diskurs. Es sinkt in die Bedeutungslosigkeit bloßer (subjektiver) Meinung zurück.

Die vorphilosophische Selbst- und Welterfahrung, wie sie in Gestalt der Existenz leibhaftiger Subjekte und eines in gesellschaftliche Mechanismen verstrickten Lebens kommuniziert wird, sperrt sich gegen die glatte Vereinnahmung durch begriffliches Denken. Mit ihr revoltieren die neuen, meist am Rande von Akademien und Universitäten tätigen Philosophen gegen die traditionelle wie selbstverständliche Unterstellung: Alle Erfahrung ende in Erkenntnis, alles Leben im Urteil und alle Anschauung im Begriff.

Die Philosophen versuchen die Zwänge, die das begriffliche Denken auferlegt, zu unterlaufen, indem sie *ex negativo* zeigen, wo seine Grenzen liegen: was am Leben durch die Maschen der rationalen Begriffe hindurchschlüpft oder auf bedenkliche Weise in ihnen hängen bleibt. Innerhalb und außerhalb der Philosophie wird nach neuen Wegen des sprachlichen Ausdrucks und/oder ihrer literarischen Darstellung gesucht. Offensichtlich eignet sich nicht jedes Darstellungsmedium für jedes Thema gleich gut.

Diese Suche steht im engen Zusammenhang zu einer anderen Überlegung, die alle Philosophie der modernen Welt, wenngleich auf unterschiedlichen Niveaus, bewegt: Sie denkt nach über die Öffnung der Zeit, sie reflektiert auf Augenblicke und Umstände, unter denen sich etwas (grundlegend) ändern könnte. Philosophie wird zu einer im experimentellen Sinne riskanten Reflexion, nicht nur im Blick auf die notwendigen und hinreichenden Voraussetzungen möglicher Probleme, Projekte und Programme, sondern auch in ungesicherten Vorgriffen auf prekäre, im Entstehen begriffene Dinge. Ihr mächtigstes Instrument, der Begriff und mithin die Logik, helfen an dieser Stelle nur bedingt weiter, vor allem dann nicht, wenn eine neue Herausforderung laut wird: Die gegenwärtigen Grenzen bestehender Verhältnisse (der Gesellschaft, der Kunst und der Technik, der Philosophie und der Kultur) zu überschreiten, mindestens aber Vorbereitungen für ihre Überschreitung zu treffen. Philosophie wird zu einer Reflexion auf Orte und Ereignisse, an denen Übergänge möglich werden könnten.

Dazu sucht sie Unterstützung bei den Wissenschaften, aber mehr noch nimmt sie Zuflucht bei Kunst und Literatur. Auch die Politik wird auf eine neue und überragende Weise bedeutsam. Man sieht die Philosophie auf der Suche nach neuen Unterscheidungen von Gewicht, die die alten ersetzen könn(t)en: als erprobten die Analytiker des Geistes und der Kultur wechselnde Diskursrollen und Perspektiven; als bastelten sie an Hypothesen; als verschmähten sie – so Nietzsche über sich selbst – alle Dinge und Fragen, die das Experiment nicht zulassen. Sie suchen nach Bezügen, die quer zur üblichen Ordnung liegen, nach Spuren, die undeutlich bleiben, nach einer Schrift, die umwegig ist, nach Mitteilungen, die indirekt gegeben werden, d. h. in alledem nach Erfahrungen, deren Ausgang offen und ungewiss bleibt.

Die Kategorien, die dabei hoch im Kurs stehen, sind solche, die bereits in ihrem Anblick schwindeln machen: Das Offene und Veränderliche, das Schöpferische und Intuitive, das Plötzliche und das Zufällige, das Explorative und das Experimentelle, das Fremde und das Verdrängte, das Endliche und das Problematische usf. Diese Kategorien lenken den Blick unweigerlich in die Zonen der Sinnzusammenbrüche und Neuanfänge. Der Sinn selbst gerät wegen seiner Zentraltendenz zur Mitte und zur Beschwichtigung in Verdacht, auch ein Agent der Unterdrückung zu sein.

Abstraktes Denken und konkrete Existenz
S. Kierkegaard

Die Wahrheit ist die Subjektivität.
S. Kierkegaard

Auch durch die Schriften Søren Kierkegaards (1813–1855) weht der Geist des Experimentierens, eines Denkens (und Lebens) auf Probe. Sein bevorzugter Gegenstand ist das, was es für den einzelnen Menschen heißt: zu *existieren*. Kierkegaard gilt als der Denker, der diese Frage mit großer Eloquenz gestellt hat. „Mein Leben ist bis zum äußersten gebracht; es ekelt mich des Daseins, welches unschmackhaft ist, ohne Salz und Sinn [...]. Man steckt den Finger in die Erde, um zu riechen, in welch einem Lande man ist, ich stecke den Finger ins Dasein – es riecht nach nichts. Wo bin ich? Was heißt denn das: die Welt? Was bedeutet dies Wort? Wer hat mich in das Ganze hineinbetrogen, und läßt mich nun dastehen? Wer bin ich? Wie bin ich in die Welt hineingekommen; warum hat man mich nicht vorher gefragt, warum hat man mich nicht erst bekannt gemacht mit Sitten und Gewohnheiten, sondern mich hineingestukt in Reih und Glied, als wäre ich gekauft von einem Menschenhändler? Wie bin ich Teilhaber geworden in dem großen Unternehmen, das man Wirklichkeit nennt? [...] Gibt es einen verantwortlichen Leiter? An wen soll ich mich wenden mit meiner Klage? [...] Alles, was in meinem Wesen enthalten ist, schreit auf in Widerspruch zu sich selbst. Wie ist es zugegangen, daß ich schuldig wart? Oder bin ich etwa nicht schuldig?“[4]

Existenzialismus

Vorweg eine allgemeine, sehr vorläufige Definition dieser philosophischen Strömung, die man als *Existenzialismus* meist mit Kierkegaard beginnen lässt. Sie gründet im 19. Jahrhundert, um dann im 20. mit Jean-Paul Sartre, Simone de Beauvoir und Albert Camus auf französischer, mit Martin Heidegger und Karl Jaspers auf deutscher Seite großartige Höhepunkte zu erleben. Dem Existenzialismus geht es in allgemeiner Weise um die Problemanzeige eines bestimmten Verhältnisses, um das von Innerlichkeit, Seele und Freiheit, d. h. um das spannungsvolle Selbstverständnis des Einzelnen auf der einen Seite und die Rationalisierung des Lebens auf der anderen. *Rationalisierung* heißt hier die Bestimmung des Lebens durch Wissenschaft und Technik. Die Existenzialisten gehen von einer Doppelung der menschlichen Existenz aus und fragen, wie man diese beiden Momente überhaupt aufeinander beziehen kann, wie die Innerlichkeit, die Seele, die Freiheit – kurz, die Existenz des Einzelnen im Verhältnis zur Rationalisierung durch Wissenschaft und Technik zu denken ist.

„Existenzialismus“ deshalb, weil in dieser Art philosophischen Denkens das *Faktum* der Existenz des Einzelnen eine bedeutende Rolle spielt. Die Existenz des Einzelnen wird in den Mittelpunkt gestellt als die besondere Weise, *wie* der Mensch in der Welt ist, wie er sich darin (be-)findet und zu sich selbst, zu seinem Denken und seinen Gefühlen, seinem Geschlecht und seinem Stand, seinen ethischen und ästhetischen Anschauungen verhält. Dem Existenzialismus ist es weniger um das universelle Wesen des Menschen zu tun, also um das, was man unter so berühmte Begriffe gefasst hat wie: *animal rationale*, das „vernunftbegabte Lebewesen“, sondern darum, ausgehend von mir und meinem Einzelschicksal zu fragen, was es heißt, dass ein Einzelner in der Welt und in bestimmten Lebensvollzügen denkt und fühlt, handelt und auf sich selbst Bezug nimmt. Der zentrale Begriff ist die konkrete, sinnliche Existenz des Einzelnen. Es sollte keinen allgemeinen Begriff geben, der über alle gestülpt wird, sondern es soll aus der Innenperspektive des Einzelnen, aus der Teilnehmerperspektive dessen, der mit seinem höchst eigenen Leben zurechtkommen muss, gedacht werden. Man könnte sagen, dem Existenzialismus geht es auch darum aufzuzeigen, dass niemand in so abstrakten Definitionen über *seine* Existenz sprechen kann, wie es die Philosophie seit Platon getan hat.

Besonders der Wechsel der Perspektive ist interessant. Ich gehe aus vom Verhältnis des Einzelnen zur Welt, das sich eigentlich nur in dem zeigen kann, was man die konkreten (alltäglichen) Lebensvollzüge nennt. Diese Einsicht lässt sich zuspitzen: Das, was den Menschen charakterisiert, ist der je besondere Vollzug des Lebens, wie ihn der Einzelne in der existenziellen Konkretheit seines durch bestimmte *Situationen* bezeichneten Lebens bewältigen muss. Dabei macht er eine Erfahrung: Er stößt auf seine eigene, einzelne, unwiederholbare, allen Kontingenzen des Lebens ausgelieferte Existenz. Er sieht sich mit der unverwechselbaren Singularität seiner selbst konfrontiert. Die Anderen sind die Anderen, und ich allein muss in einer mir bestimmten Weise Erfahrungen machen, die mir die Welt verständlich werden lassen.

Einer der wichtigsten Philosophen, der in diesem Sinne gedacht hat, war eben S. Kierkegaard, ein Schriftsteller, der durch seine Biographie wie durch die Art und Weise der Veröffentlichung seiner Werke bekannt geworden ist. Kierkegaard war Däne. Er fällt denkerisch aus der akademischen Tradition heraus, wie fast alle „großen" Philosophen des 19. Jahrhunderts, die keine Universitätslehrer waren: Marx, Nietzsche, Feuerbach, Freud, und eben Kierkegaard. Seine Werke veröffentlichte er unter wechselnden Pseudonymen, obwohl alle Leser in Kopenhagen alsbald wussten, wer dahinter steckte. Für ihn war die Philosophie weniger ein an der Wissenschaft orientiertes Nachdenken über sich selbst, als Ausdruck seiner ganz persönlichen Sicht, seiner ganz persönlichen Erfahrung, die – welche Ironie – für uns wichtig wird, weil sie in ihm exemplarische Gestalt gewonnen hat.[5]

Abstraktes Denken und konkrete Existenz

Kierkegaards provozierende These lautet, dass die eigentlichen Probleme des Lebensvollzugs in der Philosophie nicht zur Sprache kommen. Und zwar deshalb nicht, weil die Philosophie einem abstrakten Denken folgt, dem der einzigartige Sinn des Wirklichen entgeht. Die Philosophie erreicht nicht die konkrete Existenz des Einzelnen, weil sie immer die Sprache der Abstraktion spricht. Dass es sich so verhält, ist keine böswillige Absicht der Philosophen, es ist kein Versäumnis, sondern liegt vielmehr daran, dass das Denken immer abstrakt ist. Es gibt kein nicht-abstraktes Denken. Die konkrete Einzelexistenz kann nicht gedacht werden, weil sie sich ständig ändert. Jeder steckt in immer neuen Situationen, in immer anderen Lebensvollzügen; dergestalt ist es für das begriffliche, das abstrakte Denken gar nicht möglich, den Fluss, in dem sich die konkrete Existenz bewegt, zu erfassen. Die Philosophie ist von Anfang an anders gepolt, nämlich auf das, was sie durch ihre Begriffe denken kann, und das ist das Bleibende (Platon hat es als erster klar erfasst) oder das Wesen der Dinge, nicht die konkrete einzelne Existenz, die an ihre Zufälligkeit verloren scheint. Also das Bleibende, das im Wandel sich Durchhaltende, nämlich das Wesen, die *ousia,* die Ideen

– also das, was aller konkreten Existenz zugrunde liegt – das kann gedacht werden, aber die Einzelheit, die Konkretheit, sie lässt sich im Denken nicht erreichen. Um Einsicht in das Wesen zu erlangen, muss man immer vom Einzelnen absehen. Genau das meint *abstrahieren*, es heißt, absehen vom Singulären, um etwas über das (allgemeine) Wesen der Sache herauszufinden. Philosophie (wie auch Wissenschaft) verfährt in ihrem Denken immer abstrahierend.

Und Kierkegaard behauptet nun: Der Höhepunkt dieser abstrakten Methode ist der Deutsche Idealismus, repräsentiert insbesondere durch Hegel. Dieser Philosoph hat die Abstraktionsmethode erprobt, auf die Spitze getrieben und einen Begriff entwickelt, der für Kierkegaard sozusagen zum roten Tuch geworden ist: das reine Ich. Wenn wir von einem Ich sprechen, dann kann dieses Wort „Ich“ jeder für sich gebrauchen, es kann aber auch von allen anderen in Anspruch genommen werden. „Ich“ umfasst alle, die das Wörtchen, in Referenz auf sich (auf sie/sich selbst) verweisend, benutzen; jeder kann sich als „Ich“ bezeichnen oder genauer, „Ich“ ist ein allgemeiner Begriff, in dem nur enthalten ist, dass ein Sprecher in seinem Gebrauch auf sich selbst verweist. Was aber bedeutet, mit dem Gebrauch von „ich“ erreiche ich gerade nicht, was ich *im Unterschied* zu anderen sein möchte: die Beschreibung der eigenen Existenz. Ich sage nur, was alle (anderen) auch sagen, wenn sie sich mit diesem Wort auf sich selbst beziehen. Jeder ist Ich, alle sind Ich.

Und diese begriffliche oder abstrakte Reinheit des Ich ist dasjenige, woran Kierkegaard Anstoß nimmt, wogegen er denkt und polemisiert. Kierkegaard glaubt, dass das Denken, wie erwähnt, unumgänglich abstrakt ist. Andererseits ist der Mensch immer ein konkretes sinnliches Wesen: Und doch kann er gar nicht als konkretes Wesen denken, sondern steckt, wenn er denkt, immer in der Abstraktionsmethode. Die Schwierigkeit für die Philosophie besteht darin, dass der konkrete Mensch einerseits in seinen sinnlich und situativ bestimmten Lebensvollzügen agiert und andererseits in seinem Denken verhaftet ist. Der Einzelne denkt *und* existiert, er ist in seine konkreten Lebenszusammenhänge verstrickt, in seine Stimmungen, in sein Temperament, in seine Erfahrungen mit den Anderen, mit denen er existierend umgehen muss, und er kann gleichzeitig nicht davon absehen, dass er sich, wenn er über diese Situationen nachdenkt, in abstrakten, von diesen besonderen Umständen absehenden Begriffen bewegt. Existieren kann er nur im

Kontext seiner Lebensbezüge und Gefühle, seiner Erwartungen und sinnlichen Reaktionen. Denken kann er nur abstrakt.

Zwischen Denken und Existenz besteht also ein Widerspruch, der sich in dem Moment auf die Philosophie überträgt, wenn sie versucht, sich des Konkreten, Einzelnen, Kontingenten mittels Spekulation in Begriffen reinen Denkens zu vergewissern. Kierkegaard fasst das wie folgt zusammen: Die Existenz des Einzelnen ist das Dasein eines lebendigen Widerspruchs, „weil sich das Existieren nicht denken läßt und der Existierende doch nur denkend ist".[6]

Der Idealismus, beispielsweise Hegel, hatte gehofft, dass man, indem man Schritt für Schritt die gesellschaftlichen und geschichtlichen, die affektiven und kognitiven Bedingungen begreift, unter denen der Mensch lebt, der konkreten Existenz des Einzelnen nahekommt. Hegel klärt die allgemeinen Bedingungen, unter denen die Individualität (konkret) gedacht werden kann. Sein Begriff ist das „konkret Allgemeine". Kierkegaard misstraut diesem Ansinnen zutiefst. Wer ein reiner Denker sein wolle wie Hegel, sei eine phantastische, ja eine tragikomische Figur.

Für die philosophische Reflexion bedeutet das die Verabschiedung abstrakter Prinzipien, z. B. der Identität von Sein und Denken, Begriff und Sache, als oberste Grundsätze des Denkens zugunsten, wie Kierkegaard sagt, des konkreten Interesses des Existierenden an sich und seinem In-der-Welt-Sein. Der Existierende, glaubt er weiter, nimmt ein leidenschaftliches Interesse an sich selbst, an dem, was es für ihn bedeutet, zu existieren. Dabei liegt das Sein des Existierenden im *inter-esse*, im Dazwischen-Sein: zwischen Endlichem und Unendlichem, Sinnlichem und Denkendem, dem Willentlichen und dem Getriebenwerden, es ist eine Synthese, die ständig neu hergestellt und ausbalanciert werden muss. Sich von der Notwendigkeit alltäglicher Zwänge erdrücken zu lassen, ist ebenso gefährlich wie sie aus dem Auge zu verlieren und sie in Richtung einer phantastischen Existenz zu überfliegen. Der Mensch begreift, dass er immer dazwischen steht, eine Zwischenexistenz leben muss. Das ist seine Aufgabe, die ihm aus der Existenz eines Hybridwesens erwächst. Die entscheidende Bestimmung aus *Die Krankheit zum Tode* lautet: „Der Mensch ist Geist. Was aber ist Geist? Geist ist das Selbst. Was aber ist das Selbst? Das Selbst ist ein Verhältnis, das sich zu sich selbst verhält, oder das an dem Verhältnis, daß das Verhältnis zu sich selbst verhält."[7] Diese Grundstruktur des Sich-zu-sich-Verhaltens ist für Kierkegaard nicht nur eine Art Dispositiv menschlicher Existenz, sie wird als Aufgabe begriffen, die aber keine ‚Lösung', keinen vernünftigen Ausgleich (mehr) kennt. Sie kann die Gegensätze, die sie in sich trägt, nicht mehr „aufheben", daraus resultiert das Leiden an der Existenz.[8] Und dennoch kommt es darauf an, wirklich in diesem Sinne zu existieren. ‚Selbst' ist man nur im Vollzug des Selbst oder darin, *dass* man tatsächlich entscheidet.

Nun ist es interessant zu sehen, wie sich Kierkegaards Gedanken weiterverzweigen. Wir stecken also stets in diesem Widerspruch, der sich darin äußert, dass jemand ein Interesse an sich nimmt, ein leidenschaftliches Interesse, und nur er an sich selbst. Heidegger wird später sagen, dass unser Leben ganz und gar von Sorge durchstimmt sei. Sorge ist der Bezug, der sich in all unsere Reaktionen, Verhaltensweisen, Absichten und Erfahrungen einmischt. Bei Kierkegaard heißt das zunächst *inter-esse*.

Leben zwischen Möglichkeit und Wirklichkeit

Kierkegaards Überlegungen gelten den Kategorien, mit denen wir dieses Zwischenwesen näher bestimmen: den Modalkategorien, die elementar sind wie keine anderen – Wirklichkeit, Möglichkeit und Notwendigkeit. Kant hatte von diesen Kategorien angenommen, es seien vor allem Denkkategorien, Denkbestimmungen; unser Denken und Urteilen steckt immer schon in diesen fundamentalen Unterscheidungen: Ob wir die Dinge als wirklich, als möglich oder als notwendig charakterisieren, das macht einen Unterschied. Für Kierkegaard sind es *existenziale* Kategorien, grundlegende Bestimmungen weniger des Denkens als der Existenz und des Lebens. Bei Heidegger werden wir das noch einmal sehen. Kategorien beziehen sich jetzt auf die Art, wie zu leben ist. Wie können wir sie auf unser Existieren beziehen? Kierkegaard sagt, dass wir im Blick auf unsere Existenz Veränderungen in der Gewichtung der Kategorien vornehmen müssen. Er behauptet zunächst – was eine unglaubliche Provokation für die Philosophie ist –, dass die Möglichkeitskategorie höher stehe als die der Wirklichkeit. Die letzten zwei Jahrhunderte, die uns in den Knochen stecken, stehen im Schatten dieser gravierenden Umstellung, dieses Kampfes einer Neueinstellung zu Möglichkeit und Wirklichkeit – sowohl ethisch als auch ästhetisch und kognitiv (intellektuell). Die Möglichkeit steht höher, aber in welcher Hinsicht und aus welchem Grund?

Kierkegaard orientiert sich an Aristoteles und seiner Ästhetik und schätzt sie deshalb höher, weil wir im Horizont des Möglichen sehen können, was sein könnte. *Was sein könnte,* zeigt uns eine viel größere Spanne von dem, was mit unserer Existenz passieren kann. Die Kunst ist für ihn insofern wichtig, als sie uns mit Möglichkeiten vertraut macht, die der alltäglichen Erfahrung verschlossen bleiben. In dieser orientieren wir uns am Wirklichen, an den wenigen Alternativen, die uns in der Regel bleiben. Das Mögliche hat von der Kunst her eine welt- und selbstöffnende und erweiternde Perspektive. Die Kunst, insbesondere die Poesie, bewegt sich in ihren Sprachspielen an den a-topischen und u-topischen Rändern des Möglichen. Sie steht darum, wie Kierkegaard mit Hinweis auf Aristoteles darlegt, „über" der Historie, die sich „nur" mit dem Wirklichem beschäftigt: „Aristoteles bemerkt in seiner Poetik, daß die Poesie höher stehe als die Historie, weil die Historie nur darstelle, was geschehen sei, die Poesie, was hätte geschehen können und sollen, das heißt die Poesie verfügt über die Möglichkeit. Im Verhältnis zur Wirklichkeit ist Möglichkeit, poetisch und intellektuell, höher, das Ästhetische und Intellektuelle interesselos. Aber es gibt nur *ein* Interesse, das Existieren; die Interesselosigkeit ist Ausdruck für die Gleichgültigkeit gegenüber der Wirklichkeit."[9]

Das gilt interessanterweise aber auch für das reine Denken der Philosophie. Sie zeigt sich jetzt als Versuch, durchsichtig zu machen, dass sie sich in ihrem reinen Denken (in der Suche nach Definitionen) immer schon in diesem Raum des Wesens aufgehalten hat, nämlich, wenn sie von den *Ideen* gesprochen hat. Auch den Ideen kommt der höhere Rang gegenüber dem Endlichen zu, was wir nur durch den Bezug auf die im Alltag gefesselte Existenz verstehen können. Diese Sicht von der Warte des Möglichen, behauptet Kierkegaard dann weiter, müsse man nicht unbedingt negativ bewerten, bewegt sich doch auch ein freies und verantwortungsbewusstes Handeln in deren Umkreis.

Aufmerksamkeit verdient, was er im Verhältnis zu einem ethisch sich im Alltag orientierenden Denken nahelegt: dass es einen entscheidenden Mangel bei *Wissenschaft* und *Kunst* gibt. In ihrem Primat des Möglichen herrsche eine gewisse *Gleichgültigkeit* gegenüber der konkreten Existenz. Die Wissenschaft und die Philosophie wie auch die Kunst sind in ihrer Abstraktheit interesselos im Blick auf die Existenz. Mit dem *Selbstinteresse* jedoch bewegt man sich immer schon im Bereich der Ethik. Das konkrete Denken bringt sofort die Ethik ins Spiel. Wenn wir anfangen, nach der konkreten Existenz des Einzelnen zu fragen, behauptet Kierkegaard, fragen wir immer ethisch. Mit dem Interesse am Existierenden und d. h. gegen Kunst und Wissenschaft, welche die Möglichkeit vor der Wirklichkeit favorisieren, bringen wir den Standpunkt der Ethik wieder ins Spiel: eine höhere Betrachtung des Wirklichen vor dem Möglichen. Wenn wir ethisch denken, dann kehrt sich dieses Verhältnis von Wirklichkeit und Möglichkeit um. Wobei es wichtig ist, daran zu erinnern, dass es eine ethische Reflexion nur auf uns selbst oder auf uns als Existierende gibt. Das ist eine starke Behauptung, das hieße nämlich, wenn man alles – einschließlich des eigenen Lebens – künstlerisch gestalten könnte, verlören wir wieder dieses Inter-esse, die Leidenschaftlichkeit, die jeder an sich selbst – qua Zwischenwesen – nimmt.

Eine ethische Beziehung unterhält man vor allem zu sich selbst: An sich selbst adressiert man ethische Forderungen, sich selbst beurteilt man ethisch. Ein Urteil über die Anderen steht uns nicht zu. Warum nicht? Der äußere Grund besteht darin, dass das individuelle Selbst der anderen gar nicht zu erreichen ist. Ihre Moralität bleibt unserem Verständnis zuletzt verschlossen, sie kann ich gar nicht beurteilen, weil ich immer von außen, in der Perspektive eines Beobachters auf sie blicke. Das Ethische ist eine Bestimmung der Innerlichkeit, meines Selbstverhältnisses, da ist jeder mit sich allein, sie ist nicht dazu da, um den/dem anderen moralische Vorschriften zu machen, wie er sich verhalten soll. Das geht nicht, weil das Ethische nur aus einer ihm eigenen Teilnehmerperspektive verstanden werden kann. Das ethische Sollen richtet sich nicht an die Allgemeinheit: Es ist zwar allgemein verpflichtend, aber seine Verbindlichkeit findet einzig in mir seine Adresse. Es ist schamlos, einem anderen ethische Vorwürfe zu machen. Jede Adresse, die die Ethik entwickelt, ist vor allem eine Selbstadresse.

Zwar kann man sich im Vor- wie im Nachhinein in einen anderen versetzen, das versuchen wir ständig, den Standpunkt zu wechseln und uns in jemand anderen hineinzuversetzen – aber was machen wir in dieser Lage? Kierkegaard: Wir werden wieder ästhetisch. Wir bilden uns nämlich von dem Anderen eine Art Modell seines Innenlebens. Aber jedes Modell seines Innenlebens bleibt im Horizont einer Reihe von möglichen Beschreibungen meinerseits oder desjenigen, der glaubt, sich in einen anderen hineinfühlen zu können, und das ist – wegen des Vorrangs des Möglichkeitssinns – durch und durch ästhetisch. Überdies ist mit dem Ästhetischen, wie mehrfach betont, das Abstrakte verbunden. Von daher ist es nicht nur politisch, sondern auch moralisch problematisch. Moralisch natürlich in besonderer Weise, weil jedes Bild oder jedes Modell, das ich mir vom Innenleben des Anderen und seiner moralischen Konstitution mache, immer der Gefahr ausgesetzt ist, dass ich sein Innenleben – und d. h. ihn im Zentrum seines Existierens als eines Werdenden – auf ein *Bild* von ihm, das ich gemacht habe, festlege: ihn vereinnahme.

„Ethisch gesehen ist die Wirklichkeit höher als die Möglichkeit. Das Ethische will gerade die Interesselosigkeit der Möglichkeit dadurch zunichte machen, daß es das Existieren zum unendlichen Interesse macht. Das Ethische will daher jeden Konfusionsversuch verhindern, wie z. B. den, ethisch die Welt und die Menschen *betrachten* zu wollen. Ethisch kann man nämlich nicht betrachten, denn es gibt nur *eine* ethische Betrachtung: die Selbstbetrachtung. Das Ethische umschließt augenblicklich den Einzelnen mit der Forderung an ihn, ethisch existieren zu sollen [...], das Ethische fordert sich selbst von jedem Menschen, und wenn es urteilt, dann urteilt es wieder über jeden Einzelnen [...], das Ethische ergreift den Einzelnen und fordert von ihm, daß er sich von allem Betrachten, besonders der Welt und der Menschen enthalte; denn das Ethische als das Innere läßt sich von jemand, der draußen steht, gar nicht betrachten, es läßt sich nur von dem einzelnen Subjekt realisieren."

„In Richtung auf das Ästhetische und Intellektuelle zu fragen: ist dies oder jenes nur wirklich [...], ist ein Mißverstand, der die ästhetische und intellektuelle Idealität nicht als Möglichkeit begreift [...]. Ethisch wird richtig gefragt, wenn man fragt: ist das wirklich, doch wohl bemerkt so, daß das einzelne Subjekt sich selbst ethisch nach seiner eigenen Wirklichkeit fragt. Die ethische Wirklichkeit eines anderen Menschen kann von ihm wieder nur begriffen werden, indem er sie denkt, das heißt als Möglichkeit." Da auf der ganzen Linie das Mögliche unter seinen Formen des *Intellektuellen* (des Kognitiv-Instrumentellen) und des *Ästhetischen* auf dem Vormarsch ist und in der modernen Welt seinen Vorrang behauptet, werden diese „Zeit und die Menschen [...] immer unwirklicher, daher diese Surrogate, die das Verlorene ersetzen sollen". Kierkegaards Diagnose (und Befürchtung) ist die, dass man, in diesem Zusammenspiel von Ethischem, Ästhetischem und Kognitivem, das „Ethische [...] mehr und mehr aufgibt". Das Leben des Einzelnen gerät entweder – ästhetisch und/oder kognitiv – unter die Räder eines rein experimentell eingestellten Selbst- und Weltverhältnisses („Leben auf Probe") oder es wird, „weltgeschichtlich beunruhigt und dadurch an seiner ethischen Existenz verhindert".[10] Dieser letzte Vorwurf wiederum zielt auf die Geschichtsphilosophie Hegels.

Der Mensch als geworfener Entwurf
M. Heidegger

Was uns denken heißt,
gibt zu denken.
M. Heidegger

Heideggers Hauptwerk *Sein und Zeit* ist 1927 veröffentlicht worden und zählt zu den ganz großen Werken der Philosophie im 20. Jahrhundert.[11] Seine Philosophie kann man nur schwer einer Richtung zuordnen, am ehesten noch der Existenzphilosophie. Existenzontologie ist der Name, den Heidegger selbst für sein frühes Hauptwerk benutzt.

Man könnte sagen, alles dreht sich bei Heidegger (1889–1976) um den Gedanken des *Daseins*. Existieren bedeutet – wie bei Kierkegaard und Jaspers – Sich-befinden-in-einer-Welt, in einer Situation, und Heidegger beschreibt dieses Sich-in-der-Welt-befinden als „Geworfenheit". Aber auch – und das ist der zweite Gedanke – die Welt und sich *entwerfend*. Daher die Überschrift: das Dasein (des Menschen) als *geworfener Entwurf*. Für Heidegger ist der Mensch niemals ein Ding unter anderen Dingen. Er ist ein Wesen, dem es in seinem Sein um ihn selber geht. Daran schließen sich unmittelbar zwei Gedanken an: Von Anfang an steckt dieses Dasein logisch wie existenziell in einem *Selbstverhältnis*, das Dasein ist ein Wesen, das sich zu sich selbst verhalten muss. Heidegger bezieht sich u. a. auf Kierkegaard, der das menschliche Selbst als Selbstverhältnis definiert hat: Der Mensch ist ein Verhältnis, das sich zu sich selbst verhält.[12]

Heidegger nennt den Menschen oder die menschliche Subjektivität das „Dasein". Er spricht nicht vom „Menschen", vom „Individuum", vom „Subjekt", vom „Ich", sondern sein Ausdruck in *Sein und Zeit* ist „Dasein". „Dasein" ist der Begriff für dasjenige Seiende, das sich aufgrund seiner Subjektivität von allem anderen Seienden in der Welt unterscheidet. Dieses Dasein ist in der Welt, und zwar als ein geworfenes Wesen, aber es muss sich auch selbst entwerfen und es kann sich selbst entwerfen, weil es von Anfang an, oder wie Heidegger sagt, „immer schon" in einem Selbstverhältnis steckt. Wir können das Selbstverhältnis nicht loswerden. Dieses Sich-vorentwerfen geschieht – das ist sachlich der nächste Gedanke, den Heidegger anschließt – im Bewusstsein seiner Sterblichkeit, im Blick auf den eigenen Tod. Heideggers Ausdruck: Leben ist *Vorlaufen zum Tode* oder Dasein zum Tode. Wenn aber der Mensch sein Leben im Schatten des Todesbewusstseins fristen muss, dann stellt sich Heidegger zufolge das Problem des Existierens als Problem des Sinns von Sein. Was hat das Leben für einen Sinn, wenn es immer schon gelebt wird im Horizont der Endlichkeit oder der Unwiderruflichkeit des kommenden Todes?

Es gibt einen zweiten Strang in *Sein und Zeit*, dem es darum geht, wie unter diesen Bedingungen ein eigenes Ganzseinkönnen möglich sein könnte. Zunächst, Heidegger verteidigt in diesem Buch oder insgesamt in seinem Denken die innere Freiheit des Menschen, wenn auch in einer für uns zum Teil befremdlichen Sprache. Er verteidigt sie gegen eine wissenschaftlich-technisch verstandene Organisation der Welt, und sein Zentralbegriff *Sein* ist in gewisser Weise ein Gegenbegriff, ein Gegenprogramm zu einer Welt, die glaubt, allein vom *Seienden* her denken zu können. Seiendes ist die Art von Sein, das wir als kategorisierbare, messbare, berechenbare, technisch herstellbare Objektivität der Welt verstehen. Seiendes ist das, was wir gegenständlich oder dinglich fassen können, worüber wir verfügen, d. h., worauf wir Kategorien anwenden können.

Heidegger wirft nun der gesamten abendländischen Philosophie bis zu ihm hin vor, dass sie (das) *Sein* immer unter der Form des (vor- und herstellbaren) *Seienden* gedacht habe. Die gesamte Philosophie habe darin versagt zu verstehen, was Sein und der Sinn von Sein ist, und dieses Sein immer als gegenständlich Seiendes ausgelegt und verstanden. Für diese Diagnose besitzt er eine Formel: Man muss von der *ontologischen Differenz* her denken. Zwischen beidem, zwischen Sein und Seiendem, gibt es eine wesensmäßige Differenz. Und was heißt es jetzt für Heidegger, im Sinne des Seinsdenkens zu verfahren? Da gibt es eine Reihe von Begriffen, die helfen, wenigstens andeutungsweise zu verstehen, was mit diesem Sein gemeint ist, nämlich Sein im Sinne der Existenz, des Daseins als Entwurf, der Offenheit für die Zukunft, Erinnerung, Erwartung, Furcht und Hoffnung, Angst, Verzweiflung. Das ist der Hintergrund seiner gesamten Philosophie: Er glaubt, dass die Art und Weise, wie die Menschen in der Welt sind, nicht vollständig kategorial im Rahmen eines berechenbaren, eines justierbaren, eines technisch organisierbaren Seienden verstanden werden kann und auch nicht so verstanden werden darf. Das ist der Grundgedanke, der in seiner späteren Philosophie – nach der „Kehre" – gegenüber *Sein und Zeit* nochmals radikalisiert wird.

Dasein ist je seine Möglichkeit

Soweit, so gut, könnte man sagen, es erhebt sich aber sogleich die Frage, wie wir an dieses Sein, das so gar nicht unserem gegenständlichen Verstandesgebrauch gehorcht, herankommen können? Heidegger hat darauf im Verlauf seines fast fünfzigjährigen Philosophierens ganz unterschiedliche Antworten gefunden; mal glaubte er, dass wir mithilfe der Kunst, der Dichtung näher an diese Weise des In-der-Welt-Seins herankommen als in der Wissenschaft, mal spricht er von einer bestimmten Form des Denkens oder des Andenkens des Seins. Grundlegend ist, dass Heidegger versucht, in Form eines neuen Vokabulars, einer neuen Sprache der Reduktion des Menschen auf ein Seiendes zu entgehen.

Man könnte sagen, in *Sein und Zeit* entwickelt er die Strukturmomente des Daseins oder die Strukturmomente der menschlichen Existenz. Diese nennt er *Existenzialien*. Sie beschreiben den Grundbegriff des Daseins. Was charakterisiert das Dasein (das man vorläufig auch mit „menschliche Subjektivität" übersetzen kann)? Die Existenzialien erfüllen dieselbe Funktion wie für Kant die Kategorien als Strukturformeln für unser *Denken*. Heidegger wird Strukturformeln für unser *Existieren* entwickeln, er geht nicht vom Denken aus, sondern davon, wie die Menschen in der Welt existieren. Die Kategorien sind bei Kant bezogen auf unsere Urteile, auf unser Erkennen, während Heidegger im Unterschied dazu Grundbegriffe für unser – das ist eine erste Charakteristik – In-der-Welt-Sein zu entwickeln sucht. Er will nicht die Grundbegriffe unseres Urteilens über die Welt entwickeln, sondern die Existenzialien als elementare oder fundamentale Seinsweisen unseres Lebens, hinter die wir nicht zurückkönnen. So ein Begriff ist zum Beispiel die Möglichkeit. Bei Kant ist der Begriff der Möglichkeit ein Modalbegriff, dem unser Urteil, unser Verstandesurteil in der Unterscheidung nach Wirklichem, Möglichem und Notwendigem folgt. Heideggers Begriff für „Möglichkeit" als Existenzial ist *Sein-Können*. Das Existenzial Sein-Können beschreibt einen fundamentalen Modus unseres In-der-Welt-Seins. Es betrifft unsere Existenz. Heidegger zufolge sind wir nicht festgelegt, sondern dieser Seinsmodus der Möglichkeit gestattet uns, wählen zu können. Heideggers Formulierung lautet, Dasein ist je seine Möglichkeit. Nicht irgendeine Möglichkeit, sondern eine wesensmäßige Möglichkeit dieses Daseins: In eine bestimmte Spannung gestellt zu sein, die uns herausfordert, uns zur Welt, zu den anderen in ein durch eine Entscheidung bestimmtes Verhältnis zu bringen.

Diese Betroffenheit unserer Existenz ist auch ein Grund, weshalb Heidegger nicht mehr vom Subjekt und dem Objekt als dessen Korrelat spricht. In Absetzung von der gesamten neuzeitlichen Philosophie setzt er an diese Stelle das Dasein und dessen In-der-Welt-Sein. Was ist Heideggers Motiv, sich derart von der traditionellen Terminologie unseres Denkens in Subjekt/Objekt-Begriffen zu lösen und einen für unsere Ohren etwas befremdlichen Jargon zu entwickeln?

Wenn wir die Welt unter der Vorgabe einer Subjekt/Objekt-Struktur betrachten, dann sieht es so aus, als ob wir immer zunächst und fundamental als *Erkennende* in der Welt wären. Das ist der implizite Primat des Erkennens in der traditionellen neuzeitlichen Philosophie. Subjekt und Objekt, anders gesagt das Vorstellende und das Vorgestellte, verengen unser Selbst- und Weltverhältnis, indem sie sich vorrangig auf die kognitive Organisation unseres Weltverhaltens beziehen, auf eine Organisation, die wesentlich durch Denken und Erkennen bestimmt ist. Heidegger sagt, das aber sei nicht der fundamentale Bezug, den die Menschen zu sich selbst, zu den anderen Menschen und zur Welt insgesamt hätten. Sie seien nicht ursprünglich als Erkennende da, vielmehr gebe es „vor" dem Erkennen noch viel grundlegendere oder elementarere Bezüge des Menschen zur Welt. Bevor wir nämlich überhaupt anfangen, etwas zu erkennen, Gegenstände und Ereignisse als Objekte zu betrachten, sind wir in der Welt immer schon *gestimmt* oder *befinden* wir uns irgendwie immer schon in einer bestimmten Lage.

In-der-Welt-Sein

Die fundamentalste Fassung des Daseins ist für Heidegger sein *In-der-Welt-Sein*, dessen drei Modi oder Strukturmomente, nämlich *Befindlichkeit*, *Verstehen* und *Rede*, im Folgenden erläutert werden.

Zunächst jedoch nimmt sich Heidegger den Terminus „In-der-Welt-Sein" Wort für Wort vor. Was heißt „Welt" in der Philosophie? Im herkömmlichen Verständnis ist Welt der Inbegriff der Tatsachen, der Inbegriff allen Seins, der Inbegriff aller Dinge. Heidegger setzt einen anderen Akzent: Die Weltlichkeit des Menschen besteht darin, dass die Welt ein Horizont ist, der sich in gewisser Weise schließt, in der Schließung sich aber wiederum öffnet, anders als die Umwelt der Tiere. Diese ist eine geschlossene Welt von Nischen; die Zecke lebt in der Umwelt der Buttersäure, der Darwinfink lebt in der Umwelt, in der dem Darwinfinken ein Überleben möglich ist. Der Mensch hat keine Umwelt, er hat *Welt*, einerseits eine von „Horizonten", die sich immer wieder neu aufbauen – wir können endlos um die Erde herumgehen, aber den Horizont erreichen wir nie –, und das genau ist der Punkt: die Unerreichbarkeit des Horizonts, der gleichwohl unsere Sicht zeitlich, räumlich oder auch begrifflich begrenzt oder im übertragenen Sinne je vorläufig unser Tun und Lassen abzuschließen versteht.

Welt wird bei Heidegger gegen zwei andere Begriffe abgesetzt, der eine ist, wie gesagt, die Umwelt (im Sinne einer geschlossenen Welt[13]), der andere die Außenwelt. ‚Außenwelt' ist der Begriff der philosophischen Tradition – von Descartes bis in das 20. Jahrhundert – als Welt der *res extensa*, der in ihr räumlich (wie zeitlich) ausgedehnten körperlichen Dinge, wie sie die Naturwissenschaften untersuchen. Der neuzeitlichen Philosophie hat der Begriff der Außenwelt dazu gedient, die Welt der erfahrbaren Dinge und Relationen zu verstehen und zu erklären.

Welches andere Strukturmoment ist unhintergehbar für das Dasein als ein In-der-Welt-Sein? Heidegger sagt: das Mit-Sein. Und damit bezeichnet er die einfache Tatsache, dass wir nicht als einzelne und isolierte Wesen in der Welt sind, wir stehen nicht gleichgültig nebeneinander wie eine Pflanze neben der anderen Pflanze oder ein Stein neben oder über dem anderen liegt, wir sind immer schon *mit* den anderen in der Welt. Daraus erwachsen eine ganze Reihe Probleme. Dennoch ist eine unhintergehbare Bedingung des Daseins, sich durch einen besonderen Modus des *Mit-anderen-da-zu-sein* von anderen Wesen zu unterscheiden. Auch das hatte die neuzeitliche Tradition im Ausgang von Descartes verkürzt gedacht, indem sie von einem einzelnen Wesen ausging, das gleichsam nur *neben* den anderen stand, aber nicht von Anfang an *mit* den anderen verstanden wurde.

Es gibt schöne Studien, auch mit Bezug auf Heidegger, die den Unterschied zwischen Computern bzw. Robotern und Menschen beschreiben. So gibt es Experimente, in denen Roboter in der Lage sind, sich beispielsweise in eine Schlange einzureihen, um Kaffee zu holen, dabei verhalten sie sich heute richtiggehend höflich, sie „verstehen" eine ganze Reihe Dinge. So läuft ein Roboter an der Schlange vorbei und fragt nach Kaffee, worauf ein anderer antwortet: „Hey, warte doch, du bist noch nicht dran." Also geht der Roboter wieder brav zurück, nachdem er sich zuvor entschuldigt hat. Es ist interessant zu sehen, wie der Roboter soziale Verhaltensweisen, nämlich warten und vorrücken, fragen und sich entschuldigen, spielen kann. Aber ein Roboter, und das wird an diesem Beispiel deutlich, steht immer nur *neben* den anderen, er agiert nicht *mit* ihnen, was immer geschieht, er ist ganz unbeeindruckt davon; er schämt sich nicht, weil er sich vorgedrängelt hat, er agiert nicht in einer sozialen Situation, die für ihn mehr oder weniger bedeutsam ist. Er kennt die sozial bedeutsamen und symbolisch vermittelten Schwerkräfte nicht, die im menschlichen Verhalten kommuniziert werden. Das Mit-Sein ist etwas anderes als ein Nur-neben-Sein. Heidegger beschreibt sehr schön, worin die Roboterkommunikation sich von der menschlichen Kommunikationssituation unterscheidet, auch wenn er das nicht in einer Sprache tut, die heute gewöhnlich verwendet wird. Wir ahnen den Unterschied manchmal, wenn wir von Nebenmenschen sprechen. Ein Nebenmensch wäre einer, zu dem wir keine richtige Beziehung haben, den wir nicht erreichen, wo sich keine Differenz mit dem anderen bildet, in der gleichzeitig gewusst und gefühlt, geurteilt und vorhergesehen wird, *dass* und *wie* der Andere ein Anderer ist. Stattdessen immer nur Sender und Empfänger, *actio* und *reactio*, nicht aber Frage und Antwort eines Wesens, das in allem, was es tut, fühlt, erhofft und ermuntert, sich bewusst oder vorbewusst, intentional oder habituell sich *zu* sich und *zu* anderen verhält. Diese lebenspraktisch gestimmte und getaktete Grundierung des Zu-Seins ist und äußert sich in der *Sorge*, sie durchstimmt das Dasein in jedem Augenblick und als Ganzes.

Heidegger versucht auf eine besondere Weise, das Mit-Sein zu qualifizieren. Es ist etwas anderes, ob wir mit Menschen, mit Tieren, mit Pflanzen oder mit Steinen zusammen sind. Die (Natur-)Wissenschaften können das nur schwer sehen. Und das Mit-Sein ist eine besondere Form wiederum des In-der-Welt-Seins zur näheren Qualifikation des Daseins.

Wir hatten gesagt, die drei hauptsächlichen Existenzialien in diesem Zusammenhang seien die *Befindlichkeit*, das *Verstehen* und die *Rede*. Es handelt sich um fundamentale Modi des In-der-Welt-Seins – wenn von

Modi die Rede ist, dann heißt das immer „Art und Weise“. Keine dieser elementaren Weisen unseres In-der-Welt-Seins ist von anderen abgeleitet, sie treten immer nur im Dreierpack auf. Heidegger sagt, sie seien *gleichursprünglich* (da), man kann sich die eine gar nicht ohne die andere denken. Dass etwas gleichzeitig auftaucht und auf nichts anderes zurückgeführt werden kann, das nennt er gleichursprünglich. Das menschliche In-der-Welt-Sein ist immer durch diese Trias charakterisiert. Man kann sich das als einen großen Cluster vorstellen, in dem Heidegger weitere Differenzierungen vornimmt. Wenn er die Befindlichkeit analysiert, dann gibt es wieder neue Kategorien, und ein Submoment der Befindlichkeit des Daseins ist das Dasein als „Geworfenheit“. Die Geworfenheit ist ebenso eine fundamentale Seinsweise des Menschen in der Welt. Der Mensch erfährt die Geworfenheit, man könnte sagen, dass er da ist. Er erfährt das als Unumstößlichkeit, da zu sein, er hat sich nicht freiwillig in die Welt gesetzt, sondern er erfährt sich irgendwie in die Welt geworfen, durch den Geburtskanal gepresst. Keiner hat ihn gefragt, ob er da sein will.

Dieses Geworfensein in die Welt, das benennt Heidegger wiederum mit einem neuen Begriff: *Faktizität*. Wenn er sagt, der Mensch sei Faktizität, dann meint er, er ist in die Welt geworfen, ohne dass er darüber entschieden hat, ob er da sein will oder nicht. Wir sind einmal *da*, als Einzelne in dem, was je meinig ist, allein und verloren, aber wir können dem, dass wir *da* sind, nicht ausweichen, das *Da*-sein betrifft uns. Das ist einer der Gründe, warum Heidegger vom Da-Sein spricht. Wir sind (im (onto)logischen Sinne) nicht als Erkennende da, nicht als Handelnde da – das wohl auch, aber nicht in erster Linie –, sondern er meint zunächst dieses bloß Faktische. Daher dieses Existenzial oder diese weitere Beschreibung der Geworfenheit. Wir sind in unserem Dasein, ohne gefragt zu werden: geworfen, gestoßen, gedrängt, gepresst usw., sodass der Mensch da ist: verloren und fremd, unumstößlich und zufällig, jeder für sich. Das offenbart sich spätestens im Angesicht des Todes. Jeder stirbt für sich allein.

Dieses Geworfensein in die Welt assoziiert man auch allgemein, wenn man von Existenz, Existenzialismus spricht, mit der Möglichkeit, auch sich selbst und die Welt entwerfen zu können; in dieser Spannung, in dieser Differenz lebt das Dasein nach Heidegger, Sartre und anderen. Wir müssen auch in dem Augenblick, wenn wir als Geworfene in der Welt sind, mit dieser Tatsache, mit diesem Faktum, da zu sein, fertigwerden und ihm – dem Unfertigen – eine bestimmte Verfassung geben, eine Lebensverfassung, einen Lebensentwurf.

Dieses Damit-Fertigwerden ist die Aufgabe der Existenz, die man wiederum nicht einfach instrumentell beherrschen kann. Das hatte bereits Aristoteles sehr genau gesehen. Wir können unser Leben nicht einfach durchplanen, auf Gewinne und Verluste hin durchkalkulieren, sondern wir stehen in dieser Doppelung, einerseits hineingeworfen zu sein, abhängig zu sein von den unendlichen und komplexen Bedingungen, die uns umgeben, aber auf der anderen Seite immer auch dazu aufgerufen, zu uns selbst Stellung zu nehmen, also ein Verhältnis zu uns (und d. h. auch ein Verständnis) zu entwickeln. Das kann man bewusst oder unbewusst praktizieren. Durch jedes Verhalten und jede Entscheidung fällt ein Schatten (mitlaufender) Reflexion auf uns selbst, indem man über sich spricht, indem man seine Gefühle zeigt oder darstellt, indem man malt, arbeitet oder ein Tagebuch schreibt oder was auch immer. Es sind solche Verhältnisse, die uns daran erinnern, dass wir nicht einfach in der Welt leben, nicht einfach geworfen sind, sondern gleichzeitig nicht anders können, als uns zu dem, was wir erleben, was wir erfahren, wie wir denken, immer auch verhalten zu müssen, z. B. in Form von Stellungnahmen oder Argumenten, von künstlerischen Gestaltungen, von naturwissenschaftlichen Beschreibungen oder technischen Verfahren. All das sind Formen des Sich-verhaltens zu diesem Umstand, dass wir in die Welt geworfen sind.

Verstehen und Rede

Die Welt, in die wir uns geworfen finden, präsentiert sich als eine je schon erschlossene. Sie liegt uns immer schon in einem gewissen Verstandensein vor, und die Verständlichkeit dieser Welt in ihrer Erschlossenheit ist wiederum ein bestimmtes Strukturmerkmal des Daseins – das *Verstehen*.

Wir können gar nicht anders, wenn wir in der Welt sind, als sie in irgendeiner Weise aufzuschließen oder zu verstehen, z. B. Beziehungen zwischen verschiedenen Ereignissen herzustellen. Aber das Verstehen ist nicht von vornherein wieder eine Unterart des Erkennens, sondern Verstehen meint zunächst vor allem, wie die Welt sich uns in großer Selbstverständlichkeit darbietet und erschließt. Das tut sie als ein Bedeutungsganzes, nicht getrennt nach den einzelnen Aufgaben oder Funktionen, oder getrennt nach den Kräften eines eher kognitiven oder eher affektiven oder spielerischen Weltumgangs, sondern als ein Ganzes symbolischer Erfahrungen, das sich wie von selbst ergibt.

Verstehen ist dann gegeben, wenn ein Kind sich meldet und nach der Mutter ruft oder sich darum bemüht, dass die Mutter auf es aufmerksam wird, auch ohne sprachlich differenziert auf die Dinge oder körperliche Zustände verweisen zu können, um die es geht. Auch das ist ein Verstehen, denn diese durch ungestüme Gebärden oder Gesten oder Blicke angestoßene Aktion erschließt und ‚formt' die Welt in einer vortheoretischen Bedeutsamkeit, durch auch dann, wenn es sich noch nicht in dem Sinne um ein Erkennen handelt, durch das eine bestimmte Situation identifiziert wird. Verstehen ist nicht wiederum eine Abart des Erkennens, sondern Verstehen ist ein unumgänglicher Modus, durch den wir in der Welt sind, wir können gar nicht anders: In-der-Welt-zu-Sein heißt, die Welt irgendwie zu verstehen, oder besser noch, sie immer schon erschlossen zu haben. Verstehen ist daher vor allem *Medium* – wie Wasser oder Luft, Sprache oder Geld – in dem wir uns, ohne groß Notiz von ihm zu nehmen, über den in Zeichen artikulierten Anschluss von Sinn an Sinn bewegen.[14]

Wir sind, wenn wir in der Welt sind, schon immer mit ihr vertraut. Nur deshalb, weil wir wie selbstverständlich Vertrauen in die Welt haben, bemerken wir manchmal die Fremdheit, die uns ein Gefühl vermittelt, als ob wir aus der Welt fielen oder die Welt für uns versinke; dem geht ein elementares Vertrautsein oder Verstandenhaben voraus.

Das dritte Existenzial ist die *Rede*, von der her Heidegger die Sprache thematisiert. Er unterscheidet deutlich und genau zwischen Rede und Sprache; man könnte das auf eine Formel bringen, der Mensch *hat* Sprache, aber er *ist in* der Rede. Im 20. Jahrhundert wird manchmal von der „Sprachlichkeit des Menschen" gesprochen, und das ist hiermit gemeint: der Umstand, dass der Mensch oder das Dasein nicht aus der Rede heraus kann, er steckt in ihr wie in einem Futteral. Was für das Selbstverhältnis gilt, gilt auch für die Rede, insofern er in einer immer schon sprachlich oder symbolisch erschlossenen Welt lebt. In sie wächst er hinein, in ihr lernt er sich zu orientieren.

Wird in der Welt, wie sie ist, die Rede zum *Gerede* – und auch davon handelt *Sein und Zeit* –, dann handelt es sich um eine Weise, in der die Erschlossenheit des Daseins durch die Rede zu einem *uneigentlichen* Modus des In-der-Welt-Seins degeneriert. Das Gerede ist nicht authentisch. Es ist die Rede, die „man" führt. Sprache kann man besitzen als gegenständliche, als geradezu handwerkliche Fähigkeit. Mit der Sprache kann man über Gegenstände verfügen, indem man sie bezeichnet, man kann die Sprache als Instrument nutzen, beispielsweise zur Mitteilung von Informationen, zur Benennung von Sachverhalten, zum Appell an Einsichten und Gefühle. Das Erschlossensein der Welt aber ist gegeben über die Trias von Befindlichkeit, Verstehen und eben *Rede*. Darin erschließt sich uns die je gegebene Situation in ihrer vortheoretischen Weltbedeutsamkeit. Danach liegen Gegenstände nicht einfach vor, um nachträglich bezeichnet zu werden, wir verstehen sie vielmehr über von uns in der Rede erworbene Zeichen und Begriffe. Erst dadurch, dass wir uns in die Redezeichen hineinfinden, bekommen wir es mit Gegenständen zu tun.

Das Vorlaufen zum Tode und das Leben als Ganzes

Wie gezeigt, sind für Heidegger das Selbstverhältnis und der Selbstbezug des Daseins zentral, in seiner Sprache: „Das ‚Wesen' dieses Seienden liegt in seinem Zu-sein."[15] Da das Dasein unterschiedliche Lebensmöglichkeiten kennt, kann es sich auch verfehlen. Es kann sich zu seiner Struktur *bekennen*, es kann sie aber auch *verleugnen*. Zwei Extreme in der ‚Verständigung' über sich selbst sind das eigentliche und das uneigentliche Daseinsverständnis. Das *uneigentliche* geht im alltäglichen Leben auf, in seiner Durchschnittlichkeit ist es charakterisiert durch das, was *man* tut, es weicht darin seiner Selbstkonfrontation aus.[16] Das anonyme Man bestimmt das Tun und Lassen. Näherhin wird es nach Heidegger durch *Gerede*, *Neugier* und *Aufenthaltslosigkeit* gekennzeichnet, er spricht auch von Entfremdung und einem Verfallensein an das Man. Das ist weniger moralisch gemeint denn existenziell.

Den radikalen Gegensatz dazu bildet das *eigentliche* Daseinsverständnis. In einem authentischen Selbst übernimmt sich das Dasein dadurch, dass es sich in seiner Doppelung als Geworfenheit und Entwurf anerkennt. Es versteht sich von seiner *zeitlichen* Struktur her, aber so, dass es um sich und sein In-der-Welt-sein besorgt ist. In der *Sorge* um sich selbst kann es nicht anders, als *sich-vorweg*-zu-sein. Es lebt im mächtigen Schatten der Antizipation seines Lebens als eines durch den Tod begrenzten Ganzen. Davon spricht Heidegger auch als Vorlaufen zum Tode, es strahlt auf das Leben vor dem Tode ab: *„Das Vorlaufen enthüllt dem Dasein die Verlorenheit in das Man-selbst und bringt es vor die Möglichkeit, auf die besorgende Fürsorge primär ungestützt, es selbst zu sein, selbst aber in der leidenschaft-*

lichen, von den Illusionen des Man gelösten, faktischen, ihrer selbst gewissen und sich ängstenden Freiheit zum Tode.“[17]

Der Tod ist in diesem Kontext kein innerzeitliches biologisches Ereignis, das uns irgendwann bevorsteht, vielmehr ist er nur anwesend im Voraussein auf unser Ende. Das Man verdrängt das retroaktiv wirksame Bewusstsein des Todes, das authentische Dasein vergegenwärtigt es und bekennt sich dazu. Auf diese (heroische) Weise gewinnt es seine Ganzheit gegen alle Fragmentierungen des Lebens zurück.[18]

Die Krise des Humanismus
Von J.-P. Sartre bis M. Foucault

Zuletzt handelt es sich gar nicht um
den Menschen: er soll überwunden werden.
F. Nietzsche

Die Erfahrungen des 20. Jahrhunderts haben den Philosophen eine bislang gern beanspruchte Referenz fragwürdig gemacht: den Humanismus. In diesem Kapitel geht es um die wechselvolle Geschichte dieses Begriffs und darum, welche Rolle die Kritik am Humanismus in den neueren Diskussionen gespielt hat. Beteiligte Agenten sind Sartre, Heidegger, Lévi-Strauss und Foucault.

Ausgangspunkt ist ein kleiner Text von Jean-Paul Sartre (1905–1980), den er 1945 als Vortrag in Paris gehalten hat. Er dreht sich zunächst um die Frage des Humanismus und behandelt dann die Kritik, die dieser Begriff durch Heidegger und andere erfahren hat. Der Titel lautet: „Ist der Existenzialismus ein Humanismus?“[19] Gegenstand dieses Vortrags waren Missverständnisse, die sich im Laufe der Zeit gegenüber dem Existenzialismus herausgebildet hatten. Diese Missverständnisse will Sartre aus dem Weg räumen, vor allem jenes, das sich, wie er glaubt, im Anschluss an sein erstes großes philosophisches Hauptwerk *Das Sein und das Nichts* (1943) entwickelt hat. Sartres Philosophie wird mit dem Vorwurf konfrontiert, der Existenzialismus sei ein Denken der Leere und des Nichts, ein Denken der Verzweiflung und der Untätigkeit. Mit dieser Kritik setzt er sich in dem Aufsatz auseinander. Damals, zur Zeit des Zweiten Weltkriegs, und vor allem in der Zeit danach war der Existenzialismus in Mode gekommen. Die junge Bundesrepublik rezipierte ihn in den 50er-Jahren.

Sartre unterscheidet, um dem genannten Einwand zu begegnen, zwei Formen oder Schulen des Existenzialismus: den *christlichen* und den *atheistischen*. Dem atheistischen Existenzialismus rechnet er seine eigene Lehre zu. Für diesen stellt er einen Hauptsatz auf, der lautet, dass beim

Menschen die *Existenz der Essenz vorausgehe*. Mit „Existenz" ist, wie bei Kierkegaard und Heidegger angesprochen, etwas anderes gemeint als eine abstrakte Definition über das Wesen des Menschen. Das Existieren oder der Vollzug seines Lebens, so Sartre, geht „dem Menschen", d. h. seinem Wesen oder seiner Definition, voran, was meint: Der Mensch sei nicht durch seine, wie auch immer beschaffene „menschliche Natur" vorherbestimmt. Seit der Antike hat man geglaubt, die menschliche Natur auf ein bestimmtes Wesen festlegen zu können, beispielsweise darauf, ein *animal rationale* (ein vernünftiges Lebewesen) oder ein *zoon politikon* (ein Gemeinschaftswesen) zu sein. Das sind Bestimmungen der menschlichen Natur, die den Menschen in seiner Existenz determinieren. Sartre dreht den Spieß – den platonischen Idealismus – um und sagt: Um etwas vom Menschen zu verstehen, muss man sein Existieren betrachten und zwar, mit Heidegger gesprochen, sein ganz konkretes In-der-Welt-Sein, sein jeweiliges In-bestimmten-Situationen-Sein. Der Mensch erschließt sich situativ, über das, was er in den besonderen Augenblicken seines Lebens tut, was er denkt, wovon er überzeugt ist, was er empfindet. Man darf nicht damit anfangen, abstrakte Definitionen über ihn zu verbreiten, sondern umgekehrt: Sein Existieren zu betrachten, ist der Königsweg, um den Menschen zu verstehen.

Hinzu kommt ein zweiter Hauptsatz: Der Mensch ist das, was er aus sich selbst macht. Wenn Sartre sagt, die Existenz gehe der Essenz oder dem Wesen voran, dann ist der letzte Satz direkt daran anzuschließen. *Wie* existiert er denn? Nämlich so, dass er das, was er ist, aus sich selbst heraus schaffen muss.

Auch Kant verweist in seiner *Anthropologie* hinsichtlich der Frage, was der Mensch sei, nicht auf das, was die vermeintliche Natur aus ihm macht, sondern auf das, was er, als frei handelndes Wesen, selbst aus sich machen kann. An diesem Punkt setzt Sartre ein: Vom Existieren lässt sich eigentlich nur sprechen im Blick darauf, dass der Mensch über seine Handlungen zum Urheber seiner selbst wird. Sich aus sich selbst heraus zu erschaffen, bedeutet aber, dass er in einem radikalen Sinne für sich selbst verantwortlich wird. Man versteht, warum manchmal gesagt wird, dass in Sartres Humanismus „der Mensch" in die Stelle Gottes einrücke.

Das ist die entscheidende Pointe: Der Mensch steht vor der Aufgabe, aus sich selbst und aus sich heraus das Beste zu machen, er muss sich, wie Sartre sagt, selbst entwerfen. Vom Menschen als einem *geworfenen Entwurf* war bei Heidegger die Rede. Wenn er nicht nur in dem, was er über sich denkt (theoretisch), sondern auch im Blick darauf, wie er handelt (praktisch) sein eigener Entwurf ist, dann ist er auch für diesen Entwurf – seinen Selbstentwurf – verantwortlich. Die Stärke des Sartre'schen Entwurfs liegt dementsprechend in der Praxis, er besteht in einer Wiederaneignung der göttlichen Attribute, vor allem der allerkostbarsten: der schöpferischen, der Macht zu erschaffen, oder, wie Sartre sagt, „zu machen, daß eine Welt existiert".

Aufgrund dieser ursprünglichen Wahl ist der Mensch nicht nur für sich, sondern auch für alle anderen verantwortlich. Dies sei die Grundsituation des Menschen: die Verantwortlichkeit für sich und für die anderen zu haben, eine Situation, die im selben Atemzug *Angst* auslöst. Die Existenz des Menschen ist so eingebettet in ein existenzielles Gefühl. Der Mensch ist ein sich ängstigendes oder geängstigtes Wesen. Die Angst ist da mit der Einsicht in diese Aufgabe, dass er für sich und für andere verantwortlich ist. Der Mensch weiß in gewisser Weise – unter dieser Bedingung der Verantwortung –, dass er sich und anderen in dem, was er tut, Gesetzgeber ist. Die Angst führt aber nicht, wie Sartres Kritiker geglaubt haben, zur Untätigkeit oder zum Rückzug, sondern zu einer vollen Verantwortung gerade für den, der – und dies in der Wendung gegen den christlichen Existenzialismus – die Existenz Gottes verneint. Gerade wenn es zu einer Verneinung der Existenz Gottes kommt, ist der Mensch auf eine totale Weise verantwortlich. Es gibt dann keine anderen Instanzen, mit Blick auf die er sich von seiner Verantwortung entlasten könnte.

Der Mensch ist dazu verurteilt, frei zu sein

Der nächste Hauptsatz in der Verteidigung des Existenzialismus Sartre'scher Prägung ist dann der: Es gibt auch keine allgemeingültige Moral mehr. Sartre lehnt eine allgemeine Gesetzesmoral, eine Sollensmoral, die für alle gilt, ab. Es gibt keine „höchsten Werte", auf die man rekurrieren könnte. Was daraus folgt, ist ein weiterer zentraler Satz des Existenzialismus, der in seiner bekannten Formulierung lautet: „Der Mensch ist dazu verurteilt, frei zu sein." Er hat keine Chance, anders zu agieren, als unter dieser Bestimmung: frei zu sein. Das gilt für jeden Einzelnen, nicht nur für den Menschen als Gattungswesen, jeder Einzelne steht vor der Herausforderung, angesichts der freien Wahl seiner Handlungen, seiner Aufgaben, seiner Überzeugungen, für seine Intentionen und Wünsche die Verantwortung übernehmen zu müssen.

Sartre formuliert damit ein paradoxes Verhältnis: auf der einen Seite der Zufälligkeit des Lebens ausgeliefert zu sein und angesichts der realen Übermacht der äußeren Verhältnisse, der Institutionen, der Gesellschaft nur ganz wenig tun, ernsthaft tun zu können, um deren Missstände zu verändern; und andererseits trotz der geringen Möglichkeiten, die Dinge zu verändern, die totale Verantwortung übernehmen zu müssen. Aus dieser Spannung heraus sprechen der Geist und das Pathos des Existenzialismus. Die Verurteilung zur Freiheit geschieht im vollen Bewusstsein der äußeren Wirklichkeit, der gegenüber kaum Beeinflussungsmöglichkeiten bestehen – ganz so, wie es vor gar nicht langer Zeit an den Häuserwänden – im Bewusstsein von ‚no future' – geschrieben stand: „Du hast keine Chance, also nutze sie."

Die Qual der Wahl

Insofern Sartre die Idee einer allgemeinen Moral ablehnt, ist der Mensch als Einzelner im Gegenzug dazu verurteilt, in einem radikalen Sinne *wählen* zu müssen. Der Mensch ist ununterbrochen vor Wahlsituationen gestellt. Wenn es keine allgemeine Moral gibt, nach der er sich richten, an der er sich orientieren kann, dann heißt das, immer wieder Wahlen treffen zu müssen, um ihre Richtigkeit zu erproben.

Das Leben ist eine Aneinanderreihung von Wahlen, für die man dann aber auch zur Verantwortung gezogen wird, weil es keine allgemeinen übergeordneten Richtlinien oder Institutionen gibt, die einem die Wahl abnehmen. Die Wahlen richten sich in erster Linie nach den Erfordernissen der Situation, die von den Wählenden definiert werden müssen. Die Soziologen beschreiben das heute mit Begriffen wie dem der „Individualisierung". Sie sehen in dem Individualisierungsprozess aber keine Aussage über das In-der-Welt-Sein des Menschen schlechthin, sondern eine historische Tatsache. Der Wandel der gesellschaftlichen Verhältnisse erlegt den Menschen den Zwang auf, ständig neu über ihren Arbeitsplatz und ihre Mobilität, über Gebrauchs- und Bildungsgüter, über Automaten und Pflegedienste entscheiden zu müssen.

Wenn es keine allgemeinen, übergreifenden ethischen Normen (mehr) gibt oder sie in einem rasanten gesellschaftlichen Wandel begriffen sind, dann muss im Prinzip jede Handlung von einigem Gewicht auf ihre soziale Angemessenheit und Legitimität befragt werden. Und das immer wieder neu. Dass unendlich viele Wahlen getroffen werden müssen, dass sich gleichsam nichts mehr von selbst versteht und jede Wahl auf den zurückfällt, der entscheidet, das ist das Sartre'sche Pathos. Wenn das so ist, wenn ich permanent vor Wahlentscheidungen stehe, dann kann ich mich selbst so verstehen, dass ich mich über diese Wahlen ununterbrochen selbst „erfinden“ oder selbst erschaffen, d. h. individuieren, muss. Man selbst ist dann die Summe dieser Wahlen, *sie zeigen, wer man selbst ist.* Man versteht sich, man entwirft oder antizipiert sich, man erschafft sich über die verschiedenen Wahlen, die man getroffen hat.

In dieser Situation werden zwei Einwände vorgebracht, der eine: Das ist doch *idealistischer Solipsismus.* Idealistisch deshalb, weil der Mensch total überfordert ist, in solch einer permanenten Wahlsituation zu sein und entsprechend die Verantwortung dafür übernehmen zu müssen. Der Realismus würde sagen, um Gotteswillen, die Menschen sind nicht absolut frei, die Menschen sind in ihren Entscheidungen viel abhängiger, sie wählen sicherlich in dem einen oder anderen Fall, aber viel häufiger werden sie gewählt, sie werden zu dieser oder jener Wahl gedrängt. ‚Solipsismus‘ lautet der andere Vorwurf, der gegenüber den Existenzialisten immer wieder erhoben wird: dass jeder Einzelne in seinen Vorstellungen nur in/um sich kreist, dass jeder Einzelne in/mit dem, was er denkt und versteht, nur bei sich selbst ist. Das Krankheitsbild des Solipsismus ist der „Autismus“. Autisten kapseln sich von der Welt ab, jede Kontaktaufnahme gestaltet sich schwierig, wenn sie überhaupt zustande kommt. Selten wird z. B. durch Augenkontakt eine gemeinsame Basis für Kommunikation geschaffen. Der Film „Rain Man“ mit Dustin Hoffmann vermittelt einen Eindruck von dieser sozialen Beziehungsstörung. Philosophisch wird immer dann von Solipsismus gesprochen, wenn der Mensch als eine selbstbezogene und selbstgenügsame Monade konzipiert wird.

Ist das das übliche Szenario, in dem wir Entscheidungen treffen? Allein auf uns selbst gestellt? Abgekapselt gegenüber der übrigen Welt? Die Regel ist das nicht. Bei Sartre ist es der Einzelne, in seiner Einsamkeit, in seinem Allein- und Verlassensein, er ist gleichsam derjenige, der das gesamte Gewicht der Welt auf seinen Schultern tragen muss. Das hat auf der anderen Seite einen interessanten Zug. Wenn man für sich allein die Entscheidung fällt, dann äußert sich darin in gewisser Weise die Authentizität des Einzelnen. Der Einzelne, der in der Unterredung mit sich entscheidet, schöpft diese Entscheidung nur aus sich; darin ist er er selbst. Deshalb wird diese Philosophie von Sartre bis Heidegger immer wieder auch unter den Titel des Authentizitätsstrebens des Einzelnen gestellt.[20] Heidegger spricht vom „Eigentlichen“, was ihm später den Spott Adornos zugezogen hat: „Jargon der Eigentlichkeit“.

Dem anderen Einwand, dass der Existenzialismus qua Überforderung regelmäßig in die Verzweiflung des Einzelnen führe und über die Verzweiflung zur Resignation, begegnet Sartre damit, dass er behauptet, es handele sich um das Gegenteil. Er predige keinen Pessimismus, sondern den Optimismus: Der Mensch halte in seinen Wahlen sein Schicksal in der eigenen Hand.

Der Existenzialismus ist ein Humanismus

Es kommt noch ein Punkt zum weltanschaulichen Hintergrund des Existenzialismus hinzu. Sartre hält an einer Position fest, die man den cartesischen Ausgangspunkt seines Denkens genannt hat: das *cogito*, das „ich denke“ (trotz seiner Analysen zum präreflexiven *cogito*). Das ist der Ausgangspunkt, in dessen Rahmen er sich selbst als Einzelnen entwirft. Und auch dort taucht wieder der Vorwurf des Solipsismus auf, wenn er diese cartesisch-kantische Tradition stark betont. Seine Entgegnung besteht in dem Hinweis, dass in diesem „ich denke“ jeder andere mit der gleichen Gewissheit entdeckt werde; ich unterstelle für jeden anderen die gleiche Ich-Gewissheit, und deswegen führe diese Selbstvergewisserung nicht in den Solipsismus. Was fraglich ist, mindestens wird der Gedanke der Intersubjektivität von Sartre nicht wirklich entwickelt.

Sartre resümierend: Der Existenzialismus ist ein Humanismus, nicht in dem Sinne, dass der Mensch als vorgegebener Zweck der höchste Wert ist, sondern im freien Entwurf über sich hinaus seine Selbstverwirklichung sucht. Dem Existenzialismus geht es nicht um die Verwirklichung eines allgemeinen Wesens des Menschen, sondern er schreibt dem Menschen die Chance zu, seine eigene Selbstverwirklichung anzustreben. Der Einzelne findet sich geradezu in diese Situation hineingeworfen, in der er seine Wahl treffen muss, er kann gar nicht anders als sich selbst zu ergreifen. Dieses Sich-selbst-Ergreifen nennt der Existenzialismus von Kierkegaard bis in die Mitte des 20. Jahrhunderts hinein *Existieren*.

1946, ein Jahr nach Sartres Humanismus-Vortrag, hat Heidegger in seinem „Brief über den Humanismus“ an Jean Beaufret auf Sartre und seinen Vortrag Bezug genommen und darin eine höchst folgenreiche Kritik entwickelt. Ich zitiere zunächst eine aufschlussreiche Passage darüber, wie Heidegger Sartre versteht und wiedergibt. Er schreibt: „Sartre spricht dagegen den Grundsatz des Existenzialismus so aus: die Existenz geht der Essenz voran. Er nimmt dabei existentia und essentia [Existieren und Wesen, G. G.] im Sinne der Metaphysik, die seit Platon sagt, die essentia geht der existentia voraus. Sartre kehrt diesen Satz einfach um. Aber die Umkehrung des metaphysischen Satzes ist und bleibt ein metaphysischer Satz. Als dieser Satz verharrt er mit der Metaphysik in der Vergessenheit der Wahrheit des Seins.“ Das ist zunächst eine ungemein abstrakte Formulierung des Vorwurfs, den Heidegger gegen Sartre erhebt. „Denn mag auch die Philosophie das Verhältnis von essentia und existentia im Sinne der Kontroversen des Mittelalters oder im Sinne von Leibniz oder anders bestimmen, vor all dem bleibt doch erst zu fragen, aus welchem Seinsgeschick diese Unterscheidung im Sein als esse-essentia und esse-existentia vor das Denken gelangt. Zu bedenken bleibt, weshalb die Frage nach diesem Seinsgeschick niemals gefragt wurde und deshalb sie nie gedacht werden konnte. Der Hauptsatz von Sartre über den Vorrang der existentia vor der essentia rechtfertigt indessen den Namen Existenzialismus als einen dieser Philosophie gemäßen Titel.“

Heidegger wehrt sich dagegen, dass seine Philosophie auch als Existenzialismus aufgefasst wird. Mit Sartre will er nichts zu tun haben. Mit dieser Deutung des menschlichen Wesens schon gar nicht. Für Heidegger ist der Mensch Ex-sistenz, Herausgestelltsein aus der Kette des Seienden. Der Mensch hat eine besondere Form des Existierens. „Durch diese Wesensbestimmung des Menschen werden die humanistischen Auslegungen des Menschen als *animal rationale*, als Person, als geistig-seelisch-leibliches Wesen nicht einfach falsch und werden nicht verworfen, vielmehr ist der einzige Gedanke, daß die höchsten humanistischen Bestimmungen des Wesens des Menschen die eigentliche Würde des Menschen noch nicht erfahren.“ Mit den humanistischen Bestimmungen verfehlen wir noch immer die eigentliche Würde des Menschen, wir treffen sie auch nicht in dieser abstrakten Sartre'schen Umkehrung von *essentia* und *existentia*. Heidegger betont weiter, dass seine Kritik sich nicht etwa auf die Gegenseite des Humanum schlüge und nun das Inhumane oder das Unmenschliche befürworte. Gegen den Humanismus wird gedacht, weil er die *Humanitas* des Menschen noch nicht hoch genug einschätze. Heideggers Kritik in der Zusammenfassung: „Freilich beruht die Wesenshoheit des Menschen nicht darin, daß er die Substanz des Seienden als dessen ‚Subjekt' ist, um als Machthaber des Seins in der allzulaut gerühmten ‚Objektivität' zergehen zu lassen.“[21]

Nun, der Vorwurf lautet: Der Mensch versteht sich als Machthaber des Seins und müsste doch eigentlich – mit Heidegger gesprochen – der *Hirte des Seins* sein. In der Subjektvorstellung steckt von vornherein der Versuch einer Bemächtigung oder Beherrschung dessen, was der Mensch nicht (und auch) ist: der Natur, der anderen Menschen usw. In der Subjektstellung steckt von vornherein die Geste des Unterwerfenwollens. Das erregt Heideggers kritischen Sinn an den verschiedenen Vorstellungen des Subjekts, dass sie den Anderen und die Welt, in der wir sind und leben, stets unter den Begriffen des Vorstellens und des Herstellens denken. Dabei wird der oder das Andere immer in Form eines Objekts, eines Dings, eines Gegenstandes vor-gestellt. Und diese Metaphysik der Bemächtigung, meint Heidegger, stecke bereits in der philosophisch fundamentalen begrifflichen Achse von Subjekt und Objekt. Sie stelle keine neutrale Beschreibung von uns und der Welt dar, sondern unterstehe von Anfang an einem Herrschaftsanspruch. Und diesen habe Sartre so wenig wie die gesamte Philosophie vor ihm gesehen.

Der zweite Vorwurf, den Heidegger gegenüber Sartre lanciert, ist der, dass Sartres Denken das *Ereignis* nicht handhaben könne. In diesem Verhältnis von Subjekt und Objekt habe das Geschichtliche, das Zeitliche keine Stelle, und schon gar nicht das Ereignis, denn dies sei am wenigsten vorhersehbar und d. h.: zu beherrschen. Ein Ereignis entsteht überraschend an der Schnittstelle einer bestimmten Situation, an der wir zwar beteiligt sind, die wir aber nicht voll im Griff haben.[22] Nur darüber, dass etwas sich ereignet, glaubt Heidegger, können wir verstehen, was Offenheit heißt. Der Mensch ist aber wesentlich durch „Offenheit“ charakterisiert. Offenheit ist keine Passivität; sie hat eine fast aktivische Form: Man muss sich positionieren, darauf einstellen, offen zu sein. Die Stellung des Menschen in der Welt ist über seine Offenheit zu beschreiben – nicht über das Subjekt-Objekt-Verhältnis.

Strukturalismus und Humanismus

Ich breche an dieser Stelle die Überlegungen zu Heidegger ab und komme zurück zum Humanismus und einer anderen Kritiklinie.

Claude Lévi-Strauss (1908–2009), französischer Geistesheros, Ethnologe und Sozialwissenschaftler, hat die wohl mächtigste und sehr weitreichende Kritik am Humanismus lanciert. Sie ruht auf der Basis einer anderen Großtheorie, dem Strukturalismus. Lévi-Strauss untersucht die Mythen fremder Völker. Er hat ein vierbändiges Werk geschrieben, *Mythologica* (1964–1971), in dem er versucht, die Mythen dieser Welt zu sammeln und zu ordnen, sie auf ihre immanenten Strukturen hin zu untersuchen. Er zeigt, dass mythische Erzählungen immer wieder vergleichbare Formen aufweisen, dass sie bei den verschiedenen Kulturen in ähnlicher Weise wiederkehren. Die Strukturen, die diesen Erzählungen zugrunde liegen, gleichen sich – daher der Begriff *Strukturalismus*. Ob man Mythen aus Südamerika oder aus Vorderasien nimmt, es zeigen sich vergleichbare (archetypische) Motive und Strukturen: die Geburt des Königssohns, das Ausgesetzt-Sein, die Erdmutter etc.

In der Zwischenzeit ist Sartres zweites Hauptwerk *Die Kritik der dialektischen Vernunft* (1960) erschienen. Lévi-Strauss stellt nun die zwei zentralen Begriffe des Sartre'schen Denkens infrage: den Humanismus und die Geschichte, wie das gleichlautende Kapitel aus seinem Buch *Das wilde Denken* (1962) heißt. Lévi-Strauss bekennt sich darin explizit zu einem Antihumanismus in dem Sinne, dass er das Subjekt auf einen Träger unbewusst wirksamer Strukturen reduziert. Wenn wir vom Subjekt sprechen, dann kann von der Individualität des einzelnen Menschen überhaupt keine Rede sein, weil die Menschen in ihrem Verhalten, in ihrem Sprechen und in ihrem Denken, in ihren Wünschen und Bedürfnissen usw. unbewusst bestimmten Denk- und Sprachstrukturen folgen, die ihnen ihre Lebensform oder ihr Weltbild oder ihre Mythen vorschreiben. Das zeigt sich an der Gleichheit der Mythen rund um den Erdball, an den Verwandtschaftsverhältnissen und den Erzählungen, über die sich die Menschen in den frühen Kulturen interpretieren und verstehen. Der Mensch oder das Subjekt ist nur der Träger unbewusst wirksamer Strukturen, die auf der kulturellen und sprachlichen Oberfläche größere oder kleinere Abwandlungen erfahren. Dabei bezieht Lévi-Strauss sich auf den linguistischen Strukturalismus Ferdinand de Saussures, von dem noch die Rede sein wird.[23]

Lévi-Strauss' Einwand gegenüber dem existenzialistischen Humanismus lautet: Die Menschen glauben zwar, dass sie handeln, dass sie aufgrund bestimmter Überzeugungen und kraft ihrer Spontaneität über Dinge entscheiden oder sich an bestimmten Werten orientieren, aber im Grunde folgen sie durchgängig bestimmt den Vorgaben, die ihnen der interne Funktionsmechanismus ihres Geistes – realisiert in universellen Strukturen – vorschreibt. Die Sozialwissenschaften untersuchen diese Regelmäßigkeiten, diese Strukturen, die die Menschen in ihrem Verhalten (relativ) bewusstlos vollziehen.

Der zweite Angriff besteht in der Behauptung, dass dasselbe auch für die Geschichte gelte. Auch dort herrschten durchgängig bestimmte Muster und Strukturen. Aber die Kritik an Sartre trägt darüber hinaus noch einen spezifischen Zug. Sartre denke ethnozentristisch, genauer, eurozentristisch. Er unterscheide nämlich Völker, die eine Geschichte haben, von denen, die diese Vorstellung nicht kennen. Sartre nennt sie die „formlosen" Völker und Lévi-Strauss kritisiert das als typisch *eurozentristisch* geprägten Blick. Es gibt viele sogenannter primitiver Kulturen, die eine Geschichte in unserem Sinne überhaupt nicht kennen. Sartre geht darüber hinweg wie ein Meisterdenker, indem er sagt: Wer es nicht mal zum Begriff der Geschichte gebracht hat, gehöre zu den Primitiven. Lévi-Strauss betont im Gegensatz dazu die Pluralität der Kulturen, er sieht in ihr, mit Ranke gesprochen, dass jede Kultur unmittelbar zu Gott steht, dass jede Kultur in sich einen Wert hat und nicht von anderen Kulturen her beurteilt, ab- oder aufgewertet werden kann. Im Grunde predigt Lévi-Strauss eine friedliche Koexistenz aller Kulturen aus dem Gedanken des Respekts vor ihrem jeweiligen Eigenwert.[24]

Die strukturale Anthropologie ist eine Archäologie des Vergangenen, eine Perspektive, die nach dem Zweiten Weltkrieg versucht, vergangene und zerstörte Welten zu rekonstruieren – im Schatten der *traurigen Tropen*[25], die in ihrer Trauer zugleich ein Urteil der Hoffnungslosigkeit über die eigene europäische Kultur verbreiten. Diese Archäologie zielt nicht auf eine einfache Wiederherstellung des Gewesenen – diese Welten sind unwiderruflich verloren –, sie öffnet den Blick für die *Differenz* von Kulturen, für die vielen Bilder möglichen Menschseins, wenngleich im Bewusstsein einer höheren, strukturanthropologisch gedeuteten Einheit.

Die Kritik an Sartre stützt sich auf eine Erfahrung, die angesichts der Katastrophengeschichte des 20. Jahrhunderts die alteuropäische Einheit von Geschichte und Humanität auseinanderbrechen sieht. Allein ihre Aufkündigung macht eine (humane) Fortsetzung denkbar: „Man braucht nur zu erkennen, daß die Geschichtswissenschaft eine Methode ist, der kein genaues Objekt entspricht, und infolgedessen die Äquivalenz zwischen dem Begriff der Geschichte und dem der Menschheit zu verwerfen, die man uns mit dem uneingestandenen Ziel einzureden versucht, die Historizität zum letzten Refugium eines transzendentalen Humanismus zu machen: als ob die Menschen, wenn sie nur auf ein Ich verzichten, das schon allzu sehr an Konsistenz verloren hat, auf der Ebene des Wir die Illusion der Freiheit wiederfinden könnten."[26]

Während Sartre daran festhält, die Geschichte als Selbsthervorbringung des Menschen zu begreifen, die ihren Zweck in der „Praxis" hat, d. h. in der Herstellung von Freiheitsbedingungen, die sie an kollektive Bewegungen delegiert, besteht die strukturale Anthropologie darauf, „daß das letzte Ziel der Wissenschaften vom Menschen nicht das ist, den Menschen zu konstituieren, sondern [...] ihn aufzulösen".[27]

Lévi-Strauss hat, vor allem in Frankreich, d. h. dem Paris der 60er-Jahre, eine kurze, aber ungeheuer nachhaltige Wirkung gehabt. Man könnte fast sagen, durchgängig waren alle Kultur- und Humanwissenschaftler mit einem Schlag Strukturalisten. Die Marxisten, z. B. Louis Althusser, die Psychoanalytiker, wie Jacques Lacan, die Literaturtheoretiker (Roland Barthes), alle versuchten auf ihrem Feld diesen Gedanken zu verfolgen: Nicht die Menschen, nicht die Subjekte sprechen und agieren, sondern die Sprache spricht, und die gesellschaftlichen Verhältnisse determinieren strukturell und vorbewusst unser Handeln. Aber es dauert nicht lange, was passiert? Kurze Zeit später sind alle – dieselben Leute, wirklich dieselben – *Poststrukturalisten*. Lévi-Strauss wird zur Zielscheibe der Kritik (vgl. Kap. IV, S. 296 ff.).

Zunächst etabliert sich eine neue Konkurrenz. Wer vertritt den schärfsten Antihumanismus? Für die Marxisten wird der Humanismus zur „bürgerlichen Ideologie" par excellence, für die Nietzscheaner ist „der Mensch" ohnehin eine Ausgeburt des Nihilismus und des Ressentiments des modernen „reaktiven" Menschen (Deleuze mit Nietzsche), die Strukturalisten wie Lévi-Strauss tragen die Absicht, „den Menschen aufzulösen".

Technokratischer Humanismus

Michel Foucault (1926–1984) steht noch im Bann des Strukturalismus, als er ein Interview gibt, das höchst aufschlussreich ist, insofern es das Problem des Humanismus erneut aufwirft. Die Diskussion wird dabei nicht von Foucault, sondern von einem hartnäckigen Interviewer vorangetrieben, der provokativ fragt, warum man eigentlich kein Humanist mehr sein kann? Ob nicht auch die Kritik am Humanismus selbst noch humanistisch motiviert sei?

Foucault: „Sie wissen doch – und ich beziehe mich auf eine Landschaft, die sicherlich auch Sie gut kennen, da wir sie wahrscheinlich gemeinsam durchwandert haben, daß es gerade dieser Humanismus war, der in den Jahren nach dem Weltkrieg sowohl den Stalinismus wie die Hegemonie der christlich-demokratischen Parteien gerechtfertigt hat, daß es derselbe Humanismus ist, den wir bei Camus und im Existenzialismus Sartres finden usw. Zu guter Letzt ist dieser Humanismus doch der Prostituierte des ganzen Denkens, der ganzen Kultur, der ganzen Moral und Politik der letzten 20 Jahre gewesen: und wenn man ihn uns nun als Tugendbeispiel vorstellt, so halte ich das für eine Provokation."

Interviewer: *„Es handelt sich aber nicht darum, einen bestimmten Humanismus zum Tugendbold zu machen. Sie haben sich darauf beschränkt, einen Humanismus zu verurteilen, der im Widerspruch zu seinen eigenen Voraussetzungen steht, einen zweideutigen oder überholten Humanismus. Ich möchte jedoch, daß Sie mir erklären, wieso man heute überhaupt nicht mehr Humanist sein kann."*

„Darauf will ich folgendes antworten: ich glaube, die Humanwissenschaften [hier weicht Foucault zunächst aus, G. G.] führen uns überhaupt nicht zur Entdeckung des ‚Menschlichen', der Wahrheit des Menschen, seiner Natur, seiner Entstehung, seiner Bestimmung. [Jetzt kommt eine richtige Diagnose, die aber nichts mit der Frage zu tun hat, G. G.] Dasjenige, mit dem sich die verschiedenen Humanwissenschaften wirklich beschäftigen, ist etwas vom Menschen Verschiedenes, das sind Systeme, Strukturen, Kombinatoriken, Formen usw. Wenn wir uns daher ernsthaft mit den Humanwissenschaften auseinandersetzen wollen, müssen wir uns vor allem der Illusion entledigen, es gelte, den Menschen zu suchen."

„Das mag auf der Ebene der Wissenschaft, der Erkenntnis zutreffen; aber auf der Ebene der Moral ..."

„Sagen wir: auf der Ebene der Politik. Ich behaupte nämlich, daß sich die Moral zur Gänze auf die Politik und auf die Sexualität reduzieren läßt, welche wiederum auf die Politik reduziert werden kann. Folglich ist die Moral Politik. [...] In Wirklichkeit sind die Probleme, die sich einem Politiker stellen, Probleme etwa folgender Art: Soll man den Index des Bevölkerungswachstums steigen lassen? Soll man die Schwerindustrie oder die Leichtindustrie fördern? Bietet die Steigerung des Konsums in einer bestimmten Konjunktur Vorteile oder nicht? Das sind die politischen Probleme. Auf dieser Ebene finden wir keine ‚Menschen'."

„Aber formulieren Sie nicht eben Ihren Humanismus? Warum soll man eine ökonomische Tendenz einer anderen gegenüber bevorzugen? Warum soll man

das Wachstum der Bevölkerung regulieren? Geht es in all diesen politischen Aufgaben nicht um das Wohl der Menschen? [...]"

„Ich möchte nicht, daß meine Behauptung als Slogan betrachtet wird. Zwar ist sie inzwischen zu einem Schlagwort geworden, aber gänzlich gegen meinen Willen. Vielmehr handelt es sich um eine tiefe Überzeugung, die ich aus der Erfahrung der üblen Dienste gewonnen habe, welche diese Idee des Menschen in so vielen Jahren geleistet hat." [Es gibt also zunächst einen ersten Einwand, den Foucault nennt: Die Humanwissenschaften suchen nicht nach dem Menschen, der Mensch kommt in den Humanwissenschaften nicht vor. Das ist sicherlich richtig. Eine Psychologie oder Soziologie interessiert sich nicht mehr für den Menschen, sie interessiert sich für Rollen, für Muster, für soziale Milieus. Der zweite Punkt ist, dass man mit der Idee des Menschen im Stalinismus oder im Nationalsozialismus usw., Politik und/oder Schindluder getrieben hat – natürlich ein berechtigter Hinweis. „Der Mensch" hat sehr häufig dazu gedient, mehr als bedenkliche Maßnahmen „zu seinem eigenen Besten" zu rechtfertigen oder Forderungen nach diesem und jenem zu legitimieren, die sich zwingend aus seiner „Wesensnatur" ergeben, G. G.]

„Diese schlechten Dienste hat sie dem Menschen erwiesen. Auch Sie orientieren sich an einer humanistischen Forderung. Bis zu welchem Punkt glauben Sie, den Humanismus negieren zu können? Im Konkreten beschränken Sie sich doch darauf, die zu ihren eigenen Voraussetzungen im Widerspruch stehenden Humanismen, die überholten oder allzu beschränkten Humanismen zu denunzieren, was die Forderung einer moderneren, der heutigen Situation angemesseneren und elastischeren humanistischen Ideologie impliziert."

[Es kommt ein dritter interessanter Einwand, G. G.] „Ich möchte nicht als Vorkämpfer eines technokratischen Humanismus oder eines Humanismus, der sich nicht als solchen zu bezeichnen wagt, auftreten. In Wahrheit ist ja niemand mehr Humanist als die Technokraten. [Natürlich. Warum? Alle Ingenieure verstehen das Argument sofort: Sie glauben oder rechtfertigen ihr Tun stets damit, alles zum Besten und zum Wohle der Menschen zu tun, G. G.]

Auf der anderen Seite muss eine linke Politik möglich sein, die ohne all diese konfusen humanistischen Mythen auskommt. [...] Nach meinem Dafürhalten sind die Technokraten Humanisten und Technokratie ist eine Form des Humanismus. Die Technokraten glauben ja in einem gewissen Sinne die einzigen zu sein, die das ‚Glück der Menschen' definieren und herbeiführen können.“ [Das ist des Pudels Kern. Der Technokrat glaubt, das Glück oder das Beste des Menschen technisch herbeiführen zu können. Der dritte Einwand wäre also: Humanismus nimmt in der modernen Welt zwangsläufig die Form eines technokratischen Humanismus an, G. G.]

„Allerdings meinen Sie, daß die humanistischen Mythen keineswegs mit dem Problem des Funktionierens der Menschen in Beziehungen aufeinander verbunden sein müssen.“

„Jawohl. Wenn wir über das Problem des Humanismus zu diskutieren scheinen, beziehen wir uns eigentlich auf ein einfacheres Problem, auf das des Glücks. Ich behaupte, daß sich der Humanismus zumindest auf der politischen Ebene als jene Einstellung definieren läßt, derzufolge es Zweck der Politik ist, das Glück herbeizuführen. Meiner Überzeugung nach kann aber der Begriff des Glücks nicht mehr gedacht werden. Das Glück existiert nicht und das Glück der Menschen existiert noch weniger.“[28]

Soweit die kurze Geschichte der Kritik am Humanismus, damit ist sie aber noch nicht zu Ende. Die Rede vom „Verschwinden des Menschen“ oder die von seiner „Verabschiedung“ wird zu einem weit verbreiteten Topos der philosophischen, kultur- und sozialwissenschaftlichen Debatten um Moderne und Postmoderne im letzten Drittel des 20. Jahrhunderts. Motive M. Heideggers und der Kritischen Theorie um Max Horkheimer (1895–1973) und Theodor W. Adorno (1903–1969) aufnehmend, schreibt der Kommunikations- und Wissenschaftstheoretiker Vilém Flusser (1920–1991): „Das Subjekt wird sich selbst zum Objekt, und zwar in allen seinen Parametern. Der Mensch wird kalkulierbar, nicht nur als physische und physiologische, sondern auch als mentale, soziale und kulturelle ‚Sache‘. Alle seine Parameter werden analysierbar, in Punkte zersetzbar: die Wahrnehmungen in Reize, das Verhalten in Aktome, die Entscheidungen in Dezideme, die Sprache in Phoneme, die Kulturen in Kultureme. [...] Als Objekt des Kalkulierens zerfließt der Mensch in sich einander überschneidende Netze von physiologischen, psychischen, sozialen und kulturellen Relationen; und der Mensch als Subjekt des Kalkulierens löst sich im Kalkulieren selbst auf. Das ist der berüchtigte ‚Tod des Humanismus‘.“[29]

Am Leitfaden des Leibes
Von L. Feuerbach bis F. Nietzsche

Als Gott den Menschen erschuf, war er
bereits müde; das erklärt manches.
M. Twain

Neben „Existenz“ stellt der „Leib“ ein weiteres Stichwort dar, mit dem Philosophen, beginnend im 19. Jahrhundert, versuchen, die vorphilosophische Welterfahrung oder das Leben stärker zur Geltung zu bringen. Der Leib, die Sinnlichkeit usf. werden als konstitutiv für alles Philosophieren betrachtet. Vernunft und Geist werden ihres Vorrangs beraubt. Im Blick auf ihre Macht oder ihre Wirkungskraft treten sie hinter den Leib zurück. Der Schlüssel zum Selbstverständnis des Menschen (und der Welt) liegt nicht im Geist, sondern in bewusstseinsfernen Kräften.

Die in Konzeptionen wie Leib, Sinnlichkeit und Angst liegende Provokation lässt sich vor einem ideengeschichtlichen Horizont verdeutlichen. Seit ihren Anfängen arbeitet sich die Philosophie am problematischen Verhältnis von Vernunft und Trieb, oder allgemeiner, von Geist und Körper ab. Ihr Verhältnis ist durch einen ständigen Konflikt geprägt. Von Platon über Augustinus bis hin zu Kant und Hegel gibt es eine Rangordnung, in der, wenn auch bisweilen umstritten, eindeutig der Geist dominiert. Der Geist hat das Sagen. Schon die bekannte Definition des Menschen als *animal rationale* enthält eine Wertung, wenn nicht gar eine Forderung: Aus dem *animal rationabile* (dem mit Vernunft begabten Lebewesen) ein *animal rationale* (ein vernünftiges Lebewesen) zu machen. Der Mensch soll sich von seiner Triebhaftigkeit emanzipieren, der Mensch soll frei über seine Triebe gebieten lernen und sich von dem, was vernünftig ist, durchdringen lassen. Platons Bild vom Reiter, der die Schritte des Pferdes – der ungezähmten, triebhaften Energie – in die richtige Richtung zu lenken weiß, verdeutlicht das. Was den Menschen als Souverän inthronisiert, ist sein Wille.

Der Wille ist als Einheit von Streben und Einsicht definiert, als ein bestimmtes Energiepotenzial oder ein Drang, der durch Einsicht und Denken zu einem vernünftigen Verhalten angeleitet wird. Diese Hintergrundüberzeugung wird zu Beginn des 19. Jahrhunderts erschüttert. Der Wille wird umdefiniert – ein höchst aufschlussreicher Prozess, der sich bereits im Spätidealismus Schellings ankündigt. Mit Schopenhauer und Freud, mit Feuerbach und Nietzsche wird eine neue Semantik des Willens erarbeitet. Der Wille wird blinder Wille, ziel- und zügellose Triebkraft, ohne Lenkung durch die Vernunft. Diese wird in vielfacher Weise abgewertet. Natürlich war die Vernunft immer schon dem Zweifel ob ihrer Macht und Legitimität ausgesetzt.

Der Zweifel an der Vernunft begleitet die abendländische Philosophie seit ihren Anfängen. Heute ist die Annahme allgemein, dass die mit der Begierde und dem Trieb verbundene Seite regelmäßig die stärkere ist. Mit Nietzsche beginnt darüber hinaus folgender Gedanke einen breiten Raum zu gewinnen: Ist diese Seite nicht vielleicht auch die bessere? Hat sie eine ihr eigene Wahrheit? In einer Art *wisdom of the body*? War ihre gewalttätige Abwertung – vor allem durch das Christentum – eigentlich gerechtfertigt? Hat dieses nicht Geist und Körper in ein gänzlich falsches Licht gesetzt? Müssen wir uns nicht in der Kommunikation mit den leiblichen Kräften neue, schöpferische, vitale, überhaupt weniger vorbelastete Zugänge und Zeugen verschaffen? Und wenn, welche? Gibt es etwas, das die Vernunft an der leiblichen, sinnlichen Seite nicht wahrhaben will? Wovor hat sie Angst?

Man kann sich vorstellen, dass diese Zweifel durchaus Provokationen für die Philosophie und unser Menschenbild darstellen. Sind die Kräfte, die mit dem Leib verbunden sind, nicht vielleicht solche, die authentischer, sogar besser und unverdorbener sind? Fragen dieser Art werden immer vehementer von Nietzsche u. a. gestellt. Nietzsche selbst will zuletzt auf eine Umkehr und Umwertung hinaus: Nicht die Vergeistigung des Menschen ist das Ziel, sondern seine Verleiblichung. Nietzsche zielt auf eine Semantik, die den Leib als den Schlüssel zu einem verbesserten, dem kulturellen Leben insgesamt förderlicheren Selbst- und Weltverständnis begreift. Seine Startbedingung ist ein Generalverdacht gegenüber der klassischen Philosophie: Sie sehe den Leib nur als minderwertiges Vollzugsorgan des Geistes.

Der Mensch als sinnliches Wesen

An erster Stelle ist hier Ludwig Feuerbach (1804–1872) zu nennen. Er sieht den Menschen – in Frontstellung zur spekulativen Metaphysik – nicht durch den Geist, sondern durch seine Sinnlichkeit bestimmt. Sein Ausgangspunkt ist die Religionskritik, deren berühmte Formel lautet: „Das Geheimnis der Theologie ist die Anthropologie", denn sie demonstriert, dass der Glaube an Gott „nur im Elend des Menschen [...] seine Geburtsstätte"[30] hat. Vor allem anderen sagt die Religion etwas über den Menschen, über seine Abhängigkeitsgefühle und seine Wünsche. Die Religion ist der Versuch, das Ohnmachtsgefühl des Menschen zu kompensieren. In ihr werden die Eigenschaften, die der Mensch in nur unvollkommener Weise besitzt, ideal gesetzt. Feuerbachs Formulierung: Sie werden als Prädikate Gottes angeschaut. Nach dem Ideal seiner Wünsche erschafft sich der Mensch Gott. In der Religion entäußert und entfremdet sich der Mensch seinem wirklichen sinnlichen Wesen. Die Religion sagt insofern viel mehr über den Menschen als über Gott aus. Feuerbach entlarvt die göttlichen Prädikate als Bestimmungen oder Wünsche menschlicher Projektion.

Die Religionskritik führt Feuerbach wie selbstverständlich auf den Menschen als ein sinnliches Wesen. Im Zusammenhang mit der „Aufhebung der Philosophie" erklärt er: „Der Philosoph muß das im Menschen, was *nicht* philosophiert, was vielmehr *gegen* die Philosophie ist, dem abstrakten Denken *opponiert* [...], in den *Text* der Philosophie aufnehmen. [...]. Die Philosophie hat daher nicht *mit sich*, sondern mit ihrer *Antithese*, mit der Nichtphilosophie",[31] d. h. mit dem sinnlichen Menschen, zu beginnen. Das ist das Programm: Das Sinnliche und der Sensualismus stehen bei Feuerbach gegen die Abstraktheit des Denkens, gegen alles, was nur entfernt nach Idealismus riecht. Er lenkt den Blick auf den Menschen und seine sinnlich-konkrete Existenz. Sinnlich hat dabei ausdrücklich die Bedeutung des Leiblichen, auch in der Gestalt des Geschlechtlichen. Man könnte sagen, es wird ihm gleichsam zu einem Apriori. Man kann das Menschliche und das Leibliche nicht denken, ohne dass es das Geschlechtliche gibt. Feuerbach verbindet mit dem Sinnlichen weniger die direkte und unmittelbare Erfahrung unserer Leidenschaften und Triebe, sondern eine *entwickelte* Sinnlichkeit, unter der er die Einheit oder das Zusammenspiel von Verstand und Gefühl versteht. Die Sinnlichkeit selbst wird als eine schon gebildete, als eine sich in den *Empfindungen* durchsichtig gewordene Sinnlichkeit verstanden, eine Sinnlichkeit, die nicht einfach nur (passivisch) genießt, sondern als Einheit von Denken, Fühlen und Wollen, von „Herz und Verstand", wie Feuerbach sagt, eine neue Form der Erfahrung darstellt. In ihr sind alle Kräfte des Menschen im Spiel. Die Sinnlichkeit des Menschen erhebt sich über die der Tiere, letztere bleibt partikular beschränkt durch ihre Gebundenheit an die Instinkte, die des Menschen ist eine universelle.

Feuerbachs Sinnlichkeit richtet sich gegen das reine und abstrakte Denken der Philosophen, insbesondere natürlich gegen den Oberidealisten Hegel – wie Feuerbach glaubt. In erkenntnistheoretisch verengter Perspektive würde man diese Position *Sensualismus* nennen: den Ausgang bei der sinnlichen Erfahrung und den Sinneseindrücken zu nehmen.[32] Feuerbach geht darüber hinaus, er zielt auf den Begriff des sinnlichen Menschen, der sich in seiner Leiblichkeit als *totum*, d. h. als Ganzes verkörpert. Das rationale Denken war Feuerbach zufolge geschlechtsneutral. Die Philosophen haben das Geschlecht selten als konstitutive Kategorie ihres Denkens begriffen. Der Feminismus der 70er- bis in die 90er-Jahre des 20. Jahrhunderts machte große Anstrengungen, diesen Gedanken erneut in seiner ganzen Tragweite auszuloten. Das Denken der klassischen Philosophie war leibfern, anonym und geschlechtsneutral. Feuerbach kritisiert es als ein Denken aus reiner Abstraktheit. Wir brauchen aber ein Denken, das sich daran erinnert, in welchem Maße es auch die Spuren des Geschlechtlichen und des Erotischen trägt. Man sagt, er thematisiere den Leib als nichtdiskursives, d. h. rational nicht vollständig aufklärbares Weltverhältnis.

Worauf die Philosophie im 19. Jahrhundert immer wieder zurückkommt, ist, dass das, was als reines Denken bezeichnet wird, von anderen Kräften durchzogen und imprägniert ist. Der individuelle wie kollektive Geist ist charakterisiert durch das Denken. Denken geschieht in Begriffen. Und die Grundbegriffe der Philosophie wie Geist und Körper, Sinnlichkeit und Verstand, Selbst und Wille, aber auch Analyse und Synthese, Tatsache und Motiv, sind nicht frei von Bedeutungen, die durch religiöse und weltanschauliche Einflüsse, politökonomische Interessen, erotische Leidenschaften, kulturelle Mentalitätsdifferenzen und historische Zufälle des Sprachwandels tiefe Spuren auf dem Sprachkörper der Begriffe hinterlassen haben. In all diesen relativ geistfernen Kräften ist das Denken verankert und bestimmt. Was Feuerbach, Kierkegaard, Marx, Nietzsche zu zeigen versuchen, ist, dass das reine Denken eine Fiktion ist, dass es dieses gar nicht gibt, sondern dass das reine Denken unrein ist. Man hat daher zu Recht von einem „Verunreinigungsprozess des Denkens" im 19. Jahrhundert gesprochen.

Das Denken der Philosophie gründet über weite Strecken in einer Abwehr des Leiblichen, des Geschlechtlichen und des Erotischen. Wie der Leib und die ökonomischen Interessen scheint auch das Geschlechtliche und die Liebe – als das Andere zum wissenschaftlichen Denken – einer massiven Verdrängung anheim gegeben zu sein. Aus diesem Grund wählt Feuerbach den Ansatz, das wirkliche Ich nicht als geschlechtsloses, sondern als a priori männliches oder weibliches Dasein zu konzipieren. Hiervon dürfte die Philosophie nur dann abstrahieren, wenn sich die Geschlechtsdifferenz allein auf die Geschlechtsorgane bezöge. Nach Feuerbach durchdringt aber das Geschlechtliche den ganzen Menschen – gerade so wie Nietzsche in einem Aphorismus über den einzelnen Menschen sagen wird, dass „Grad und Art der Geschlechtlichkeit eines Menschen [...] bis in die letzte Höhe seines Geistes hinauf"[33] reicht. Diese Intuition scheint auch Feuerbach zu bewegen. Das Geschlechtliche durchdringt selbst noch die sublimsten Formen unseres Denkens und unseres Geistes. Auf welche Weise das im Einzelnen geschieht, hat Freud – freilich ein gutes halbes Jahrhundert später – näher betrachtet.

Es scheint, als habe Feuerbach die Vermittlung von Leib und Vernunft zu harmonisch, zu freundlich gesehen. Die Sinnlichkeit hat bei ihm etwas gar zu Liebenswürdiges. Nur zu gut ist uns bewusst, dass die Sinnlichkeit auch eine andere Seite hat, eine mangelhafte, ja bis ins Zerstörerische reichende Natur. Feuerbachs Denken gleitet darüber hinweg, im Unterschied zu Schopenhauer, der sehr viel genauer das Überwältigende, das Blinde, das mit Not und Leiden Verbundene herausstreicht. Ein Kernsatz Feuerbachs, der die problematische Seite gleichwohl streift, lautet: „Der *Leib* ist allein jene *verneinende, einschränkende, zusammenziehende, beengende Kraft, ohne welche keine Persönlichkeit denkbar ist.* Nimm deiner Persönlichkeit ihren Leib – und du nimmst ihr ihren Zusammenhalt. *Der Leib ist der Grund, das Subjekt der Persönlichkeit.*"[34] Der Geist ist nur ein Teil dieses Leibes, und der Leib hat seine eigene Sensibilität für die Welt.

Ein Seitenblick auf Kierkegaard kann helfen, den Gedanken, was es heißt, das in den Text der Philosophie aufzunehmen, was sie bis dahin zur Anmerkung herabgesetzt hat, zu vertiefen. Für Kierkegaard gründet die Situation, in der der Mensch steht, in der *Angst*, einem, wie immer wieder bemerkt wurde, *leibnahen* Gefühl. Und warum grundiert die Angst das Dasein des Menschen? Die Antwort: Der Mensch muss als Geist und als Leib zugleich existieren. Aber als Geist und Leib zu existieren, legt den Menschen an eine Kette ununterbrochener Angst. Mit dieser Zweiheit, die einerseits Leib, also sinnliches Wesen, andererseits auch Geist ist, kommt der Mensch irgendwie nicht zurecht. Dass sich dieses Verhältnis nicht ein für alle Mal in die rechte Ordnung bringen lässt; dass es immer wieder neu ausbalanciert werden muss, erzeugt eine starke, meist unterschwellig bleibende Angst. In der Zweiheit entdeckt nämlich der Mensch seine Freiheit und d. h. auch die Möglichkeit, gegen die rechte Ordnung zu verstoßen („Sünde"). Für Kierkegaard „ist die Angst der Schwindel der Freiheit. Sie entsteht, wenn die Freiheit, indem der Geist die Synthese setzen will, in ihre eigene Möglichkeit hinunterschaut und dabei nach der Endlichkeit greift, um sich daran zu halten. In diesem Schwindel sinkt die Freiheit zu Boden".[35] Der Vergleich mit dem Schwindel zeigt, wie sehr die Angst die Sicherheit des Lebens und des Denkens bedroht. Unter dem Ansturm der Angst verlieren die Menschen ihren Halt, sie werden kopflos, ihr Denken zerfällt. Angst bedroht die Bestimmtheit des Denkens. Der Angst ausgesetzt, verliert das Denken seine Sicherheit, die Gegenstände klar und deutlich, d. h. bestimmt, zu erkennen. Die Stimmung der Angst zeigt sich im Verlust der Bestimmtheit des Denkens. Das Denken wird sprunghafter, beweglicher, aber so, dass es der Eindeutigkeit und Bestimmtheit der Dinge ermangelt. Jeder Angstzustand trägt den Keim zu einer Geisteskrankheit in sich, er verkörpert sie *in nuce*. In einer Angst festzustecken, ist, wie geisteskrank zu sein. Angst dissoziiert, sie depersonalisiert. Was aber nicht ausschließt, dass es nur selten einen Wahn gibt, in dem nicht schiere Angst die Regie führt.

Am Leitfaden des Leibes

Friedrich Nietzsches (1844–1900) Philosophie am Leitfaden des Leibes ist so reich an Perspektiven und Interpretationen, an Optiken und Grammatiken, dass man sie entweder nur durch ein Zitatengewitter aufblitzen und funkeln lassen oder sie durch einen Gewaltstreich systematischer Gesichtspunkte über Gebühr vereinfachen kann. Der Philosoph neigt zur zweiten Alternative, stellt ihr aber ein überaus wichtiges Bedenken voran: „das Phänomen des *Leibes* ist das reichere, deutlichere, fassbarere Phänomen: methodisch voranzustellen, ohne etwas auszumachen über seine letzte Bedeutung."[36] Der Leib und seine Kräfte zeigen besser als der Geist, was der Mensch ist, wie er lebt, wie er denkt und urteilt, fühlt und drängt, seine Meinungen und Überzeugungen verteidigt usf., aber auch, bis in welche sublimen Höhen der Kultur, der Kunst und der Moral sie hinaufreichen. Dieser Gesichtspunkt des Leibes ist ein *methodischer*, mit dem Nietzsche wie mit einem Experiment versucht, durch die Optik des Leibes und seiner labyrinthischen Natur uns selbst und der Kultur auf die Schliche zu kommen.

In seiner Mehrdeutigkeit erscheint der Leib zunächst wie bei Feuerbach im Gegenzug zum Geist und seinen Hinterwelten als das Diesseitige, das Wirkliche. Leib ist entweder ein gesunder oder kranker Leib. Dabei können seine Äußerungen sowohl individueller als auch kollektiver Natur sein. Außerordentliches Interesse zeigt Nietzsche an den kollektiven Erkrankungen, z. B. der leibfeindlichen christlichen Moral, die sich seiner Auffassung zufolge aus dem Ressentiment gegen diejenigen speist, die sich an einer blühenden Leiblichkeit und Gesundheit ihrer selbst erfreuen. Der Geist erscheint bei Nietzsche bis in seine höchsten Verzweigungen – in den Gestalten der Kunst und der Moral – als hinterhältig, verschlagen, niederträchtig, mit allen Wassern der Heimtücke gewaschen. Er steckt voller Finten und Fallen, voller Verstellung, Schauspielerei und Verlogenheit. Dagegen erscheint der Leib derer, die das Leben bejahen, als tumber Tor, gesund, unverstellt, aber dumm in seiner blühenden, selbstvergessenen Macht und Stärke.

Was aber nun wiederum nicht bedeutet, dass nicht auch der Leib über eine Reihe von Intelligenzen verfügt. Sie reichen bis zur intentionslosen Intentionalität des Leibes, den Nietzsche auf der einen Seite als eine Art *Künstler* beschreibt, um ihn auf der anderen als *Mechaniker* zu betrachten. Um diese beiden großen Sinnbilder gruppiert sich ein Großteil von Nietzsches Interpretationen des Leibes. Der Leib als Maschinist verrichtet seine Arbeit so, dass er in seinen einzelnen Verrichtungen gar nicht zu Bewusstsein kommt. Seine Intelligenz *erklärt* sich (kausal) aus der tausendfachen Verhakelung und der unwillkürlichen Feinabstimmung materieller Prozesse (der Biologie, der Physiologie, der Chemie usf.), aber auch aus einer Schicht, angesichts der man den Eindruck gewinnt, als käme den leiblich-seelischen Prozessen gleichsam eine „Bedeutung" zu, als ließen sie sich als *Symptome* eines sozialen oder kulturellen Zusammenhangs *verstehen*, als entstammten sie einer unbewussten Intelligenz, deren Genie in einer geheimen und geheimnisvollen Teleologie (Zielgerichtetheit) liege und an ein „Wissen" des Leibes erinnere, das in seiner Folgerichtigkeit solche Eigenschaften aufweise, wie wir sie in der Regel nur von unserem (wachen) Bewusstseinsleben her kennen. „Es ist mehr Vernunft in deinem Leibe als in deiner besten Weisheit."[37] Für Nietzsche ist der Geist eine „kleine Vernunft", er ist Spiel- und Werkzeug der „großen Vernunft des Leibes". „Aber das größere ist [...] dein Leib und seine große Vernunft: die sagt nicht Ich, aber thut Ich."[38] Der Leib als Künstler bringt es zu Erfahrungen im Zwielicht von Spontaneität und rationaler Ordnung. Vor allem, weil in ihnen der Stolz des Geistes gebrochen ist, sind Krankheitszustände (aber auch der Schmerz und das Leiden) ausgezeichnete Orte, etwas über die „Bedeutung", die Zeichensprache des Leibes und seine Affekte – seine Semiotik und Semantik – in Erfahrung zu bringen. Denn der Leib spricht in seinen „Symptomen" noch eine zweite, andere, nur schwer dechiffrierbare Zeichensprache, es ist die Sprache der Macht.

Für Nietzsche sind „Interpretationen" leibhafte Zurichtungen des Willens zur Macht, sie entstammen dem Kräftespiel der leiblichen und affektiven Regungen, die darum ringen, ihre Machtbasis zu vergrößern. Interpretationen sind Ausdruck des jeweils vorherrschenden Willens zur Macht. Mit ihnen versucht Nietzsche die übliche Alternative von sprachlicher und vor- bzw. nichtsprachlicher Gegebenheit zu unterlaufen. Das Ressentiment als Affekt ist dabei ebenso eine „Interpretation" wie seine reflektierte Deutung als individuelles oder kulturelles Symptom (einer versteckten Aggression und/oder eines verdrängten Wunsches). Bis zur Ununterscheidbarkeit können die Dinge mit ihrer Interpretation verwachsen: „Ruf, Name und Anschein" sind, wie Nietzsche bemerkt, zum „Leibe" eines Dinges „selbst geworden".[39] Auf der anderen Seite verbindet Nietzsche mit Interpretation und ihrer sprachlichen Form auch eine konventionalistische oder gar fiktionalistische Auffassung. Mit der Sprache als dichtendem (oder ästhetischem) Vermögen setzt sich der Mensch leichtfüßig über alle Realität hinweg. Sprachliche Ausdrücke sind – strikt nominalistisch – bloße Zeichen, „Heerden-Merkzeichen", wie Nietzsche polemisch anmerkt. Er nennt das Sprechen eine „schöne Narrethei [...]: damit tanzt der Mensch über alle Dinge".[40]

Die Welt zu entschlüsseln aus der Perspektive des Leibes – was heißt das? Wie geht das? Werfen wir einen Blick auf so zentrale Begriffe philosophischen Denkens wie Einheit und Vielheit. Welche Perspektiven eröffnet uns der Leib auf die Verfassung oder Bestimmung des Menschen? Danach scheint es, als zerfiele das menschliche Subjekt in unterschiedliche Reaktionen und Regungen. Am Leib löst sich das Ich auf, da zerfällt seine Einheit. Was sich zeigt, ist eine unübersichtliche Vielzahl von Strebungen und Begierden, die den Widerspruch so wenig kennen wie den Zwang zur Einheit. In einer der eindringlichsten Passagen seines Werks schreibt Foucault: „Der Leib – und alles, was den Leib berührt – ist der Ort der *Herkunft*: am Leib findet man das Stigma der vergangenen Ereignisse, aus ihm erwachsen auch die Begierden, die Ohnmachten und die Irrtümer; am Leib finden die Ereignisse ihre Einheit und ihren Ausdruck, in ihm entzweien sie sich aber auch und tragen ihre unaufhörlichen Konflikte aus. Dem Leib prägen sich die Ereignisse ein (während die Sprache sie notiert und die Ideen sie auflösen). Am Leib löst sich das Ich auf (das sich eine substanzielle Einheit vorgaukeln möchte). Er ist eine Masse, die ständig abbröckelt."[41]

Anders gesagt, der Leib ist der Ort der Dezentrierung des Subjekts, an dem sich Leib und Geschichte verschränken, an dem der Leib von den geschichtlichen Ereignissen durchdrungen wird und die Geschichte dem Leib ständig zusetzt. Die Dezentrierung des Subjekts in eine Vielheit von – zeitweilig (die) Identität verkörpernden – Regenten ist vor allem eine zeitliche. Im Gegenzug zur Selbstpräsenz und Selbstdurchsichtigkeit des Geistes ist der Leib Gedächtnis von Erfahrungen, auf dem die Wunden nicht heilen, ohne Narben zu hinterlassen. Sie setzen im Geist der Rache und des Ressentiments, des Mitleids oder eines fanatischen Gerechtigkeitswillens ihr untergründiges Leben fort. In „Betreff des Gedächtnisses muss man umlernen: hier steckt die Hauptverführung eine ‚Seele' anzunehmen, welche zeitlos reproduzirt, wiedererkennt usw. Aber das Erlebte lebt fort ‚im Gedächtniß'."[42]

Das Gedächtnis des Leibes funktioniert nicht wie das Speichersystem eines Computers, bei dem man etwas ablegt und genau dasselbe nach einiger Zeit wieder abrufen kann. Selbst wenn das für einige Inhalte zutrifft – das einmal auswendig gelernte Alphabet oder die Regeln des Dreisatzes –, so gilt das doch nicht für das Gedächtnis bzw. das Erinnern insgesamt. Das Gedächtnis des Leibes ist ein plastisches, dynamisches System, das sich laufend, unmerklich oder in Sprüngen, verändert, bei dem Inhalte immer wieder umgedeutet, umgestellt, verdrängt, vergessen, idealisiert, unter dem Druck veränderter Gefühlslagen ständig „interpretiert" oder bearbeitet werden – und zwar häufig genug nach solchen für den Verstand nicht leicht nachvollziehbaren Regeln und Gesetzmäßigkeiten: „‚Das habe ich gethan', sagt mein Gedächtniss. Das kann ich nicht gethan haben – sagt mein Stolz und bleibt unerbittlich. Endlich – giebt das Gedächtniss nach."[43]

Situationen, in denen man mit Herablassung behandelt wurde oder die man als demütigend empfunden hat, führen ein mehr oder weniger bewusstes Eigenleben, selbst dann, wenn sie scheinbar vergessen sind. Sie ziehen andere Erfahrungen in Mitleidenschaft, trüben die Erinnerung, man will dieses oder jenes nicht wahr haben, man erzählt ungewollt nicht, was geschehen ist, sondern, was man anstelle dessen lieber gehabt hätte und – hält es für die Realität. Unwillkürlich denkt man an Wittgenstein. Die (problematische) Auffassung eines bestimmten Phänomens (z. B. des Gedächtnisses) habe ihre Ursache häufig genug darin, dass man sich einseitig nur von einer bestimmten Art von Beispielen nährt.

Für Hegel ist der Geist ein sich selbst wissendes Wissen, ein Kraftsystem, das in der Lage ist, die Erfahrungen, die wir machen, durchzuarbeiten. Man kann die Kräfte, die an solchen Erfahrungen teilhaben, identifizieren; man kann Grund und Folge feststellen und versuchen, dieses Wissen in bestimmter Weise fest, d. h. in Erinnerung zu halten. Nietzsche sagt, am Leitfaden des Leibes sehe das anders aus. Seelische Verletzungen hinterlassen wie die leiblichen „Narben". Und diese Narben führen z. B. dazu, dass man bestimmten Konflikten aus dem Wege geht, dass man ihnen ausweicht oder partout nicht wahrhaben will, was offensichtlich ist. Der Leib registriert seine in den Nachwirkungen oft undurchsichtigen Erfahrungen auf eine Weise *sui generis*. Die Narben sind die Konfliktzonen, denen wir auch im Denken ausweichen, die wir, wenn wir denken, überkompensieren oder verdrängen. Es sind Orte, an denen wir nicht rational denken, sondern rationalisieren – im Brustton der Überzeugung so tun, als sei dies oder jenes aus sich heraus rational und evident. Diese Manöver hat Freud später „Abwehrmechanismen" genannt. Es sind Manöver des vom Geist *verdrängten* Leibes.

Mit Philosophie am Leitfaden des Leibes ist zunächst dies gemeint: zu zeigen, dass das, was die idealistische Philosophie unter Geist verstanden hat, eigentlich ein problematisches Bild unseres Denkens und unserer Wahrnehmung spiegelt. Das Reich des Denkens ist niemals so rein, so rational oder diskursiv, wie wir glauben. Es sind Kräfte im Spiel, die sich oft genug nur den Anschein des Rationalen zu geben wissen. Zwischen Rationalität und Rationalisierung (im psychoanalytischen Verständnis) zu unterscheiden, ist selbst ein Gebot der Vernunft, aber nicht einfach, hängt es doch von verschiedenen individuellen wie kulturellen Hintergrundüberzeugungen ab, die meist ein Leben im Untergrund des Bewusstseins führen.

In der Geschichte der Herkunft der Verantwortlichkeit lehrt Nietzsche das Wechselspiel zweier besonders wichtiger leibhafter Kräfte zu verstehen: das *Vergessenkönnen* und das *Gedächtnismachen*. Dies sind für ihn Prozesse der „Einverleibung“ (oder der „Einverseelung“), er spricht auch von „Verinnerlichung“. Wie macht man dem „Menschen-Thiere“ ein Gedächtnis? Welche über Generationen dauernden, grausamen und schmerzhaften Mnemotechniken wurden in der ältesten und jüngsten Geschichte eingesetzt, um den Menschen in die Zwangsjacke der Moral zu stecken und ihn – seinen Körper – soweit zuzurichten, dass er das Privilegium eines sittlichen oder sogar übersittlich-souveränen Menschen besitzt: Sich und anderen etwas versprechen zu dürfen? Nietzsche schildert die Geschichte einer langen, gnadenlosen Zucht, in der man dem Menschen-Thiere und seinem „faseligen Augenblicksverstand“ mit wenigen „ich will“, „ich will nicht“ ein unauslöschliches Gedächtnis gemacht hat – auch in der vagen Hoffnung, dass es zuletzt einigen wenigen gelingen könnte, sich auch noch aus dieser moralischen Zwangsjacke zu befreien. – Was ist auf der anderen Seite an aktiver Kraft nötig, um *vergessen* zu können? Um nicht an dem seelisch zugrunde zu gehen, wovon man nicht mehr loskommt, weil es uns so tief getroffen hat, dass es immer weiter und weiter an uns nagt, sich wie ein Schwelbrand in uns ausbreitet und uns vergiftet und – infolge davon – uns nicht mehr frei denken und handeln lässt?

Überhaupt sucht Nietzsche die Grundbegriffe von Gut und Böse durch solche Leib und Leben bestimmende wie Gesundheit und Krankheit abzulösen. Das moralische Vokabular wird tendenziell durch ein therapeutisches (oder auch ästhetisches) ersetzt. Es richtet sich in erster Linie danach, ob das Leben durch es befördert wird oder nicht. Es versteht sich in diesem Zusammenhang fast von selbst, dass über die Frage, was ein besseres, gesünderes, schöpferisches, freies, ungezwungenes, leichtes, bejahendes, vornehmendes usf. Leben ausmacht, Nietzsches Konzeption in schwere Turbulenzen gerät. Dazu braucht man nur an

Nietzsches eigene Einsicht zu erinnern: dass das, was Leben als Ganzes sei, weder überblickt noch abgeschätzt werden könne.[44]

„Ausgangspunkt vom *Leibe* und der Physiologie: warum? – Wir gewinnen die richtige Vorstellung von der Art unsrer Subjekt-Einheit, nämlich als Regenten an der Spitze eines Gemeinwesens [...], insgleichen von der Abhängigkeit dieser Regenten von den Regierten und den Bedingungen der Rangordnung und Arbeitsteilung als Ermöglichung zugleich der Einzelnen und des Ganzen. Ebenso wie fortwährend die lebendigen Einheiten entstehen und sterben und wie zum ‚Subjekt' nicht Ewigkeit gehört; ebenso daß der Kampf auch im Gehorchen und Befehlen sich ausdrückt und ein fließendes Machtgrenzen-bestimmen zum Leben gehört. Die gewisse *Unwissenheit*, in der der Regent gehalten wird über die einzelnen Verrichtungen und selbst Störungen des Gemeinwesens, gehört mit zu den Bedingungen, unter denen regiert werden kann. Kurz, wir gewinnen eine Schätzung auch für das *Nichtwissen*, das Im-großen-und-groben-Sehen, das Vereinfachen und Fälschen, das Perspektivistische. Das Wichtigste ist aber: daß wir den Beherrscher und seine Untertanen als *gleicher Art* verstehen, alle fühlend, wollend, denkend – und daß wir überall, wo wir Bewegung im Leibe sehen oder erraten, auf ein zugehöriges subjektives, unsichtbares Leben hinzuschließen lernen. Bewegung ist eine Symbolik für das Auge; sie deutet hin, daß etwas gefühlt, gewollt, gedacht worden ist."[45]

Mon corps propre
M. Merleau-Ponty

Man nimmt in mir wahr,
nicht ich nehme wahr.
M. Merleau-Ponty

Das Verhältnis des Leibes zu Bewusstsein und Wille, zu Sprache und anderen Formen des gestischen, motorischen und bildlichen Ausdrucks verfolgt die Philosophie auch im 20. Jahrhundert auf vielfältige Weise. Allerdings unter Bedingungen, unter denen ihr in Gestalt der Naturwissenschaften, insbesondere der Biologie und der modernen Medizin, eine mächtige Konkurrenz erwachsen ist. Es gibt einen bunten Strauß von Philosophen, die versuchen, den Leib aus den Fängen des Geistes und der Vernunft, und d. h. auch aus denen der Wissenschaften, zu befreien. Neben Wilhelm Dilthey (1833–1911)[46] sind es vor allem die Lebensphilosophen Henri Bergson (1859–1941) und Ludwig Klages (1872–1956), die vergleichbare Absichten verfolgen. In Deutschland war es vor allem die *philosophische Anthropologie*, die mit Max Scheler (1874–1928), Helmuth Plessner (1892–1985) und Arnold Gehlen (1904–1976) ihre bedeutendsten Repräsentanten hat und in den 20er- bis 40er-Jahren einen Höhepunkt erlebt. Sie nimmt die Herausforderung vonseiten der Wissenschaften an, indem sie versucht, deren Resultate in die philosophische Bestimmung des Menschen zu integrieren. Angesichts der Wege, die die Philosophie im 20. Jahrhundert eingeschlagen hat, hat man von der philosophischen Anthropologie – nicht ganz zu Unrecht – von einem deutschen Sonderweg gesprochen, der über weite Strecken der traditionellen Anthropologie und ihrem Dualismus von Geist und Körper, Trieb und Vernunft verhaftet geblieben ist. Der Mensch ist Geist (Scheler), ein exzentrisches Wesen (Plessner), ein handelndes Wesen (Gehlen). Gesamtdeutungen dieser Art können sich – trotz gegenteiliger Beteuerungen – nur schwer des Verdachts erwehren, philosophische Anthropologie im traditionellen Sinne: einer

Suche nach Wesensbestimmungen des Menschen zu sein. Sie führen leicht in die Sackgasse des „Menschen selbst“ und seiner vermeintlichen Überlegenheit über den Körper und dessen Affekte. Überholt scheint vor allem die Geste, mit der sie die Philosophie verteidigen: sie aus einem starken Gedanken oder Gesichtspunkt heraus als Lehre oder Weltanschauung über den Menschen zu entwerfen.

Eine andere Möglichkeit, den Leib und damit zusammenhängende Fragen zu thematisieren, zeigt exemplarisch das Werk von Maurice Merleau-Ponty (1908–1961), insbesondere sein Buch *Phänomenologie der Wahrnehmung* (1945, dt. 1966). Auch in ihm spielt der Leib eine herausragende Rolle. Dabei bezieht es sich weniger auf Nietzsche und die im letzten Kapitel angesprochene Tradition – eine Verwandtschaft in der methodischen Orientierung ist gleichwohl zu erkennen.

Merleau-Ponty war eng mit Sartre befreundet, der sich gleichfalls stark für leibliche Phänomene, z. B. den Ekel, interessiert hat. Zusammen haben sie 1945 die legendär gewordene Zeitschrift *Les Temps modernes* gegründet. Später kam es jedoch zu Konflikten, und 1951 hat Merleau-Ponty die Redaktion verlassen. Die Diskussionen der Nachkriegszeit, die in Frankreich wesentlich durch Merleau-Ponty und Sartre mitbestimmt worden sind, waren immer auch Auseinandersetzungen über die Topoi des Humanismus. Sartre zeigt sich in diesem Zusammenhang als außerordentlich wandlungsfähig. Nachdem er zunächst den Existenzialismus verteidigt hatte, sympathisierte er später stark mit bestimmten Spielarten des Marxismus (z. B. dem Maoismus). Für die kommunistische Partei und die Intellektuellen, die ihr nahestanden, war der Existenzialismus als kleinbürgerliche Ideologie verschrien: Er schätze die menschliche Individualität und Freiheit viel zu hoch gegenüber den Rechten und Möglichkeiten des Kollektivs.

Sartre war der Starintellektuelle jener Zeit – zuständig für alle Fragen und Kommentare von der Politik über die Literatur bis zur Weltgeschichte. Im Zentrum der Kontroversen mit Merleau-Ponty stand immer wieder die Frage: Worin besteht der wahre Humanismus – im Marxismus oder im Existenzialismus? Zur Zeit des Zweiten Weltkriegs gehörten Repräsentanten beider Strömungen der Widerstandsbewegung (*résistance*) an, und beide erhoben den Anspruch, den Humanismus zu vertreten, der sich alsbald – im Kontext der Überlegungen von Heidegger, Lévi-Strauss u. a. – als fragwürdig erweisen sollte.[47] Die Massenverfolgungen in der Sowjetunion und die öffentlich inszenierten

Schauprozesse gegen unliebsame Intellektuelle Ende der 40er-Jahre haben Merleau-Ponty, der gleichfalls mit dem Marxismus sympathisierte, dazu bewogen, sich deutlich von dieser Variante des Kommunismus (Stalinismus) zu distanzieren. Er schrieb ein zweibändiges Buch *Humanismus und Terror* (1947, dt. 1966), in dem er das, was in Russland passierte, als eine Widerlegung aller kommunistischen Träume darstellt und dem Kommunismus bzw. Marxismus-Leninismus humanistische Züge abspricht. Dasselbe Thema hat er dann auch in seinem nach wie vor lesenswerten Buch: *Die Abenteuer der Dialektik* (1955, dt. 1968) ausgebreitet. In diesem geht er in teils theoretischen, teils politischen Analysen auf die Situation in den 40er- und 50er-Jahren ein, auch auf die Diskussion in Frankreich. Dabei sollte man nicht vergessen, dass zu dieser Zeit in Frankreich noch eine starke kommunistische Partei den (linken) Ton angab, der in der Politik mit entsprechendem Gewicht bis in die 70er- und 80er-Jahre zu hören war. So stand Merleau-Ponty in einem permanenten Zweifrontenkrieg: gegen die Kommunistische Partei, die ihre (vormals sympathisierenden) Kritiker bzw. Antagonisten als Verräter, als kleinbürgerliche Ideologen und Intellektuelle brandmarkte, sowie gegen die, die, wie Sartre in den 50er-Jahren, mit ihren Theorien den Kommunismus zu rechtfertigen suchten.

Phänomenologie der Wahrnehmung

Im Jahr des Kriegsendes, 1945, erscheint Merleau-Pontys Klassiker: *Phänomenologie der Wahrnehmung*. Das Buch hat seitdem viele Auflagen erlebt. Was heißt „Phänomenologie"? Man könnte vereinfacht sagen: Rückgang auf die Phänomene, auf die Erscheinungen (der Dinge, der Erlebnisse und der Intentionen), kurz, auf das, „was sich zeigt". Entsprechend der Aufruf: Zu den Sachen selbst! Die Sachen sind die Phänomene, die vorurteilslos beschrieben werden sollen.

Edmund Husserl (1859–1938) hatte die *Phänomenologie* aus der Taufe gehoben und sie über die phänomenologische Methode definiert. Er bestimmt ihr Ziel darin, dass „die reine und sozusagen noch stumme Erfahrung [...] zur reinen Aussprache ihres eigenen Sinns zu bringen ist".[48] Diese Forschungsmaxime wird Merleau-Ponty Zeit seines Lebens begleiten.[49] Weder dürfen unser Vorwissen noch unsere theoretischen Konstruktionen als gleichsam sachfremde Filter unsere Selbst- und Weltwahrnehmung verzerren. Sie müssen ‚eingeklammert' werden, um herauszufinden, was diese Phänomene von sich aus zeigen. Die Beschreibung geht jeder Analyse und jedem Verständnis voraus: Am Anfang soll die unvoreingenommene Erfahrung von dem stehen, was sich zeigt. Für Merleau-Ponty öffnet sich diese Erfahrung eben in der Wahrnehmung, die im Leib gründet und die Bedingung dafür darstellt, dass die Welt und ihre Phänomene konstituiert, erfahren und beschrieben werden können.

Im Unterschied zu Nietzsche geht Merleau-Ponty weit weniger aphoristisch vor. Sein Programm steht unter drei systematischen Gesichtspunkten – drei Kritiken: der Kritik am *Sensualismus*, am *Assoziationismus* und am *Intellektualismus*. Der Sensualismus bezieht sich auf unsere sinnliche Erfahrung, der Assoziationismus dagegen auf eine psychologische Theorie, die glaubt, dass unsere sinnliche Wahrnehmung sich am besten erklären lasse, wenn man die äußere Welt, auf die unsere Wahrnehmung reagiert, aus Einzelreizen zusammengesetzt auffasst. Dem Assoziationismus steht eine Theorie gegenüber, die in der ersten Hälfte des 20. Jahrhunderts großen Anklang gefunden hat: die Gestalttheorie. Diese behauptet, dass unsere Wahrnehmung in „Gestalten" erfolgt, für die es bestimmte „Gesetze" gibt. Ein Beispiel:

• • • • • •

Die Wahrnehmung dessen, was sich zeigt, zerfällt nicht in eine Ansammlung einzelner, isolierter Punkte, vielmehr erweist sich unsere Wahrnehmung unwillkürlich durch die „Gestalt" der ‚Linie' bestimmt. Wir sehen die Punkte als Linie. Die Gestaltwahrnehmung, in diesem Falle die Linie, verschwindet, wenn man die Punkte über einen gewissen Abstand hinaus voneinander entfernt (oder sich auf die Wahrnehmung einzelner Punkte konzentriert). Entsprechend nimmt die Gestalttheorie an, ein „Gesetz der Nähe" beherrsche das Wahrnehmungsszenario. Wenn bestimmte Reize (Töne, Geschmackseindrücke, visuelle oder taktile Sinnesreize usf.) in einer gewissen räumlichen oder auch zeitlichen Nähe zueinander stehen, dann werden sie nicht als einzelne, isolierte Sinnesatome wahrgenommen, sondern als Gestalten, die, wie in unserem Beispiel die Linie, ein neues Ganzes ergeben. Die Linie im strengen Sinne (als ausgezogener Strich) wird ja nicht gesehen, zwischen den Punkten bleiben Leerstellen, für sie gibt es keine sensorischen Korrelate, die im Auge abgebildet werden können. Es scheint eine von Natur aus verdrahtete Konstruktionsleistung des Wahrnehmungssystems zu sein.

Entsprechend hat die Gestalttheorie, was unser sinnliches und kognitives, aber auch unser psychisches, affektives Wahrnehmen betrifft, bestimmte überindividuelle Ordnungsfiguren, „Gestalten“ des Wahrnehmens und Erlebens zu identifizieren versucht. Sie spricht in diesem Zusammenhang von *Übersummativität* und *Transponierbarkeit*. In unserer Wahrnehmung summierten wir wie selbstverständlich die einzelnen Punkte zu einer Linie auf, ohne dass wir sie aktiv oder willentlich miteinander in Beziehung setzten – ein „Dreiklang“ wiederholt sich auf unterschiedlichen Tonhöhen. Unsere Wahrnehmung gestaltete sich auch ohne unser Dazutun nach solchen Gesetzen, in diesem Fall nach dem „Gesetz der Nähe“. Darüber hinaus besitzen Wahrnehmungs- und Denkakte, aber auch Erlebnisse und psychische Befindlichkeiten eine mehr oder weniger hohe *Prägnanz*, d. h. eine Nach- oder Eindrücklichkeit, die sie in besonderer Weise aus der Umgebung herausgehoben sein lässt. Es gibt mehrere dieser „Gesetze“, z. B. auch das Gesetz der „guten Gestalt“.

Es ist klar, dass sowohl im Blick auf die Struktur unserer Wahrnehmungsmodi als auch in Bezug auf unsere Erlebnisse diese Überlegungen umstritten sind. Aber sie haben dazu beigetragen, eine andere Intuition vieler Theorien zu plausibilisieren: Dass das Ganze „mehr“ sei als die Summe der Teile oder, wie es mit der Gestalttheorie genauer heißen muss, dass es *verschieden* sei von der Summe seiner Teile.

In dieser Kontroverse über die Wahrnehmung ist der Assoziationismus, die seit der Aufklärung vorherrschende Theorie, der Widerpart der stärker ganzheitlich orientierten Auffassung der Gestalttheorie.

Merleau-Ponty geht, wie gesagt, gegen drei philosophische Positionen vor: den Sensualismus, den Assoziationismus und den Intellektualismus. Letzterer ist davon überzeugt, alles vom Bewusstsein, vom Intellekt her erklären zu können. Gegen alle drei Positionen erhebt Merleau-Ponty einen einzigen, generellen Einwand: Sie alle nähmen die äußere Welt, die unserer Erfahrung gegenübersteht, als eine fixe und fertige an. Die Behauptung, die er dagegenhält, ist die, dass wir sie erst fertig machen. Der Wahrnehmende in seinen willkürlichen oder unwillkürlichen Konstruktionen macht diese Erfahrung erst fertig – so wie man davon gesprochen hat, dass der Betrachter eines Bildes das Bild in seiner Wahrnehmung und Interpretation erst zu Ende malt. Der Vorwurf gegenüber den genannten Positionen lautet also, alle drei konzipierten die Welt als Tatsachen- und Ideenkomplexe, die in sich fertig vorlägen.

Dies wiederum ist der Ausgangspunkt zweier weiterer grundlegender Behauptungen: erstens, dass die *Wahrnehmung* uns den Weg zur Wahrheit bahnt und nicht das Denken. Die Wahrnehmung bildet einen Zugang zur Wahrheit jenseits der prädikativen Unterscheidungen von wahr und falsch. Zweitens, die Wahrnehmung ist das, was das Faktische und das Vernünftige verbindet, d. h. unter kontingenten Bedingungen Sinn stiftet. Ihr entstammt zugleich die Offenheit und Mehrdeutigkeit der Erfahrung. Das Vernünftige lässt sich zunächst übersetzen mit dem Verstehbaren oder dem Sinnvollen. Die Wahrnehmung aber sei grundlegend, weil sie uns den Horizont der Welt eröffnet. Über sie sind wir primordial (ursprünglich) mit der Welt verbunden.

Der Gesichtspunkt des Leibes

Der erste Hauptteil der *Phänomenologie der Wahrnehmung* ist mit „Le corps" überschrieben – gemeint ist weniger der Körper, denn der Leib. Es geht um den *corps propre*, um den „eigenen Leib", er ist ein lebendiger, fungierender Leib, der Erfahrung in des Wortes doppelter Bedeutung „macht", sie zustande bringt als auch in ihrer (leiblichen) Wahrnehmung gegenwärtig ist. Dieser Leib ist ein *véhicule de l`être du monde*, ein „Vehikel des Zur-Welt-Seins". Wie für Nietzsche erschließt sich die Welt für Merleau-Ponty nicht über das Bewusstsein, sondern über den Körper/Leib. Er ist dasjenige, von dem aus wir fundamental unser Verhältnis zu uns selbst und zur äußeren Welt klären können. Die Funktion und Gegebenheitsweise des Leibes ist nur zu verstehen, wenn „ich sie selbst vollziehe, und in dem Maße, in dem ich selbst dieser einer Welt sich zuwendende Leib bin".[50] Was ist das Besondere daran?

Es heißt zunächst, dass der Leib nicht einfach der gegenständliche Körper ist. Das ist die Perspektive der Naturwissenschaften, diese betrachten den Körper als einen Gegenstand, der nach den gleichen räumlichen und zeitlichen Regeln und Gesetzmäßigkeiten wie alle anderen materiellen Objekte auch funktioniert. Ein zwar hoch komplizierter, aber dennoch prinzipiell durchschaubarer Funktionszusammenhang, dem man mit den Erkenntniswerkzeugen der Physik, Chemie und Biologie beikommen kann. Betrachtet man das leibliche, fleischliche Substrat des Menschen, seine Muskeln und Drüsen, in dieser Weise, ist er Körper. Es ist eine Betrachtung von außen. Beim Leib ist das Selbstverhältnis mitgemeint, die besondere Weise, wie wir zu uns stehen, uns passivisch oder aktivisch wahrnehmen – wobei gerade diese letzte Unterscheidung am Leib verschwimmt. Es ist eines, eine massierte Reaktion von Nervenimpulsen in bestimmten Gehirnregionen mittels CT sichtbar zu machen und ihr einen Gefühlszustand, z. B. Angst, zuzuordnen, etwas anderes (von anderer Qualität) ist es, Angst zu fühlen oder zu ‚wissen', wie sie sich anfühlt. Der Leib ist kein Objekt der Untersuchung, sondern der Ausgangspunkt oder besser, wie Merleau-Ponty sagt: *point de vue*, also der Gesichtspunkt aller Wahrnehmung, von dem aus versucht wird, die Welt zu verstehen und zu interpretieren. Man könnte ein wenig übertrieben sagen: sehen mit den Augen des Leibes. Aber was heißt das? Operieren wir nicht zuletzt doch immer mit dem Bewusstsein? Merleau-Pontys Frage ist: Was und wie zeigt sich die Welt, wenn der Gesichtspunkt nicht das Bewusstsein, sondern unser Leib ist? Wie zeigt er sich, noch bevor die Wissenschaften ihre objektivierenden, objektiven Raster darüberlegen? Oder, was gleichbedeutend ist, in seiner vortheoretischen Weltzugewandtheit?

Das gesamte erste Kapitel des betreffenden Buches handelt von dieser Frage. Wie erscheint uns die Welt, wenn wir sie und uns selbst vom Gesichtspunkt des Leibes aus verstehen? Selbst die Sprache, glaubt Merleau-Ponty, wurzelt im Leib. „Sprache" nennt er die intentionale Ausdrucksmöglichkeit des Leibes, also Gesten, Gebärden, Mimik, Sprache. Sie sind Ausdrucksformen des Leibes, mit denen wir uns, in ihm verkörpert, ein Weltverhältnis erschaffen. Für Merleau-Ponty wird der Leib zum Medium der menschlichen Existenz. Das Ich selbst ist leiblich, es ist im Leib „inkarniert". Dadurch erhält der Leib den Charakter des Ich, er zeigt eine dem Bewusstsein vergleichbare Intentionalität. „Seinen Leib bewegen heißt immer, durch ihn hindurch auf die Dinge abzielen, ihn einer Aufforderung entsprechen lassen, die an ihn ohne den Umweg über irgendeine Vorstellung ergeht."[51]

Für den philosophisch geschulten Verstand ist das eine starke Provokation. Von Augustinus bis zu Descartes und weit darüber hinaus wurde stets vom „inneren" Menschen her gedacht. Für Merleau-Ponty bewohnt die Wahrheit aber nicht den inneren Menschen, es gibt keinen inneren Menschen. Die traditionelle Unterscheidung zwischen Innerem und Äußerem wird hinfällig. „Der Mensch ist zur Welt [*est au monde*], er kennt sich allein in der Welt."[52] Der innere Mensch meint in dieser Terminologie das reine Bewusstsein. Als rein denkendes Wesen ist er das, worauf sich Descartes mittels seiner Zweifelsmethode zurückzieht: den Zweifel nicht auch noch bezweifeln zu können. Die Innerlichkeit ist nicht unser inneres Gefühlsleben, sondern der Punkt der Reflexion, von dem wir in keiner Weise absehen können, wenn wir „Ich" sagen. Für

Descartes ist „Ich“ ein weltloser Punkt reiner Reflexion. Er bzw. es ist nichts anderes als der Gedanke, dass ich hinter mich als Denkenden nicht zurück kann. Die Gewissheit des „ich denke“ ist für ihn der archimedische Punkt, auf den er hofft, die ganze Welt beziehen und gründen zu können.

Merleau-Ponty bestreitet diese Möglichkeit vehement, weil es sich bei dem vermeintlich archimedischen Punkt um eine bloße Fiktion handelt. Denn bevor ich zu meinem „Ich“ komme, muss ich von meinen leiblichen Affektionen und Qualitäten absehen. Aber als ein solches „Ich“ bin ich nicht in der Welt, das „Ich“ ist ein Kunstprodukt, ein Artefakt des Denkens. Von Anfang an bin ich mit meinem Leib in der Welt und mit all den Erfahrungen, die mich in/über ihn mit der Welt verbinden. Es gibt kein sicheres Fundament, das Ich ist kein inneres, sondern ich bin von Anfang an ein in die Welt geworfenes Wesen, das, je älter es wird, sich seiner Endlichkeit, seiner Leiblichkeit und Kontingenz ausgesetzt sieht.

Das Subjekt (und indirekt darüber die Welt) erreicht man klassischerweise über den Blick nach innen: ‚Geh in dich selbst zurück, die Wahrheit wohnt im inneren Menschen.‘ Merleau-Ponty versucht eine Kritik dieses cartesianischen Ausgangsgedankens. Er macht geltend, dass das menschliche Subjekt immer schon in der Welt ist, noch bevor es sich als bewusstseinsmäßiges Wesen erkannt und konstituiert hat. Die Menschen sind von Anfang an in der Welt und mit ihr verbunden – über ihre sinnlichen Erfahrungen, aber auch mit anderen sozialen Wesen, über die die sinnlichen und affektiven Erfahrungen angeeignet und vermittelt sind. Die Menschen sind nicht primär als bewusst Erkennende, sondern als Dasein, wie Heidegger gesagt hat, als geworfene Wesen in der Welt. Das Subjekt ist über seinen Leib sehr viel enger mit der Welt verbunden als je ein Ich, ein denkendes Ding, mit der Welt verbunden sein kann. Descartes kommt mit seiner Argumentation in Teufels Küche. Er erwirbt mit dem Rekurs auf das Ich eine ‚überirdische‘ Sicherheit, opfert dieser aber den Bezug, den Zugang zur Welt; er ist sich seiner selbst unendlich gewiss, keiner kann ihm das bestreiten. Aber vor der Frage: Was ist mit dem Verhältnis zur Welt? muss er passen. Er hat Sicherheit hinsichtlich seines Ichs gewonnen, aber eine ebenso große Ungewissheit angesichts seiner Erfahrung der Welt geerntet. Und was macht Descartes in seiner Verzweiflung? Er ruft Gott zuhilfe. Er erfindet Gott neu, den er eigentlich verabschiedet hat, und konzipiert ihn als einen gütigen Weltenlenker. Dieser verbürgt – im Gegensatz zu Descartes' Arbeitshypothese eines *deus malignus*, der den Menschen in seinem Erkenntnisstreben täuschen kann – die Isomorphie, d. h. die strukturelle Gleichförmigkeit der Welt und des menschlichen Erkenntnisvermögens. Der gütige Gott stellt sicher, dass unser Wahrnehmungsapparat richtig kalibriert ist und unsere Sinnesdaten uns im Prinzip nicht täuschen. Unsere Erkenntnis und die Welt, auf die sich unsere Erkenntnis richtet, passen zueinander. Das Problem: In diesem Fall hängt die Gewissheit und Wahrheit der Welterkenntnis an der Existenz und der Güte des allmächtigen Gottes. Wenn ich beweisen kann, dass erstens Gott existiert, zweitens, dass er ein gütiger Gott ist, dann wird er drittens die Menschen nicht hinters Licht führen wollen.[53]

Der Leib als Medium menschlicher Existenz

Merleau-Pontys Überlegung ist nun, dass der Ausgangspunkt problematisch ist. Nicht beim Bewusstsein, sondern beim Leib muss man ansetzen. Weil wir von Anfang an schon als in unseren Leib *inkarnierte* Wesen in der Welt sind, stellt der Überstieg zu den anderen menschlichen Wesen (die Entstehung und Herstellung von Intersubjektivität) kein so gravierendes Problem dar, wie es der Phänomenologie vor ihm erscheinen konnte. In der Regel werden wir von den Eltern, von Geschwistern, von der Nachbarschaft oder von anderen Bezugspersonen und -kollektiven in die Welt gebracht. Dieses In-die-Welt-Bringen prägt sich primordial dem Leib ein, sodass der leiblich-affektive Selbstbezug von Anfang an in interpersonelle Strukturen eingebettet ist und durch sie mitbestimmt wird. Über unseren Leib und unsere Sinne sind wir in der Welt verankert. In sie wiederum sind die sozialen Fäden unsichtbar und außerordentlich fest eingesponnen. Alle Sinnlichkeit erscheint so mit Sinn imprägniert. Leib-Sein und In-der-Welt-Sein bedingen sich wechselseitig. Um dieses Verhältnis möglichst angemessen zu beschreiben, sind Wahrnehmungsprozesse und ihre ‚vorwissenschaftlichen' (phänomenologischen) Voraussetzungen besonders geeignet. Es sind Orte privilegierter Erfahrung, weil alle anderen Weltzugänge auf ihnen aufbauen. In diesem Zusammenhang bietet ein anderer Begriff aus der Phänomenologie Husserls Schützenhilfe.

Wir werden nicht in ein abstraktes Subjekt-Objekt-Verhältnis hineingeboren, sondern in die Welt der „natürlichen Dinge", die in Gestalt der Familie oder der näheren Umgebung die Grundlagen unserer Erfahrung legen. Wir leben in einer natürlichen, (wie) selbstverständlich gegebenen Welt. Wir leben nicht in der Wissenschaft und ihren abstrakten Begriffen, die von außen oder objektiv mittels bestimmter Beobachtungsinstrumente die Wahrnehmungswelten zu erforschen suchen. In derlei Institutionen treten wir erst später ein. Den ursprünglichen Zusammenhang, in dem wir leben, nennt Merleau-Ponty in Übernahme eines Husserl'schen Begriffs: *Lebenswelt*. Sein Unternehmen besteht dann darin, herauszufinden, worauf die konkreten Bestimmungen für den Leib beruhen, wenn er sich in dieser lebensweltlichen Ordnung befindet und sich zu orientieren lernt.

Als Ausgangspunkt der Philosophie den Leib zu wählen, ist lehrreich, weil die cartesianischen Unterscheidungen von Subjekt und Objekt, Bewusstsein und Ding, aktiv und passiv, bewusst und unbewusst, sichtbar und unsichtbar unterlaufen werden. Nicht die Außenperspektive lässt mich die Phänomene verstehen, sondern erst die phänomenologische Beschreibung, die zeigt, dass der Ausweg nicht im Rückzug auf die Innenperspektive liegt, sondern in einem *zwischen* Innen und Außen. Erst in ihrem Zwischen lassen sich die Funktionen und Verhältnisse des Leibes in ihrer Genese beschreiben und verstehen.

Am Leitfaden von Merleau-Pontys Interpretation des *Phantomschmerzes* bzw. des Phantomgliedes lässt sich das verdeutlichen. „Verständlich wird dieses Phänomen, das physiologische und psychologische Erklärungen gleichermaßen entstellen, aus der Perspektive des Zur-Welt-seins. Was in uns sich der Verstümmelung und dem Gebrechen verweigert, ist das in einer physischen und zwischenmenschlichen Welt engagierte Ich, das sich allen Mängeln oder der Amputation zum Trotz weiterhin auf die Welt hin spannt und insofern Amputation oder Mangel *de jure* nicht anerkennt. Die Nichtanerkennung des Mangels ist nur die Kehrseite unserer Weltzugehörigkeit. Den Phantomarm haben heißt, für alles Tun, dessen allein der Arm fähig ist, offen bleiben, heißt das vor der Verstümmelung besessene praktische Feld sich bewahren. Der Leib ist das Vehikel des Zur-Welt-seins, und einen Leib haben heißt für den Lebenden, sich einem bestimmten Milieu zugesellen, sich mit bestimmten Vorhaben identifizieren und darin beständig sich engagieren."[54]

Der Leib ist nicht Objekt der Reflexion oder der Wissenschaft, vielmehr wird er von Merleau-Ponty als sich zur Welt verhaltend betrachtet. Darin ist er phänomenaler Leib, der nicht ausreichend über die körperlichen, d. h. physiologischen Reaktionen beschrieben wäre. Merleau-Ponty konstatiert unterschiedliche Weisen des Leib-Seins zur Welt und mit ihnen bestimmte, der Kommunikation mit dem Leib immanente Bedeutungen. Über sie begegnet er der Welt. „Indem ich meine Hand an mein Knie führe, erfahre ich in jedem Moment der Bewegung die Realisierung einer Intention, die nicht auf mein Knie als Idee oder auch nur als Gegenstand abzielt, sondern als gegenwärtigen und wirklichen Teil meines lebendigen Leibes, und d. h. letztlich als Durchgangspunkt meiner beständigen Bewegung auf die Welt zu.“[55] Der Leib hat eine ihm eigene Weise des Verstehens. Später hat man vom „Spüren“ als einer eigenständigen, eigenleiblichen Wahrnehmungsweise gesprochen.[56] Es handle sich um ein „unbezweifelbares Begreifen“, das man nicht mit dem Verstehen im Sinne einer kognitiven Operation, der logischen Subsumtion unter eine Idee, verwechseln dürfe. Auf diese Art und Weise, auf die sich mein Leib in einem *lumen naturale* (einem natürlichen Licht)[57] selbst empfindet, spiegelt sich eine Synthese von Sinn und Sinnlichkeit, ein in der sinnlichen Erfahrung gestifteter Sinn. Der Leib in diesem Sinne steckt sich – in gleichsam Schopenhauer'scher Manier – in seiner leiblichen Selbstpräsenz ein Licht (Sinn) auf. Dieser phänomenale Leib geht als natürliches Ich dem personalen Ich voraus. Merleau-Ponty trägt weitere Unterscheidungen („Schichten“) auf dem phänomenalen Leib ab: den *habituellen* und den *aktuellen* Leib. Beide wiederum sind nichtkognitive Weisen des Wissens, der habituelle Leib verkörpert die vorgängigen und erworbenen Vermögen des Zur-Welt-Seins, er verkörpert meine Vorgeschichte, gleichsam eine Ablagerungsstätte geschichtlicher Erfahrung. Der aktuelle Leib spielt an den Grenzen der Erfahrung.

Im Verhalten zeigt sich, wie der Leib reagiert, was er ‚will‘, was ihn anzieht oder abstößt. Merleau-Ponty betrachtet auch die Sprache als eine der Verhaltensweisen, in denen der Leib „sich zum Ausdruck verhilft“. Der Leib hat verschiedene Möglichkeiten des Ausdrucks. Die Sprache ist eine außerordentlich prominente Weise des Zur-Welt-Seins. In dieser Perspektive erscheinen das sprechende Subjekt und seine Sprache als leibliche Gebärde, die ihren Sinn in sich trägt und nicht bloß ein äußerliches Zeichen ist. Andere Möglichkeiten des Ausdrucks sind die Mimik und die Motorik. Wir sind zwar nicht in allem perfekt, aber doch ziemlich gut, wenn wir unseren Körper als Instrument gebrauchen: z. B. unsere Hände und unsere Augen. Mittels dieser Instrumente sind wir in der Lage, uns auch auf diese Weise vom Leib zu distanzieren, wir können die Motorik, die Bewegungen des Körpers einsetzen, um bestimmten Erfahrungen des Leibes zum Ausdruck zu verhelfen. Merleau-Pontys Hauptsatz besagt entsprechend: Der Leib ist der sichtbare Ausdruck eines konkreten Egos.

Man kann verstehen, weshalb viele Philosophen, Kultur- und Sozialwissenschaftler in jüngster Zeit an Merleau-Pontys Phänomenologie des Leibes Anschluss gesucht haben: Jeder hat *seinen* Leib. Und dieser Leib ist durch die Sozialisation und durch die Lebensgeschichte, durch alle kulturellen Prozesse und Erziehungsbemühungen hindurchgegangen. All das hat auf dem Leib Spuren hinterlassen. Die Lebensgeschichte, die jeder hat, das Triebschicksal, das jedes Leben konstituiert, hat sich – um die beliebte Metapher aufzugreifen – in den Leib eingeschrieben. In welcher Weise, ist außerordentlich schwer zu entziffern. Wenn ein Kind in einer bestimmten Phase des Spracherwerbs zu stottern anfängt und man alle organischen Schädigungen ausschließen kann, dann scheint das ein Teil einer Lebensgeschichte zu sein, in der leibliche und seelische, bewusste und unbewusste, individuelle und soziale Erfahrungen in einer Zone des *Zwischen* zusammenlaufen. Der Leib, „mon corps propre“, gibt Aufschluss über ein durch Symbole, Evidenzen und Bedeutsamkeiten gerahmtes *präpersonales* Wissen, das Medizin und Wissenschaften nicht wahrhaben wollen. Als „Knotenpunkt lebendiger Bedeutungen“ entwickelt der Körper einen Eigensinn, der vielleicht so lange vorhält, bis eine Therapie durchgeführt wird, worauf es durchaus sein kann, dass er seine Symptome wieder verliert. Als „präpersonale Subjekte“ sind wir ständig kulturellen Prägungsprozessen ausgesetzt. Noch bevor man eine Person ist, hat der Leib eine Geschichte gespeichert, in der man relativ feststeckt. Er ist das anonyme Existenzurteil über einen jeden.

Im Namen der gesellschaftlichen Praxis
K. Marx

Es genügt nicht, daß der Gedanke zur Verwirklichung drängt, die Wirklichkeit muß sich selbst zum Gedanken drängen.
K. Marx

Eine besonders aufschlussreiche Kritik des philosophischen Denkens wird von Karl Marx (1818–1883) in die Wege geleitet. Sie vollzieht sich im Zeichen einer gesellschaftsverändernden revolutionären Praxis. „Die Philosophen haben die Welt nur verschieden *interpretiert*, es kömmt drauf an, sie zu *verändern*", heißt es in der berühmten 11. Feuerbach-These. Alles gesellschaftliche Leben sei wesentlich *praktisch*. Alle Mystizismen der Philosophie, der Religion und der Weltanschauung fänden ihre rationale Lösung „in der menschlichen Praxis und in dem Begreifen dieser Praxis". Der Standpunkt, den der neue, postbürgerliche Materialismus bezieht, ist die „menschliche Gesellschaft oder die gesellschaftliche Menschheit".[58]

Die Entfremdung der Menschen ist nicht allein eine religiöse, wie Feuerbach unterstellt, als er Gott als bloße Entäußerung menschlicher Eigenschaften deutete. Es genüge nicht, die Entfremdung als religiöse zu durchschauen, um den/die Menschen sich selbst zurückzugeben. Ihre Entfremdung sei in der Hauptsache eine innerweltliche, eine soziale und politische Entfremdung. Die menschlichen Individuen ständen sich fremd gegenüber, weil sie ihr Leben reproduzieren müssen und in einer Gesellschaft arbeiteten, die kapitalistisch organisiert sei. Deren undurchschaute Gesetzmäßigkeit zwinge sie immer wieder unter das schwere Joch des durch die Spaltung von Kapital und Arbeit bestimmten Regimes. Um die Menschen sich selbst zurückzugeben, müsste es gelingen, den Kreislauf des Kapitals zu unterbrechen, d. h. nicht immer wieder als Ware ‚Arbeitskraft' dem Verwertungsprozess des Kapitals unterworfen, durch ihn ausgebeutet und verdinglicht zu werden.

Die Anatomie der bürgerlichen Gesellschaft

Der Gegenstand des Kapitals ist „das ökonomische Bewegungsgesetz der modernen Gesellschaft“. Marx hat für seine umfangreichen Studien über die politische Ökonomie auch andere Titel in Erwägung gezogen. *Das Kapital* hat er gleichwohl allen anderen vorgezogen, weil das Kapital „die alles beherrschende ökonomische Macht der bürgerlichen Gesellschaft“ ist. Sie bildet den Ausgangs- wie Endpunkt der kritischen Analyse. Die Analyse der kapitalistischen Gesellschaftsformation schließt die ideelle oder kognitive Seite des Problems: nämlich die Verfassung des gesellschaftlichen Bewusstseins, das dieser Gesellschaftsform entspringt, mit ein. *Das Kapital* ist keineswegs, wie manchmal unterstellt wird, ‚nur‘ eine ökonomische Theorie, sondern intendiert auch, die Gesellschaft, die in letzter Instanz durch die kapitalistische Ökonomie bestimmt ist, gesellschaftstheoretisch und philosophisch zu durchdringen. Die Programmatik der frühen Schriften: „*Ihr könnt die Philosophie nicht aufheben, ohne sie zu verwirklichen*“[59], bleibt auch für die späteren bestimmend.

Die Kritik der politischen Ökonomie beabsichtigt die Aufhebung der Philosophie, sie versucht das in einem doppelten Sinne. Sie dringt darauf, die Versprechen und Ideale, welche die Philosophie der Neuzeit als weltbestimmend herausgestellt hat, vermittels einer gesellschaftsrevolutionierenden Praxis auch einzulösen, d. h. die der bürgerlichen Welt immanenten Vorstellungen von einer universalistisch begründeten Vernunft, von Freiheit und Gleichheit, Gerechtigkeit und Solidarität zu verwirklichen.

Marx nimmt an, die Philosophie könne in dem Sinne in die Tat umgesetzt werden, in dem die gesellschaftliche Emanzipation der Arbeiterklasse gelinge und die auf ökonomische, politische und rechtliche Selbstbestimmung zielenden Prinzipien der Philosophie in der gesellschaftlichen Realität – in ihren Institutionen – umgesetzt würden. Sie hätten sich in der neueren Zeit ansatzweise sowohl im kollektiven Bewusstsein der Menschen, in ihren Erwartungen und Ansprüchen, als auch in der politischen Realität niedergeschlagen. Danach braucht die vernünftige Einrichtung der Welt keine realitätsferne Utopie mehr zu sein. Sie kann gesellschaftliche Wirklichkeit werden. Marx nimmt weiter an, dass in der Konsequenz der politökonomischen Kritik auch die historischen Schranken fallen, die das gesellschaftliche Bewusstsein über sich und eine verkehrte Realität in Unwissenheit halten.

Philosophisch aufschlussreich ist an dieser Stelle vielleicht ein Exkurs bzw. eine knappe Erwähnung von zwei Denkrichtungen, die sich an das Hegel'sche Verständnis der Vernunftbestimmtheit der Welt (insbesondere der neueren Zeit) anschließen.[60] Man nennt sie den Rechts- und den Linkshegelianismus. Die eine Position, die Hegel'sche Rechte, geht davon aus, dass die Vernunft in der gegenwärtigen Welt im Grunde schon verwirklicht sei. Es habe, so die Rechtshegelianer, eine Versöhnung gegeben zwischen dem Christentum und der Philosophie, in der sich zeigt, dass die gesellschaftliche Ordnung bereits eine solche ist, in der Freiheit und Gleichheit gegenwärtig sind. Dagegen begehren die Linkshegelianer auf. Sie behaupten, in der klassischen deutschen Philosophie seien hinsichtlich der neuen Welt, d. h. der bürgerlichen Gesellschaft, allererst Ideale postuliert und große uneingelöste Versprechen abgegeben worden. Mit der Heraufkunft der bürgerlichen Gesellschaft stünden die Losungsworte der Französischen Revolution von der Freiheit und Gleichheit aller Menschen zwar auf der politischen Agenda europäischer Mächte, seien aber noch weit davon entfernt, verwirklicht zu werden. Marx zufolge bedarf es noch einer weiteren Drehung im Aufklärungsdenken. Man müsse die Praxis selbst – unter ihrer kapitalistischen Form – als konstitutiv für das Denken betrachten: „Ideologiekritik" soll helfen, die Menschen von den Ketten zu befreien, in denen sie im Ausgang vom Feudalismus, im Übergang zum Bürgertum noch gefangen (geblieben) sind.

Marx ist mit den Linkshegelianern der Auffassung, dass diese letzte Wendung, nämlich die Universalisierung der Freiheits- und Gleichheitsrechte, wie sie die Philosophie für alle Menschen unterstellt hat und sie in der Politik partiell schon verwirklicht worden sind, noch fehlt. Die Versprechen, die die bürgerliche Gesellschaft immerzu vor sich hertrage, müssten beim Wort genommen und in der gesellschaftlichen Realität praktisch eingeklagt und umgesetzt werden. Denn faktisch lebten die Menschen in England und Frankreich, Deutschland und Russland immer noch in Verhältnissen des Zwangs und der Abhängigkeit, der Unterdrückung und Ausbeutung. Die Freiheit sei längst nicht dergestalt in den Institutionen der Gesellschaft, im Recht, in der Politik und in der Wirtschaft verankert, wie es das Bürgertum behauptet. Frei seien allenfalls die Bourgeois, die Besitzbürger, aber nicht jene Kollektive der Menschen, die den größten Teil des gesellschaftlichen Reichtums erzeugten, die Massen der Arbeiter, das Proletariat.

Man kann die Idee, die Marx in seinem Hauptwerk, dem *Kapital*, auszubuchstabieren versucht, auf den folgenden Begriff bringen: dass die Gesellschafts- oder Wirtschaftsform, die als kapitalistische den Schein des Unvergänglichen um sich verbreitet, doch nur eine Episode, nur Vorgeschichte ist; dass im Schoße jener ungeheuer produktiven, alle lokalen und nationalen Eigentümlichkeiten mit sich fortreißenden Gesellschaft schon die dynamischen Kräfte schlummern, die diese Gesellschaft – eines hoffentlich nicht mehr allzu fernen Tages – mit einer gewissen Zwangsläufigkeit, und/oder unter tätiger Mitwirkung der Arbeiterklasse, über sie hinaus führen.

Marx kleidet diese geschichtsphilosophische Annahme über das historische Apriori der modernen Welt in eine wissenschaftliche Form. Er orientiert sich dabei inhaltlich an dem wissenschaftlichen Diskussionsstand der klassischen politischen Ökonomie, hauptsächlich Adam Smiths und David Ricardos. Nicht weniger bedeutsam ist der geistesgeschichtliche Hintergrund des Deutschen Idealismus und mit ihm Hegels. Eine andere Quelle ist ihm der Französische Sozialismus (Charles Fourier, Henry de Saint-Simon u. a.) mit seinen utopisch eingefärbten Ideen von neuen gemeinschaftlichen und egalitären Lebensformen.

Der Begriff „Kapital“ ist nicht als Geldmenge zu verstehen, sondern bezeichnet bei Marx ein gesellschaftliches Verhältnis, ein Produktionsverhältnis. Die kapitalistische Gesellschaftsform erzeugt ein Bewusstsein, das die Menschen in gewisser Weise in der Unvernunft hält, in der Abhängigkeit und der Unfreiheit, aber auch in einer besonderen Form der Unwissenheit, d. h. in der Undurchschautheit der Verhältnisse, in denen sie leben. Die Unvernunft, so Marx' Diagnose, ist keine individuelle oder mit der Natur des Menschen verbundene Unfähigkeit, sondern eine solche, die durch die kapitalistische Gesellschaft selbst erzeugt wird. Sie erzeugt bei ihren Mitgliedern ein sogenanntes „falsches Bewusstsein“. Dieses verkehrte, ideologische Bewusstsein hindert die Menschen daran, die wirklichen Verhältnisse und ihre eigene Lage realistisch zu sehen. Ihre Fehleinschätzung besteht in der Überzeugung, der Kapitalismus sei unbezwingbar. Es sei von Natur aus so, dass es Produktionsmittelbesitzer und ihre Arbeitskraft zwangsläufig zum Verkauf bietende Verkäufer gebe. Die kapitalistischen Verhältnisse geben sich den Anschein der Unabänderlichkeit, als seien die ökonomischen Zusammenhänge, die Regeln des Marktes und der kapitalistischen Konkurrenz, Naturgesetze wie die der Physik oder der Chemie. Marx widerspricht dem und erklärt den Kapitalismus zu einer historisch bestimmten Gesellschaftsformation, die in Gestalt der unterdrückten Klasse, des Proletariats, nur das Bewusstsein ihrer Ausbeutung realisieren müsse, um den Schein, den die kapitalistische Gesellschaft um sich verbreitet, praktisch zu durchstoßen. Seine Idee ist, zu überlegen, mittels welcher ‚materiellen' Kräfte man aus dieser Gesellschaftsform herauskommt. Man könnte sagen, das *Kapital* diene zu einem guten Teil der Aufklärung des „notwendig" falschen Bewusstseins: den subjektiven und objektiven, ideellen und materiellen Schwierigkeiten, die das menschenunwürdige System der arbeitenden Bevölkerung bereitet, es umzustoßen. Dieser Teil der Analyse wird „Ideologiekritik" genannt, in deren Zentrum das berühmte Kapitel über den „Warenfetisch" steht.

Eine Passage am Ende des ersten Bands des *Kapitals* lässt sich als eine Zusammenfassung von der Marx'schen Analyse der bürgerlichen Gesellschaft lesen: Sobald nun die „*Arbeitsbedingungen* in *Kapital* verwandelt sind, sobald die kapitalistische Produktionsweise auf eigenen Füßen steht, gewinnt die weitere Vergesellschaftung der Arbeit und weitere Verwandlung der [...] Produktionsmittel in gesellschaftlich ausgebeutete, also *gemeinschaftliche Produktionsmittel* [...] *eine neue Form*. Was jetzt zu expropriieren, ist nicht länger der selbstwirtschaftende Arbeiter, sondern der viele Arbeiter exploitierende Kapitalist.

Diese *Expropriation* vollzieht sich durch das Spiel der immanenten Gesetze der *kapitalistischen Produktion selbst*, durch die *Zentralisation der Kapitale*. Je ein Kapitalist schläge viele tot. Hand in Hand mit dieser Zentralisation [...] entwickelt sich die kooperative Form des Arbeitsprozesses auf stets wachsender Stufenleiter, die bewußte technische Anwendung der Wissenschaft, die planmäßige Ausbeutung der Erde, die Verwandlung der Arbeitsmittel in nur gemeinsam verwendbare Arbeitsmittel, die Ökonomisierung aller Produktionsmittel durch ihren Gebrauch als Produktionsmittel kombinierter, gesellschaftlicher Arbeit, die Verschlingung aller Völker in das Netz des Weltmarkts [...]. Mit der beständig abnehmenden Zahl der Kapitalmagneten, welche alle Vorteile dieses Umwandlungsprozesses usurpieren und monopolisieren, wächst die Masse des Elends, des Drucks, der Knechtschaft, der Entartung, aber auch die Empörung der stets anschwellenden und durch den Mechanismus des kapitalistischen Produktionsprozesses selbst geschulten, vereinten und organisierten Arbeiterklasse. *Das Kapitalmonopol wird zur Fessel der Produktionsweise*, die mit und unter ihm aufgeblüht ist. Die

Zentralisation der Produktionsmittel und die Vergesellschaftung der Arbeit erreichen einen Punkt, wo sie unverträglich werden mit ihrer kapitalistischen Hülle. Sie wird gesprengt. *Die Stunde des kapitalistischen Privateigentums schlägt. Die Expropriateurs werden expropriiert.*

Die aus der kapitalistischen Produktionsweise hervorgehende kapitalistische Aneignungsweise, daher das *kapitalistische Privateigentum*, ist *die erste Negation des individuellen, auf eigene Arbeit gegründeten Privateigentums.* Aber die kapitalistische Produktion erzeugt mit der Notwendigkeit eines Naturprozesses ihre eigene Negation. Es ist *Negation der Negation.* Diese stellt nicht das Privateigentum wieder her, wohl aber das *individuelle Eigentum* auf Grundlage der Errungenschaft der kapitalistischen Ära: der *Kooperation* und des *Gemeinbesitzes der Erde und der durch die Arbeit selbst produzierten Produktionsmittel.*"[61]

So richtig Marx die außerordentliche Krisenanfälligkeit des kapitalistischen Systems beschreibt, sie hat entgegen seiner Auffassung nicht *automatisch* („mit der Notwendigkeit eines Naturgesetzes") dazu geführt, dass der Kapitalismus unter revolutionärer Beteiligung der Arbeiterklasse sich selbst abschafft.

Kommando über unbezahlte Arbeit

Wenn man das *Kapital* in der Hauptsache als eine Arbeitswertlehre oder eine volkswirtschaftliche Theorie der Wertschöpfung versteht, stimmt das, aber nur, wenn man ergänzt, es sei eine in kritischer Absicht. Diese Perspektive lässt das Buch auch in einem anderen Licht erscheinen. Wie bereits erwähnt, übernimmt Marx die Grundlagen seiner Theorie von zwei anderen Ökonomen, von A. Smith und D. Ricardo, die auch heute noch als Sprecher der Nationalökonomie gelten. Das gilt insbesondere für den Gedanken, dass sich der Wert einer Ware am Quantum der benötigten Arbeitszeit bemisst, die in die Produktion der Ware oder des Produkts hineingesteckt wird. Marx zufolge handelt es sich bei der modernen Produktionsweise um einen großen Markt, auf dem man alle Mittel kaufen kann, die zur Produktion der Waren notwendig sind. Auf diesem Markt findet sich auch etwas, das im Feudalismus noch nicht möglich gewesen wäre: die freie Lohnarbeit. Die Arbeiter sind mit dem Ende des Feudalismus frei geworden – vogelfrei. Damit kann auch die menschliche Arbeitskraft ver- und gekauft, d. h. in den Produktionsprozess aller Güter eingeschleust werden. Die zur Ware gewordene Arbeitskraft hat – so Marx – einen Wert wie jede andere Ware auch, der sich an den Kosten bemisst, die zu ihrer Reproduktion aufzubringen sind. Die Kosten für Ausbildung, Ernährung, Gesunderhaltung, Kleidung, Erziehung der nächstfolgenden Generation usw., dies alles sind Reproduktionskosten.

Nun gibt es aber an der Arbeitskraft gegenüber allen anderen Waren eine Besonderheit, eine besondere Eigenschaft. Sie kann mehr Wert erzeugen, in die vom Kapitalisten bereitgestellten Produktionsmittel mehr Wert einfließen lassen, als zu ihrer Reproduktion nötig ist. Das ist möglich aufgrund einer ‚Entdeckung', die Marx für das Beste hält, was er in der *Kritik der politischen Ökonomie* entwickelt hat: den Doppelcharakter der Arbeit, je nachdem, ob sich die Arbeit als Gebrauchswert oder als Tauschwert ausdrückt. Das lebendige Arbeitsvermögen geht als Gebrauchswert des Kapitals in die Produktions- und Verwertungsprozesse ein. „Der Kapitalist tauscht nicht Kapital direkt gegen Arbeit aus oder Arbeitszeit; sondern in Waren enthaltene, aufgearbeitete Zeit gegen im lebendigen Arbeitsvermögen enthaltene, ausgearbeitete Zeit. Die lebendige Arbeitszeit, die er eintauscht, ist nicht der Tauschwert, sondern der Gebrauchswert des Arbeitsvermögens."[62]

Der Gebrauchswert der Arbeit ist für den Besitzer von Produktionsmitteln im Durchschnitt höher als ihr Tauschwert; oder anders gesagt, der vom Arbeiter erzeugte Wert übersteigt das Quantum an Wert, das zur umfassenden Reproduktion seiner Arbeitskraft notwendig ist. Aus dem, was übrigbleibt, oder aus dem dem Arbeiter nicht ausbezahlten Lohn, schöpft der Kapitalist einen bestimmten Teil ab. Diesen nicht ausbezahlten, vom Anwender des Arbeitsvermögens einbehaltenen Anteil der Produktion bezeichnet Marx als *Mehrwert*. Entscheidend in diesem Zusammenhang ist, dass dieser Mehrwert eine ökonomische Kategorie ist und keine psychologische oder moralische. Von daher kann Marx behaupten, dass das Kapital kein Ding sei, sondern ein bestimmtes gesellschaftliches Produktionsverhältnis, innerhalb dessen den Produktionsmittelbesitzern die Möglichkeit gegeben ist, dem Arbeiter weniger zu zahlen als er den Produkten, die er herstellt, an Wert zusetzt. Das ist das ganze Geheimnis. Die angefertigten Produkte, deren Wert sich zusammensetzt aus der aufgewandten Arbeitskraft sowie dem Rohmaterial, den Ressourcen und den Produktionsmitteln, enthalten in gewisser Weise einen Überschuss. Dieser wird den Arbeitern vorenthalten und fließt dem Kapitalisten zu, der ihn entweder für seinen privaten Gebrauch nutzen oder ihn neu in sein Unternehmen investieren kann.

Gedanke und Wirklichkeit

Wie in den Feuerbach-Thesen angedeutet, zielt das Marx'sche Interesse auf die Wirklichkeit in Gestalt der menschlichen Praxis *und* das Begreifen (den Begriff) dieser Praxis. Er tut es im Bewusstsein der kritisch versetzten Perspektive, dass es in der kapitalistischen Gesellschaft ‚schlummernde' ökonomische und sozialrevolutionäre Kräfte gibt, die über die bestehenden Verhältnisse hinausführen könnten. Für die Philosophie – und ihre Grundfrage nach dem Verhältnis von Denken und Sein, Gedanke und Wirklichkeit – ist es nun überaus wichtig zu sehen, dass Marx auf Triebkräfte des Gesellschaftlich-Geschichtlichen rekurriert, die in sich selbst keine Lösung finden, sondern durch eine revolutionäre oder utopische oder emanzipatorische, in jedem Fall völlige Umbildung der Welt Wirklichkeit werden sollen. Die Wirklichkeit, das ist die gesellschaftliche Praxis, die Marx rekonstruiert – aus Bruchstücken der Nationalökonomie und der klassischen Philosophie –, ist so bestellt, dass sie ergänzt, vervollständigt, erfüllt werden muss, damit von gelingender Praxis (klassenlose Gesellschaft, die Assoziation freier Produzenten) – dem Ziel der ganzen Unternehmung – die Rede sein kann. Die ‚Wahrheit' oder Wirklichkeit der gelingenden Praxis, welche die Kritik der politischen Ökonomie freizusetzen sucht, steht noch aus. Sie scheint mehr oder weniger *möglich* zu sein.

Anders gesagt, nach Marx stellt sich die Philosophie als eine *reflektierte Drehung* über das Gegebene oder das (schlecht) Bestehende hinaus dar. *Kritik* ist der *terminus technicus* der Philosophie. Wie gezeigt, sind für Marx in dieser Situation mehrere, nicht einfach zu durchschauende gesellschaftliche Triebkräfte am Werk: die ökonomischen Gesetzmäßigkeiten in Gestalt der Selbstverwertungsprozesse des Kapitals und ihr Ausdruck bzw. Niederschlag in Form eines ständig schwelenden Klassenkonflikts sowie die sich daraus ergebenden sozialrevolutionären Kräfte, die versuchen (müssen), sich mittels Selbstorganisation aus dem Sumpf von Ausbeutung und Verdinglichung, Repression und Arbeitsleid herauszuziehen.

Gleichwie, in keinem Fall kann sich die philosophische bzw. politökonomische Analyse sicher sein, was passiert. Der philosophische Gedanke sieht sich Kräften ausgeliefert, über die er in keiner Weise gebietet. Er muss lernen mitzudenken, was noch kommen *könnte*. Und sieht sich mit dieser neuen Problemmaterie *Zeit* in eine höchst unkomfortable Situation gebracht.

Philosophie als historische Zeitanalyse und Kritik ist ein riskantes, durch Fehlschläge extrem gefährdetes Unternehmen, vor allem dann, wenn man nicht mehr einfach auf geschichtliche oder ökonomische Gesetzmäßigkeiten bauen kann, sondern (auch) damit rechnen muss, dass sich die Emanzipation einer Klasse (eines Volkes, einer Minderheit, eines Geschlechts usf.) möglichst spontan oder aus freien Stücken vollbringt. Anders gesagt, wenn das geschichtsphilosophische Vertrauen Hegels in die Weltgeschichte als Fortschritt im Bewusstsein der Freiheit oder die Marx'sche Versicherung, dass der Gedanke sich zur Wirklichkeit und die Wirklichkeit zum Gedanken dränge, schwindet: Worin könnte der Grund liegen, um den gesellschaftlichen Triebkräften auf die richtige, d. h. die heiße Spur der nächsten Zeit und ihrer kommenden Umwälzungen zu gelangen? Die Welt ist nicht fertig. Schon gar nicht für den, der unterstellt, dass sie grundsätzlich aus den Fugen geraten ist und vor tiefgreifenden politökonomischen und technischen Umbrüchen steht. Kurz, die Wahrheit (des Gedankens) liegt nicht da wie ein Stein auf der Straße, sie kann nicht einfach aufgenommen und im kognitiven System des Betrachters abgebildet (gespiegelt) werden. In ihrer fremdbestimmten Praxis fühlen sich die Menschen erst dazu gedrängt, sie herbeizuführen. Sie existiert nicht ohne ihr oder unser Dazutun – sei es ohne das der kämpfenden Klassen, der kolonialisierten Völker oder ohne das der unterdrückten Minderheiten und Geschlechter. Das aber bedeutet, dass der philosophische Gedanke die Welt nicht widerspiegeln kann, wie sie ist, auch nicht mit Rücksicht auf die Kräfte, die potenziell in ihr liegen und sie erneuern könnten.

Die Offenheit und Unvollendetheit ihrer Projekte und Begriffe wird zu einem Markenzeichen der Philosophie (wie der Moderne insgesamt), ganz einfach deshalb, weil die Welt, auf die sie sich bezieht bzw. beziehen muss, selbst noch als unfertig erscheint. Will sie sie darstellen, muss sie das mit einbeziehen, was aus ihr *werden* könnte. Das aber ist immer schwerer abzusehen. Zum vollen Begriff des (gesellschaftlichen) Seins gehört es, das Werden als bedeutende Dimension anzuerkennen; und es nicht nur zu berücksichtigen, sondern ihm – in welcher Form auch immer – den Vorrang einzuräumen. Das stellt die Philosophie in verschiedenen Hinsichten vor große Wissens- und Darstellungsprobleme. Die Darstellung muss mit dem Anderswerden von dem rechnen, worauf sie zielt. Die Philosophie muss sich auf etwas stützen, was sie durch ihr Denken nicht garantieren kann: was ihr entgegenkommen muss, sich ihr aber auch entziehen kann. Anders gesagt, sie steht im Niemandsland einer Grenze, auf der die gewohnten Sicherungsmöglichkeiten der Tradition versagen. Erst die gelingende Praxis wird zum Ausweis richtigen Denkens. Obwohl Marx das Problem grundsätzlich aufwirft, ist er sich dessen Tragweite nicht bewusst.

Die Wahrheit des philosophischen Gedankens an seine Bewährung in der Praxis zu knüpfen, wird zu einer großen Idee, an der fast alle bedeutenden philosophischen Strömungen der modernen Welt partizipieren. Sie haben aber nahezu alle mehr oder weniger – vom historischen und dialektischen Materialismus bis zum Pragmatismus – auch Anteil an der großen Gefahr, die dieses Philosophieprogramm, Praxis auf technisch-instrumentelle Praxis zu verkürzen, begleitet wie die Erde die Sonne: nicht in Erwägung zu ziehen, dass – mit Politik, Öffentlichkeit und Lebenswelt im Zentrum – das Praktische zuletzt das ist, was nach Kants nach wie vor gültiger Definition „durch Freiheit möglich ist".[63]

Die Erkenntnis der Gegenwart

G. Lukács und der westliche Marxismus

Das Proletariat vollendet sich erst, indem es sich aufhebt, indem es [...] die klassenlose Gesellschaft zustande bringt.
G. Lukács

Für den westeuropäischen Marxismus und das Nachdenken über die gesellschaftliche Praxis und die Modernisierungsprozesse im 20. Jahrhundert hat das Buch von György Lukács (1885–1971) über *Geschichte und Klassenbewußtsein* eine nicht zu unterschätzende Bedeutung. Es wurde fünf Jahre nach Beendigung des Ersten Weltkriegs veröffentlicht und häufig als Hegelmarxismus charakterisiert. Lukács war einer der maßgeblichen Repräsentanten des westlichen Marxismus und hatte großen Einfluss auf die gesellschaftspolitische Diskussion, vor allem der linken oder der kritischen Öffentlichkeit in Westeuropa bis zum Balkan; Lukács war Ungar. Hervorgetreten ist er zunächst mit Büchern zur Ästhetik und nicht mit politischen Themen. Er war ein veritabler europäischer Bildungsbürger, bis er in jenem Band *Geschichte und Klassenbewußtsein* eine Sammlung politischer und gesellschaftskritischer Arbeiten veröffentlicht hat.

Lukács war Philosoph, aber er agierte auch auf der Ebene der Politik, z. B. als Minister in einem ungarischen Kabinett, er hat in Moskau gewirkt, wurde inhaftiert – ein Lebensschicksal voller Widersprüche, wie das 20. Jahrhundert selbst. Lukács hat das Buch 1923 veröffentlicht und in Teilen schon 1925 widerrufen, der politische Druck der kommunistischen Parteien war so groß, dass er seine Thesen – gerade die über das Klassenbewusstsein – wieder zurückgenommen hat. So ging das ein Leben lang, zwischen Erfolg in den kommunistischen Reformphasen und erzwungenen Zurücknahmen bestimmter Positionen im Laufe eines relativ langen Lebens.

Geschichte und Klassenbewußtsein erschien im gleichen Jahr wie das Buch von Karl Korsch (1886–1961) über *Marxismus und Philosophie.* Beide Bücher können als Gründungsurkunden des westlichen Marxismus gelesen werden, in Absetzung vom orthodoxen Marxismus, wie er vor allem von Lenin und, noch unheilvoller, von Stalin als *historischer* und *dialektischer Materialismus* ausgearbeitet worden ist. Auf der Linie des westlichen Marxismus liegen immerhin so prominente Denker wie Ernst Bloch (1885–1977), vor allem mit seinem frühen Werk *Der Geist der Utopie* (1918) und seinem Hauptwerk *Prinzip Hoffnung* (1953 ff.), für Italien besonders Antonio Gramsci (1891–1937) mit seinen Überlegungen zur Politik und Ethik des Kommunismus, dann aber auch Max Horkheimer, Theodor W. Adorno, Herbert Marcuse (vgl. Kap. I, S. 119 ff.), der frühe Jürgen Habermas (vgl. Kap. III, S. 222 ff.) und, um auch französische Philosophen und Gesellschaftstheoretiker zu nennen: Louis Althusser (1918–1990) und Jacques Rancière (geb. 1940). Sie spielten bis in die Jahre des weltweiten studentischen Protests im Umkreis von '68 eine große Rolle. Althusser war sicherlich einer der produktivsten Köpfe in der neueren Diskussion zwischen Strukturalismus und Marxismus in den Jahren zwischen 1955 und 1980/85.

Allgemein kann man sagen, der westliche Marxismus unterscheidet sich vom orthodoxen Marxismus zum einen durch eine sehr viel stärker an humanitären Idealen ausgerichtete Philosophie. Ein durch die Ziele der Aufklärung, durch Humanismus, Freiheit und Demokratie bestimmter Tiefenstrom geht durch den westlichen Marxismus. Man fühlt sich grundsätzlich nicht an die politischen Vorgaben einer bestimmten Weltmacht, d. h. an die der UDSSR, gebunden; vor allem hat man mit jenem Topos des orthodoxen Marxismus, der „Diktatur des Proletariats" gebrochen, für den sich die kommunistische Partei – als den einzigen Hort der Wahrheit über das, was zu einem bestimmten Zeitpunkt in einer Gesellschaft politisch und ökonomisch, sozial und kulturell zu tun und zu denken sei – einsetzte. Zum anderen hatte der kritische Marxismus ein positiveres Verhältnis zur Kultur.

Lukács selbst hat auf vielen Gebieten der Ästhetik gearbeitet, zur Architektur, zur Malerei, zur Literatur. Er hat umfangreiche – nach wie vor lesenswerte – Studien zur Literatur, z. B. eine *Theorie des Romans* (1916) verfasst: ein Buch, das sich im Blick auf die Formen des Epischen, insbesondere des Romans, mit der Abhängigkeit ästhetischer Kategorien von der geschichtlichen Zeit beschäftigt.

Allgemein betrachtet, geht es in *Geschichte und Klassenbewußtsein* um einen geschärften Blick auf die Pathologien der Moderne, also auf die

Formen der Verdinglichung, der Unterdrückung und Ausbeutung, die der moderne Kapitalismus zeitigt. Diese Analyse geschieht vor dem theoretischen Hintergrund der Hegel'schen Philosophie. Lukács hat versucht, die Dialektik als Methode des Marxismus zu etablieren. Gleichzeitig orientiert er sich an den Gründungsvätern der modernen Soziologie, allen voran Georg Simmel (1858–1918) und mehr noch Max Weber (1864–1920). Lukács' Denken vollzieht sich also auf der einen Seite vor dem Hintergrund des linkshegelianischen Marxismus, auf der anderen Seite vor dem der Kritik an den Rationalisierungs- und Bürokratisierungsprozessen eines Weber und Simmel (vgl. Kap. I, S. 116 ff.).

Lukács' Idee und entscheidendes Anliegen ist der Entwurf einer marxistischen Gesellschaftstheorie aus der Perspektive einer revolutionären Praxis, was in seiner Direktheit und Naivität heute erschreckend wirkt. Aber man darf nicht vergessen, dass zur Zeit der Veröffentlichung von *Geschichte und Klassenbewußtsein* die sogenannte „soziale Frage" seit mehr als einem halben Jahrhundert auf der Agenda aller führenden bzw. aufstrebenden europäischen Industrienationen stand und den zentralen Streitpunkt im Kampf zwischen Sozialdemokratie und Kommunismus/Sozialismus bildete. Lukács fragt, wie sich unter den Bedingungen der politischen und sozioökonomischen Krisen der Zeit nach dem Ende des Ersten Weltkriegs der große Marx'sche Impetus – alle Verhältnisse umzustoßen, in denen der Mensch ein ausgebeutetes, geknechtetes und gedemütigtes Wesen ist – in die Tat, d. h. in eine revolutionäre gesellschaftliche Praxis, umsetzen lässt. Die realgeschichtliche Möglichkeit einer Weltrevolution schien zu diesem Zeitpunkt nicht ganz unwahrscheinlich zu sein. 1917 war die Oktoberrevolution im Umkreis der Ideen von Marx und Engels „gelungen", wenngleich unter anderen als den von ihnen angenommenen gesellschaftlichen und politischen Bedingungen.

Wenn Lukács Begriffe wie „revolutionäre Praxis" oder „Klassenbewusstsein" relativ problemlos benutzt, müssen die zeitgeschichtlichen Umstände mitgedacht werden – solche und vergleichbare Wendungen sind heute mit wesentlich mehr Fragezeichen versehen. Gleichwohl handelt es sich um Begriffe, die nicht nur Generationen von Arbeitern und Sozialpolitikern in ihren Bann gezogen haben. Sie besaßen auch eine analytische Kraft, die, im Vergleich mit den „bürgerlichen", die (eigene) soziale Realität besser aufzuschließen vermochte. In den Zeiten der '68er schienen sie für einen kurzen, flüchtigen Augenblick nochmals ihren Wirklichkeitsgehalt demonstrieren zu können.

Lukács sieht den Marxismus als eine Weiterführung der klassischen deutschen Philosophie, auch unter dem Aspekt der Einlösung des Versprechens, das die Philosophie mit ihren Grundbestimmungen von freiheitlicher Selbstbestimmung und rechtlicher Gleichheit, von gerechter Güterverteilung und solidarischer Praxis in die Welt gesetzt hatte. So erklärt sich auch das Gewicht, das der Begriff der *Universalisierung* (politisch der *Internationalisierung*) gewinnt. Rechte sollen für alle in gleicher Weise gelten, Freiheit soll allen zugutekommen, Solidarität gegenüber allen geübt werden, die ihrer bedürfen, und nicht nur gegenüber dem eigenen Volk bzw. den westeuropäischen Völkern unter Ausklammerung der Kolonien und der Dritten Welt. Die Universalisierung der Menschenrechte sowie eine verbesserte (Gleich)Verteilung aller materiellen und immateriellen Güter stehen (dem Prinzip nach) im Zentrum der marxistisch orientierten Philosophie. Aus diesem Grund hat man ihr immer wieder und weltweit große Aufmerksamkeit und Anerkennung gezollt, deswegen haben ihre Ideen im 20. Jahrhundert an vielen Stellen in der Welt gezündet. Inwieweit die *Internationale* dann tatsächlich, wie es in einem Arbeiterlied heißt, das Menschenrecht erkämpft (hat), ist mehr als fraglich.

Totalität und Klassenbewusstsein

„Das vornehmste Ziel“, schreibt Lukács, ist „die Erkenntnis der Gegenwart“[64], genauer, die Erkenntnis der historisch-sozialen Wirklichkeit. Die ihr einzig angemessene Methode sei die Dialektik, die in erster Linie auf eine Kritik der gesellschaftlichen Verhältnisse ziele, die durch einen Gegensatz, der alle Bereiche beherrscht, zusammengehalten werden.

Ausgehend von den Marx'schen Begriffen der Verdinglichung und des „Warenfetischismus“, gelangt Lukács zu einer Gesamtinterpretation des Bewusstseins- und Kulturprozesses der bürgerlichen Gesellschaft: In allen gesellschaftlichen Beziehungen dominiert die Ware. Sie verwandle auch die Menschen selbst in eine Ware. Gleichzeitig aber verdecke die im Horizont des allgemeinen Warentauschs organisierte Praxis, dass die Wirklichkeit wesentlich eine durch sie geschaffene sei. Aber die Rolle des Menschen als (des eigentlichen) Subjekts der Geschichte könne dadurch bewusst gemacht werden, dass es den Schein, alles in der Gesellschaft sei naturgegeben, aufdecke. Entsprechend rankt sich die Diskussion in *Geschichte und Klassenbewußtsein* um drei Themen bzw. theoretische Begriffe: um Totalität, um die Organisation bzw. die Spontaneität des Massenprotests, und vor allem, als die vielleicht wichtigste Kategorie, die Verdinglichung.

Bei „Totalität" handelt es sich um einen der Hegel'schen Dialektik entlehnten Begriff, der von Lukács als analytischer, und d. h. als kritischer Begriff eingesetzt wird. Was heißt das? Und warum ist es wichtig, sich immer wieder der Ambivalenz dieses Begriffs zu vergewissern? Mit dem Begriff „Totalität" zielt Lukács auf die gesellschaftliche Wirklichkeit als Ganze (*totum*, das Ganze), d. h. auf das, was die Wirklichkeit – eben das kapitalistische System – als Ganze beherrscht und alle Beziehungen bedingt: die zu sich selbst wie zu den anderen (Klassen-)Subjekten. Die Beziehungen zur Umwelt und zu der uns umgebenden Natur spielen eine untergeordnete Rolle. Die grundlegend kapitalistisch organisierte Gesellschaft strahlt mal stärker, mal schwächer in alle Bereiche aus, in die ökonomischen und technischen ebenso wie in die sozialen und kulturellen. Sie formt sich nach den Gesetzen und Mentalitäten, die durch die Kernstruktur kapitalistischer Verhältnisse – den Markt, den Tausch, das Geschäft – bestimmt werden. In dieser Idee ist unschwer die orthodox-marxistische Unterscheidung von Basis und Überbau zu erkennen. Anders gesagt, mit theoretischer Phantasie und kritischem Geist fahndet man nach den kapitalistischen, durch den Geist des Tauschwerts geprägten Verhältnissen in den abgelegensten Provinzen des gesellschaftlichen, kulturellen und seelischen Lebens, das es vor allem für das Verständnis der zentralen Kategorie der Verdinglichung im Auge zu behalten gilt.

Beim Begriff der Totalität handelt es sich zunächst um eine Art methodischen Holismus, d. h. um eine Regieanweisung an das Denken, bei der Beschreibung und Analyse der gesellschaftlichen Phänomene das Schwergewicht der kapitalistisch organisierten Realität auch in den Bereichen des gesellschaftlichen Lebens, die nicht unmittelbar vom Wirtschaftsleben tangiert werden, nicht aus den Augen zu verlieren. Ohne den Begriff der Totalität geht jede Möglichkeit verloren, den geschichtlichen Prozess als einen einheitlichen darzustellen und zu verstehen. Er verhindert, dass das gesellschaftliche Leben in lauter isolierte Tatsachen und Teile zerfällt. Er allein gestattet es, das innere Band bei der Erklärung der Tatsachen zu knüpfen. Insofern ist „der Gesichtspunkt der Totalität" ein kritischer oder regulativer Begriff, mit dem Lukács und andere Vertreter des westeuropäischen Marxismus herauszufinden versuchen, wie sehr der Kapitalismus das Denken und Handeln der sozialen Akteure in allen Lebenslagen bestimmt – und warum die Arbeiterklasse nicht längst das Joch ihrer Ausbeutung und Entfremdung abgeschüttelt hat.

Wer oder welche Klasse oder Institution aber ist dazu in der Lage, das Ganze der Gesellschaft, die – bezogen auf das Bewusstsein, dass die Menschen haben würden, wenn sie ihre Lebenslage und die daraus entspringenden (ihre) Interessen „vollkommen zu erfassen fähig wären" – zum Ausdruck bringen könnte? Die Lukács'sche Antwort darauf macht die Zweideutigkeit der Totalitätskategorie deutlich. Sie besagt, dass es die Arbeiterklasse – das Subjekt, das gleichfalls die Totalität verkörpert –, näherhin die (kommunistische) *Partei* ist, die als *„Trägerin des Klassenbewußtseins des Proletariats, Gewissen seiner geschichtlichen Sendung"*,[65] die Führungsrolle in der Deutung und Festlegung dessen, was das gesellschaftliche Ganze sei, übernehme.

Lukács denkt entlang der klassischen Kategorien von Subjekt und Objekt. Das Objekt der kapitalistischen Verhältnisse, die Arbeiterklasse, soll aus seiner beherrschten Stellung in die herrschende Rolle des Subjekts eingerückt werden. Dadurch soll sich die Herrschaft zuletzt selbst abschaffen.[66]

Wer also ist das Subjekt/Objekt der gesellschaftlichen Wirklichkeit, das diese zugleich in ihrer Totalität durchschaut? Das Proletariat ist das Subjekt/Objekt des gesellschaftlichen Prozesses, es erkennt – indem es sich in der gesellschaftlichen Wirklichkeit verortet – die eigene Rolle und die eigenen Möglichkeiten zur gesellschaftlichen Veränderung – und „zerreißt mit einem Schlage das Dilemma der Ohnmacht: das Dilemma vom Fatalismus der reinen Gesetze und von der Ethik der reinen Gesinnung".[67] Als Klasse ist es jedoch nicht vollständig aus eigener Kraft zur Selbsterkenntnis seiner Lage fähig. Es hinkt gleichsam im Bewusstsein seiner Lage der Realität hinterher. Man hat später in Anlehnung an Lukács davon gesprochen, die Klasse „an sich" sei noch nicht in den Stand der Klasse „für sich" gelangt und attestierte mangelnde „ideologische Reife".

Bei Ersterer handelt es sich um eine Kategorie der Zurechnung oder um eine von außen gegebene Bestimmung: Wer in einer bestimmten abhängigen Lohnarbeiterposition ist, der gehört zum Proletariat. Diese Art von Ausbeutung und Unterdrückung ist aber nicht allen in gleicher Weise bewusst, es muss einen Prozess der Bewusstwerdung geben, damit die Klasse zum Bewusstsein ihrer selbst gelangt. Wer aber organisiert die richtige Einsicht in die gesellschaftlichen Verhältnisse? Wer ist legitimiert, die Interessen der Arbeiterklasse zu vertreten? Wer verkörpert oder repräsentiert, wie Lukács schreibt, den *„bewußt gewordenen Sinn der geschichtlichen Lage der Klasse*"?[68] Welche verhängnisvolle Dynamik entsteht, wenn die (Einheits-)Partei in diese Stelle eingesetzt wird, hat die weitere geschichtliche Entwicklung in den kommunistischen Ländern gezeigt. In der (praktischen) Delegation der ‚Einsicht in das Ganze' an *eine* Instanz (z. B. die Partei) liegt die Gefahr (oder der Punkt) des Umschlags ins Totalitäre. Aus dem Regulativen (Methodischen) einer kritischen Idee wird das Konstitutivum einer Praxis, die, von einer Stelle aus und mit hinreichender politischer Macht ausgestattet, bestimmt, welche Verfassung die historisch-soziale Wirklichkeit (und damit das Schicksal der Menschen) haben soll. Die erkenntnisleitende Totalitätskategorie wandelt sich um in eine totalitäre Praxis bzw. Politik.[69]

Die Organisation des Massenprotests

Das Klassenbewusstsein bzw. die Schwierigkeiten der Transformation der Klasse an sich in einer Klasse für sich zeigt noch eine andere interessante Seite. Angesichts einer revolutionären Praxis heißt es auch, das Verhältnis der *Spontaneität* (der Massen) und (ihrer) *Organisation* zu klären. Hinter den Organisationsbestrebungen der Partei steht die realistische Einsicht, nur gemeinsam stark sein und politische Macht ausüben zu können. Eine zersplitterte Macht ist keine, mit ihr lässt sich nur wenig politischer und ökonomischer Druck auf die Gegenseite ausüben. Es ist strategisch von außerordentlicher Bedeutung, den Protest zu bündeln, ihn zu organisieren und ihm eine bestimmte Stoßrichtung zu geben. Das bedeutet auch, mit den Problemen aller Organisationen konfrontiert zu sein, die dadurch entstehen, dass in ihrem Rahmen der Raum für spontane Aktionen ebenso eingeengt werden muss wie der Anspruch Einzelner auf die Verwirklichung partikularer Interessen. (Sie können innerhalb der Organisation nicht in allen Aspekten ausreichend berücksichtigt werden.) Vielmehr braucht man eine Generallinie gebündelter Interessen. Man braucht aber auch den spontanen Protest der Massen, wann immer er aufflammt.

Es fällt nicht schwer, sich vorzustellen, wie schwierig es ist, diesen permanenten Konflikt (aller Massenorganisationen) zu handhaben. Rosa Luxemburg (1871–1919) hat mehr auf die Dynamik der Spontaneität der Massen gesetzt, Lenin (1870–1924) dagegen für eine Stärkung der Organisationsstrukturen der Partei argumentiert. Die Spannung zwischen den spontanen Erhebungen und Revolten, den spontanen Massendemonstrationen und der Organisation dieses Protests mit dem Ziel, ihm eine gesellschaftliche und politische Wirksamkeit zu geben, lässt sich während des gesamten 20. Jahrhunderts beobachten. Nicht selten verpuffen der Protest und spontane kollektive Erhebungen, wenn sie nicht in ein politisches Programm oder in eine soziale Institution transformiert werden. Davon ausgehend, hat Lukács in *Geschichte und Klassenbewußtsein* die Frage diskutiert, wie mit diesem strukturellen Konflikt umzugehen sei. Marx hat in der Tat stärker in Richtung Partei und Organisation votiert und die Anarchisten als Totengräber des Kommunismus bezeichnet.

In der neuesten Zeit lassen sich vergleichbare Problemlagen an dem weltweit aufflammenden Protest der sozialen und ökologischen Bewegungen studieren, in unserem Zusammenhang an der Gründungs- und Etablierungsphase des organisierten ökologischen Protests in Form der GRÜNEN. Wie bildete sich aus einer Masse diffusen ökologischen Protests eine Partei heraus? Wie institutionalisierte sich die Kritik an der Natur- und Umweltzerstörung? Von den Weinbauern im Breisgau bis zu den Bürgerinitiativen für eine Energiegewinnung aus nichtfossilen Brennstoffen? Wie erhielten sie eine entsprechende Organisationsstruktur? Wie transformierte man die mächtigen, in zahllose Interessen zersplitterten Protestimpulse in eine wirkungsvolle gesellschaftliche und politische Interessenvertretung? Der Kampf zwischen einem organisierten und einem anarchischen Protest, zwischen realpolitischen Notwendigkeiten und einer immer wieder neu einsetzenden Kritik gestaltete sich bei den GRÜNEN als jahrelange Auseinandersetzung zwischen den „Realos“ und den „Spontis“. Große Teile der GRÜNEN wollten in der Welt, wie sie ist, ankommen, d. h. Realisten werden. Sie haben sich parteipolitisch organisiert, aber dadurch auch diejenigen ausgeschlossen oder als Abweichler deklariert, die ihre radikale Kritik an der Umweltzerstörung nicht auf dem Altar einer breiten und allzu kompromissbereiten Zustimmung opfern wollten. Auf der anderen Seite stand die Einsicht in die Notwendigkeit, nur dann etwas – hier und jetzt – bewirken zu können, wenn man sich organisiert und in die Niederungen der Parteipolitik begibt.

Rückblickend verschärfte sich das Problem im Falle des Marxismus bzw. der real existierenden sozialistischen Staaten in der Form, dass die einmal mit solcherart Insignien des Wissens, der Wahrheit und der Macht ausgestattete Partei ihre hegemoniale Macht nicht leicht wieder hergeben wollte. Sie verselbstständigte sich und ging regelmäßig auf Distanz zum Massenprotest (in der DDR 1953, Ungarn 1956, Tschechoslowakei 1968 usf.). Was immer an Revolten und Massenprotesten sich nicht nach Parteistatuten und Parteiüberlegungen organisieren lässt, wurde und wird mehr oder weniger gewaltsam unterdrückt und niedergeschlagen - bis 1989 eine weltpolitische Zäsur erfolgte.

Verdinglichung

Eine besondere Stellung nimmt in diesem Zusammenhang die Analyse der *Verdinglichung* ein. Was Lukács interessiert, wurde bereits angedeutet: Inwiefern das Warenverhältnis - die Arbeitsteilung, die Verdinglichung und der Warenfetischismus - auf das gesamte äußere und innere Leben der Subjekte übergreift und es korrumpiert.

Lukács betont im Einklang mit Marx, dass der Arbeiter selbst „als mechanisierter Teil in ein mechanisches System eingefügt“ wird, wobei er seinen tätigen Charakter immer weiter verliert und eine „kontemplative Haltung“ gegenüber dem mechanisch-gesetzmäßigen Prozess einnimmt, der unbeeinflussbar durch seine Tätigkeit als ein geschlossenes System abläuft. Der mechanisierte Produktionsprozess macht aus den Arbeitern isolierte und abstrakte Atome. „Wie betont, muß der Arbeiter sich selbst als ‚Besitzer‘ seiner Arbeitskraft als Ware vorstellen. Seine spezifische Stellung liegt darin, daß diese Arbeitskraft sein einziger Besitz ist. An seinem Schicksal ist für den Aufbau der ganzen Gesellschaft typisch, daß diese Selbstobjektivierung, dieses Zur-Ware-Werden einer Funktion des Menschen, den entmenschten und entmenschlichenden Charakter der Warenbeziehung in der größten Prägnanz offenbaren.“[70]

Man kann drei Dimensionen des Lukács'schen Verdinglichungsbegriffs unterscheiden. Zum einen denjenigen Verdinglichungsprozess, der in das kapitalistische Zur-Ware-Werden der Arbeitskraft eingeschlossen ist. Zum zweiten die Verdinglichung infolge der Arbeitsteilung, der Mechanisierung und Spezialisierung, also infolge dessen, was Marx auf so eindringliche Weise im *Kapital* unter dem Stichwort „industrielle Pathologie“ - als unendliche Geschichte individuellen Arbeitsleids und „ununterbrochenes Opferfest der Arbeiterklasse“ (Marx) - notiert und archiviert und Charlie Chaplin in *Modern Times* auf unnachahmliche Weise auf die Filmleinwand gebannt hat. Beide Aspekte gehören qua Instrumentalisierung zusammen. Der Arbeiter wird in den Produktionsprozess nach Maßgabe der Ökonomie eingeführt, wie andere Ressourcen, Mittel und Maschinen auch, die zur Herstellung der Produkte benötigt werden. Die Degradierung zu einem Ding, zu einem „selbstbewußten Zubehör einer Teilmaschine" (Marx), wie sie in der mechanisierten und taylorisierten Arbeit sinnfällig wird, hat ihre politökonomische Voraussetzung im Verkauf der Arbeitskraft und der vollständigen Auslieferung an die kapitalistische Produktion. Der Arbeiter kann über sein Vermögen und seine Handlungsmöglichkeiten nicht mehr verfügen, er ist sich selbst als Subjekt entfremdet.

Drittens zeigt sich im Gebrauch des Verdinglichungsbegriffs eine ethische Dimension, die freilich – wie schon bei Marx – nur *en passant* in wenigen Bezugnahmen auf „Menschenwürde" Erwähnung findet. Was aber keineswegs heißt, dass das Lukács'sche Verdinglichungskonzept nicht deutliche normative Markierungen aufwiese.

Allgemein könnte man sagen, dass etwas an den kapitalistisch formierten Beziehungen der menschlichen Subjekte untereinander auf eine grundsätzliche Weise falsch läuft: Eine in sich verkehrte Ontologie des Sozialen bestimmt alle Beziehungen der Menschen zueinander und muss aufgebrochen werden. Bei Verdinglichung handelt es sich um einen Vorgang, bei dem etwas, das – wie das Menschliche und das Soziale – keine dinglichen Eigenschaften aufweist, als Ding angesehen und behandelt wird. Dies ist Lukács zufolge eine Konsequenz des Kapitals und seiner Ausweitung des Warentausches: Alle Beziehungen der Menschen zu sich und zu anderen unter das Prinzip egoistischer Nutzenkalküle zu stellen. Diese Durchsetzung des Marktprinzips verlangt von allen Teilnehmern, sich nicht nur äußerlich dieser Form anzupassen, sondern auch, sie zu habitualisieren. Den Mitmenschen als Ding zu behandeln, wird so tendenziell zur zweiten Natur des Menschen. Die Expansion des Marktverhältnisses hat gleichsam ihren eigenen kategorischen Imperativ: alle Lebenssphären der Menschen den Gesetzen und Notwendigkeiten des Warentausches anzugleichen. Wobei unklar bleibt, wie für Lukács das Verhältnis zu Max Webers Prozess der Rationalisierung (vgl. Kap. I, S. 116 ff.), auf den er sich bezieht, zu denken ist. Demzufolge werden immer mehr soziale Lebensbereiche, die auf traditionale Weise geregelt waren, der instrumentellen oder zweckrationalen Einstellung unterworfen. Kurz, die Menschen nehmen sich nicht mehr als Subjekte wahr, sondern als Objekte, nicht unter der Form lebendiger

Wesen, sondern unter dinglicher Hülle, nicht organisch, sondern mechanisch, nicht als Ganze, sondern als partikularen Zwecken untergeordnete Mittel.

Im Rückblick lässt sich gut erkennen, wie im Lukács'schen Verdinglichungskonzept begriffliche Unklarheiten und sachliche Schieflagen Hand in Hand gehen. Sie erklären den totalisierenden Zug seiner Analyse: die unterschiedslose Ausweitung des Verdinglichungsbegriffs auf alle Gebiete des gesellschaftlichen und sozialen Lebens. So sehr die um den Markt zentrierte Gesellschaft verdinglichende Einstellungen und Handlungen befördert, eine „Durchkapitalisierung" aller Lebensbereiche scheint ihr nicht gelungen zu sein. Weder die familiären Beziehungen noch die politische Öffentlichkeit, und auch nicht die Kunst, stehen vollständig unter dem Zwang, instrumentalistischen Kalkülen zu folgen, wenngleich sie der „Kolonialisierung" durch die Imperative des Marktes offenstehen – d. h. durchaus die Befürchtung nähren, dass die Lukács'sche Analyse in the long run ihre Berechtigung noch erweisen könnte.

Problematisch erscheint die Ausweitung des Verdinglichungskonzepts auch in der Hinsicht, alle Phänomene und Tendenzen, die in Richtung einer Versachlichung, Indifferenzierung und Entpersönlichung der gesellschaftlichen Beziehungen zielen, umstandslos der Verdinglichungsdiagnose (in ihrem pejorativen Verständnis) zu subsumieren und nicht wenigstens, wie G. Simmel, die negativen Freiheitsgewinne zu bedenken geben, die darin liegen, dass die abwägenden und versachlichenden Denk- und Lebensformen auch neue, auf Ausgleich und Kooperation bedachte Verbindungen und Einstellungen stiften.[71]

„Verdinglichung" wurde in den 20er- und 30er-Jahren ein Leitbegriff der Sozial- und Kulturkritik, besonders im Rahmen der Kritischen Theorie von Max Horkheimer und Theodor W. Adorno, bei Letzterem in überaus prägnanter Weise in den *Minima Moralia*. In der Zeit nach dem Zweiten Weltkrieg spielte der Begriff (außer in der Kritischen Theorie) zunächst keine führende Rolle in der Kulturkritik – allenfalls in der Studentenbewegung –, bevor er im Feminismus der 80er-Jahre in einer stärker ethisch betonten Fassung wieder in Gebrauch genommen wurde.

Die Macht unbewusster Wünsche
S. Freud

Die Stimme des Intellekts ist leise,
aber sie ruht nicht.
S. Freud

Wie in den Kapiteln zuvor, kann es auch hinsichtlich der Psychoanalyse nicht darum gehen, das Gesamtwerk Sigmund Freuds (1856–1939) in seinen Grundzügen darzustellen. Vielmehr gilt es, den Leitgedanken wieder aufzunehmen und „das Unbewusste" als einen interessanten Gegenstand zu präsentieren, der an den Pforten einer umfassenden Philosophie des Geistes darauf wartet, ausreichend bedacht zu werden, um, eher *en passant*, die Bedeutung der Psychoanalyse für die Geistes- und Kulturgeschichte des 20. Jahrhunderts zu streifen. Auffällig jedenfalls ist die Diskrepanz zwischen dem ungeheuren Einfluss der Psychoanalyse auf alle Gebiete des kulturellen und gesellschaftlichen Lebens und der Zurückhaltung, mit der die Philosophie ihr begegnet ist. Dabei lässt sich das Selbstverständnis der modernen Welt kaum ohne Bezug auf die Psychoanalyse rekonstruieren. Dieses wurde in der westlichen Hemisphäre entscheidend durch die wechselseitige Reflexion des westeuropäischen Marxismus (sowie die Gesellschaftstheorien in seinem Umfeld) und der Psychoanalyse geprägt.

Auf der einen Seite zielte man mit Marx auf die Entzauberung der objektiven Lebensverhältnisse, auf der anderen Seite mit Freud auf die Analyse der subjektiven Daseinsbedingungen. Mit beiden hegte man den Verdacht, durch die Verhältnisse „verhext" zu sein: durch die kapitalistischen, in denen Subjekt und Objekt, Menschen und Dinge vertauscht sind, wie durch die Selbsttäuschungen, die ein undurchschautes Triebschicksal mit sich bringt. Die Freiheit, die die Gesellschaft anpreist, ist nur die Freiheit zum Verkauf der Arbeitskraft; das Glück, das sie verspricht, nur die Anpassung an die Bedürfnisse des Marktes; und die Moral, die sie vorschreibt, nur eine im Dienste der Herrschenden. In dieser weitläufigen „Schule des Verdachts" und der „Ent-Täuschungen" ist die Befreiung des Menschen aus subjektiven und objektiven Zwängen die oberste Maxime der Kritik. Richtete die Marx'sche Richtung ihr Augenmerk auf eine gesellschaftsverändernde Praxis, so legte die Freud'sche das ihre auf eine das individuelle Lebensschicksal korrigierende Therapie. Um eine gelingende Praxis geht es beiden.[72]

Zwischen Realität und Wunscherfüllung: das unbewusste Seelenleben

Die Psychoanalyse ist im Wesentlichen das Werk Sigmund Freuds, der Mitte des 19. Jahrhunderts geboren wurde, in Wien als Arzt und Psychoanalytiker praktizierte und zu Beginn des Zweiten Weltkriegs im Londoner Exil starb.

Wenn Freud manchmal in einem Atemzug mit Marx, Darwin und Einstein genannt wird, dann, um anzudeuten, dass er unser Bild vom Menschen in entscheidenden Hinsichten revolutioniert hat, z. B. darin, dass, anders als Descartes, Locke und Kant dachten, das menschliche Individuum nicht von Natur aus mit einem freien Willen ausgestattet ist; dass das mit Bewusstsein und der Fähigkeit zur freien Entscheidung begabte Ich nicht der Kern unserer psychischen Persönlichkeit ist; dass die unbewussten Seelenanteile im Vergleich zu den bewussten die ungleich größeren und mächtigeren sind. Man kann Freud auf diese Weise verstehen, und es gibt auch Formulierungen, die diese Sichtweise belegen; aber es gibt auch Stellen bzw. Verständnisformulare, welche die Leistungen der Psychoanalyse auf eine andere und bessere Weise herausstreichen.

Sicher revolutioniert Freud unsere Sicht des „psychischen Apparats" dadurch, dass er zeigen will, dass unser bewusstes Seelenleben nur ein kleiner Teil des gesamten psychischen Erlebens ist. Auch der forschungsleitende Gesichtspunkt, dass Vorgänge in unserem Bewusstsein von unbewussten Ursachen („Faktoren") kausal-mechanisch determiniert sind, ist überaus lehrreich (aber doch eher ein Beispiel dafür, wie man trotz bedenklicher Vorannahmen dennoch zu interessanten Resultaten kommen kann). Illustriert werden die Kräfteverhältnisse unseres psychischen Apparats durch das Bild des Eisbergs, dessen sichtbare Spitze den Teil unseres Seelenlebens charakterisiert, der bewusst ist und erinnert werden kann, während die ungleich größeren, mächtigeren Eismassen (des Unbewussten) unter der Oberfläche verbleiben, aber den Kurs dessen bestimmen, was man oberhalb sieht. Das Unbewusste bildet danach den Kern unserer psychischen Persönlichkeit. Anders gesagt, es handelt sich um eine Tiefenpsychologie, in der besonders die Motive unseres Denkens und Handelns eine Rolle spielen, die nicht unmittelbar unserem Bewusstsein zugänglich sind. Es scheint, als handle es sich um eine zweite Welt hinter unserem Bewusstseinsschirm: um eine Art Schattenreich, das dem vernünftigen, besonnenen, an der Realität orientierten und seinem sich selbst bewussten Ich verschlossen bleibt.

Leitend ist ein Drei-Instanzen-Modell der menschlichen Psyche. Es enthält neben dem „Ich" das „Über-Ich", das als Gewissen im weiteren Sinne auch der Hort des Ich-Ideals und der Wertvorstellungen ist. Der tiefste und geheimnisvollste Bereich der psychischen Persönlichkeit ist das weitgehend unbewusste „Es". Als die älteste und mächtigste der psychischen Provinzen ist es das Reservoir der Kräfte, aus denen die psychischen Energien stammen. Freud vergleicht das Es mit einem Kessel voll brodelnder Erregung, die nach Abfuhr verlangt. Die Triebe streben allein danach, befriedigt zu werden und gehorchen dem Lustprinzip. Nicht weniger wichtig sind die mit dem Es verbundenen Funktionen, die früheren Erfahrungen entstammen, die *verdrängt* wurden. Freud nennt sie „Erinnerungen", die in Form von Handlungen und Gefühlen, Ideen und Symbolen vom Bewusstsein ausgeschlossen, nichtsdestotrotz wirksam sind. Logische Regeln sind diesen Triebkräften fremd. Sie besitzen aber eine Art Auftriebskraft, mit der sie sich ins Bewusstsein zu drängen versuchen. Dort können sie in dem, was uns deprimiert oder ängstigt, was wir träumen oder phantasieren, lieben oder hassen, erfahren werden. Diese psychische Qualität des Unbewussten ist aber nicht auf das Es beschränkt, es erstreckt sich bis weit ins Über-Ich und seine unbewusste Dynamik. Die darin verkörperte Macht der Moral kann das menschliche Ich in Form von Gewissensbissen ebenso peinigen wie durch das Ich-Ideal gespeiste (und enttäuschte) Erwartungen.

Das „arme Ich", muss, wie Freud schreibt, „drei tyrannischen Herrn" dienen: der äußeren Welt, dem Es und dem Über-Ich. Seine höchst unkomfortable Lage erklärt sich daraus, dass es zwischen Begierden eingeklemmt ist, die es sich nicht eingestehen darf, weil durch ihre Befriedigung soziale Regeln verletzt würden. – Kurz, der Eindruck ist nicht leicht zu entkräften, dass in dieser stark mit räumlichen und physikalischen Metaphern operierenden Sprache Freuds psychische Funktionen verdinglicht und personifiziert werden. Zuweilen sieht es so aus, als entstünden mit dem Ich, Über-Ich und Es neue mythische Wesen, die, den Gottheiten und Dämonen des antik-orakelnden Götterhimmels Griechenlands nachempfunden, nun in die menschliche Brust gebracht, hier ein mythopoetologisches Refugium finden, das nur mit Freud darauf wartet, in der Sprache der Wissenschaft entmythologisiert zu werden. Freud ist sich seiner Arbeit im Grenzbereich zwischen wissenschaftlichen Modellen und mythologischen Fiktionen außerordentlich bewusst – freilich ständig schwankend zwischen einer Semantik, die sich stärker an biologische und physikalische Modellvorstellungen anlehnt, und einer Sprache, wie wir sie aus der Kunst und der Literatur kennen.

Freud jedenfalls hielt es für seine größte Leistung, diesen Kontinent des Unbewussten in seinem ständigen Konflikt mit dem Bewusstsein und den vielen auffälligen Erscheinungsweisen, die dieser Konflikt in unserem Seelenleben erzeugt, entdeckt, analysiert und für die (Psycho)-Therapie fruchtbar gemacht zu haben.

Was aber spricht dafür, dass es diesen „dunklen Kontinent" überhaupt gibt, auch und besonders in der Form, wie Freud ihn beschrieben hat? Freud konkretisiert die Existenz unbewusster seelischer Prozesse bei allen Menschen, er zeigt, dass die Psychoanalyse in der Lage ist, die unbewussten Motive alltäglicher wie pathologischer Prozesse aufzuklären. Seine Startbedingung ist die Annahme einer anthropologischen Situation, die alle Menschen, in geringerem oder größerem Umfang, vor die Aufgabe stellt, psychische Konflikte zu bewältigen, die bereits in der Geschichte der kindlichen Entwicklung angelegt sind. Die Konflikte resultierten, so Freuds anthropologische Prämisse, aus dem Zusammenstoß eines primär durch seine Triebwünsche bestimmten Individuums mit einer Umwelt, die unter dem Aspekt von Befriedigung und Versagung erfahren wird. Je nachdem, welches Schicksal die Triebwünsche oder Bedürfnisse erleiden oder auf welche Weise die Befriedigungs- und Versagenserlebnisse verarbeitet werden, bildete sich eine Phantasiewelt von Wünschen, durch die hindurch die Realität wahrgenommen und praktisch angepasst wird. Sozialisation ist entsprechend das Einrücken der versagenden oder befriedigenden Realität (der Anderen) in das Wunschstreben des Kindes. Wo der Weg der realen altersspezifischen differenzierten Erfüllung des Triebwunsches versperrt ist, schafft z. B. die Phantasie einen Ausgleich und erzeugt Bilder und imaginäre Welten, die auch eine halluzinatorisch ausschweifende Wunschbefriedigung zulassen. Von einem solchen Wunscherfüllungsstreben ist nach Freud

z. B. die Entstehung der Mythen bestimmt. Mythen antworten auf unbefriedigte Triebwünsche, sie kompensieren Versagungserlebnisse. Es handelt sich um (kollektiv) verkleidete Erfüllungen unbewusster Wünsche – wie auch bei den Träumen.

Ein Weg in dieses Schattenreich des Unbewussten – die *via regia* – ist die *Traumdeutung*, wie sie Freud in seinem gleichnamigen Buch, seinem Hauptwerk (1900), erarbeitet hat. Ein anderer Weg verläuft über die *Psychopathologie des Alltagslebens* (1901), die sich mit den alltäglichen, trivialen „Fehlleistungen", wie Vergessen, Versprechen, Verlegen, Verschreiben usf. beschäftigt. Solche Phänomene sind – wie die Träume – nach Freud weder zufällig noch sinnlos, sondern Ausdruck einer unbewussten Dynamik. Sie lassen sich nur aufklären, wenn wir eine zweite Welt unbewusster Motive hinter der unserem Bewusstsein zugänglichen postulieren. Ihre Realität lässt sich einzig über die *Konfliktfolgen* erschließen, die sich zwischen dem unbewussten Wunsch und seiner Abwehr (Verdrängung, Projektion usf.) in unseren sprachlichen Äußerungen und auffälligen Verhaltensweisen einstellen. Nur an den Sinnbrüchen tritt das Verdrängt-Unbewusste in Erscheinung. Es liegt nicht wie ein „Schatz ewiger (archetypischer) Bilder" in dem untersten lichtlosen Schacht unseres Bewusstseins. Das Unbewusste ist kein Museum, keine Sammlung interessanter Exponate (Szenen) einer vergangenen Geschichte. Seine Dynamik verschafft sich Zugang zum Bewusstsein dadurch, dass es sich auffällig-unauffällig unter die symbolische Ordnung des Bewusstseins, seine Sprach- und Wahrnehmungshandlungen schaltet. Von daher liegt der Schluss, den der französische Psychoanalytiker Jacques Lacan (1901–1981) gezogen hat, nicht fern, wenn er schreibt, dass das Unbewusste wie eine Sprache strukturiert sei. Auch bei dem Versuch, die wirren und unzusammenhängenden Bilder des Traums zu dechiffrieren, legt Freud ein Verständnis nahe, dass das Unbewusste gleichsam nach grammatikalischen Regeln arbeitet. ‚Normale' Sprechakte werden dadurch gestört, dass sich Verpöntes, nicht Erzählbares oder gar Traumatisches gegen die Intention des Bewusstseinsinhabers Einlass verschafft: Was unter der Decke der sozialen Konvention gehalten werden sollte, wird wider Willen entstellt zur Sprache gebracht – wie bei jenem Redner, bei dem ungewollt eine anstößige Sache nicht „zum Vorschein", sondern „zum Vorschwein" kommt. Nicht anders ergeht es dem Professor, der beim Versuch einer Würdigung seines älteren Kollegen sagt: „Ich bin nicht geneigt, die Verdienste meines Vorgängers zu würdigen." Der unterdrückte Triebimpuls, der durch die Maschen der Bewusstseinszensur geschlüpft ist, gibt den Sprecher einer Zweideutigkeit preis. Er überführt ihn einer „Lüge im außermoralischen Sinn" (Nietzsche), die ihm, weil sie unverkennbar ein Stück seiner (wahren) Überzeugung ausplaudert, nur allzu peinlich ist.

Freud bestreitet, dass der Mensch - anders als von ihm landläufig angenommen - in der Lage ist, hinreichend genau Auskunft über sich selbst zu geben, also über seine Gefühle und Überzeugungen, seine Erfahrungen und Erlebnisse. Der Mensch glaubt, mittels *Introspektion* (eines Blicks ins Innere) ein relativ vollständiges Bild davon entwickeln zu können, was sich in seinem Innenleben abspielt. Unser Bewusstsein scheint für uns selbst, d. h. die Subjekte, transparent zu sein. Nicht nur in dem Sinne, dass wir meinen wissen zu können, was sich in unserer inneren Welt ereignet, sondern auch in dem Sinne, dass wir davon überzeugt sind, besser als jeder andere über uns und die scheinbar zeichenlosen Zustände unseres Inneren informiert zu sein.

Unbewusst, aber verständlich

Man könnte eine revolutionäre Veränderung des Denkens darin sehen, dass die Freud'sche Unterscheidung von unbewusst und bewusst quer läuft zur klassischen okzidentalen Anthropologie, die die Deutung des menschlichen Subjekts in ein moralisches Koordinatensystem eingetragen hatte, das die Vernunft über die Leidenschaft und die Idee über die Anschauung triumphieren ließ. Freud entdeckt Anteile des Unbewussten in der Vernunft, wie sie die Moral oder das rationale und sich selbst transparente Ich verkörpert, aber auch umgekehrt, Vernunft und tieferen Sinn in den Fehlleistungen, den Verschrobenheiten des Wahns oder auch dem ‚Wissen', das mittels bestimmter (riskanter) Interpretationsregeln der erzählten Welt des Traums abgerungen wird. Der Witz der Sache erscheint - wie zufällig - im unbeabsichtigten Nebensinn oder einer Zweideutigkeit, die denken lässt, ein höherer, unbekannter Intellekt, ein „Geist in der Maschine" habe die Dramaturgie ersonnen. Nicht nur sei Wahnsinn in der Vernunft, sondern auch Vernunft noch im Wahn, und jene souffliere, was diesen bewegt. Um das Provozierende dieses Gedankens deutlicher zu machen, könnte man von einem *Rational-Unbewussten* sprechen.

Lacan und andere Psychoanalytiker haben darauf hingewiesen, dass sich bei Freud zwei Vorstellungen des Unbewussten finden lassen: zum einen eine Vorstellung, in der das Unbewusste „der dunkle, unzugängliche Teil unserer Persönlichkeit“ ist und die „ungezähmten Leidenschaften“[73] beherberge. Zum anderen nennt Freud den unbewussten Anteil des Traums ausdrücklich „Gedanken“. „Alle Eigenschaften, welche wir an unseren Gedanken hochschätzen, durch welche sie sich als komplizierte Leistungen hoher Ordnung kennzeichnen, finden wir in den Traumgedanken wieder.“[74]

Angesichts zweier Begriffe des Unbewussten erscheint der als der interessantere, der eine Präsenz von „Vorstellung“ und „Gedanke“ im Unbewussten voraussetzt. Denn erst diese Deutung bricht mit dem Denkhorizont Platons, Hegels und Schopenhauers gleichermaßen oder insoweit, als die (unbewusste) Abhängigkeit der Vernunft von den Leidenschaften, die bereits Platon ein Gemeinplatz war, durch die Anstöße Nietzsches und Freuds ergänzt und revolutioniert wird: den Strebungen der unbewussten Affekte oder Vorstellungen komme womöglich einem subjektiven Handeln vergleichbare Intentionalität zu.[75] Nicht der niedere maschinengleiche oder der dumpfen Tierseele verwandte Affekt stehe gegen die höhere, zur Selbsterkenntnis geläuterte Subjektivität, sondern beide Weisen des menschlichen In-der-Welt-Seins seien grundsätzlich und unauflöslich miteinander vermischt bzw. ließen sich kaum als klar und voneinander deutlich unterschieden rekonstruieren.

Diese Hypothese lässt sich von einer anderen Seite her beleuchten. Das Irrationale, meint Freud, sind nicht allein die Triebe, die Leidenschaften oder das dunkle und begehrliche Drängen des Unbewussten, welche dem Intellekt und der Vernunft entgegenstehen,[76] vielmehr kommt das Irrationale in den Fehlleistungen, den Brüchen oder Abschweifungen, d. h. in den unverständlichen oder unstimmigen Äußerungen der Rede als Einheit einer Geschichte (oder mehrerer Geschichten) zum Ausdruck, in der (denen) sich Affekt- und intellektuelle Ordnungslagen, das Streben nach Lust und gesellschaftlicher Triebbearbeitung, Selbst- und Fremderwartung, Vernunft und Wahnsinn grundsätzlich durchdringen. Mit anderen Worten, die klassische Gegensatzstruktur der platonischen Anthropologie wird fragwürdig. In den veränderten Unterscheidungen stehen nicht mehr Vernunft gegen Leidenschaft, Rationales gegen Emotionales, gibt es keine Hierarchie mehr zwischen dem moralisch bestimmten, höheren oder niederen Seelenvermögen; vielmehr verlaufen die Schnittstellen von Rationalem und Irrationalem über eine, je nach Wertschätzungen und Interessenlagen, kulturellen Bindungen oder ästhetischen Perspektiven geordnete Pluralität von Diskursen und Lebensformen. Zwischen diesen wird im ständigen Kampf um Macht und Anerkennung, und ohne ein allgemeines Einverständnis zu erzielen, das, was als rational gelten soll, ausgehandelt. Weder das ruhige Reich der kosmologischen Gesetze, wie es die Antike dachte, noch die systemisch organisierte innere oder äußere Natur, wie es heute vielfach anklingt, bieten ein hinreichendes Orientierungswissen für die Gestaltung der gesellschaftlichen Existenz der Menschen.

Die Vernunft - oder eingeschränkter, das Rationale - verweist nicht mehr auf eine umfassende Weltvernunft, die der abendländischen Philosophie bis ins 19. Jahrhundert als Leitidee vor Augen gestanden haben mag: nämlich die Sinnlichkeit, den Affekt, das Unbewusste abzustreifen, um sich der Teilhabe an dem alles umfassenden Geist, dem reinen Denken oder der Weltvernunft zu vergewissern. Als gleichsam geistige Substanz aller Menschen sollte sie diese solidarisch miteinander verbinden und ihre wahre Natur offenbaren. Im Gegensatz zu dieser das menschliche Sein schlechthin betreffenden Deutung der Vernunft ist ‚rational' nunmehr bloß das Prädikat von einzelnen Handlungen und Sprechakten, Perspektiven und Weltbildern, das auf bestimmte, von den Gesellschaftsmitgliedern akzeptierte Kriterien bezogen ist. Das Prädikat bezieht sich allein auf einen Verbund von Ideen und Praktiken, kulturellen und ethischen Werten, die eine Gruppe von Menschen teilen oder als rational anerkennen. Was auch bedeutet, dass die Unterscheidung von rational und irrational nicht mehr parallel läuft zu der von kognitiv (verstandesgemäß) und affektiv (gefühlsbestimmt). Die Vorstellung von ‚rational' lässt sich nicht auf den Gegensatz von kognitiv und affektiv zurückführen, sie steht quer dazu. Sie ist gleichsam eine kulturell und gesellschaftlich variable Schnittmenge aus beiden Momenten. Ihr Bezugssystem sind jeweils die Welten, in denen die Menschen leben.

Freuds Überlegungen zum *Widerstand* in der psychoanalytischen Theorie und insbesondere der Praxis (Therapie) kann als sein womöglich wichtigster Beitrag zur Theorie der Moderne verstanden werden. Die Pointe der Freud'schen Konzeption des Widerstands ist die, dass das Ich ebenso der Ort der Selbstreflexion ist wie der Sitz des Widerstands dagegen. Im Unterschied zu einer langen philosophischen und kulturellen Tradition, die das Ich als autonomes Vernunftsubjekt, als Instanz der Befreiung und des Wissens betrachtet hat, ist es für Freud gleichzeitig der Ort der *Kritik* und der (unbewussten) *Selbstzensur*: der Ort der Aufklärung, des Diskursiven, des Wissens *und* der Verdrängung. Das Ich kann etwas nicht wissen wollen und bleibt dennoch einzig die Instanz, durch die dasjenige, was verdrängt wurde, bewusst werden kann. Es ist ein Ort der Mischung, an dem das, was auf dem Schirm des Bewusstseins transparent wurde, mit dem verquickt bleibt, was vom Ich verdrängt wurde. Entsprechend sah Freud die Aufgabe des Analytikers weniger in der Deutung des Unbewussten als in der Analyse, d. h. dem Durcharbeiten des Widerstandes.

Der seelische Grundkonflikt, den er dabei aufdeckt, zeigt sich darin, dass auf der einen Seite das Verdrängte ‚Angst hat', entdeckt zu werden, auf der anderen Seite aber das Unbewusste, „sonst unser Gegner", wie Freud sagt, uns eine unerlässliche Hilfe bietet, über die ihm gesetzten Grenzen ins Ich und bis zum Bewusstsein vorzudringen. Die Wiederholung legt die Vermutung nahe, dass das Verdrängte ständig darauf drängt, im Bewusstsein wiederzukehren. Nicht das Verdrängte, das Ich verhindert seine Wiederkehr. Das führt zu jenem paradoxen Ergebnis, dass der Widerstand gegen die Aufdeckung unbewusster Wünsche dem Ich entstammt, oder genauer, dem unbewussten Teil des Ichs, welches zugleich Sitz der Vernunft und der Selbstreflexion ist. Den unbewussten Teil des Ichs, der sich im Widerstand äußert, nennt Freud „die einzige Leuchte im Dunkel der Tiefenpsychologie". Das selbstreflektierende Ich, das zugleich der Sitz des Widerstands ist, ist eine, wenn nicht die schmerzlichste Vorstellung der Psychoanalyse, die sowohl unser Selbstverständnis als auch die öffentliche Wahrnehmung der Psychoanalyse verändert hat.

Um eine letzte, die vielleicht wichtigste – methodische – Neuerung anzudeuten, sei hier ein Hinweis auf das Verhältnis von Individuum und Gesellschaft, Innenleben und Außenwelt gegeben. Freud begreift die *intrasubjektiven* Beziehungen im Seelenleben des einzelnen Menschen, die innerseelische Dynamik also, die sich zwischen den von ihm sogenannten psychischen Instanzen von „Ich", „Über-Ich" und „Es" abspielt, als „Niederschlag" der *intersubjektiven* Beziehungen zwischen Eltern und Kind, sie haben in der triangulären (dreiecksförmigen) Konfliktstruktur namens *Ödipus* ihre bekannteste dramatische Erzählung gefunden. Wie sich die familiären Beziehungen gestalten, hängt wiederum im hohen Maße von den Aufgaben- und Rollenverteilungen ab, die eine bestimmte Gesellschaftsform der Familie zugedacht hat. Selbstverhältnisse lassen sich im Rahmen der Psychoanalyse nur im Ausgang von intrasubjektiv gespiegelter Intersubjektivität verstehen. Im Über-Ich beispielsweise scheint das kulturelle System von Geboten und Verboten in jedem Einzelnen – vermittelt über Erziehungs- und Sozialisationsprozesse – wiederzukehren. Freud bietet relativ plausible Erklärungen, z. B. über Prozesse der Identifikation oder der Ablehnung, der Übertragung von Gefühlen usf., wie man sich die Entstehung der psychischen Struktur eines Jeden vorstellen kann.

Anders gesagt, die revolutionäre Entdeckung Freuds besteht darin, eine alltagsnahe Sprache des Beschreibens und Erklärens entwickelt zu haben, die nachvollziehbar macht, wie das Äußere nach innen gewandert ist und sich dort – in der Psyche eines Jeden – einen festen Halt verschafft hat: Wie über (kulturspezifische und -unspezifische) soziale Praktiken (der Reinlichkeitserziehung z. B.) und Gefühlsübertragungen eine innere Welt der Affekte und Triebregungen, der Denk- und Wahrnehmungsvorgänge aufgespannt wird und die abweichenden oder pathologischen Ereignisse des seelischen Lebens wieder an die normalen angeschlossen und so aus der moralischen Vorverurteilung herausgeholt werden. Dass er es zusätzlich unternimmt, die gesellschaftlichen Gewaltverhältnisse dort aufzusuchen, wo sie sich am hartnäckigsten eingerichtet haben: im Unbewussten, hat ihm sowohl bei den Kritikern der bürgerlichen Gesellschaft wie bei denen, die darunter zu leiden haben, große Anerkennung eingebracht.

Das gesellschaftlich Unbewusste
Von M. Weber zur Kritischen Theorie, G. Bataille

Nicht das Gute, sondern das Schlechte ist
der Gegenstand der Theorie [...]. Ihr Element
ist die Freiheit, ihr Thema die Unterdrückung.
Th. W. Adorno/M. Horkheimer

Es gibt keine Philosophie im 20. Jahrhundert, die sich nicht durch die Probleme, die das/ein Leben unter den Bedingungen der technischen Zivilisation mit sich bringt, herausgefordert sieht – einige, wie der Existenzialismus, eher implizit, andere ausdrücklich. Zu den Letzteren gehören Theorien der Gesellschaft, wie sie die Soziologen Max Weber und Georg Simmel entwickelt haben, aber auch die Reflexionen der *Frankfurter Schule*. In einigen Punkten geteilter Meinung, stimmen sie dennoch in einer bestimmten Ansicht der Rationalität des modernen Lebens überein.

Kritik der Rationalisierung

Bei dem Versuch, die Ursprünge und Wirkungen des Kapitalismus zu klären, gelangt Max Weber (1864–1920) zu der Vorstellung, dass die europäische Kulturentwicklung aufs Engste mit dem universal-historisch wirksamen Prozess der *Rationalisierung* verbunden ist. Dieser „okzidentale Rationalisierungsprozess" stellt seiner Auffassung nach eine bedeutende Entwicklung dar, bei der immer mehr Handlungsbereiche des gesellschaftlichen Lebens von einem Denken durchdrungen werden, das vor allem die sorgfältige Abschätzung und Berechnung der Mittel – das *Wie* oder die effektivste Art und Weise, etwas zu tun – ins Auge fasst und prämiert. Weber spricht in diesem Zusammenhang etwas unglücklich von *zweckrational* im Unterschied zu *wertrational*. Mit Letzterem zielt er auf einen Typus des Denkens, Sprechens und Handelns, der sich in erster Linie für die Beantwortung der Frage, *wozu* oder zu welchem Ziel (Zweck) etwas gemacht wird, interessiert. Dabei handelt es sich um Werte, die nicht in der Weise begründet werden können, wie die Frage nach der Rationalität der Mittel, bei der die Zwecke als fraglos unterstellt oder vorausgesetzt gelten. Handlungen in den Bereichen der Wirtschaft, des Rechts und der Verwaltung nähern sich dem Idealtypus des zweck/mittel-rationalen Handelns an.[77]

Diese auf die Optimierung der Mittel konzentrierte Form rationaler Problemlösung – die im Kontext der nachfolgenden Gesellschaftstheorien auch die instrumentelle, funktionalistische, formale usf. Rationalität genannt wird – dominiert zunehmend alle Bereiche der modernen Kultur. Der Rationalisierungsprozess ist für Weber das „Schicksal unserer Zeit“. Er zeigt ganz unterschiedliche Teilprozesse, die abwechselnd als Bürokratisierung, Industrialisierung, als Entwicklung des rationalen Betriebskapitalismus, als Versachlichung, Entpersönlichung, Disziplinierung, Entzauberung und Säkularisierung beschrieben werden. Der Rationalisierungsprozess der modernen Welt konvergiert darin, dass unterschiedliche Momente einer wirtschafts-, sozial- und mentalitätsgeschichtlichen Entwicklung zusammentreffen: der moderne „rationale Betriebskapitalismus“; die langsam sich seit dem Mittelalter entwickelnden „rationalen Wissenschaften“; das rationale Rechtssystem; das Bürgertum als eine soziale Schicht, die mit einem auf eine „rationale Lebensführung“ bedachten spezifischen Ethos (des Puritanismus) sowohl für die Legitimation als auch für die Persönlichkeitsvoraussetzungen sorgt, damit dieser Prozess sich durchsetzen kann. Selbst die „rationale Musik“, die allein im Okzident entstanden sei, wird als Beleg für die These herangezogen.

Der Rationalisierungsprozess erscheint Weber als irreversibel, „als schicksalvollste Macht unseres modernen Lebens“.[78] Er habe eine bis dahin unbekannte „Entzauberung der Welt“ zustande gebracht. Mit einer gewissen Zwangsläufigkeit schaffe das moderne Rationalisierungsregime ein „stahlhartes Gehäuse“ der Hörigkeit. Die kapitalistische Wirtschafts- und Gesellschaftsordnung und mit ihr die „äußeren Güter“ der Welt hätten wie niemals zuvor eine „unentrinnbare Macht über den Menschen“ erlangt. „Heute ist ihr [der Menschen, G. G.] Geist – ob endgültig, wer weiß es? – aus diesem Gehäuse entwichen. Der siegreiche Kapitalismus jedenfalls bedarf, seit er auf mechanischer Grundlage ruht, dieser Stütze nicht mehr. [...] Niemand weiß noch, wer künftig in jenem Gehäuse wohnen wird und ob am Ende dieser ungeheuren Entwicklung ganz neue Propheten oder eine mächtige Wiedergeburt alter Gedanken und Ideale stehen werden, *oder* aber – wenn keines von beiden – mechanisierte Versteinerung, mit einer Art von krampfhaftem Sich-wichtig-nehmen verbrämt. Dann allerdings könnte für die ‚letzten Menschen' dieser Kulturentwicklung das Wort Wahrheit werden: ‚Fachmenschen ohne Geist, Genußmenschen ohne Herz: dieses Nichts bildet sich ein, eine nie vorher erreichte Stufe des Menschentums erstiegen zu haben'."[79]

Einer der berühmtesten Texte Max Webers, *Die protestantische Ethik und der ‚Geist' des Kapitalismus* (1904/05), beschäftigt sich mit der Frage, wieso es gerade im Okzident, und vor allem in vorwiegend protestantischen Gebieten, zu dieser neuen dynamischen Wirtschaftsordnung – dem rationalen Betriebskapitalismus – gekommen ist? Weber entdeckte entscheidende Antriebe in der „innerweltlichen Askese" des Puritanismus, durch die außerordentlich starke religiöse Energien in diesseitige wirtschaftliche Aktivitäten umgesetzt worden seien. Puritanische Religiosität habe die dem modernen Betriebskapitalismus eigentümliche Wirtschaftsgesinnung hervorgebracht: jene am Leistungsprinzip orientierte Mentalität, ohne die die Transformation von der im Wesentlichen statischen Wirtschaftsordnung des mittelalterlichen Europa zur dynamischen der modernen Welt nicht hätte stattfinden können.

Was Weber zufolge aber nicht besagt – wie manche seiner Kritiker behaupten –, dass die protestantische Ethik gleichsam der Urheber des Kapitalismus gewesen oder dass die Entstehung der kapitalistischen Ökonomie durch den Geist des Puritanismus hinreichend erklärt sei; wohl aber, dass sie eine notwendige Voraussetzung sei – vor allem im Unterschied zu anderen Formen, z. B. dem Agrarkapitalismus der Sklavenhaltergesellschaft. Zur Durchsetzung des Kapitalismus gehören nicht nur die schon von Marx benannten Voraussetzungen einer formell freien Arbeitskraft und einer extrem vorangetriebenen Arbeitsteilung, sondern auch die beständige Akkumulation von Kapital zwecks der Erhaltung und Ausweitung der Betriebsmittel sowie die rationale Kalkulation aller Betriebsabläufe.

Weber hat auch versucht, seine These *ex negativo* dadurch zu verteidigen, dass er zeigt, dass auf dem Boden keiner der anderen Weltreligionen – des Konfuzianismus und Taoismus, des Hinduismus und Buddhismus – etwas Vergleichbares entstanden sei. „Die innerweltliche protestantische Askese [...] wirkte also mit voller Wucht gegen den unbefangenen *Genuß* des Besitzes, sie schnürte die *Konsumption*, speziell die

Luxuskonsumption, ein. Dagegen *entlastete* sie im psychologischen Effekt den Gütererwerb von den Hemmungen der traditionalistischen Ethik, sie sprengte die Fesseln des Gewinnstrebens, indem sie es nicht nur legalisierte, sondern direkt [...] als gottgewollt ansah. [...] Nicht *Kasteiung* wollte sie dem Besitzenden aufzwingen, sondern Gebrauch seines Besitzes für notwendige und *praktisch* nützliche Dinge."[80]

Die Durchsetzung der betriebsrationalen Vernunft verwandelt nach Webers Diagnose die moderne Welt in einen großen Mechanismus. Alles wird tendenziell in einen auf das perfekte Funktionieren eingestellten Prozess einbezogen. Damit das Ganze läuft, muss jeder seine Rolle gemäß einer streng geregelten Aufgabenteilung erfüllen. Das Ganze selbst treibt steuerungslos dahin. Weber hat diese rastlose Dynamik einer universellen Rationalisierung außerordentlich pessimistisch beurteilt. Seine Befürchtung ist u. a. die, dass sich die Menschen angesichts der Erfahrung, im stählernen Gehäuse der Hörigkeit festzusitzen und der Besinnungslosigkeit des gesellschaftlichen Mechanismus ausgeliefert zu sein, charismatischen Führern, Diktatoren, aber auch einem totalitären Staat in die Arme werfen könnten.

Dialektik der Aufklärung

Zu einem Zeitpunkt, zu dem Max Webers Alpträume Wirklichkeit zu werden scheinen, entwickelt die *Kritische Theorie* ihre Position. In den 20er- und 30er-Jahren aus dem Institut für Sozialforschung in Frankfurt am Main hervorgegangen, gehören ihr eine ganze Reihe von Wissenschaftlern und Philosophen verschiedener Disziplinen – Ökonomen, Kunsthistoriker, Soziologen, Politik- und Literaturwissenschaftler – an. Sie starten den Versuch, das gesamte Feld der sozialphilosophischen Zusammenhänge aufzuarbeiten, um zu einer umfassenden Zeit- und Gesellschaftsanalyse zu gelangen.

Innerhalb dieser auch *Frankfurter Schule* genannten Adresse können vielleicht drei Philosophen das größte Gewicht beanspruchen: Theodor W. Adorno (1903–1969), Herbert Marcuse (1898–1979) und Max Horkheimer (1895–1973) als *spiritus rector*, der in den ersten Jahrzehnten sowohl organisatorisch wie intellektuell die Führungsrolle innehatte und mit der *Zeitschrift für Sozialforschung* das hauseigene Publikationsorgan gegründet und herausgegeben hat. In den 30er- Jahren durch den Nationalsozialismus gefährdet („staatsfeindliche Bestrebungen"), emigrierten die Angehörigen – meist jüdischer Abstammung – zunächst nach Genf und schließlich nach New York, wo das Institut neu gegründet wurde. Nach dem Zweiten Weltkrieg kehrten Horkheimer und Adorno nach Frankfurt am Main zurück und nahmen 1950 ihre Forschung und Lehre im Rahmen der Universität wieder auf.

Wie Freud versteht sich auch die Kritische Theorie als Anwältin der Kritik der herrschenden Vernunft, ihrer Institutionen, Ideologien und Illusionen. Ihr Erkenntnisinteresse konzentriert sich nicht allein auf das Schicksal der Seele im bürgerlichen Zeitalter, sondern insgesamt darauf, welche zerstörerischen (nihilistischen) Folgen der Rationalisierungsprozess der modernen Welt für den Einzelnen wie für die Völker, Ethnien und Minderheiten gehabt hat.

Während des Zweiten Weltkriegs schreiben Horkheimer und Adorno in geradezu symbiotischer Zusammenarbeit ein Werk – die *Dialektik der Aufklärung* –, das, wie sie glauben, einen tiefen Einblick in die zivilisatorischen Grundlagen der modernen Welt gewährt. Im 19. und 20. Jahrhundert hatte sich die Kritik an der Aufklärung radikalisiert. Marx, Nietzsche und Freud brachten jeder auf seine Weise die unbewussten Triebkräfte menschlichen Handelns und gesellschaftlicher Interessen ans Licht, die sich ‚hinter' dem Rücken der Menschen durchsetzen. Die Autoren der *Dialektik der Aufklärung* erweitern und vertiefen diese Kritik, sie suchen dem gesellschaftlich Unbewussten auf die Spur zu kommen. Es erstreckt sich vom ideologisch verblendeten Bewusstsein der bürgerlichen Gesellschaft über den Positivismus von Wissenschaft und Technik – ‚Gewalt kann man nicht sehen durch die Brille des Positivismus' – bis zu den rassistischen, sexistischen, ethnozentristischen usf. Vorurteilen gegenüber Minderheiten. Ihre Kritik zielt auf die Aufklärung, wie sie sowohl als universelle Verhaltensweise des Geistes als auch als epochentypische Gestalt der neuzeitlichen Rationalität aufgetreten ist. Dabei verschiebt sich der Gesamtrahmen ihrer Analyse von einer zunächst stärker marxistisch inspirierten Kritik am kapitalistischen Wirtschaftssystem als dem ausschlaggebenden Faktor der gesellschaftlichen Verhältnisse zu einer Kritik der wissenschaftlich-technisch bedingten modernen Zivilisation.

Die Aufklärung – als Programm und Projekt – muss verdrängen, worauf ihr wissenschaftlich-technisch instruiertes Leben beruht: die ungeheure Ambivalenz des kapitalistisch entfesselten Rationalisierungsprozesses. So sehr die Aufklärung den Anspruch des Geistes verkörpere, die Welt vernünftig zu begreifen – d. h. sie von allen mythischen Verschleierungen, metaphysischen Verklärungen, religiösen Dogmen und solchen durch bloße ‚Idole' (des Marktes, der Höhle, des Theaters usf.) fehlgeleiteten Interessen zu befreien –, sie beschwöre dennoch neue Knechtschaften herauf, welche die alten an Unheil und Unrecht, an Angst und Schrecken noch weit überträfen. Das Versprechen der Aufklärung, die Menschen aus ihrer selbstverschuldeten Unmündigkeit herauszuführen – so Kants Wahlspruch der Aufklärung – habe die Menschen in neue, bisher nicht gekannte Abhängigkeiten und Zwänge verstrickt. Anstatt die Menschen zu befreien, seien sie unfreier denn je.

Horkheimer und Adorno verdichten ihre Kritik in der These, dass die „vollends aufgeklärte Erde [...] im Zeichen triumphalen Unheils"[81] strahle, dass nach der Erfahrung totalitärer Herrschaft, nach zwei Weltkriegen, nach Auschwitz und Hiroshima, die aufgeklärte Welt in immer neuen Schrecknissen versinke. Das große Projekt der Aufklärung, „den Menschen die Furcht zu nehmen und sie als Herren einzusetzen", sei gescheitert. Die Idee, die Freiheit in der geschichtlichen Wirklichkeit zu verankern, hätte Verhältnisse absoluter Unfreiheit zur Folge gehabt. Es wirke heute wie ein neues gigantisches Tabu, nicht an die Errungenschaften der Aufklärung, an den wissenschaftlich-technischen Fortschritt und die (ir)rationalen Grundlagen der Zivilisation rühren zu dürfen, obgleich es angesichts der politischen und moralischen Katastrophen des 20. Jahrhunderts wenig gute Gründe gebe, den im Namen der Aufklärung (vernünftig) organisierten Fortschritt von seiner Mitverantwortung freizusprechen. Totalitarismus und Faschismus, wie sie im aufgeklärten Europa des 20. Jahrhunderts sich gezeigt hätten, seien kein irrationaler Rückfall unter das durch die Aufklärung markierte politische und rechtliche Niveau gewesen, vielmehr lasse sich an ihnen der Prozess der „rastlosen Selbstzerstörung der Aufklärung" auf das Genaueste ablesen. Diese lägen in erster Linie in einem instrumentalistisch verkürzten, generell auf Bemächtigung und Herrschaft gerichteten Vernunftbegriff der Aufklärung begründet. Die „Menschen als Dinge" zu behandeln, sei nicht allein das bedenkliche Vorrecht der Faschisten; die Aufklärung selbst ziele in ihrer obersten Maxime auf die Selbstverdinglichung des Denkens. „Denken verdinglicht sich zu einem selbsttätig ablaufenden, automatischen Prozess, der Maschine nacheifernd, die er selber hervorbringt, damit sie ihn schließlich ersetzen kann."[82] Es gilt, Wissen so zu präparieren, dass es sich am „Maß von Berechenbarkeit und Nützlichkeit" ausweisen kann, alles andere „gilt der Aufklärung für verdächtig".[83]

Die mit dem Rationalisierungsprozess vorangetriebene „Entzauberung der Welt" (M. Weber) geht auch für Adorno und Horkheimer mit einem Sinn- und Freiheitsverlust einher. Die von allen Idolen und Trugbildern, Mythen und Dogmen, Bildern und Anschauungen befreite Welt besitzt nichts mehr, was für den Menschen überhaupt noch von Interesse sein könnte. Zurück bleibt ein Zwangszusammenhang nackter Tatsachen, der uns nichts mehr zu sagen hat oder zu bedeuten weiß. Durch Wissenschaft und Technik algorithmisch aufbereitet und transparent gemacht, tritt uns die Welt zuletzt wieder als fremde, bedeutungslose und unveränderliche Natur entgegen. Diese Dialektik der Aufklärung demonstrieren die Autoren eindringlich im Verhältnis zur Natur, insbesondere zu der Natur, die wir als Leib an uns selbst erfahren und bewegen.

Das selbstherrliche Subjekt, der abendländische Mensch, begreift und projektiert sich selbst – von Homers *Odyssee* bis ins 20. Jahrhundert der Eroberung des Weltraums – als zu beherrschende Natur, er verwandelt sich zuletzt „zum Subjekt-Objekt der Repression".[84] Das neuzeitlich erstarkte Subjekt, das vermittels der instrumentellen Vernunft die Natur rücksichtslos zu unterjochen und auszubeuten lernt, erfährt an sich selber, wie es einer dem blinden Naturzwang analogen Herrschaft ausgeliefert wird. Die Herrschaft über die äußere Natur und über die anderen Menschen wird bezahlt mit der Verleugnung der Natur im Menschen selber. Diese Verleugnung der Natur ist „der Kern aller zivilisatorischen Rationalität".[85]

Freiheit, die das Subjekt anstrebt, indem es sich die innere wie äußere Natur verdinglichend anzueignen sucht, ist selbst eins mit der Herrschaft. Naturbeherrschung beruht auf Selbstunterwerfung. Freiheit ist die selbstdisziplinierte Kontrolle des Subjekts, die im Namen der Selbsterhaltung das, was anders ist als es selber, sich unterwirft. Dabei verdrängt das selbstherrliche Subjekt jede andere, nicht instrumentell beschränkte Form von Naturerfahrung, mit der Folge: „Jeder Versuch, den Naturzwang zu brechen, indem Natur gebrochen wird, gerät nur umso tiefer in den Naturzwang hinein."[86]

Horkheimer und Adorno versuchen zu zeigen, wie das menschliche Subjekt im Prozess einer fortschreitend instrumentellen Naturbeherrschung anstatt der erhofften, Natur distanzierenden Freiheit, selbst unter die Vorherrschaft einer allseits befestigten sozialen Kontrolle gerät. Unter ihr wird der Mensch als autonomes Subjekt ausgelöscht. Das Selbst, um dessen Erhaltung und Freiheit willen die Unterwerfung der Natur in Angriff genommen wurde, ist zu einem bloßen Funktionsteil sich selbst generierender Systeme geworden, die in der Folgerichtigkeit einer sachgesetzlichen Logik alle Individualität menschlicher Regungen als Störfaktor identifizieren und ausschließen. Am Ende wird selbst die Vorstellung einer obersten Steuerungszentrale obsolet. Das Ganze erscheint als ein anonymes, dicht verwebtes Netz funktionaler Abhängigkeiten, das keinen Sinn mehr kennt. Man könnte sagen, *gleiche Dichte* ist der gleichsam letzte immanente Zweck einer an sich selber zwecklosen Kontrollrationalität. Das System funktioniert als leerer Betrieb, es läuft, einfach so.

In ihrer Kritik des Logozentrismus gewahren die beiden Autoren ein Subjekt, das sich, wie das neuzeitliche, vor allem darauf versteift hat, die Welt, in der es lebt, zu *erkennen*, d. h. sie – unter Abstraktion aller anderen Bezüge und Qualitäten – mit den Mitteln des Verstandes zu durchdringen. Es arbeitet sich wie eine organische Zelle, die raubt und gewalttätig ist, durch die Materialitäten und Immaterialitäten der Welt hindurch. „Es bleibt wahr", schreibt der Wissenschaftstheoretiker und Philosoph Michel Serres, „dass der Mensch nicht mehr auf der Erde lebt. Er erkennt sie."[87]

Eros und Zivilisation

Marcuses Überlegungen in seinem Buch *Triebstruktur und Gesellschaft*, in Amerika 1955 unter dem Titel *Eros and Civilisation* erschienen, setzen mit einem zentralen Gedanken der *Dialektik der Aufklärung* ein: „Überall auf der Welt der industriellen Zivilisation ist die Beherrschung des Menschen durch den Menschen nach Ausmaß und Wirkung im Wachsen begriffen. Auch erscheint diese Tendenz nicht als ein zufälliger vorübergehender Rückschritt auf dem Wege des Fortschritts. Konzentrationslager, Massenvernichtung, Weltkriege und Atombomben sind kein ‚Rückfall in die Barbarei', sondern die hemmungslose Auswirkung der Errungenschaften der modernen Wissenschaft, Technik und Herrschaftsform über Menschen. Und diese erfolgreichste Unterwerfung und Vernichtung des Menschen durch den Menschen geschieht auf der Höhe der Kultur, in einem Zeitpunkt, wo die materiellen und intellektuellen Errungenschaften der Menschheit die Schaffung einer wirklich freien Welt zu erlauben scheinen."[88]

Triebstruktur und Gesellschaft ist wahrscheinlich das Buch, das Marcuses Intentionen am besten zum Ausdruck bringt.[89] Die Zielscheibe seiner Kritik ist die Kultur- und Triebtheorie Freuds. An ihr entfaltet Marcuse seine Version der Dialektik der Aufklärung. Freuds These lautet: Kultur basiere notwendig auf Triebverzicht. Allein Triebunterdrückung und der Aufschub der Befriedigung könnten den Fortschritt der Kultur gewährleisten. Dieser weithin unwidersprochenen These Freuds gilt Marcuses kritische Aufmerksamkeit: Selbst dann, wenn ein gewisses Maß an Triebverzicht und Unterdrückung zum Überleben des Einzelnen und der Gattung unabdingbar sei – in den hoch entwickelten Zivilisationen des Westens herrsche ein Ausmaß an Triebunterdrückung, das angesichts eines Überflusses an real existierenden Möglichkeiten der Selbsterweiterung und Selbstkultivierung jede Berechtigung verloren habe. Diese „zusätzliche" Unterdrückung – das *Surplus an Repression* – sei heute funktions- wie sinnlos geworden. Es entstamme teils dem Interesse der herrschenden Klassen (die sich selbst die Freiheiten herausnehmen, die sie den Beherrschten verweigern), teils der Trägheit des gesellschaftlichen Systems. Gemessen an den materiellen Verhältnissen, die das kapitalistische System im 20. Jahrhundert den Menschen biete, handle es sich bei der unnötigen Repression der Triebe nicht nur um eine Fortdauer gesellschaftlichen Unrechts, vielmehr könnten unter dem Regime der kapitalistischen Triebökonomie die in den libidinösen Triebwünschen veranlagten, Frieden und Humanität fördernden Impulse gar nicht zum Zug kommen. Sie aber würden dringend gebraucht, um die aggressiven in Schach zu halten.

Das unnötige Mehr an Repressionen, das die heutige, auf dem Leistungsprinzip beruhende Kultur kennzeichnet, schwäche die erotischen und stärke die destruktiven (aggressiven) Komponenten der Triebenergie: „Eine verstärkte Abwehr gegen die Aggression ist notwendig; aber um wirksam zu sein, müsste die Abwehr gegen die erhöhte Aggression den Sexualtrieb stärken, denn nur ein starker Eros kann die Destruktionstriebe mit Erfolg ‚binden'. Und genau dies ist es, was *die entwickelte Kultur zu leisten außerstande ist*, denn sie hängt, um existieren zu können, von einer gesteigerten und umfassenden Reglementierung und Kontrolle ab."[90]

Für Marcuse soll an die Stelle des unvermeidlichen biologischen Konflikts zwischen Lustprinzip und Realitätsprinzip, zwischen Sexualität und Kultur, die Idee „von der einenden und befriedigenden Macht des Eros" treten, „der in einer kranken Kultur gefesselt und erschöpft ist. Diese Idee würde bedeuten, daß der *freie* Eros dauerhafte kulturelle gesellschaftliche Beziehungen nicht ausschließt – daß er nur die über-verdrängende Organisation der gesellschaftsbildenden Beziehungen unter einem Prinzip, das die Verneinung des Lustprinzips ist, abweist.“[91] Wäre die Lebensnot (*ananke*) – auf einer hohen Stufe der Produktivkraftentwicklung – gebannt, könnte der Eros, d. h. die Sexualität, die der aggressiv-destruktiven Komponente ledig ist, seine Kräfte entwickeln und höchst kultivierte menschliche Beziehungen begründen. Vorbilder für eine der menschlichen Natur, den Trieben innewohnende Vernünftigkeit findet Marcuse im Ästhetischen und in der Kunst.

Entsprechend befasst sich der zweite Teil seines Buches *Jenseits des Realitätsprinzips* nicht nur mit den Archetypen (Urbildern) des menschlichen Daseins in einer freien Kultur, mit *Orpheus* und *Narziss*, sondern auch mit der Frage, wie denn die Versöhnung von Lust und Freiheit, Trieb und Moral aussehen könnte: wie im Kontext einer Wissenschaft der Sinnlichkeit, d. h. der Ästhetik, bereits Elemente einer nicht-repressiven Kultur bereitliegen. Als Fluchtpunkt erscheint zuletzt die Idee einer „libidinösen Moral“ oder die Annahme, dass, wie Marcuse in einer Diskussion mit Habermas betont, „die Vernunft [...] in der Tat in den Trieben [steckt], nämlich in dem Drang erotischer Energie, die Destruktion aufzuhalten“. Anders als bei Habermas, der die Vernunft in der Struktur sprachlicher Verständigung beheimatet glaubt (vgl. Kap. III, S. 222 ff.), ist sie für Marcuse (unter kritischer Berufung auf Freud) „in der Triebstruktur selbst angelegt“.[92]

Nah am Puls der Zeit hat Marcuse sehr schnell die Dialektik der sexuellen Befreiung registriert: Sie könne auch im Sinne bloßer Promiskuität verstanden und praktiziert werden. Während er an eine weiterführende Humanisierung des Eros – die nicht auf die genitale Sexualität im engeren Sinne beschränkt bleibt – gedacht hatte, zeigte sich auf der Rückseite der Befreiung, wie sie sich unter den Bedingungen der Kulturindustrie in den 60er- und 70er-Jahren vollzog, ein sexueller Konsumismus. Die Philosophie der Befreiung stieß mit ihrer Revolte gegen die herrschende Sexualmoral nicht nur ins Leere, sondern zementierte die Herrschaftsverhältnisse auf nachdrückliche Weise. Die Revolte hatte eher die Funktion eines Ventils oder auch eines Surrogats, das in keiner Weise eine Subversion der herrschenden Konsumtionsordnung und Moral darstellte. Die sexuelle Revolution erfolgte um den Preis der Entsublimierung: der „repressiven Entsublimierung“, wie Marcuses Diagnose lautete.

„Sublimierung" bedeutet nach Freud die Umwandlung sexueller oder auch aggressiver Triebenergie in „höher" stehende kulturelle Arbeit. In diesem (von Freud hypothetisch unterstellten) Prozess geht es darum, die Energie eines „unordentlichen" Triebwunsches in ein der sozialen Ordnung dienendes Ziel zu transformieren, d. h. den entsprechenden Genuss zu verfeinern. In einer Gesellschaft, in der sexuelle Bedürfnisse Konsumartikel werden und jederzeit in dieser oder jener Form befriedigt werden können, ist keine Sublimierung mehr notwendig. Es findet keine Arbeit am Triebwunsch mehr statt; es bedarf auch keiner Lebenskunst mehr, um seinen Triebwunsch in einer sublimen, kulturell geschätzten Form zu genießen. Wir sind befreit, aber auf eine konsumistische oder pornografische Weise. Wie für Marx die Befreiung der Arbeitskraft aus den feudalistischen Fesseln nur dazu dient, die Arbeitskraft auf dem kapitalistisch organisierten Arbeitsmarkt verkaufen zu können, so dient die Befreiung der Sexualität aus den Zwängen der bürgerlichen Moral und Gesellschaft nur dazu, die Sexualität den Konsum- und Leistungszwängen auszuliefern und im Tausch die eigene wie die fremde Sexualität als Konsumartikel zu verbrauchen.

Man könnte sagen, Marcuses Gedanken kreisen um eine Frage, die in den 60er- und 70er- Jahren zur Standardfrage des westlichen Marxismus werden sollte: Wieso respektieren die Massen die bestehenden Herrschaftsverhältnisse? Warum setzen sich die Menschen nicht gegen ihre Unterdrücker zur Wehr? Auch wenn eine objektive (ökonomische) Verelendung nicht mehr die Folge der ständigen Krisen des staatlich reglementierten Kapitalismus („soziale Marktwirtschaft") im Westen gewesen ist, hat das kapitalistische System dennoch wenig von seiner gewaltbereiten Macht und materiellen Ungleichheit verloren. Man suchte den ‚Tanker' Marx mit Freud, den objektiven Faktor mit dem subjektiven, die Politökonomie mit der Ökonomie der Triebe, mit *Lust* und *Begehren*, wieder flott zu machen. Die Standardfrage jenseits des Rheins lautet: Weshalb kämpfen die Menschen für ihre Knechtschaft, als ginge es um ihr Heil? – so Gilles Deleuze und Felix Guattari im *Anti-Ödipus*. Im Kontext der Kritischen Theorie nimmt die Frage die Gestalt lang anhaltender Verwunderung an, der man zum Teil auch mit empirischen Untersuchungen auf den Grund zu kommen sucht: Warum gelangen die Menschen spätkapitalistischer Gesellschaften – in einem Akt autoaggressiver Selbstverleugnung – selbst noch dahin, sich das Bewusstsein der Versagung (ihrer Wünsche, Interessen, Unrechtsempfindungen) zu versagen? „Das Problem, das wir [die Intellektuellen, G. G.] uns stellen“, heißt es bei Roland Barthes 1971, „lautet: Wie läßt es sich bewerkstelligen, daß die beiden großen *episteme* der Moderne, die materialistische [...] und die Freudsche Dialektik wieder zusammenkommen [...] und ein neues, menschliches Verhältnis produzieren [...]?“[93]

Philosophie und Eros

Ungefähr zur gleichen Zeit, als Marcuse seine Studie über *Eros und Zivilisation* veröffentlicht, erscheint das Buch *L'Érotisme* (dt. *Der heilige Eros*) des französischen Schriftstellers und Philosophen Georges Bataille (1897–1962), in dem er „die Liebe“ zum Anlass nimmt, um erneut über das Verhältnis von Philosophie und Eros, Begriff und Leben nachzudenken. Mit Batailles Studie zum *Heiligen Eros* schließt sich (vorläufig) der Kreis der Reflexionen, die im Ausgang von Fichtes Antithesis von Begriff und Leben die unterschiedlichen Bezugnahmen auf die vorphilosophische Selbst- und Welterfahrung – und ihre Rolle in der Philosophie – beleuchtet haben.

In dem besagten Buch geht es Bataille weniger um die im Mythos, in der Ästhetik und in der Phantasie versprengten Spuren eines/einer mit der Menschheit versöhnten Eros bzw. Sexualität – das war Marcuses Interesse –, sondern um die Vertiefung des Bewusstseins, dass mit der erotischen und ekstatischen Liebe eine Seite der menschlichen Daseinserfahrung aufgeschlagen wird, die es der Philosophie überhaupt schwer, wenn nicht unmöglich macht, sie zum Ausdruck zu bringen. Sie artikuliert das Bewusstsein, „daß es schwierig ist, zu gleicher Zeit zu philosophieren und zu leben“.[94]

Bataille macht aus der mit Fichte zu Anfang festgestellten Antithesis von Philosophie und Leben ein bedenkenswert bedenkliches Argument gegen die Philosophie: Weil die Philosophie das Andere zum Leben ist; weil sie als Werk von Spezialisten eine disziplinierte Anstrengung und denselben Zeitreglements und Erfolgskontrollen unterworfen ist wie die übrigen Tätigkeiten in der Arbeitswelt auch; weil sie in ihrem Gleichmaß an Besonnenheit, Diskursivität und synthetischem Erkenntnisstreben eine abgesonderte Erfahrung darstellt, kann sie nicht das sein und das sagen, was sie zu sein und zu sagen vorgibt: im Sinne eines synthetischen Verfahrens die Summe aller menschlichen Möglichkeiten zu ziehen.[95] Die Philosophie erscheint als eine Erfahrung neben bzw. unter anderen. Als Ausdruck eines „durchschnittlichen Menschseins“ ist sie den extremen Situationen, die ein Menschenleben auch umfasst, entfremdet, d. h. den Konvulsionen von Tod und Sexualität, Geburt und Schöpfung. „Doch was bedeutet das Nachdenken des Menschen über sich selbst und über das Sein im Ganzen, wenn es den intensivsten Gemütsbewegungen fremd gegenüber steht?“[96]

Dass die Philosophie um das kognitive System herumgebaut ist, dass sie in dieser Disziplin gleichsam „nach oben“ allen Propheten göttlicher Botschaften, allen Wünschelrutengängern des Geistes (Kants „Geistersehern“) den Weg versperrt und sich „nach unten“ gegenüber den verschiedenen Versionen delirierender Rede abgrenzt, entpuppt sich, wenn Grenzzustände im Spiel sind, als unüberwindbare Grenze des Logos. Zuletzt – und auch dieses Motiv klingt bei Bataille an – sind wir angesichts des Heiligen und des Erotischen zum Schweigen verurteilt. An den Solipsismus und die Einsamkeit, die mit diesen Zuständen verbunden sind, reichen die sprachlichen Medien, die uns zum Ausdruck jener Grenzerfahrungen verhelfen könnten, nicht heran. Denn „was uns in der Erotik in den höchsten Grad der Intensität versetzt, schlägt uns gleichzeitig mit dem Fluch endgültiger Einsamkeit“.[97] „Das Verfahren [...], das die Synthese aller Möglichkeiten bewirkt, besteht in der Durchstreichung alles dessen, was die Sprache mit sich bringt, die die Erfahrung des sprudelndes Lebens – und des Todes – durch eine neutrale, eine gleichgültige Sphäre ersetzt.“ Bataille lädt dazu ein, „der Sprache zu misstrauen.“[98]

Die Vernunft- und Philosophiekritik von Bataille weist nicht nur deutliche Parallelen zur *Kritischen Theorie* auf, sie hatte auch einen nicht geringen Einfluss auf die französische Diskussion um Strukturalismus und Poststrukturalismus, Moderne und Postmoderne. An sie werden wir im letzten Kapitel *Im Zeitalter der Extreme* (vgl. Kap. IV, S. 294 ff.) wieder anknüpfen.

II In Auseinandersetzung mit den Wissenschaften

Philosophie und Wissenschaft
Zum Einstieg

Von der Philosophie hat sich die Wissenschaft emanzipiert,
aber die Probleme der Philosophie ist sie nicht losgeworden.
G. Picht

Die Wissenschaft nimmt in der Philosophie des 20. Jahrhunderts einen breiten Raum ein. Sie wird ein äußerst umstrittener Gegenstand der Philosophie. Das erklärt sich unmittelbar daraus, dass Wissenschaft und Technik zu einem Grundpfeiler der modernen Welt geworden sind. Ohne sie wäre unser Leben schlicht undenkbar. In ihrem Zusammenspiel haben sie nicht nur das Gesicht der uns umgebenden materiellen Welt tiefgreifend verändert; mehr noch hat ihre Art und Weise, die Welt zu sehen und zu konzeptualisieren, unser Selbst- und Weltverständnis entscheidend geprägt. In diesem Sinne spricht Max Weber zu Beginn des Jahrhunderts von der „Entzauberung der Welt".

In dem Maße, in dem Religion, Mythos und Philosophie an Deutungsmacht verlieren, gewinnen die Wissenschaften – zunächst in den transatlantischen Gesellschaften des Westens – an beherrschendem Einfluss, im positiven wie negativen Sinne. So sehr die einen sie schätzen, so sehr betonen die anderen ihre Grenzen und lebensbedrohenden Gefahren. An die Wissenschaft knüpfen sich der Anspruch und das Versprechen, alle Probleme lösen zu können, mit ihr rückt die rationale Beherrschbarkeit der Welt scheinbar in Reichweite. Das Glück der Menschen planbar zu machen, wird als ein erreichbares Ziel verkündet. Aber als die eigentlich bestimmende Größe des Zeitalters gerät die Wissenschaft auch in das Kreuzfeuer radikaler Kritik. Noch in ihren aufgeklärtesten Zügen entziffert man die Spuren von Herrschaft und Unfreiheit, Entfremdung und Angst. Was sie erkennen will, muss sie zerstören.

Aufs Ganze gesehen, verläuft die Wissenschaftskritik auf drei Ebenen: erstens als generelle Kritik an der technisch oder instrumentell eingeschränkten wissenschaftlichen Rationalität, und d. h. am Bemächtigungsmotiv der modernen Wissenschaften. Die Philosophie zeigt ein tiefes Befremden gegenüber der Wissenschaft. Für Edmund Husserl besteht die Krisis der europäischen Wissenschaften im „Verlust ihrer Lebensbedeutsamkeit", weil sie zu Fragen nach „Sinn und Sinnlosigkeit dieses ganzen menschlichen Daseins"[1] schweigt. Die Wissenschaftskritik macht zweitens darauf aufmerksam, dass die wissenschaftliche und die lebensweltliche Weltsicht – so sehr sie auch vermittelt sind – nicht ineinander aufgehen, dass zwischen ihnen eine unüberbrückbare Spannung herrscht, die nur um den Preis einer gewaltsamen Reduktion von den wissenschaftlichen Reinterpretationen eingeholt werden kann. Die Wissenschaftskritik verschreibt sich der Aufgabe, die lebensweltliche Praxis und ihren sich in der gewöhnlichen Sprache spiegelnden Eigensinn zu verteidigen und sie vor der ungerechtfertigten Usurpation durch wissenschaftliche Begriffe und Erklärungen in Schutz zu nehmen. Kritik dieser Art zeigt sich aus unterschiedlichen Richtungen, sie findet sich sowohl in der Phänomenologie von Edmund Husserl unter dem Stichwort der „Verwissenschaftlichung", in den Lebensformanalysen von Ludwig Wittgenstein[2] oder auch bei Jürgen Habermas, der von der (wissenschaftlichen) „Kolonialisierung der Lebenswelt" spricht.[3]

Wissenschaftskritik unter diesen beiden Gesichtspunkten ist nicht der Gegenstand dieses Kapitels. Es rekurriert vielmehr auf Positionen der Philosophie, die sich drittens von der Orientierung an den Wissenschaften eine *Erneuerung der Philosophie* versprechen. Sie erschließen der Philosophie eine neue Aufgabe, ein der modernen Welt angemessenes Betätigungsfeld. Sie glauben, im Rekurs auf die Wissenschaft(en) zwei für die Philosophie zentrale Probleme lösen zu können: die Frage danach, was das Rationale auszeichnet, und die, worin eine realistische Weltsicht fundiert werden kann. Die überwältigenden Erfolge der Wissenschaft bestärken sie ebenso sehr in dieser Annahme wie die Beobachtung, dass die Wissenschaften der Philosophie in Sachen objektiven Wissens eindeutig den Rang abgelaufen haben. In dieser Situation bleibt der Philosophie nur die Analyse der epistemologischen und methodologischen Voraussetzungen der Wissenschaften – mit der Physik als Modell. *Die Philosophie wird (analytische) Wissenschaftstheorie.* Sie klärt die sprachlichen und logischen Unstimmigkeiten in den Grundbegriffen (Raum, Zeit, Kausalität usf.); fragt, wie Beobachtung und Theorie, Experiment und Erklärung zueinander passen; untersucht, welche Geltung induktive und deduktive Schlüsse beanspruchen können; prüft, ob die Ergebnisse der Wissenschaften wahr oder nur in hohem Maße wahrscheinlich sind. Kurz, über das ganze Jahrhundert hinweg sieht man die Philosophie mit der Explikation der *Struktur der gegenwärtigen Wissenschaften* beschäftigt, was unmittelbar auch ein Licht auf das mehrdeutige *Verhältnis von Philosophie und Wissenschaft* wirft.

Die abendländische Philosophie stand von Anfang an unter dem Anspruch, Wissenschaft sein zu wollen. In ihrem Verlauf war das Ansinnen der Philosophie vielfachen Wandlungen unterworfen, für Aristoteles meinte Wissenschaft etwas anderes als für Leibniz; nicht zuletzt Kant hat diesen Anspruch erneuert, als er forderte, auch die Metaphysik solle den „sicheren Gang einer Wissenschaft" einschlagen.[4] Eine philosophische Richtung, die sich uneingeschränkt diesem Programm der Aufhebung der Philosophie in eine wissenschaftliche Weltauffassung verschrieben hat, war (und ist) der *Positivismus* in seinen verschiedenen Richtungen. Die Philosophie selbst soll als Wissenschaft konstituiert, d. h. von allen weltanschaulichen und metaphysischen Aspekten befreit werden. Die folgenden Unterkapitel handeln von der Frage, ob und inwieweit das Vorhaben einer Erneuerung der Philosophie aus dem Geist der empirisch-experimentellen Wissenschaft gelungen ist. Sie zeigen, welchen Wandlungen es im Verlauf des Jahrhunderts unterworfen war.

Positivismus als Ideologie und Kritik
Von A. Comte bis R. Carnap und W. v. O. Quine

Nicht alles, was man zählen kann, zählt.
Und nicht alles, was zählt, kann man zählen.
A. Einstein

Der *Positivismus* des 19. und der *Neopositivismus* der ersten Hälfte des 20. Jahrhunderts sind die Themen dieses Unterkapitels. Auch dem Positivismus geht es um die Aufhebung der Philosophie, wenngleich seine Stoßrichtung eine andere ist als die, die wir mit Marx ins Auge gefasst hatten. Der Positivismus kritisiert die Philosophie, insofern sie Metaphysik ist. Philosophie als Metaphysik gilt als überholt und irrelevant. Das wirft die Frage auf, was an ihre Stelle treten könnte. Die Antwort, die Positivismus und Neopositivismus darauf zu geben versuchen, lautet: *eine wissenschaftliche Weltanschauung*. Auf sie setzten auch Albert Einstein und Sigmund Freud ihre Hoffnung, ohne jedoch Positivisten zu sein.

Der Begriff Positivismus wurde von Henri de Saint-Simon (1760–1825), einem französischen Frühsozialisten, für eine bestimmte Methode der Philosophie eingeführt. Auguste Comte (1798–1857) übernahm den Begriff im Titel seines Werks *Système de politique positive* (1824) und machte ihn zum Ausgangspunkt und Sammelbegriff einer großen philosophischen Richtung. Ist von Positivismus die Rede, bezieht man sich im Allgemeinen auf die Bewegung oder Strömung im 19. Jahrhundert. Neopositivismus bezeichnet die entsprechende Einstellung im 20. Jahrhundert. Trotz Verwandtschaft in der Gesamtorientierung aller positivistischen Strömungen gibt es deutliche Unterschiede. Der Positivismus ist gekennzeichnet durch die Betonung des Faktischen, des Positiven, des in den Erfahrungstatsachen Gegebenen,[5] sowie – und auch das ein verbindender Grundzug – die Zurückweisung der metaphysischen Spekulation. Der Positivismus ist eine der wirkungsmächtigsten Gestalten der Metaphysikkritik im 20. Jahrhundert. Man könnte weiter sagen, der Positivismus fühle sich, mindestens in großen Teilen dieser Bewegung, der Idee des wissenschaftlichen Fortschritts verpflichtet. Nicht wenige Positivisten und Neopositivisten sind der festen Überzeugung, mit den Methoden und Ergebnissen von Wissenschaft und Technik auch einen gesellschaftlichen Fortschritt bewirken zu können. Der Positivismus des 20. Jahrhunderts wird auch Logischer Positivismus, Logischer Empirismus, wissenschaftliche Philosophie oder eben Neopositivismus genannt.

Die Anfänge im 19. Jahrhundert

A. Comte gilt nicht nur als Stammvater des Positivismus, sondern auch als einer der Gründungsväter der Soziologie. Im *Système de politique positive* diagnostiziert er einen geschichtlichen Verlauf des menschlichen Geistes, an dessen Ende das gegenwärtige, das *positive Zeitalter* steht. Er hat jene Entwicklung in seiner Lehre vom „Dreistadiengesetz“, das er für die gesamte Geschichte der Menschheit unterstellt, zusammengefasst. Die erste Phase der Entwicklung nennt er die *mythisch-theologische*, die zweite die *metaphysische* und die dritte das Stadium, auf das fluchtpunktartig alles zuläuft: das *positive* Stadium. Innerhalb dieses letzten Entwicklungsschritts dominiert die Wissenschaft. Darin steckt eine deutliche Absage an jede Suche nach letzten metaphysischen Ursachen und Zwecken. Es geht im Wesentlichen um die Wissenschaft, die vor allem die Aufgabe hat, Tatsachen festzustellen oder Gesetze zu finden, mit denen praktische Vorhersagen über den Verlauf der Dinge möglich sind. Das Wissen, das man durch die Wissenschaft erlangt, disponiert zu außerordentlich praktischen, d. h. erfolgreichen Eingriffen in die Natur.

Dabei unterscheidet Comte die Naturwissenschaften von der *Wissenschaft der Gesellschaft*, die eine etwas andere Zielrichtung hat bzw. sich mit bestimmten Randbedingungen auseinandersetzen muss. Diese Wissenschaft untersucht die soziale Dynamik der Gesellschaft. Sie versucht, die Gesetze des Fortschritts in der Geschichte zu identifizieren: Aufgrund welcher historischen und sozialen Zusammenhänge hat sich diese Fortschrittsgeschichte entwickelt, die beim mythischen Zeitalter beginnt und beim Zeitalter des Positiven endet? Auf welchen Gesetzmäßigkeiten beruht der gesellschaftliche Fortschritt? Das Ziel insgesamt ist eine gerechte Sozialordnung, der sich das Wissen aus den verschiedenen Einzelwissenschaften unterzuordnen hat. In dieser Zielsetzung stimmen die Positivisten weithin überein. Auch wenn sie philosophisch betrachtet nicht den besten Ruf genießen – was ihre politische Einstellung betrifft, waren nicht wenige von ihnen Sozialreformer oder gar überzeugte Sozialisten.

Eine auf der Basis der Wissenschaft und den Prinzipien der positiven Philosophie und der Aufklärung organisierte, gerechte Sozialordnung ist die Intuition, die bis in die Gegenwart hinein geteilt wird: Wir brauchen vor allem Wissenschaft und Technik, die zeigen, wie wirklicher Fortschritt herbeigeführt werden kann. In der dritten, positiven Phase sind erst die Naturwissenschaften angekommen. Die Wissenschaften vom Menschen, die Soziologie und die Psychologie, hinken ihnen weit hinterher. In der Anwendung der experimentell-mathematischen Methode können diese keine Fortschritte vorweisen, die mit denen der positiven Wissenschaften, die durch ihre experimentelle Methode über ein positiv feststellbares Tatsachenwissen verfügen, vergleichbar wären. Aus diesem Grund muss sich die Philosophie – und mit ihr die Sozialwissenschaften – in einer Weise wandeln, die es ihr gestattet, eine empirische Wissenschaft von der Gesellschaft zu werden. Nur so lässt sich ein gesellschaftliches Einvernehmen in den Bereichen erzielen, die bislang kein unbestreitbar objektives Wissen besitzen: Politik und Ethik. Auf diesen Gebieten ist alles Meinung und Kontroverse. Fände man allgemeine Gesetze der sozialen Welt – gemäß den erfolgreichen Methoden der Naturwissenschaften –, dann ließe sich eine entsprechende Politik darauf gründen.

Natur- und Geisteswissenschaften

Bevor ausführlicher vom Neopositivismus die Rede ist, soll ein Exkurs zu Wilhelm Dilthey (1833–1911) eingeschoben werden, weil mit ihm eine etwas andere Entwicklung ihren Anfang genommen hat bzw. fortgeführt wird, die, als eine Art geisteswissenschaftliche Methode, in der *Hermeneutik* mündet.[6] Während Comte versucht, die Methoden der Naturwissenschaften auch auf das Feld der Geistes- und Gesellschaftswissenschaften auszudehnen, glaubt Dilthey – und das bestimmt eine Diskussionslinie das ganze 20. Jahrhundert hindurch –, dass es verschiedene Methoden für Geistes- und Naturwissenschaften gibt. Man könne das mathematische und technische Rüstzeug letzterer nicht umstandslos auf die Geisteswissenschaften, auf den Bereich der Kultur, auf die

Institutionen, das Recht, die Geschichte usf. übertragen. Die empirisch-experimentelle Methode ist nicht ohne Weiteres zur geistigen Erschließung der Äußerungen unserer Innerlichkeit in der sozialen und geschichtlichen Welt geeignet. Die Methode der Wahl ist – im Bereich der Geisteswissenschaften – nicht das *Erklären*, sondern das *Verstehen*. Verstehen ist die genuine Methode der Geisteswissenschaften, während das Erklären jene der Naturwissenschaften ist.

Gegenstand der Geisteswissenschaften sind die Manifestationen des inneren, des seelischen und geistigen Lebens, die in Gestalt von Kunstwerken, von Recht und Moral ihren äußeren Ausdruck finden, also insgesamt in dem, was mit Kultur bezeichnet und von Dilthey „objektiver Geist" genannt wird. Dieser umfasst alle Formen der Kulturschöpfung, von der Literatur bis zur Religion, den Sitten und Gebräuchen. Die tradierten Lebensformen lassen sich nur über Sinn- und Symbolzusammenhänge kognitiv erschließen, nicht aber kausal erklären. Kurz, der objektive Geist verkörpert sich in den Ausdrucksformen und Gestalten der Kultur, und die Methode ihrer Rekonstruktion ist das Verstehen. Es sucht sie vor allem in ihrer Relevanz (Bedeutsamkeit) für die an der Situation beteiligten Akteure zu erfassen und abzuschätzen. Die Formen des Ausdrucks einer erlebten geistigen Erfahrung können nämlich nicht – und dies ein erstes Moment der Kritik am Positivismus – von außen erkannt, sondern nur von innen, aus dem, was man von sich selber kennt, d. h. ausgehend von der Subjektivität, vollzogen und verstanden werden. Dazu muss man sich – mit einem Ausdruck, der später in Verruf gekommen ist – in die Äußerungen des Geistes *einfühlen* können. „Einfühlung" ist eine frühe Bezeichnung für diese Art von Methode.

In der Folge entstehen eine lange Diskussion über das Verhältnis von Erklären und Verstehen, aber auch Debatten darüber, welche Methode welchen Gegenständen in den jeweiligen Wissenschaften adäquat, d. h. angemessen ist. Auch Diltheys Unterscheidung wurde kritisch beleuchtet: Ist es tatsächlich so, dass die Naturwissenschaften die Gesetzmäßigkeiten der Dinge erklären und die Geistes-, Sozial- und Kulturwissenschaften eine Art verstehende Methode benutzen? Schon eine geringe Bekanntschaft mit der Psychologie oder der Soziologie zeigt, dass auch diese den Versuch unternehmen, erklärende Wissenschaften zu sein. Um was für eine Wissenschaft handelt es sich bei der Ökonomie? Welcher Methode befleißigt sie sich?

Die Gegenstände der Natur sind ausgezeichnete Bereiche, in denen die wissenschaftliche Erklärung zu greifen scheint. Das wirft die Frage auf, in welchem (strengen) Sinne man in den Naturwissenschaften von einer formal richtigen Erklärung sprechen kann. Erklären bedeutet, eine einzelne Erscheinung, ein konkretes Ereignis, einen einzelnen Zustand unter ein allgemeines Gesetz zu bringen, es als Fall einer allgemeinen Gesetzmäßigkeit auszuweisen. Das Gesetz erklärt den Einzelfall. Geschichtliche Tatsachen wie der Beginn des Ersten Weltkriegs, d. h. bestimmte Entscheidungen und Ereignisse in der Politik, können nicht in dieser Weise erklärt, sondern allenfalls kognitiv nachvollzogen und in eine Sprache übertragen werden, die unterschiedlichen Interpretationen (Beurteilungen, Feststellungen, institutionalisierten Rahmungen usf.) offensteht. Die Determinationskraft umgangssprachlicher Symbole ist da weitaus geringer als die eines Zeichensystems, das, in den Lettern der Mathematik und der Physik geschrieben, die kausalen Kräfte der Natur in eine eineindeutige Beziehung bringt.

Geschichtliche Tatsachen bilden Einzelfälle, sie lassen sich nicht aus der Kenntnis eines oder mehrerer allgemeiner Gesetze ableiten, und dies nicht nur, weil der Informationsverlust, der durch diese Abstraktionsmethode notwendig würde, zu groß wäre, sondern auch, weil man dazu (unverbrüchliche) Geschichtsgesetze bräuchte, welche die darunter subsumierten Ereignisse erklären könnten – über die wir, nach allem, was wir wissen, nicht verfügen.

Ein anderer gewichtiger Einwand ist der, dass die geschichtlichen Einzelfälle, mit denen wir konfrontiert sind, sich nicht wie im Fall der (idealisierten) Naturgegenstände wiederholen lassen: Sie sind passiert. Objektivität und Validität hingegen, die man mit dem wissenschaftlichen Experiment verbindet, hängen wesentlich an seiner Reproduktion, d. h. an der Wiederholbarkeit einer genau bestimmten Versuchsanordnung.[7]

Kurz, viele Phänomene der Psychologie, der Soziologie und der Ökonomie lassen Experimente dieser Art nicht zu, nicht nur aus ethischen und rechtlichen Gründen. Sie erlauben es einfach nicht, unter hochstandardisierten Bedingungen die zu untersuchenden Variablen (einer hohen Komplexitätstufe) so zu isolieren, zu variieren und zu reproduzieren, dass eine Vergleichbarkeit zustande käme. Die Möglichkeit methodischer Idealisierung, wie sie in den Naturwissenschaften erfolgreich praktiziert wird, ist in den übrigen Wissenschaften nicht gegeben.

Entscheidend ist, dass Dilthey zwei verschiedene Wissenschaftstypen unterstellt. Der Typus der Geisteswissenschaften ist stärker am Einzelfall, an der individuell bestimmten Gestalt orientiert und verfährt „idiographisch", d. h. individuierend-beschreibend; die am Gesetzmäßigen orientierte Naturwissenschaft dagegen ist „nomothetisch", sie verfährt gesetzmäßig-generalisierend.[8] Es wäre eine andere interessante Aufgabe, zu fragen, wie es sich angesichts dieses Schemas mit der Rechtswissenschaft verhält.

Wollte man extrem vereinfachen, könnte man sagen, dass *Erklärung* im engeren Sinne der Naturwissenschaften dort erfolgreich praktiziert werden kann, wo es sich um eindeutig identifizierbare (materielle) Ursache-Wirkungsbeziehungen (Kausalität) handelt. *Verstehen* liegt nahe, wenn wir bestimmte Überzeugungen, (bewusste) Absichten und Bewertungen zu rechtfertigen (zu verteidigen, zu begründen, glaubhaft zu machen) versuchen. ‚Das habe ich getan, gedacht usf., weil ...'. „Gründe" kann man verstehen, „Ursachen" erklären. Entsprechend hat man später zwei unterschiedliche Zugangsweisen zur Welt postuliert oder genauer, von zwei verschiedenen Sprachspielen oder Diskursordnungen gesprochen: von einem „Raum der Gründe" und einem „Raum der Ursachen" (W. Sellars). Diese Unterscheidung ist höchst wertvoll und relevant, doch so radikal der Gegensatz dieser beiden Interpretationstypen auch ist, in der Forschungspraxis, z. B. in den Wissenschaften vom Menschen, werden sie ständig unterlaufen. Dort verhalten sie sich eher komplementär. Man versucht zu verstehen *und* zu erklären, nicht aber zu verstehen, ohne zu erklären oder zu erklären, ohne zu verstehen.

Logischer Positivismus

Die Neopositivisten, repräsentativ seien Moritz Schlick (1882–1936), Otto Neurath (1882–1945) und Rudolf Carnap (1891–1970) genannt, sind eine Gruppe, die sich in einem lockeren Verbund zusammengeschlossen hat. Dieser sogenannte „Wiener Kreis" entfachte in den 20er- und 30er-Jahren eine lebhafte Diskussion über wissenschaftstheoretische Fragen. Unter dem Eindruck des Austrofaschismus und nachdem Schlick von einem ehemaligen Studenten erschossen worden war, löste sich der Kreis 1936 auf. Viele der Mitglieder, etwa Carnap, mussten nach der Annexion Österreichs durch die Nationalsozialisten (1938) in die USA emigrieren. Der Neopositivismus ist eine der beherrschenden Richtungen der Philosophie im 20. Jahrhundert, insbesondere in der

Zeit zwischen den Weltkriegen. Er hatte großen Einfluss auf die Philosophie in Deutschland, Polen, Skandinavien, Großbritannien und den USA. Einige seiner typischen Auffassungen haben weiterhin Bestand. Diese Richtung geht zurück auf den *englischen Empirismus* und die Philosophie der Aufklärung, sie ist aber auch eine philosophische Reaktion auf die moderne Wissenschaft: eine „Aufhebung" der Philosophie in eine „wissenschaftliche Weltauffassung" – so eine Selbstcharakterisierung R. Carnaps. Sie hegt die Überzeugung, dass *Philosophie nur als analytische Wissenschaftsphilosophie Bestand haben kann*, etwa in der Weise, wie der *Logische Positivismus* sie praktiziert. Sie bildet überdies auch einen für die Philosophie neuen Diskussionsstil heraus, sie bekämpft alle Rhetorik und Unklarheit der Sprache, um selbst einzig der strengen Argumentation und Logik den Vorzug zu geben, wobei ihre Absage an die Metaphysik nicht selten polemisch und aggressiv ist.

Der „Wiener Kreis" stimmt mindestens im Grundsatz mit dem Positivismus des 19. Jahrhunderts darin überein, dass das einzige Denken, das in der Lage ist, auch nur in Wahrheitsnähe zu gelangen und dazu beiträgt, die Lage der Menschen zu verbessern, dasjenige ist, das wissenschaftlich verfährt, das sich an Beobachtung und Experiment, an methodischer Strenge, an der Wiederholbarkeit der Prüfung und anderen rationalen Kriterien mehr orientiert. Der Neopositivismus folgt im Kern der Annahme, dass nur ein wissenschaftliches Denken, eine wissenschaftliche Philosophie dazu imstande ist, einen auf allen Ebenen wirksamen Fortschritt in die Wege zu leiten. Dazu bedarf es neben der Konfrontation mit der (wissenschaftlich kontrollierten) *Erfahrung* noch einer zweiten Säule, nämlich die der *Logik* bzw. der *Mathematik*, daher auch die verbreitete Bezeichnung *Logischer Empirismus*. Methodisches Ideal sind also die Naturwissenschaften, insbesondere die Physik mit ihrer erfahrungsbasierten Erforschung der physischen Welt, d. h. der Tatsachen einerseits und der Benutzung von Logik und Mathematik, um diese Tatsachen richtig zu bearbeiten, andererseits. Großer Wert wird auf die formale Logik gelegt. Mittels dieser beiden Orientierungen glaubte man eine Basis zu besitzen, um dem Anspruch auf Allgemeingültigkeit des Wissens zu genügen: um Scheinwissen von objektiv richtigen Erkenntnissen unterscheiden zu können.

Dabei leistet die formale Logik gleichzeitig einer anderen, zur damaligen Zeit großen Einfluss gewinnenden Forderung Folge: Wissen muss in sprachlichen Symbolen bzw. in Sätzen dargestellt werden, die u. a.

Sachverhalte in der Welt repräsentieren. So muss eine wissenschaftlich hergestellte Erfahrung, z. B. eine Messung, protokolliert werden, sei es in Sätzen einer formalen oder der gewöhnlichen Sprache. Beobachtungen werden in einfachen Sätzen repräsentiert. Die Sätze haben die Aufgabe, die Beobachtungen wiederzugeben. Ausgangspunkt dieser Überlegungen ist der Gedanke, dass Sprache und Welt, Satz und Realität eine Entsprechung aufweisen. Im *Atomismus*, einer früheren Variante des Logischen Positivismus (Russell, Wittgenstein), war man der Auffassung, dass Sätze, in denen etwas behauptet wird, eine Eins-zu-eins-Beziehung zur Realität aufweisen. Solche Sätze nannte man „sinnvoll"; andere sprachliche Ausdrucksformen wie Ausruf und Befehl, Frage und Forderung wurden als irrelevant verworfen. Die Realität bestehe aus einfachen, isolierten Tatsachen, und die kognitiv einzig sinnvolle Sprache entsprechend aus einfachen, begrenzten sprachlichen Ausdrücken, die mit dem Faktischen korrespondieren. Atomare Sätze entsprechen atomaren Tatsachen und der Wahrheitswert komplexer Sätze ist abhängig von dem der einfachen Sätze. Die korrekte logische Ordnung zwischen den sprachlichen Elementen reproduziert dabei die Beziehung, die zwischen den entsprechenden Tatsachen herrscht (vgl. Kap. III, S. 179 f.).

Neben diese Bedingung eines grammatikalisch korrekt formulierten Satzes stellt man eine zweite: Der Satz muss *verifizierbar* sein, d. h. seine Aussage muss (prinzipiell) durch einfache Beobachtungen und/oder hypothetisch-deduktive Forschung bestätigt werden können. Erfüllen Sätze diese Bedingung nicht, enthalten sie keinen wirklichen Erkenntniswert. Demgemäß haben ethische, religiöse und metaphysische Sätze wie: „Du sollst nicht töten", „Gott ist der Grund allen Seins", „Das Nichts nichtet", „Es gibt nur eine Substanz" usf. keinen Erkenntniswert. Als Aussagen, die sich auf Werte und Verhaltensrichtlinien, auf Gefühle und politische Einstellungen beziehen, können sie für die sozialen Akteure zwar von großer Bedeutung sein, kognitiv gesehen sind sie aber sinnlos.

In der Konsequenz dieser Diskussion liegt das überaus wichtige Resultat, dass es zuletzt nur zwei Arten von Sätzen gibt, die Anspruch auf das Prädikat „ist wahr" erheben können: *analytische* und *synthetische* Sätze. Die Sätze der Logik und der Mathematik sind formal und analytisch, es handelt sich um Tautologien, Sätze dieser Art sagen nichts über die Welt. Sie machen keine Aussagen über das Bestehen eines Sachverhalts. Die Logik besitzt nur Regeln der Umformung. Hingegen sind die

Sätze der realen, d. h. der empirisch-experimentellen Wissenschaften bedeutungsvoll, sie machen Sinn. Sie bringen Sachverhalte zum Ausdruck, sie sagen etwas über die Realität. Sie geben die Erfahrung wieder, die mit oder an der Realität gemacht wurde, sie heißen daher synthetische Sätze und sind kognitiv sinnvoll.

Diese Zweiteilung manövriert aber, wie sich leicht sehen lässt, die Philosophie in eine für sie selbst missliche Lage. Nämlich dann, wenn gefragt wird, auf welche Weise über das *Verhältnis* der beiden Wissenschaftsgruppen – der Formal- und der Realwissenschaften – philosophische Aussagen getroffen werden können. Denn dieser (neue) Typus von Aussagen übersteigt ja die Bereiche der allein qualifizierten Sätze, er ist in jenem vom Logischen Positivismus anvisierten Wahrheitsuniversum kognitiv sinnvoller Sätze nicht vorgesehen. Überlegungen dieser Art sind nicht formal, sondern inhaltlich, ohne – weil es sich ja um eine Reflexion auf den Bezug beider Bereiche handelt – auf reale Erfahrung bezogen zu sein. Insofern die wissenschaftstheoretischen Überlegungen der Positivisten – ihre epistemologischen Aussagen – nicht zur formalen Logik gehören und auch nicht der Forderung nach Überprüfung durch Beobachtung und/oder deduktiv-hypothetischer Forschung nachkommen, müssen sie folglich – aufgrund der Selbstbezüglichkeit ihrer Behauptung – als kognitiv sinnloses Geschwätz angesehen werden. „Sinnvoll“ sind nur die Aussagen, die unter Bezugnahme auf die inhaltlich bestimmten empirischen Sätze der realen Wissenschaften formuliert werden. Der Reflexion auf das Verhältnis beider Satzgruppen fehlt jede Berechtigung. Das bedeutet aber, dass die Möglichkeit der analytischen Wissenschaftstheorie selbst infrage steht, dass sich die Aufhebung der Philosophie in eine analytische Wissenschaftsphilosophie nach ihren eigenen Maßstäben als undurchführbar erweist.

Noch bevor die Diskussionen des Neopositivismus so richtig in Gang gekommen waren, hatte Wittgenstein in seinem *Tractatus logico-philosophicus* diesen Widerspruch schon herausgestellt: „Meine Sätze erläutern dadurch, daß sie der, welcher mich versteht, am Ende als unsinnig erkennt, wenn er durch sie – auf ihnen – über sie hinausgestiegen ist [...].“[9] Was in den Konstruktionen des Logischen Positivismus ausgeblendet bleibt, ist der einfache Umstand, dass jeder Wissenschaftler oder auch einzelne Gruppen von Forschern sich immer wieder reflektierend verhalten, sowohl in Bezug auf ihre wissenschaftlichen Methoden als auch auf die Ergebnisse ihrer Forschung.

Wie angedeutet, unterscheidet der logische Positivist zwischen analytischen und synthetischen Sätzen als den wissenschaftlich allein gültigen Aussageformen. Metaphysische Sätze, also z. B. Kants synthetische Urteile a priori, werden als sinnlos ausgeschlossen. Jetzt aber ist für den Neopositivisten die Verifikation von einfachen Sätzen, die wiedergeben, was beobachtet wurde, an die Induktion als Verallgemeinerung vielfach bestätigter Beobachtungen gebunden. Das Induktionsprinzip trägt die Begründungslast, um vom empirisch verifizierten Einzelfall zum allgemeinen Gesetz zu gelangen. – Auf welche Art von Sätzen kann der Positivist zurückgreifen, wenn er das Induktionsproblem diskutiert? Ist das Sprechen und Denken über die Gültigkeit des induktiven Schließens analytisch oder synthetisch? Rein logisch oder empirisch? Form oder Inhalt? Beim Induktionsprinzip handelt es sich, kantisch gesprochen, um ein synthetisches Urteil a priori.[10] Das bedeutet, der logische Positivist, der wie angedeutet argumentiert, hat für seine eigene Praxis nicht nur keinen Begriff, sie zu verstehen oder zu erklären, vor allem ist sie nach den eigenen Maßstäben ungerechtfertigt. Nun besteht aber seiner Auffassung nach Philosophie gerade darin, über die Berechtigung der Anwendung induktiver Schlüsse zu streiten.

In der philosophischen Tradition hat man dies gerade praktizierte Verfahren *immanente Kritik* genannt: eine Position daran zu messen, ob sie den eigenen Voraussetzungen widerspricht. Natürlich haben die Vertreter des Positivismus dieses Dilemma gesehen und auf Auswege gesonnen, freilich ohne einen wirklichen, d. h. intersubjektiv geteilten Lösungsweg zu finden.

Einen anders gearteten Angriff auf die Grundfesten des logischen Positivismus (und seinen Lehrer R. Carnap) unternimmt der Logiker und Philosoph Willard van Orman Quine (1908–2000), wenn er die grundlegende Unterscheidung von analytisch und synthetisch (die auch die Arbeitsteilung von Philosophie und Wissenschaften absichert und begründet), mit dem Argument erschüttert, dass bei analytischen Urteilen eine strikte Äquivalenz zwischen sprachlichen Ausdrücken (Junggeselle = unverheirateter Mann) nicht gegeben sei. Später erweitert und systematisiert er seine Argumentation in der viel beachteten These von der „Unbestimmtheit der Übersetzung".[11]

Wie erwähnt, sind der Auffassung des *Logischen Empirismus* zufolge Werturteile – ästhetische, religiöse, metaphysische – kognitiv ohne Sinn. Sie spiegeln Haltungen oder Überzeugungen, die, obgleich sie im Leben eine wichtige Rolle spielen, rational nicht begründbar sind. Das heißt aber nicht, dass sich die Mitglieder des „Wiener Kreises“ z. B. gegenüber politischen Fragen gleichgültig verhalten hätten. In der Zeit zwischen den Weltkriegen bildeten sie eine klare Front gegen den Faschismus. Politische und ethische Standpunkte einzunehmen, ist ihnen durchaus möglich, nur beruht die Wahl solch normativer Einstellungen nicht auf rationaler Argumentation, sie ist *dezisionistisch*. Man trifft eine Entscheidung, die nicht rational zu begründen ist. Ist das aber der Fall, dann gibt es zuletzt auch keine rationale Begründung, mit der man bestimmte Menschenrechte verletzende Normen des Faschismus zurückweisen könnte. Man kann zwar antisemitische oder rassistische Theorien als kognitiv unsinnig verwerfen, aber gute – praktische – Gründe, das eine dem anderen vorzuziehen, hat man nicht – auch dies eine Position, die nicht wirklich überzeugen kann.

Eine Unterscheidung von Gewicht

Der frühe Wittgenstein bemerkt an einer Stelle, dass das Wesentliche der Metaphysik darin bestünde, dass sie den Unterschied zwischen *sachlichen* und *begrifflichen* Untersuchungen verwischt. Im Durchgang durch den Positivismus könnte man – mit Quine – folgendes Resultat festhalten: Die ebenso klare wie grundlegende Unterscheidung zwischen dem positiv Gegebenen und den Begriffen, mit denen man das Gegebene erfasst, kann aus grundsätzlichen Erwägungen nicht aufrecht erhalten werden. In der Sprache der analytisch-akademischen Philosophie wird der Sachverhalt wie folgt ausgedrückt: Die intuitiv plausible Unterscheidung zwischen „faktischer“ und „semantischer“ Komponente einer Aussage muss auf grundsätzliche Weise zurückgewiesen werden.

Zwei Anmerkungen. Erstens, nicht dass diese Einsicht in der Geschichte der Philosophie nicht schon mehrfach erbracht worden wäre, erscheint interessant, sondern die Versuche, andere Unterscheidungen von Gewicht an diese Stelle zu setzen und als (einseitige) Antworten auf die Problemlage verstehen zu lernen. Zweitens, wenn wir Wittgensteins Definition der Metaphysik aufnehmen – was heißt das angesichts der Quine’schen Kritik, die ja die Unmöglichkeit einer definitiven Unterscheidung von begrifflichen und sachlichen Untersuchungen belegt: Ist eine Metaphysikkritik, die auf dieser Annahme einer grundsätzlichen Trennbarkeit beruht, fehlgeschlagen? Und dadurch die positivistische Position vollständig desavouiert? Muss man, will man weiterhin am

Projekt der Aufklärung, d. h. der Kritik der Metaphysik festhalten, nach anderen Bestimmungen suchen, welche die Metaphysik charakterisieren? Oder liegt in der Konsequenz der Quine'schen Argumentation die Einsicht, der Metaphysik womöglich gar nicht entkommen zu können? Eine andere Reaktion auf das Problem wäre eine Zurückweisung der Quine'schen Argumentation *in toto*.

Der Kritische Rationalismus
K. R. Popper

Ich will Gottes Gedanken kennen.
Der Rest ist Nebensache [...].
A. Einstein

Die Ergebnisse des *Logischen Positivismus* zusammenfassend, schreibt der Wissenschaftstheoretiker und Philosoph Wolfgang Stegmüller (1923-1991): „Somit gelangt der empiristische Philosoph zu den folgenden [...] Grundeinstellungen gegenüber der wissenschaftlichen Erkenntnis.

1. Die in den Wissenschaften verwendeten *Begriffe* müssen, soweit sie nicht formale Begriffe der Logik und Mathematik sind, empirische Begriffe sein, d. h. *solche Begriffe, über deren Anwendbarkeit man in jedem konkreten Falle allein mit Hilfe von Beobachtungen entscheiden kann*. Begriffe, die diese Bedingungen nicht erfüllen, sind Scheinbegriffe und daher aus der Wissenschaft zu beseitigen." Wir haben also nur zwei Sorten von Begriffen: logische und empirische Begriffe. Alles, was nicht in den Kanon der verschiedenen Logiken gehört, ist aus der Wissenschaft zu eliminieren und alles, was nicht unter der Bedingung der Beobachtung steht, ebenfalls.

„2. Alle wissenschaftlich akzeptierbaren Aussagen müssen entweder *rein logisch begründbar* sein oder es muß sich um solche Aussagen handeln, die sich *erfahrungsmäßig bewährten*. Im letzteren Falle wird nicht verlangt, daß diese Aussagen Berichte über Beobachtungen sind oder aus solchen Beobachtungsaussagen logisch abgeleitet werden können, so daß es sich um empirisch verifizierbare Aussagen handeln muß. Vielmehr kann es sich auch um *Hypothesen* handeln, die keiner endgültigen Verifikation mit Hilfe von Beobachtungen fähig sind. Aber auch solche Hypothesen müssen sich als wissenschaftliche Annahmen von spekulativen Scheinthesen dadurch unterscheiden, daß sie prinzipiell *empirisch nachprüfbar* sind, wenn auch nur in negativer Weise."[12]

Schon früh, 1935, veröffentlicht Sir Karl R. Popper (1902–1994) die *Logik der Forschung*[13], die ersten 100 Seiten werden zu einem klassisch zu nennenden Text. Seine generelle Behauptung darin ist, dass der Versuch des Logischen Positivismus', mithilfe der Unterscheidung sinnvoller und sinnloser Sätze zwischen Wissenschaft und Pseudowissenschaft eine genaue Grenze zu ziehen, aufs Ganze gesehen gescheitert ist. Poppers grundsätzliche Kritik bezieht sich auf die induktive Methode, die der Logische Positivismus zugrunde legt und die zu *verifizierbaren* Aussagen führen soll. Popper selbst hat in Auseinandersetzung mit dem Verifikationsprinzip eine andere Forschungslogik entwickelt, die auf der *Falsifikation* beruht.

Seine Kritik am Induktionsprinzip – das auf dem Schließen von Einzelfällen auf Gesetzmäßigkeiten beruht – zielt auf einen formallogischen Fehler, den die Anwendung des induktiven Schlusses mit sich bringt. Er ist insofern problematisch, als er aus einer notwendig endlichen Anzahl von Beobachtungen auf das Vorliegen einer (allgemeinen) Gesetzmäßigkeit schließt und über diese einen Allsatz formuliert, d. h. einen Satz, der unter allen Bedingungen und mithin für eine unendliche Anzahl von Fällen Gültigkeit beansprucht. Das populäre Beispiel sind die Schwäne. Auch wenn man sein Leben lang ausschließlich weiße Schwäne beobachtet hat, rechtfertigt das nicht die Aussage „*Alle* Schwäne sind weiß". Denn schließlich könnte sich irgendwann herausstellen, dass es auch schwarze gibt, wie es ja tatsächlich der Fall ist.[14]

Das Induktionsprinzip kann uns also keine absolute Gewissheit, keine definitive Sicherheit geben, weil niemals alle Fälle geprüft werden können, um von einem allgemeinen Gesetz oder einer All-Aussage gedeckt zu sein. Keine Theorie, wie z. B. die Annahme eines Naturgesetzes, lässt sich durch eine wie auch noch so große Anzahl von Beobachtungen im strengen Sinne logisch beweisen. Theorien sind von daher niemals verifizierbar, sie lassen sich niemals durch noch so viele empirische Belege endgültig bewahrheiten, allenfalls kann man eine auf eine bestimmte Zeit begrenzte Hypothese aufstellen. Das induktive Verfahren führt, weil man von einer begrenzten Anzahl von Fällen auf das Allgemeine schließt, sehr leicht zu einer unter Philosophen schlecht angesehenen Gattung von Behauptungen, nämlich den *dogmatischen*.

Dogmatismus beruht fast in allen Fällen auf problematischen Verallgemeinerungen per induktivem Schließen. Es ist ein alltäglich praktiziertes und kaum hinterfragtes Muster: Wir beobachten das wiederholte

Auftreten einer Eigenschaft („lügt nicht“[15]) und glauben uns berechtigt, daraus zu schließen, dass es in der Regel (oder immer) so sein wird. Fast all unsere Erfahrung beruht auf solch einer brüchigen Logik (Generalisierung) infolge induktiver Schlüsse. Es fehlt nicht viel und man müsste sagen, dass das, was wir alltäglich oder auch wissenschaftlich unsere Erfahrung nennen, im Wesentlichen aus dieser Schlusstechnik bestehe. Ohne sie könnten wir uns in der Welt, wie sie ist, kaum zurechtfinden. Denn in vielen Fällen haben wir in der Tat (aus Erfahrung) gelernt, wenn „a“ passiert, lässt „b“ nicht lange auf sich warten. Und es ist nur von Vorteil, bei vergleichbaren Fällen (Eigenschaften, Situationen, Projekten usf.) von „a“ auch mit „b“ zu rechnen. Gleichwohl bleiben zwei Folgerungen, die Popper uns nachdrücklich in Erinnerung ruft: Erstens, dass jede empirisch noch so gut abgesicherte Erfahrung eine *Hypothese* (vorläufige Annahme, starke Vermutung) bleibt, sollte sie im Augenblick auch noch so unwiderleglich erscheinen. Zweitens, dass es nicht schlecht wäre, auch in alltäglichen Belangen oder im Umgang mit Überzeugungen auf Revisionen gefasst zu sein.

Popper erklärt also den Versuch des Logischen Empirismus, positiv verifizierbare Aussagen machen zu können, für gescheitert und hält ihm das Falsifikationskriterium entgegen. Er fordert, dass die Konstruktion oder der Entwurf einer Theorie die Möglichkeit des Scheiterns an der Erfahrung einschließen muss. Wissenschaftliche, d. h. empirisch gehaltvolle Theorien sind Popper zufolge durch Falsifizierbarkeit ausgezeichnet, sie verdienen ihren Namen nicht, wenn sie nicht widerlegt werden können. Wissenschaftliche Theorien sind so anzulegen, dass sie *prinzipiell* unter empirischen Bedingungen überprüft und d. h. an der Realität scheitern können. Anders als der Logische Positivist glaubt, können Sätze nicht an der Erfahrung, z. B. an Wahrnehmungserlebnissen, scheitern oder durch sie bewahrheitet werden. Ob Sätze als *wahr* bezeichnet werden können, zeigt sich nur, wenn Sätze durch andere „Sätze *logisch begründet* werden können“. Bei wissenschaftlichen Theorien handelt es sich um logisch, d. h. widerspruchsfrei aufeinander abgestimmte allgemeine Sätze. Deren „*Objektivität* [...] liegt darin, daß sie intersubjektiv nachprüfbar sein müssen“.[16]

Soll eine Theorie falsifiziert werden, kann sie das nur, wenn ihre allgemeinen Sätze mit gewissen besonderen Sätzen konfrontiert werden. Diese besonderen Sätze nennt Popper *Basissätze*, sie finden ihren Halt nicht in Sinneswahrnehmung, Erlebnissen und Ähnlichem, sondern in

Konventionen. Basissätze haben die Form singulärer Es-gibt-Sätze (‚Es gibt zu einem bestimmten Zeitpunkt X an einer Stelle Y dies oder jenes'). Basissätze sind Festsetzungen der Wissenschaftler, die sich auf beobachtbare Vorgänge beziehen. Wie sie festgesetzt werden, ist geregelt.[17] Sätze bzw. die Begriffe, die in Sätzen vorkommen, können die Wirklichkeit (sowohl die ‚da draußen' wie meine Erlebnisse) nicht abbilden, weil sie die unmittelbaren, konkreten, einzelnen Erfahrungen – mein Affiziertsein durch den roten Bleistift, der vor mir liegt – durch die allgemeinen Zeichen (Universalien) wie „rot" (für alle „Rots"), die sie verwenden, nicht erreichen. Sie sagen notwendig „mehr", als sie meinen. Sie meinen die Erfahrung, die sie hier und jetzt machen, aber die allgemeine Bedeutung, die zwangsläufig mit der Verwendung von Begriffen verbunden ist, ist nicht durch das individuelle Wahrnehmungserlebnis gedeckt. Wissenschaftliche Theorien (Satzsysteme) müssen also falsifizierbar sein, sie können an (empirischen) Basissätzen scheitern.

Damit ist eine andere grundsätzliche Überlegung von Popper angesprochen, die zu dem Schluss führt, dass es niemals eine theoriefreie Beobachtung geben kann. Unsere Beobachtungen (von Tatsachen) stehen immer schon im Kontext allgemeiner theoretischer Annahmen und systematisch vernetzter Argumente. Popper sagt, einzelne Beobachtungen, Erfahrungen oder Sachverhalte usw. würden immer schon „im Lichte einer Theorie" erscheinen: „Beobachtung ist stets *Beobachtung im Licht von Theorien*; aber das induktivistische Vorurteil verleitet viele dazu, zu glauben, es könne eine theoriefreie und rein beschreibende Sprache (‚phenomenal language') geben, die von einer ‚theoretischen Sprache' unterscheidbar wäre."[18] Wir interpretieren einzelne empirische Tatsachen immer schon im Licht von allgemeinen Theorien. Sobald man beginnt zu überlegen, *was* denn beobachtet werden soll und *unter welchen Aspekten*, macht man vorab schon gewisse Annahmen darüber, wie sich die Dinge zeigen oder eventuell verhalten werden.[19] Welche überaus problematischen, sich gegen Poppers eigene falsifikatorische Konzeption richtende Konsequenzen diese Annahme hat, zeigt dann Th. S. Kuhn.[20]

Eine Erklärung hat für Popper stets die Form einer logischen Ableitung, einer *Deduktion.* Die Deduktion geht im Vergleich zur Induktion umgekehrt vor, sie unterstellt ein allgemeines Gesetz und behauptet, diese oder jene Fälle fielen darunter. Dass Popper all seine wissenschaftliche Hoffnung auf die deduktive Schlussform setzt, soll an einem Beispiel aus der *Logik der Forschung* dargelegt werden. „Einen Vorgang ‚kausal erklären' heißt, einen Satz, der ihn beschreibt, aus *Gesetzen und Randbedingungen* deduktiv ableiten."[21] Das Zerreißen eines Fadens ist kausal erklärt, wenn wir erstens das *Gesetz* kennen, dass ein Faden jedes Mal reißt, wenn er über eine bestimmte Maximalgröße hinaus belastet wird, und zweitens uns die *Randbedingung*, dass der Faden – bei einer Reißfestigkeit von einem Kilo – mit zwei Kilo belastet wurde, bekannt ist. Wir benötigen also zwei verschiedene Arten von Bedingungen, die erst gemeinsam die vollständige Erklärung liefern, nämlich zum einen allgemeine Sätze, Naturgesetze z. B., und zum anderen die Randbedingungen, die sich auf den betreffenden Fall beziehen. Aus den allgemeinen Sätzen kann man unter Kenntnis der Randbedingungen den besonderen Satz deduzieren. Der besondere Satz im Fall unseres Beispiels lautet: Dieser Faden wird, wenn man jenes bestimmte Gewicht an ihn hängt, zerreißen. Wir nennen diesen Satz einen besonderen oder einen singulären Satz, man kann ihn auch als Prognose benutzen, die sich in der empirischen Überprüfung bewähren oder an ihr scheitern kann. Dies ist das Prinzip des *Fallibilismus* (der Fehlbarkeit): Eine Hypothese oder Theorie muss so angelegt sein, dass sie der Widerlegung offensteht. Ihre Geltung bleibt vorläufig.

Später hat Popper den Gedanken der Falsifikation modifiziert bzw. verallgemeinert, z. B. zu einem Satz der Erkenntnistheorie, der besagt: Erkenntnis und Erkenntnisfortschritt sind nur möglich durch Kritik, Widerlegung und Neuentwurf riskanter und gehaltvoller Vermutungen. Begründungen führen zu keinem Erkenntnisfortschritt. In einer nochmaligen Verallgemeinerung führt jener Gedanke zur These des *Fallibilismus*: Keine Einsicht kann als endgültig gesichert angesehen werden. Entsprechend soll der Wissenschaftler nicht nach Gewissheit suchen, sondern nach Argumenten, mit denen unter den riskanten Vermutungen die falschen ausgesondert werden können. Popper glaubt hiermit ein neues Rationalitätsmodell zu besitzen, das er dem alten und überholten, das nach abschließenden Wahrheiten sucht, entgegenstellen kann. Er spricht auch von einer ständig notwendigen kritischen Prüfung.

Die Idee kritischer Prüfung und die offene Gesellschaft

Die Idee kritischer Prüfung ist Poppers Credo, sie allein ist ihm Ausweis vernünftigen Verhaltens. Und was machen die findigen Philosophen? Sie drehen den Spieß um und fragen: Wie steht es denn mit dieser Theorie wissenschaftlicher Theorien? Kann sie ihrerseits einer kritischen Prüfung unterzogen werden? Woran kann sie scheitern? Jedenfalls nicht an der Erfahrung oder daran, dass sie nicht praktiziert wird. Man bemerkt, dass es sich nicht um eine Theorie im strengen Sinne des Wortes handelt, sondern um eine *Idee*, oder genauer, um ein *Postulat* (eine Forderung), das in gehöriger Distanz zu dem, was wirklich passiert, etwas anderes – *das, was sein soll* – als Aufgabe zu verstehen gibt.

Wie sich zeigt, kann bei der kritischen Prüfung von Ideen nicht in gleicher Weise verfahren werden wie bei der Überprüfung wissenschaftlicher Theorien, die Aspekte der physischen Welt erklären wollen. Welche Methoden wären bei der kritischen Prüfung von Ideen, die ja in jedem Fall (einer Forderung oder Norm) einen offenen oder ambivalenten oder gar keinen Rückhalt in der Realität haben, möglich, sinnvoll oder notwendig? Ideen haben einen anderen Status, sie besitzen, wie Kant gesehen hatte, einen „überschwänglichen", man könnte auch sagen, einen metaphysischen Anteil, sowohl im Blick auf den normativen Gehalt, der mit der Idee kritischer Prüfung verbunden ist, als auch darin, dass, wie es heißt, zwischen Idee und Wirklichkeit immer eine (epistemologische und ontologische) Lücke klafft. So komisch es klingt, für Popper gibt es keinen vernünftigen Grund, sich auf die Methode kritischer Prüfung einzulassen, obwohl sie gleichsam der höchst Punkt ist, an den seine Methodologie und Epistemologie wissenschaftlicher Erkenntnis geknüpft ist. Das Postulat kritischer Prüfung verkörpert die Vernunft. Aber um sie als vernünftige Einstellung zu übernehmen, muss man sich zu ihr in einem Akt der Willkür(-freiheit) *entschließen*. Und dieser ist eine Sache nichtrationaler Wertentscheidung. – Dass sich in kritischer Nachfrage alsbald der Vorwurf des *Dezisionismus* einstellt, ist daher nicht verwunderlich.

Wie Popper schreibt, war der Ausgangspunkt der Idee kritischer Prüfung seine Erfahrung mit dem Marxismus und der Psychoanalyse. Schon während seiner Jugend im Wien der Jahre um 1920 habe er bemerkt, wie diese beiden Wissenschaften im Grunde das Gegenteil von dem darstellen, was man mit gutem Gewissen Wissenschaft nennen könnte. Psychoanalyse und Marxismus seien geradezu Modellfälle für Ideologie und Pseudowissenschaft, weil sie nur schwerlich oder gar nicht falsifiziert werden könnten. Sie seien durch die Vagheit ihrer

Grundbegriffe dazu prädestiniert, sich selbst zu bestätigen. „Nach dem Zusammenbruch der Donau-Monarchie war es in Österreich zu einer Revolution gekommen: die Luft war voll von revolutionären Schlagworten, Ideen, neuen und oft wilden Theorien. Unter den Theorien, die mich interessierten, war die Theorie von Einstein zweifellos die weitaus wichtigste. Andere Theorien waren die Marxsche Theorie der Geschichte, Freuds Psychoanalyse und Alfred Adlers sogenannte ‚Individualpsychologie'. [...]

Es war im Sommer 1919, als ich wachsende Unzufriedenheit mit diesen drei [zuletzt genannten, G. G.] Theorien empfand. [...] ich begann, ihren wissenschaftlichen Anspruch zu bezweifeln. [...]: ‚Was ist falsch am Marxismus, an der Psychoanalyse und an der Individualpsychologie? Worin unterscheiden sie sich [...] von physikalischen Theorien, von Newtons Theorie und besonders von der Relativitätstheorie?' [...] Ich hatte eher das Gefühl, daß diese drei Theorien, obwohl sie sich als Wissenschaften ausgaben, in Wirklichkeit mehr mit primitiven Mythen als mit Wissenschaft gemein hatten. [...] Diese Theorien erweckten den Anschein, praktisch alles erklären zu können, was sich innerhalb ihres jeweiligen Bezugsrahmens abspielt. Das Studium jeder der drei Theorien schien die Wirkung einer intellektuellen Bekehrung oder Offenbarung zu haben, ein Augenöffnen für eine neue Wahrheit, die den noch nicht Eingeweihten verborgen war. Waren die Augen erst einmal geöffnet, erblickte man überall bestätigende Beispiele: die Welt war voll von *Verifikationen* der betreffenden Theorien. Was immer geschah, es wurde bestätigt."[22]

Wenn man etwa Kritik an der Psychoanalyse übt, z. B. an solchen Konzepten wie dem Unbewussten, ist ein Psychoanalytiker sehr schnell geneigt, die gegen diesen Begriff entwickelten Argumente als eine Reaktion des unbewussten Widerstands gegen die Psychoanalyse zu interpretieren. Das heißt, es gibt in dieser Theorie einen Mechanismus, der nicht nur hilft, die Kritik abzuwenden, sondern sie in ein Argument, das ihr Gedankengebäude bekräftigt, umzumünzen. Der Marxismus hält analog dazu allen Einwänden von Kritikern entgegen, ihre Ansichten seien ohne es zu bemerken durch Klasseninteressen motiviert, d. h. ideologisch verblendet und in einem objektiv falschen Bewusstsein befangen. Solch raffinierte Immunisierungsstrategien des Marxismus und der Psychoanalyse waren für Popper der Anlass, für Theorien ein Design zu fordern, das ein potenzielles Scheitern überhaupt zulässt.

Denn Theorien, die sich prinzipiell der Widerlegbarkeit entziehen, laufen Gefahr, zu Dogmen zu erstarren.

Anders gesagt, für Popper gehen nicht nur Erkenntnistheorie und Methodologie ineinander über, beide spielen auch in die politische Theorie hinein. Um Irrtümer zu entdecken, müssen wir eine freie Diskussion führen, dazu brauchen wir gesellschaftliche Institutionen, die eben dies erlauben. Popper sieht diese Möglichkeit allein in offenen, liberalen Gesellschaften gegeben. Im Jahr 1945 schreibt er *Die offene Gesellschaft und ihre Feinde.* In diesem Buch entlarvt er alle Größen der Philosophie – von Platon, Hegel, Marx bis in die Gegenwart – als Feinde der offenen, d. h. der liberal-demokratischen Gesellschaft. Dieses Buch ist außerordentlich schematisch angelegt, aber es macht sein Anliegen als liberaler Denker deutlich, für den der Meinungsstreit in der Demokratie die höchste Form ist, auf die sich auch die Philosophie zu beziehen hat. Das Buch ist vor dem sozialgeschichtlichen Hintergrund seiner Zeit zu betrachten, die erfahren musste, wie Theorien zu Weltanschauungen und diese zu ideologischen Dogmen mutieren können. Die Tatsache, dass die verheerenden rassistischen und faschistischen Ideologien eines internen Moments entbehren, an dem sie scheitern könnten, bestätigt Popper in der Bedeutung, die er der Falsifikation beimisst. Sie spiegelt das, was wir *rational* nennen können.

Antworten darauf, wie Geschichts- und Gesellschaftswissenschaften in ihrer Forschungspraxis zu verfahren haben, lassen sich aus weiteren Schriften Poppers entnehmen, insbesondere aus dem Buch *Das Elend des Historismus* und aus der Auseinandersetzung mit den Vertretern der *Kritischen Theorie*, die als Buch unter dem Titel: *Der Positivismusstreit in der deutschen Soziologie* erschienen ist. In ihm verwirft Popper auf der einen Seite die Möglichkeit einer historischen Sozialwissenschaft, weil wir den Verlauf der menschlichen Geschichte nicht vorhersagen können. Auf der anderen Seite hält er aber Teilprozesse sozialer Entwicklungen für durchaus prognostizierbar. Sein Interesse daran ist groß, dass wir Hypothesen über unsere Zukunft entwickeln, Lehren aus bestimmten gesellschaftlichen Ereignissen ziehen, Hypothesen korrigieren usf., um mittels dieses sozialwissenschaftlichen Wissens zu Technologien zu gelangen, mit denen wir Zug um Zug die menschliche Lage verbessern können („Stückwerktechnologien"). Popper überträgt zentrale Aspekte der Wissenschaftsphilosophie auf die politische Philosophie. Das Resultat besteht dann in einer Art Reformismus/Pragmatismus, in dem über Versuch und Irrtum gelernt wird, unter welchen Bedingungen die vernünftige, das ist eine liberale und demokratische Gesellschaft eingerichtet werden kann. Was er zutiefst ablehnt, ist die Planung der Gesellschaft im Ganzen. Popper hält die Möglichkeit einer globalen Gesellschaftssteuerung für unmöglich oder besser, nicht mit der Idee einer offenen Gesellschaft vereinbar.

Die pragmatische Wende der Wissenschaftstheorie – Von Th. S. Kuhn bis B. Latour

Facts are like cows, if you look them in the face hard enough they generally run away.
D. Sayers

Thomas S. Kuhn (geb. 1922) macht Popper den Vorwurf, das Verfahren der Verifikation gehe an der Realität der wissenschaftlichen Praxis vorbei. Es sei unvernünftig, eine Hypothese, die sich in der Regel bestätigt habe, zu verwerfen, besonders dann, wenn es keine bessere Alternative gebe. Nicht einmal logisch zwingend sei es, beim Scheitern einer Hypothese auf deren Falschheit zu schließen, weil auch mit den Prämissen etwas nicht stimmen könnte; überhaupt sei das Verhältnis zwischen Beobachtung und Theorie weitaus komplexer, als Popper es beschrieben habe. – Doch diese Kritik sei zurückgestellt, denn es könnte hilfreich sein, zunächst die Kuhn'sche Sicht der Dinge, besonders den für ihn zentralen Begriff des *Paradigmas* zu klären, um anschließend auf die Konsequenzen einzugehen, die sich aus seiner pragmatischen und wissenschaftshistorischen Perspektive im Vergleich zu Carnaps und Poppers Verständnis der Wissenschaft(en) ergeben.

Kuhn veröffentlichte sein berühmtes Buch *Die Struktur wissenschaftlicher Revolutionen* im Jahr 1962. In einem ersten Schritt kann man von einer allgemeinen Vorstellung ausgehen, die viele Wissenschaftler und Theoretiker, auch Popper, im Blick auf die Wissenschaft haben, nämlich, die wissenschaftliche Erkenntnis basiere auf der *Akkumulation* von Wissen. Irgendwie häufe sich das Wissen im Verlaufe von Jahrhunderten an, in denen die Wissenschaft die gesellschaftlichen Verhältnisse und die Gesetze der Natur erforsche. Auch die Metapher von den immer neuen Mosaiksteinchen, die im Feld des Wissens hinzukommen und seine Leerstellen auszufüllen trachten, zielt in jene problematische Richtung. Mit Kuhn tritt an die Stelle der *kumulativen* Auffassung der wissenschaftlichen Entwicklung eine *evolutionäre*

Betrachtungsweise. Er glaubt, dass es besser wäre, wir betrachteten den Gang der Wissenschaften unter dem Aspekt einer Abfolge von Paradigmen.

Die Struktur wissenschaftlicher Revolutionen

Paradigma heißt Muster, Vorbild oder auch Modell. Mit Kuhn kommt dieser aus dem Griechischen stammende Begriff groß in Mode, er zeigt eine ganze Reihe von Bedeutungsfacetten, von denen, trotz ihres Schillerns, einige wenige zentral sind. Der Terminus zielt zunächst auf ein Ensemble von impliziten Voraussetzungen der Normalwissenschaft, auf Gewohnheiten, Fertigkeiten, Normen und Begriffe, in die sich ein Wissenschaftler im Verlauf seiner Forschung einzuüben hat. Diese unausgesprochenen Voraussetzungen beinhalten die Forschungskompetenzen, in denen Wissenschaftler unterrichtet werden, wenn sie sich ihr Fach aneignen: Nicht nur das Erlernen der Fakten, sondern auch die Art und Weise, wie die Leute vom Fach sehen und denken, wie sie Probleme stellen und normalwissenschaftliche Rätsel lösen.

Das Paradigma ist der Rahmen, in dem die Wissenschaftler ihre Forschungsarbeit leisten, es erläutert, wie Wissenschaftler typischerweise handeln, es spiegelt die *Errungenschaften* des Fachs in der ganzen Breite. Es stellt das Know-how bereit und umfasst die Forschungsmethoden ebenso wie die Standards, denen man in der wissenschaftlichen Praxis üblicherweise zu folgen hat. Von daher hat man vom Paradigma als dem Kanon der gemeinsamen Werte der Forschergemeinschaft gesprochen, von den Maßstäben, die das Paradigma vorgibt, um hervorragende Forschungsarbeit zu leisten. Die Rede von der Fachkultur kommt dem heute sehr nahe: vom allgemein akzeptierten Wissenskorpus des Fachs bis zu der Art und Weise, wie Texte und Forschungsergebnisse produziert, präpariert und publiziert werden. – Zu einem Paradigma gehören auch weitere Bestandteile: erstens allgemeine (formale) Aussagen über die Natur, sie sind Naturgesetzen vergleichbar und enthalten grundlegende Definitionen, die nicht experimentell geprüft werden können, z. B. Newtons 2. Gesetz: Kraft = Masse x Beschleunigung. Zweitens metaphysische Annahmen: experimentell unentscheidbare Hypothesen über die Beschaffenheit der Wirklichkeit, z. B. über die Gleichförmigkeit der Welt oder über das Leben, das letzten Endes aus der Physik und Chemie lebendiger Organismen erklärt werden kann.

Die *Normalwissenschaft* ist nach Kuhn dadurch ausgezeichnet, dass sie ihre Arbeit im Rahmen des jeweils herrschenden Paradigmas verrichtet. Sie besteht teils in technischen Anwendungen, teils in der experimentellen Ausgestaltung von Fakten, die aus der Theorie ableitbar sind. Die Normalwissenschaft löst ihre Rätsel als Fälle derselben. In die Krise gerät die Normalwissenschaft, wenn Fakten auftauchen, die mit den herkömmlichen, im Rahmen des Paradigmas erstellten Theorien nicht in Einklang gebracht werden können. Es sind sogenannte *Anomalien.* Sie können nicht mit den Mitteln, den Theorien und Belegen repariert werden, die das herrschende Paradigma bereitstellt. Häufen sich die Anomalien, gerät das Paradigma in die Krise. In dieser Situation halten Teile des Fachs am Paradigma fest; aber diese Versuche, es zu retten, schlagen regelmäßig fehl und verschlimmern die Sache, insofern die Schwäche der Theorie dadurch offensichtlich wird. Auch tauchen häufig neue Ansätze auf, die neue Begriffe und Vorstellungen mit sich bringen. Im Licht dieser neuen Vorstellungen werden die Anomalien, d. h. die problematischen Phänomene, plötzlich verständlich. Während ältere Forscher in dieser Situation eher an der früheren problematischen Theorie festhalten, ja zum Teil die neueren Ansätze nicht einmal wirklich verstehen, lassen die Jüngeren sich oft von den neuen Ansätzen begeistern. Sie versuchen die neue Sichtweise durch ihre Forschung zu bestätigen und ihre Datenbasis zu erweitern.

Ein neues Paradigma setzt sich durch, weil es im Verlauf der Zeit niemanden mehr gibt, der das alte vertritt. Es geht den Weg alles Lebendigen. Während die neuere Theorie gewichtige Fortschritte macht, stirbt die alte, teils aus Desinteresse, teils weil sie verworfen wird. Kuhn sagt, eine *wissenschaftliche Revolution* habe stattgefunden. Immer mehr Wissenschaftler lassen sich von dem neuen Ansatz überzeugen, das neue Paradigma rückt in den Stand der Normalwissenschaft auf. Paradigma ist, worin die Forschergemeinschaft übereinstimmt. Beide bedingen und beleuchten sich wechselseitig. Solch große Umwälzungen verbinden sich mit Namen wie Lavoisier in der Chemie, Kopernikus, Newton und Einstein in der Physik, aber auch mit Entdeckungen wie dem Sauerstoff oder den Röntgenstrahlen.

Kuhn rechnet mit Sprüngen zwischen den Paradigmen. Der *Wechsel* von einem Paradigma zu einem anderen ist kein kontinuierlicher Prozess, in dem beispielsweise Theorien gezielt durch Tatsachen widerlegt werden. Sind aber diskontinuierliche Übergänge die Regel, dann steht nicht nur der Begriff wissenschaftlichen Fortschritts, sondern auch der der Rationalität selbst infrage. Vom Wissenszuwachs können wir nur im Rahmen *eines* Paradigmas sprechen, der Wechsel von einem Paradigma zu einem anderen aber lässt keine Vergleiche zu – zu verschieden oder, wie der Terminus technicus heißt, *inkommensurabel* (unvereinbar) sind die Paradigmen. Es gibt keine dritte, über beiden Paradigmen stehende neutrale Position, von der her der wissenschaftliche Fortschritt beurteilt werden könnte. Alle Wahrheit und Gültigkeit wissenschaftlicher Aussagen ist dann relativ auf das entsprechende Paradigma. Die Begriffe von Raum und Zeit z. B. werden relativ auf die jeweiligen Paradigmen, entweder auf das der Newton'schen *oder* der Einstein'schen Physik. Es ist nur zu verständlich, dass der Inkommensurabilitätbegriff in der Folgezeit ins Zentrum heftiger Debatten rückt.

Das erste und offensichtlichste Problem leitet sich wiederum aus der Selbstbezüglichkeit der Behauptungen her: Um Inkommensurabilität von Theorien oder auch Paradigmen nur behaupten zu können, muss es möglich sein, sie zu vergleichen. Da das neutrale, objektive, „göttliche“ Schiedsgericht ja ausdrücklich verworfen wurde, stellt sich die Frage, auf welcher Basis der Vergleich stattfinden sollte.

Man hat gesagt, mit Kuhns Überlegungen zur Struktur und Geschichte der Wissenschaft gerate auch die Vorstellung von deren Rationalität in die Krise. Sowohl seine Auffassung vom revolutionären Paradigmenwechsel wie von der Inkommensurabilität der Paradigmen machte die Vorstellung vom rationalen Prozedere wissenschaftlicher Erkenntnisgewinnung zweifelhaft. Kuhn selbst zeigte sich später erschrocken über diese (durchaus konsequente) Deutung und versuchte sie abzuschwächen.

Paul Feyerabend (1924–1994) tendiert in seinem wissenschaftstheoretischen Hauptwerk *Against Method* (1970), in dt. Ausgabe: *Wider den Methodenzwang* (1976), und anderen Schriften in die von Kuhn nahegelegte relativistische oder skeptische Richtung. Er zieht aus seinen Beobachtungen und Analysen des wissenschaftlichen Forschungsprozesses die radikale, auf den Methodendiskurs gemünzte These „anything goes“. Das ist vor allem polemisch gegen die analytische Wissenschaftstheorie gerichtet, denn in jedem Fall folgen die Wissenschaftler selbst nicht den Vorstellungen, die sich die (analytischen) Wissenschaftstheoretiker von der wissenschaftlichen Forschung und den Methoden, die den Fortgang der Wissenschaften regeln sollen, machen. Feyerabend nennt – im Rückblick auf mehr als ein halbes Jahrhundert analytische Wissenschaftstheorie – dieselbe eine neue Form des „Irrsinns". Anders gesagt, in die Krise geraten nicht die Wissenschaften – sie sind, wie sie sind –, sondern die Vorstellungen, die sich die Wissenschaftstheoretiker des neueren Empirismus und Rationalismus von deren Rationalität gemacht haben.

Konsequenzen aus den Debatten um Kuhn

Popper hatte sich gegenüber dem Logischen Positivismus, insbesondere Carnaps, als dessen Kritiker positioniert. Betrachtet man die Sache aber vom Standpunkt der Kuhn'schen Neubeschreibung der Wissenschaftsdynamik, dann zeigt sich, dass trotz der Unterschiede (Induktion vs. Deduktion, Verifikation vs. Falsifikation, wissenschaftliche Rationalität gestützt auf Belege vs. allein durch Methoden, sichere Erkenntnis vs. Fehlbarkeit usf.) beide auf dem gleichen Boden der Gesamteinschätzung der Wissenschaften stehen, dass sie grundsätzlich oder in Abgrenzung zu den Pseudowissenschaften das gleiche Bild der Wissenschaft besitzen. Und dieses Bild gerät mit Kuhn ins Wanken. Dazu schreibt der Wissenschaftstheoretiker Ian Hacking: „Popper und Carnap gehen beide davon aus, daß die Naturwissenschaft das beste Beispiel für rationales Denken ist, das wir kennen [...], beide vertreten die Anschauung, dass die Entwicklung der Erkenntnis im Großen und Ganzen *kumulativ* voranschreitet. Es mag zwar sein, daß Popper nach Widerlegungen Ausschau hält, aber die Wissenschaft [...] habe die Tendenz, zur einzig wahren Theorie des Weltalls zu führen. Beide sind der Meinung, daß die Wissenschaft eine recht eng zusammenhängende *deduktive Struktur* aufweist. Beide vertreten die Auffassung, die wissenschaftliche Terminologie sei ziemlich *präzis* oder solle möglichst präzis sein. Beide sind von der *Einheit der Wissenschaft* überzeugt. Damit sind mehrere Dinge gemeint: Alle Wissenschaften sollen nach derselben Methode verfahren, weshalb den Geistes- und Sozialwissenschaften die gleiche Methodologie entspreche wie der Physik. Außerdem seien zumindest die Naturwissenschaften Bestandteile einer einzigen Wissenschaft, und es sei zu erwarten, daß sich die Biologie ebenso auf die Chemie zurückführen lasse wie die Chemie auf die Physik."[23]

Weder methodisch noch im Blick auf ihre Struktur bilden die Wissenschaften eine Einheit. Nicht nur bringen die Wissenschaften zahlreiche und sehr unterschiedliche Instrumente zum Einsatz, vielmehr ist auch die Einheit der Wissenschaften eher eine wissenschaftstheoretische Norm als eine mit der Realität übereinstimmende Behauptung. Die Wissenschaften zerfallen in eine kaum mehr zu überblickende Anzahl von Einzelwissenschaften.

Grob gesagt, der Versuch, die Einheit der Wissenschaft zu begründen, verschiebt sich im Verlauf von ca. 30 Jahren – von der Einheit des Gegenstandes definiert über die Natur zu einer Einheit, die durch die Methode bestimmt wird. Die (richtige) Methode wird zum Garanten der Wissenschaft. Aus dem Physikalismus wird ein Methodologismus. Im Anschluss daran zeigen Kuhn, Feyerabend, Toulmin u. a., dass die Vielfalt der Methoden in den Wissenschaften so zahlreich ist, wie es Wissenschaften und ihre Teildisziplinen gibt bzw. die Wissenschaften glauben, dass die Methoden ihnen bei der Herstellung ihres Wissens etwas nutzen. Sie setzen alle erdenklichen Methoden ein, ohne je die mit den methodologischen und epistemologischen Reflexionen Carnaps und Poppers verbundenen Auflagen an Rationalität zu erfüllen. Anything goes. Wissenschaft ist, was sich als lebendige Wissenschaft zu behaupten versteht.

Starke Zweifel an der Einheit der Wissenschaft haben in der Zeit *vor* Kuhn schon Pierre Duhem (1861–1916), Robin C. Collingwood (1889–1943) und Ludwik Fleck (1896–1961) genährt. Dass es die Einheit der Wissenschaft nicht gibt, ist ein Faktum, sie ist und war eine realitätslose Idee, die durch die Theorie und Praxis der gegenwärtigen wissenschaftlichen Disziplinen nicht belegt wird. Weder *in* noch *zwischen* den Wissenschaften ist das der Fall. Was aber auch bedeutet, dass nicht nur das Abgrenzungsproblem von Wissenschaft und Pseudowissenschaft im Verlauf der Diskussionen keine hinreichend plausible Antwort gefunden hat, sondern auch die Frage nach einer neuen *wissenschaftlichen* Rationalitäts- und Realitätsdefinition abschlägig beschieden wird.

Zuletzt glaubt Kuhn, im Unterschied zu Popper und Carnap, dass der Entdeckungs-/Entstehungs- und der Begründungszusammenhang einer wissenschaftlichen Tatsache, der *context of discovery* und der *context of justification,* nicht zu trennen sind. Auch Popper hatte gesehen, dass in der Entstehungs- bzw. Entdeckungsphase eines Naturgesetzes z. B. Zufälle und andere nichtrationale Umstände häufig bestimmenden Einfluss haben, was aber für ihn keinen Grund darstellte, seine Geltung zu bezweifeln.[24] Kuhn kann an vielen Beispielen zeigen, wie problematisch diese Trennung ist. Er sucht darzulegen, dass diese Unterscheidung selbst eine historische ist. In jedem Fall verbindet sich in der Folgezeit mit Begriffen wie „Paradigmenwechsel“ und der Einebnung von „Begründung“ und „Entdeckung“, „Geltung“ und „Entstehung“ („Bedeutung“) usf. ein *Historismus* und *Relativismus* wissenschaftlicher Aussagen.[25] Dieser wird für die Wissenschaftskommunikation weithin bestimmend, zumal auch die Physik ihre Leitbildfunktion einbüßt. Theorien aus dem Umfeld der Biologie, der Selbstorganisations- und Evolutionstheorie geben den Ton an. Das kausale Erklärungsschema tritt gegenüber einem evolutionären Modell zurück. Vor allem die *Evolutionstheorie* erfreut sich einer Ausweitung auf die unterschiedlichsten Felder des Wissens. Sie gewinnt in der Psychologie und Soziologie, der Linguistik und der Kulturanthropologie, aber auch in der Epistemologie und der Theorie der Moralentwicklung eine immer größere Beliebtheit.[26] Vergleichbar mit der Kybernetik in den 60er- und 70er-Jahren rückt die Evolutionstheorie in die Rolle einer transdisziplinären Metawissenschaft.

Die pragmatische Wende

Vor allem die These von der Inkommensurabilität der Paradigmen hat sich in der Folgezeit als Einfallstor nicht nur für die Skepsis im Blick auf die Einheit der Wissenschaften erwiesen, sondern auch für das Zwielicht, in das die Rationalität der Wissenschaft getaucht wird. Es sieht so aus, als gerate um die 60er-Jahre des 20. Jahrhunderts herum die wissenschaftliche Rationalität in eine tiefe Vertrauens- und Legitimationskrise. Dieser Eindruck täuscht. An Bedeutung verliert die analytische Wissenschaftstheorie. Ihre Vorstellung von einem richtigen Prozedere wissenschaftlicher Erkenntnis kann einer kritischen Prüfung nicht standhalten. Nicht nur haben die Reflexionen der Wissenschaftstheorie über die epistemologischen und methodologischen Voraussetzungen für die Wissenschaft selbst, wie Toulmin sagt, für jeden, „der die Physik aus praktischem Umgang kennt, irgendwie eine Aura von Unwirklichkeit an sich“[27]; auf noch größeres Unbehagen stoßen die *normativen Ansprüche*, die ihre Wissenschaftsanalysen (wider Willen) transportiert haben.

Es hat sich gezeigt, dass offen oder versteckt auch in der analytischen Wissenschaftstheorie der normative Anspruch der Philosophie steckte, die Wissenschaften zu fundieren, ihnen zu weisen, worin eigentlich die einzig rationale Methode wissenschaftlicher Forschung bestünde: Wie ihre Erklärungen im idealen Fall aussehen müssten, wenn sie das Prädikat „wissenschaftlich" für die eigene Forschung reklamierten; wie Beobachtung und Theorie aufeinander zu beziehen seien, um einen wissenschaftlichen Realismus zu begründen. Anders gesagt, die analytische Wissenschaftstheorie war in ihren Diskussionen über die Abgrenzung von Wissenschaft und Pseudowissenschaft nicht frei von normativen Ansprüchen hinsichtlich dessen, was man glaubte als „rational" auf der einen Seite und „empirisch bestätigt" bzw. „widerlegt" auf der anderen ansprechen zu können. Dabei hatte die Physik Leitbildfunktion übernommen. Was Anspruch erhebt, Wissenschaft zu sein, *soll* sich nach der Physik richten.

Mit Kuhn wandelt sich diese Einstellung auch dahingehend, weniger die Erkenntnislogik der Wissenschaften ins Visier zu nehmen als ihre tatsächliche Funktionsweise. Kuhn zeigte sich weniger daran interessiert, bestimmte rationale epistemische (erkenntnismäßige) Standards der Wissenschaften zu entwickeln, als zu beschreiben, wie das Wissenschaftshandeln in der Forschung und der Explikation seiner Ergebnisse tatsächlich verfährt. Was Kuhn mit seiner *pragmatischen Wende* der Wissenschaftstheorie in die Wege geleitet hat, ist die Erweiterung des wissenschaftlichen Blicks auf tendenziell alle Umstände der wissenschaftlichen Forschung einschließlich der externen Einflussfaktoren, die bei ihm (noch) nicht auf dem Programm stehen. Im Vordergrund steht nicht die abstrakte Erkenntnislogik der Wissenschaft, sondern der Wissenschaftsprozess als ein soziales System von Handlungen und Interaktionen, dessen Träger die Forschergemeinschaft ist. Wissenschaft meint nicht (nur) das kondensierte Lehrbuchwissen oder den systematisch geregelten Zusammenhang von Aussagen und Argumenten, sondern das, was Wissenschaftler typischerweise machen, wenn sie ihrer Arbeit nachgehen (experimentieren, explorieren, konkurrieren, sich spezialisieren, überzeugen und überreden, Papers erstellen, publizieren usf.).

Sozialpsychologischen Faktoren wie dem Gruppendruck und der Reputation kommt in diesem Rahmen eine erhebliche Bedeutung zu; vor allem für das, was zum jeweiligen Zeitpunkt als gute Forschung und relativ gesichertes Wissen gelten kann. Kuhn lenkt den Blick auf den gewöhnlichen Forschungsalltag des Wissenschaftshandelns. Der Fortgang der Wissenschaften ist weniger durch eine immanente („rationale") Dynamik ihrer Probleme bestimmt als durch das, was (in der

„Kammerdienerperspektive") die Forschergemeinschaft für herausragende Forschung hält. Die soziale Dynamik von Forschergruppen definiert vorrangig den *state of the art*. Dass diese Sicht auf die Wissenschaft – gerade auch mit den Anhängern Poppers – heftige Kontroversen ausgelöst hat, ist nur zu verständlich. Kuhn jedenfalls kann zeigen, dass die für Popper zentralen Begriffe wie Falsifikation, Entdeckungs- vs. Begründungszusammenhang usf. nicht unmittelbar auf konkrete Fälle angewendet werden können, u. a. auch deshalb, weil Theorien (und erst recht Paradigmen) Netzwerke bilden, die Begriffe und Voraussetzungen unterschiedlichster Art verwenden.

Wissenschaftsforschung heute

Die Kuhn'schen Analysen zur Struktur wissenschaftlicher Revolutionen haben einschneidend gewirkt. Nicht nur ließ das Interesse an der Wissenschaftstheorie à la Carnap und Popper merklich nach. Der pragmatische Gesichtspunkt im Kontext wissenschaftshistorischer Studien machte Kuhns Theorie für die *Wissenschaftssoziologie* im hohen Maße anschlussfähig. Diese Disziplin erlebt einen Boom ohnegleichen, vermutlich auch, weil das öffentliche Interesse an Wissenschaft und Technik einen großen Aufschwung genommen hat. Selten zuvor war es so groß wie heute. Davon zeugt nicht nur die mediale Inszenierung des Wettlaufs bei der Entschlüsselung des menschlichen Genoms, auch die Neugierde, die jede Entdeckung auf den Gebieten der Pharmakologie und der Chirurgie, der Molekulargenetik und der Kosmologie, der Gehirn- und der Klimaforschung begleitet, spricht dafür. Fragen wissenschaftlicher Welterkenntnis haben Konjunktur.

Eine Reihe von Gründen könnte dafür hauptverantwortlich sein. So hat die Durchdringung der Gesellschaft mit Wissenschaft und Technik eine Stufe erreicht, die es schwierig macht, ihre Macht und Reflexivität nicht in Erwägung zu ziehen. Ob es ihre Kosten sind oder die unabsehbaren Auswirkungen, welche die Bio- und Informationstechnologien auf die Institutionen der Gesellschaft haben werden: Das Bewusstsein, immer stärker von der Produktivkraft der Wissenschaften abhängig zu sein, von ihren Folgen determiniert und ihren Diagnosen bzw. Prognosen überantwortet zu sein, hat den Wissenschaften einen neuen Aufmerksamkeitsschub beschert. Und dieses Interesse erneuert sich mit jeder gesellschaftlichen oder auch wissenschaftlichen Krise (Aids, BSE, Klimawandel usf.).[28]

Wissenschaftsforschung in diesem Sinne praktizieren die neuen *science studies* oder, um die Technikforschung ergänzt, *science and technology studies* (sts). Sie haben sich seit den 80er-Jahren etabliert und treten auf der einen Seite das Erbe der analytischen Wissenschaftstheorie an, wie es sich nach ihrer pragmatischen (und historischen) Wende bei Th. S. Kuhn, P. Feyerabend, I. Lakatos u. a. abgezeichnet hat. Die sozialpragmatische Erweiterung des Blicks auf die Wissenschaften als ein institutionalisiertes System von Handlungen und Interaktionen (*science in practice, science as practice*) hat gleichzeitig dazu beigetragen, auch Anschlüsse an andere wissenschaftliche Traditionen und Disziplinen wie die Wissenssoziologie und Diskursanalyse (wieder-)zugewinnen. In dem Maße freilich, in dem die Wissenschaftsforschung ihren historisch geschulten und soziologisch ausgelegten Blick auf die Wissenschaften vertieft hat, wurden die normativen Fragen ausgeklammert oder fallengelassen, die für die analytische (wie die kritische) Wissenschaftstheorie im Mittelpunkt ihres Interesses gestanden hatten: Welche Rationalitätsauflagen müssen Theorien und Tatsachen, Gesetze und Erklärungen, Begriffe und Experimente eigentlich erfüllen, um als wissenschaftliche gelten zu können?

Dieser Prozess ist, wie gezeigt, einer, der sich im Kontext der Diskussionen der Wissenschaftstheorie als *interne* Kritik entwickelt hat. Ein anderer, eher *externer* Grund ist der, der den Blick darauf richtet, in welchem Umfang heute ‚die Gesellschaft' in die Wissenschaft eindringt. Nicht nur ist auf der einen Seite eine weit- und tiefgehende Durchdringung der Gesellschaft mit Wissenschaft und Technik zu beobachten (Technisierung der Gesellschaft), auf der anderen Seite wird auch das Wissenschaftshandeln immer stärker mit den Funktionssystemen der Gesellschaft vernetzt, mit Politik und Verwaltung, Ökonomie und Lebenswelt. Immer stärker werden Demokratisierungsansprüche an sie herangetragen, Partizipationsrechte reklamiert, Kosten-Nutzen-Analysen durchgeführt, Marketingstrategien erwogen, politische, ökonomische, mediale und ethische Folgeprobleme mit ihren Leistungen kurzgeschlossen.

Nicht nur hat sich im Verlauf des letzten halben Jahrhunderts die Wissenschaftstheorie grundlegend gewandelt, auch in den Wissenschaften selbst ist vieles anders geworden. Man braucht nur darauf zu achten, was sich heute alles Wissenschaft und Forschung nennt. Kein Comedian reicht mit seinem Witz an die Possen, die unter diesem Titel geritten werden. Letzte Zählungen brachten es auf die stattliche Zahl von über 3500 Einzelwissenschaften – von den Natur- und Ingenieurwissenschaften über Medizin, Ökonomie, Geschichte, Recht, den Sozial-, Geistes- und Medienwissenschaften bis zu den sogenannten inner- und außerakademischen *Applied Sciences* (den angewandten Wissenschaften), in denen sich bereits jede ansatzweise Professionalisierung eines Berufszweigs mit dem Wissenschaftstitel zu schmücken versucht. Paul Feyerabends Sottise, dass in der Wissenschaft „anything goes", wurde von der Realität längst überholt. Dass angesichts der Verwissenschaftlichung der Welt das Wachstum des Nichtwissens alle Grenzen sprengt, bestätigt die tägliche Zeitungslektüre im Allgemeinen und der drohende Weltwirtschaftskollaps (2008/2009) im Besonderen.

Als charakteristisch für die neuere Wissenschafts- und Technikforschung können die Untersuchungen von Bruno Latour (geb. 1947) angesehen werden. Sein Essay: *Wir sind nie modern gewesen. Versuch einer symmetrischen Anthropologie*[29] ist ein fulminanter Angriff auf den Cartesianismus der Moderne. Sein Titel ist Programm: Wir sind mit den Denkweisen und Begriffen, die wir zur Beschreibung und Analyse der gesellschaftlichen und wissenschaftlichen Praxis verwenden, noch nicht dort angekommen, wo wir uns aufzuhalten glauben: in der Moderne. Während wir das Reale/Rationale dadurch zu definieren trachten, dass wir strikt das Zeichen vom Ding, die Kultur von der Natur, den Diskurs von der Sache, die Karte vom Territorium, den Geist von der Materie, das sprechende Menschenwesen von der stummen Dingwelt usf. abtrennen, übersehen wir, was sich alltäglich unter unseren Augen abspielt und durch unsere Praxis mehr und mehr Gestalt gewinnt: Die Entstehung, Erschaffung und Vermehrung einer Welt von Hybriden, von Cyborgs und Mischwesen, von Mensch/Maschine-Verbindungen, von Natur/Kultur-Gemengelagen, von Verkoppelungen zwischen Biogewebe und Elektronik bzw. Photonik.

Latours Frage lautet: Welchen ontologischen und epistemologischen Status haben beispielsweise Embryonen im Reagenzglas, Expertensysteme, Roboter mit Sensoren, hybrider Mais, Drogen auf Rezept, synthetisierte Gene usf.? Und: Was an kulturellen, technischen und institutionellen Voraussetzungen muss man berücksichtigen, wenn wir der Wissenschaft in der Fabrikation dieses (hybriden und evtl. robusteren) Wissens auf die Spur kommen wollen? Latour sieht eine gewichtige Veränderung in der „Verschiebung von der Wissenschaft zur Forschung".

„Wissenschaft besaß Gewißheit, Kühlheit, Reserviertheit, Objektivität, Distanz und Notwendigkeit. Forschung dagegen scheint all die entgegengesetzten Merkmale zu tragen: Sie ist ungewiß, mit offenem Ausgang, verwickelt in die niederen Probleme von Geld, Instrumenten und Know-how und kann nicht so leicht zwischen heiß und kalt, subjektiv und objektiv, menschlich und nichtmenschlich unterscheiden. Gedieh Wissenschaft am besten, wenn sie sich als vollständig vom Kollektiv abgeschnitten betrachtete, so läßt sich Forschung am besten verstehen als *kollektives Experimentieren* mit dem, was Menschen und nichtmenschliche Wesen zusammen verkraften oder zurückweisen könnten. Mir scheint das zweite Modell klüger als das erste zu sein.“[30]

III In Anlehnung an die Sprache

Sprache und Welt
Zum Einstieg

Die Grenzen meiner Sprache bedeuten die Grenzen meiner Welt.
L. Wittgenstein

Der *linguistic turn*, die Wende zur Sprache, gilt weithin als das herausragende Kennzeichen der Philosophie der westlichen Welt im 20. Jahrhundert. Es heißt, dieses Jahrhundert sei ein Jahrhundert der Sprachphilosophie gewesen; ja, es ist sogar die Frage aufgetaucht, ob nicht alle Philosophie in Wahrheit als Sprachphilosophie oder doch wenigstens als Sprachkritik zu verstehen sei. Dies gilt sowohl für das sprachanalytische Denken in der Nachfolge Wittgensteins als auch für ein Denken der Sprache aus dem Geist der Spätphilosophie Heideggers. Karl-Otto Apel (geb. 1922), Philosoph in Frankfurt/Main, der Entscheidendes zur Selbstreflexion der Philosophie vonseiten der Sprache beigetragen hat, schreibt im zweiten Band seines Buchs *Transformation der Philosophie* unter der Überschrift „Das Problem eines philosophischen Begriffs der Sprache": „Was ist Sprache? Daß durch das Wort ‚Sprache' ein Grundlagenproblem der Wissenschaft und der Philosophie [...] angezeigt wird, darüber hat es wohl noch nie ein so deutliches Bewußtsein gegeben wie im 20. Jahrhundert. Mit Recht hat man gesagt, daß, unerachtet – oder gerade wegen – der babylonischen Sprachverwirrung zwischen den verschiedenen Schulrichtungen und Disziplinen der Gegenwartsphilosophie die Sprache zum (womöglich einzigen) gemeinsamen Anliegen nahezu aller Schulen und Disziplinen geworden ist."[1]

Diese Orientierung der Philosophie an der Sprache zeigt sich sowohl in der ‚kontinentalen' Philosophie, die stärker hermeneutisch verfährt, als auch in der ‚angelsächsischen', die in der logischen Analyse der Sprache ihr erklärtes Ziel sieht. Setzt die eine – selbstbewusst, im Gefühl, den einzig richtigen (wissenschaftlichen) Weg eingeschlagen zu haben – auf *Analyse*, so die andere stärker auf *Deutung*, sich des problematischen Charakters symbolischer Weltzugänge von Anfang an bewusst. Die

Sprache wird als Leitfaden benutzt, um philosophische Grundlagenprobleme zu erörtern – im Unterschied zu den empirischen Sprachwissenschaften (von der Linguistik bis zur Literatur- und Kulturwissenschaft), für die Sprache/Sprechen gleichfalls ein großes Thema ist. Für sie ist die Sprache ein wissenschaftlicher Gegenstand, Objekt einer nach Perspektiven und Methoden geordneten Untersuchung.

Die Philosophie hat, besonders im vergangenen Jahrhundert, (noch) einen anderen Zugang gewählt. Sie interessiert sich nicht in erster Linie, wie die Linguistik, für die Grammatik, Phonetik, Lexik usf. einer Sprache, vielmehr transformiert sie die Grundfragen der Philosophie, die traditionellerweise in der Ontologie, aber auch in der Epistemologie und der Ethik gestellt worden sind, in ein Nachdenken über Sprache. Sie richtet die Fragen an die Sprache, sie versucht sie von der Sprache bzw. von unserer Sprachpraxis her aufzuklären. So wie die neuzeitliche Philosophie (z. B. Kant) das Bewusstsein zum Hauptthema und Medium ihrer philosophischen Reflexion gemacht hat, orientieren sich die sprachanalytische und hermeneutische, aber auch die strukturalistische und pragmatische Philosophie an der Sprache, um entlang ihrer Verwicklungen philosophische Probleme zu entwirren oder auch, um sie als unsinnige Anschauungen zu verwerfen. – Der Gedanke, von dem sie ausgeht, ist dabei äußerst einfach. Mithilfe der Sprache können wir uns auf die Wirklichkeit beziehen und uns über sie verständigen. Es gibt keinen mit anderen Menschen geteilten Zugang zur Welt, der unabhängig von der Sprache wäre. Sprache ist auch das Medium, in dem Philosophie stattfindet. Die Philosophie sollte daher die Möglichkeiten, Grenzen und Gefahren der Sprache kennen.

In diesem Sinne wird im 20. Jahrhundert Philosophie in Form der Reflexion auf die Sprache betrieben: Sie fragt, wie uns die Sprache und ihr Verständnis bzw. ihre Analyse helfen können, die Welt und uns selbst, unser Erkennen und Handeln, besser zu verstehen. So gerät die Reflexion auf die *sprachlichen* Bedingungen der Möglichkeit von Erkenntnis nahezu zur unendlichen Geschichte. Sprache wird als Medium der Vorstellung und Darstellung (Repräsentation) der Welt verstanden. Aber auch als die Kraft, die in der Wirksamkeit der Rede uns die (eine) Welt erschließt. Anders gesagt, wer Sprache in dieser Art als Welterschließung, ja, in einem gewissen Sinne als (soziale) Welterzeugung begreifen will, muss auch wissen, wie sie funktioniert. Entsprechend gilt die Sprache zum einen als das, was erklärt oder, besser noch, aufgeklärt werden soll, zum anderen (und philosophisch vorrangig) als das, was hilft, nicht nur unser Erkennen, sondern unser gesamtes In-der-Welt-Sein besser zu verstehen.

Was vor allem Heidegger, Wittgenstein und andere Philosophen an unserem Bild von Sprache und Denken korrigieren, ist die Idee, dass die sprachlichen Zeichen *nachträglich* auf die sprachfrei gedachten Gedanken bezogen und angewendet werden.[2] Vielmehr sind die sprachlichen Zeichensysteme solche, die immer schon am Werk sind, unsere Gedanken zu formen und zu inspirieren. Sie repräsentieren sie nicht bloß. Die Idee ist freilich schon viel älter, sie reicht bis in die Antike zurück. W. v. Humboldt hat ihr zu Beginn des 19. Jahrhunderts zu prägnanten Formulierungen verholfen. Die Sprache dient nicht allein zur Bezeichnung von bereits vorher und unabhängig von ihr existierenden Gedanken, sondern hat selbst eine Gedanken strukturierende und Gedanken erzeugende Kraft. Die Sprachphilosophie im 20. Jahrhundert hat sich gleichwohl – gegen die neueren Theorien der Repräsentation – diesen Gedanken hart erarbeiten müssen.

Sprachanalytisches Philosophieren

Die Anfänge bei G. E. Moore und B. Russell, L. Wittgenstein

Alle Philosophie ist Sprachkritik.
L. Wittgenstein

Die Sprachphilosophie untersucht die Sprache in dem Interesse herauszufinden, wo die Fußangeln der Philosophie liegen und inwieweit die Probleme der Philosophie schlicht Probleme der Sprache sind. In ihrer *sprachanalytischen Richtung* lehnt sie sich sehr eng an die Naturwissenschaften und deren Methoden an. Damit ist bereits ein erstes Kennzeichen der sprachanalytischen Philosophie angeführt.[3] Es handelt sich bei der sprachanalytischen Richtung nicht um eine große Schule oder eine durchgehende Tradition, vielmehr ist man intern in fast allen Fragen zerstritten. Gemeinsam ist aber die Überzeugung, dass die Anwendung der analytischen Methode mit einem gewissen Fortschritt verbunden ist und die Philosophie mit dieser Methode möglicherweise auf den Weg der exakten Wissenschaften zu bringen sei (wie es schon Kant erhoffte). Ein Großteil ihrer Vertreter glauben, die Probleme lösen, oder, wie Wittgenstein sagt, sie auflösen, d. h. sie als Scheinprobleme, als nichtige, abwegige, sinnlose Fragestellungen entlarven zu können. Man untersucht die Begriffe der Philosophie mit Blick auf ihre Bedeutung und fragt, ob nicht auch die Probleme, die die Philosophen mit sich und der Welt, mit Gott und dem Denken und allem anderen haben, durch eine logische Analyse der Sprache verschwinden.

Diese durchgängige Idee soll an zwei Hauptvertretern vorgestellt werden, die mitgeholfen haben, die Idee aus der Taufe zu heben: George E. Moore (1873–1958) und Bertrand Russell (1872–1970). Sie teilen die Auffassung, dass Wissenschaft und Technik – vor aller Kunst, vor aller Religion – die zentralen Kräfte sind, die unser Zeitalter bestimmen. Entsprechend soll sich die Philosophie genau an diesem Maß von Wissenschaft und Technik orientieren.

In dieser Ausrichtung offenbart sich ein spätes Erbe der Aufklärung, die ebenfalls mittels einer rationalen wissenschaftlichen Erklärung der Welt Fortschritt gewährleisten wollte. Was Moore und Russell eint, ist daher die Kritik an der Spekulation, an einem spekulativen Philosophieren, das in der damaligen Zeit sowohl in Amerika wie in England eine große Anhängerschaft hatte: Die Rede ist vom Hegelianismus. Interessanterweise machten auch Moore und Russell, als Schüler von McTaggert, ihre ersten philosophischen Schritte als Hegelianer, allerdings nicht ohne sich später energisch davon zu distanzieren. Schaut man hundert Jahre später auf diese intellektuelle Front, sieht man sie nicht nur abbröckeln, vielmehr sind prominente Vertreter der sprachanalytischen Philosophie heute dabei, Hegel wieder zu entdecken. Das Verhältnis hat sich in gewisser Weise umgekehrt: Hegel ist für einen Teil der analytischen Philosophie, nicht für alle, aber für einige prominente (post-)analytische Philosophen, wieder attraktiv geworden.

Georg H. v. Wright (1916–2003), ein finnischer Philosoph, hat einen interessanten Aufsatz mit dem Titel *Die analytische Philosophie* geschrieben. Als Freund und (Mit-)Herausgeber von L. Wittgenstein ist er ein zuverlässiger Zeuge. Aus diesem Grund erscheint sein Aufsatz – eine Art Rückblick auf die analytische Philosophie des 20. Jahrhunderts – relativ unverdächtig. Von Wright schreibt: „Als sich die neue Philosophie später, eigentlich erst in den Jahrzehnten zwischen den beiden Kriegen, auf breiter Front durchsetzte, trat sie mit dem Anspruch auf, ein gewaltiger Umsturz, eine Revolution im Denken zu sein. Diese Zeit ist jedoch längst vorüber. In der zweiten Hälfte dieses Jahrhunderts hat die analytische Philosophie die typischen Züge einer etablierten Denkrichtung angenommen. Sie hat angefangen, ihre Konturen zu verlieren und ist eklektisch geworden. Sie droht ihrer Identität verlustig zu gehen. Unterdessen hat sich auch das geistige Klima der Zeit verändert. Wissenschaft und Technik sind durch ihre Auswirkungen auf das Leben problematisch geworden. Die analytische Philosophie, selbst vom Geist des wissenschaftlichen Fortschrittsglaubens getragen, scheint unfähig, die Auswirkungen zu problematisieren. Diese Aufgabe gehört eher zu anderen Typen von Philosophie, die jetzt im Aufkommen sind und zum Teil der analytischen Richtung als Gegner gegenüberstehen.“[4]

Das Klarwerden von Sätzen

Neben Moore und Russell gelten zwei deutschsprachige Denker, nämlich Gottlob Frege (1848–1925) und, wie erwähnt, Ludwig Wittgenstein (1889–1951), als wesentliche Urheber der analytischen Philosophie. Darin steckt von Anfang an eine interessante Zweideutigkeit. Ein Zitat von F. Waismann (1896–1959), einem Angehörigen des „Wiener Kreises", kann das verdeutlichen. In seinem Artikel *Was ist logische Analyse?* spricht er – in Anlehnung an Wittgenstein – zwei Motive der analytischen Philosophie an. „Philosophie und Wissenschaft (sind) zwei grundverschiedene Typen menschlicher Geisteshaltung [...]. Der wissenschaftliche Geist sucht nach Erkenntnissen, d. h. nach Sätzen, die wahr sind, die mit der Wirklichkeit übereinstimmen. Auf einer höheren Stufe erhebt er sich zur Bildung höherer Stufen, erhebt er sich zur Bildung von Theorien [...]. Was man durch die Philosophie gewinnen kann, ist ein Zuwachs innerer Klarheit. Das Resultat einer philosophischen Überlegung sind nicht Sätze, sondern das Klarwerden von Sätzen."[5] Der wissenschaftliche Geist strebt nach bestimmten wahren Sätzen, z. B. Gesetzen, die man in gewisser Weise akkumulieren und zu einem wissenschaftlichen Weltbild ausbauen kann. Bestehende Theorien lassen sich verbessern, Prognosen sich verfeinern, indem man zunehmend wahre Sätze über die Welt aufstellt. Das ist die Sache der Wissenschaft: die Welt, wie sie ist, zu beschreiben und in bestimmten Formeln einzufangen, die den Menschen helfen, sich dieser Wirklichkeit zu bemächtigen und sie planbar, steuerbar zu machen.

Das „Klarwerden von Sätzen" könnte man entsprechend als Programmformel der analytischen Philosophie bezeichnen. Die ganze Richtung definiert sich über die logische Analyse der Sprache; was genau darunter zu verstehen ist und worin diese Methode exakt besteht, sagt niemand mit entsprechender Genauigkeit, vielleicht lässt sie sich anhand gewisser Beispiele rekonstruieren.

Das Grundanliegen der analytischen Philosophie war es jedenfalls, den Gegenstand philosophischer Untersuchungen nicht mehr unabhängig von der ihn darstellenden Sprache zu behandeln. Analysieren bedeutet Zerlegen, Zergliedern. In Analogie zum Physiker, der das weiße Licht durch ein Prisma in sein Farbspektrum zerlegt, soll der Philosoph die Struktur eines Gedankens, seinen logischen Grundriss, freilegen, sprich: analysieren. Das Ziel war (und ist), die logischen Tiefenstrukturen unseres Sprechens, sowohl in der/den Wissenschaft(en) als auch im

Alltag, offenzulegen und zu verstehen. Anders gesagt, die analytische Überzeugung besteht darin, dass man die Gegenstände der Natur, der Moral und der Gesellschaft nur richtig verstehen kann, wenn man gleichzeitig mitbedenkt, in was für einer Sprache denn die Probleme beschrieben werden. „Sprache" ist dabei sehr weit gefasst, darunter fallen formale Sprachen, logische Sprachen, Fachsprachen, aber auch die gewöhnliche Sprache des Alltags, die Umgangssprache.

Russell setzt seine Hoffnungen vor allem auf die bzw. eine *ideale Wissenschaftssprache*, und Moore hält sich mit seinem Ansatz an die *Alltags-* und *Umgangssprache*. Damit ist von Anfang an ein Konflikt in der sprachanalytischen Philosophie vorprogrammiert. Dabei haben beide dieselbe Intention: sprachliche Ausdrücke zu analysieren, um gegen die Irreführungen der natürlichen Sprachen gefeit zu sein.

Hinter der logischen Analyse Russells steht der Versuch, eine Art von idealer wissenschaftlicher Sprache zu konstruieren, entweder für die je einzelnen Wissenschaften, oder, besser noch, eine einheitliche Formalsprache für alle Wissenschaften. Sein Prinzip ist daher das der „Konstruktion". Moore dagegen findet Orientierung in den unproblematischen Sätzen der Alltagssprache, die jeder versteht. Die Philosophie mit ihrer eigenen, aber unklaren Sprache sowie weitere andere Bildungssprachen sollten zugunsten von Klarheit und Verständlichkeit den verständlichen und unproblematischen Kern unserer Alltagssprache zum Vorbild nehmen. Moore möchte das Prinzip der „Reduktion" anwenden, um die vielen Probleme, die wir im Rahmen der traditionellen Bildungssprachen haben, auf den unproblematischen Kern eines konsensuellen Sprechens zu reduzieren. Die philosophischen Probleme würden in dem Augenblick verschwinden, so seine Annahme, wenn man sie wieder auf den *common sense* und seine wohlverstandene Art des Sprechens rückbezieht.

Russell hat nach ‚sicherem Wissen' gesucht; anders als Moore, der glaubte, schon im Besitz desselben zu sein. Damit ist Russell derjenige, der wie die neuzeitliche Philosophie vorgeht, was bedeutet, einen archimedischen Punkt zu suchen, von dem aus sicheres Wissen aufgebaut werden kann. Moore hingegen zählt in seinem berühmten Aufsatz „The Defence of Common Sense" eine Menge von Dingen auf, die er behauptet zu wissen und die er aus diesem Grund auch nicht anzuzweifeln in der Lage sei, z. B. dass er ein Mensch ist und einen Körper hat, dass er nie auf dem Mond gewesen ist usf. „Diese *Common-Sense*-Wahrheiten sind nicht Früchte philosophischer Denkarbeit oder wissenschaftlicher Forschung. Sie haben aber philosophisch bedeutsame (logische) Folgerungen. Daß Moore einen Körper hat, und da fängt für Moore die Philosophie an, soll implizieren, daß es materielle Dinge gibt. Damit glaubt Moore die Existenz einer von seinem Bewußtsein unabhängigen Außenwelt beweisen zu können." Ein traditionelles philosophisches Problem mithin: Wie steht es mit der Wirklichkeit der Außenwelt? Ist alles, was wir wahrnehmen und über das wir uns wie selbstverständlich verständigen, real oder nur Fiktion – nur Illusion, erzeugt durch unseren kognitiven Apparat? Moore glaubt mit dem Nachweis, dass er einen Körper habe und niemand ihm diese Erfahrung streitig machen könne, zugleich den Beweis führen zu können, dass es die materielle Welt gibt. „In seiner ebenso berühmten British Academy Vorlesung hat er den ‚Beweis' mit einer pathetischen Geste geliefert [...] indem er seine beiden Hände den Zuhörern zeigte und versicherte, es seien zwei Gegenstände der materiellen Außenwelt. Wie Wittgenstein dazu bemerkt hat, konnte dies nur ein Philosoph von Moores Ernst und Größe tun, ohne sich damit lächerlich zu machen."[6]

Natürlich ist es kein Beweis, mit den Händen zu wackeln, vor allem nicht im Hinblick auf das eigentliche philosophische Problem, ob es eine von unserem Bewusstsein unabhängige Außenwelt gibt. Moore hingegen spricht diesen Behauptungen eine solche Evidenz zu, die es unmöglich macht, sie anzuzweifeln. Philosophie beginne, wenn man die Folgerungen aus diesen philosophischen Alltagserfahrungen oder Weisheiten heraus entwickeln könne und müsse.

Neben diesen beiden großen Positionen zu Beginn des 20. Jahrhunderts, mit *Reduktion* auf der einen und *Konstruktion* auf der anderen Seite, gibt es wie gesagt einen dritten großen Namen, der mit der sprachanalytischen Philosophie verbunden ist: Ludwig Wittgenstein (1889–1951). Obwohl Wittgenstein bei Moore studiert hat, gehört der frühe Wittgenstein in die Tradition der *Konstruktion*. Im *Tractatus logico-philosophicus* (1921) geht es um die logische Analyse und die Konstruktion einer richtigen, formal durchdachten Auffassung von der Welt. Der spätere Wittgenstein der Sprachspiele allerdings hat in einigen grundlegenden Aspekten wie Moore argumentiert. In seinen *Philosophischen Untersuchungen* orientiert auch er sich – und das hat einer ganzen Strömung den Namen gegeben – an der gewöhnlichen Sprache: *Ordinary Language Philosophy*.

Seine methodische Grundüberlegung ist die, sich bei der Verständigung über die Bedeutung von Wörtern und Sätzen an den üblichen *Sprachgebrauch* zu halten – anstatt irgendwelchen Definitionen nachzujagen. Also: Wie wird ein bestimmtes Wort verstanden, in welcher Form, in welchen Zusammenhängen taucht es in Berichten und Erzählungen, in den Dokumenten und der gewöhnlichen Praxis, d. h. in den „Sprachspielen" der Menschen auf? Philosophische Probleme entstehen für Wittgenstein genau dadurch, dass man Bedeutungen, die im üblichen Sprachgebrauch ganz und gar verständlich sind und von den Menschen in ihren Kontexten beherrscht werden, aus diesen Zusammenhängen herausreißt, vereinseitigt und versucht, ein einheitliches Weltbild oder den Zusammenhang eines Systems zu stiften bzw. eine Philosophie darauf zu gründen.

Man könnte sagen, die sprachanalytische Philosophie vertritt die Ansicht, philosophische Probleme könnten aufgelöst werden, indem man entweder die Sprache reformiert oder sich um ein besseres Verständnis der Sprache bemüht, als wir es gegenwärtig besitzen. Daraus sind die beiden erwähnten ‚Schulen' entstanden: a) der Versuch, eine *Idealsprache* zu konstruieren, sowie b) die *ordinary language philosophy*, die vor allem in Oxford betriebene *Philosophie der Alltagssprache*. Wie erwähnt, hat Wittgenstein auch dieser Richtung Pate gestanden, er schreibt: „Wir führen die Wörter von ihrer metaphysischen wieder auf ihre alltägliche Verwendung zurück."[7] Mit dieser Einstellung war auch die Überzeugung verbunden, Philosophen hätten ihre Probleme womöglich gar nicht, wenn sie Wörter wie „Wesen", „Sein", „Wissen" usf. umgangs(alltags-)sprachlich benutzten. Richard Rorty, zunächst Anhänger, später (solidarischer) Kritiker der sprachanalytischen Philosophie, hat den doppelten Ansatz überaus witzig auf den Punkt gebracht: „Wie oft gesagt wurde [...], der einzige Unterschied zwischen der Philosophie der idealen Sprache und der Philosophie der Alltagssprache ist eine Meinungsverschiedenheit darüber, *welche* Sprache ideal ist."[8]

Als Beispiel lässt sich Heideggers Umgang mit dem Wort „Sein" heranziehen – eine Substantivierung von „ist" –, das als Substantiv, wenn überhaupt, nur selten vorkommt. Der Analytiker würde sich zunächst den normalen Sprachgebrauch anschauen und feststellen, dass es keine Probleme mit der Verwendung dieses Wörtchens gibt. Ein Wort mit sieben Siegeln und ein Zauberwort dazu wird es erst für Heidegger. Welche Bedeutungen gilt es zu unterscheiden?

Um diese Frage zu beantworten, werden Sätze angeführt, in denen das „ist" unterschiedliche Bedeutungen hat. „Ist" wird verwendet in der Zuschreibung einer Eigenschaft oder auch bei der Zuordnung von etwas zu einer Klasse (Hans ist groß, der Abendstern ist ein Planet). Dieser prädikative Gebrauch, indem „ist" die *Kopula* oder die Verbindung von Subjekt und Prädikat bildet, wird von dem der *Identität* unterschieden (der Abendstern ist der Morgenstern), beide sind identisch, sie identifizieren dasselbe Referenzobjekt. Das „Ist" wird aber auch im Sinne von *Existenz* benutzt, „es gibt" (Gott ist/er existiert). Manchmal wird aufgrund einer entfernten Verwandtschaft von „ist" im Sinne der Existenz eine weitere Bedeutung genannt: der besondere Charakter von „ist" im Sinne von *Wahrsein* (... ist wahr).

Rudolf Carnap (1891–1970), analytischer Philosoph und Wissenschaftstheoretiker, hat auf vergleichbare Weise argumentiert und Heideggers Seins-Denken als „Scheinproblem!" entlarvt.[9] Das alles sei wenig geheimnisvoll, viel weniger jedenfalls, als Heidegger glaube, der aus dem Vergessen der Differenz von Sein und Seiendem das größte Problem der abendländischen Philosophie gemacht habe. Interessanterweise geht es Heidegger aber um eine Bedeutung von „ist" bzw. „Sein" (einer Präsenz, die sich dem prädikativen, identitären usf. Urteil entzieht), die nicht unter eine der vier Rubriken fällt.[10]

Die Sprachanalyse versucht, wie gesagt, die logische Tiefenschicht zu explizieren, die von den grammatischen Strukturen unterschieden sein kann. Es gibt – das ist der produktive Gedanke von Wittgenstein und Russell – eine logische Tiefenstruktur, die nicht mit unserer grammatischen Struktur übereinstimmen muss. In der Differenz zwischen beiden spielt sich die *logische* Analyse sprachlicher Ausdrücke ab.

Ein weiteres Beispiel: Eine berühmte Analyse Russells ist seine Theorie der Kennzeichen. Danach heißt der Satz „Scott ist der Verfasser von Waverly" soviel wie „Es gibt ein X, das die Eigenschaft hat, Verfasser von Waverly zu sein und es gilt für alle Y, dass wenn Y die Eigenschaft hat, Verfasser von Waverly zu sein, Y mit Scott identisch ist". Die logische Struktur dieses einfachen Satzes ist also viel komplizierter. Der Grund dafür ist, und das zeigt eben diese Analyse, dass der Satz eine Tiefenstruktur aufweist, die wesentlich komplexer ist als die grammatische Struktur. Es sind logisch bedeutsame Begriffe in diesem Satz versteckt, die – ohne direkt thematisch zu sein – in Anspruch genommen werden. So sind in dem Satz „Scott ist der Verfasser von Waverly" die Begriffe der

Existenz (es gibt), der Universalität (alle), der Konditionalität (wenn – dann) und der Identität versteckt enthalten. Dieser einfache und harmlose Satz beinhaltet Behauptungen über Identität, Universalität, über Existenz usw. Diese sind philosophisch nicht ohne Brisanz und (mitunter) erst auf den zweiten Blick sichtbar.[11] Deshalb versucht die logische Analyse sprachlicher Ausdrücke diese logische Tiefenstruktur, vor allem der wichtigen, philosophisch relevanten Sätze, zum Vorschein zu bringen und zu untersuchen. Das ist ein nicht zu unterschätzendes Anliegen, das bis heute die Arbeit vieler Philosophen prägt.

Sieben Sätze

Eine Initialzündung war dabei die kaum 80 Seiten umfassende Schrift *Tractatus logico-philosophicus* (Logisch-philosophische Abhandlung) L. Wittgensteins. Der *Tractatus* sei kurz, schön und kryptisch, schreibt der britische Philosophiekritiker A. Kenny (geb. 1931),[12] was aber nicht verhinderte, dass sein Autor schon zu Lebzeiten eine Legende war. Der Text gibt zu denken, auch wenn man nicht alles versteht.[13] Der *Tractatus* ist (auch) ein Jugendwerk, obwohl der Text selbst von Psychologie nichts wissen will. In ihn sind, wie Thomas Mann über Schopenhauers *Die Welt als Wille und Vorstellung* schrieb, „die Zeichen der Jugend unauslöschlich eingefärbt“.[14] Die Suche nach dem Absoluten dominiert jeden Gedanken und jede Zeile. Sei es in Form endgültiger Lösungen („Ich bin also der Meinung, die Probleme [der Philosophie] im Wesentlichen gelöst zu haben“) oder einer im *Tractatus* dargelegten Wahrheit, die „unantastbar und definitiv“ ist. Alles ist dem beharrlichen Streben nach lupenreiner Klarheit untergeordnet („Was sich überhaupt sagen läßt, läßt sich klar sagen; und wovon man nicht reden kann“, heißt es in Vorwegnahme des letzten Satzes im Vorwort, „darüber muß man schweigen.“[15]) Das Streben nach unendlicher Reinheit in Gedanken, Worten und Taten wohnt Tür an Tür mit dem Hunger nie gestillter Begierden, hinter denen Gefühle der Omnipotenz und der eigenen Wertlosigkeit abrupt ihre Stelle wechseln.

Der *Tractatus* besteht aus sieben Hauptsätzen, sie lauten:

1 Die Welt ist alles, was der Fall ist.

2 Was der Fall ist, die Tatsache, ist das Bestehen von Sachverhalten.

3 Das logische Bild der Tatsachen ist der Gedanke.

4 Der Gedanke ist der sinnvolle Satz.

5 Der Satz ist eine Wahrheitsfunktion der Elementarsätze.

(Der Elementarsatz ist eine Wahrheitsfunktion seiner selbst.)
6 Die allgemeine Form der Wahrheitsfunktion ist: $[\bar{p}, \bar{\xi}, N(\bar{\xi})]$.
Dies ist die allgemeine Form des Satzes.
7 Wovon man nicht sprechen kann, darüber muß man schweigen.

Diese Sätze (bis auf den letzten) werden durch weitere, durchnummerierte Sätze erläutert, wie z. B. durch den, der die eigentliche Aufgabe der Philosophie wie folgt umreißt: „Der Zweck der Philosophie ist die Klärung der Gedanken. Die Philosophie ist keine Lehre, sondern eine Tätigkeit. Das Resultat der Philosophie sind nicht ‚philosophische Sätze', sondern das Klarwerden von Sätzen." (4.112)

Wittgenstein geht im *Tractatus* davon aus, dass die Sprache eine einheitliche logische Struktur aufweist und in erster Linie dazu dient, Aussagen über die Welt der Tatsachen zu machen. Damit ist er Vertreter einer Abbildtheorie der Sprache. Zwischen Sprache und Welt gibt es eine Entsprechung, die er dadurch zu erklären sucht, dass die Tatsachen der Welt dieselbe logische Struktur haben wie die Sprache. Dieser Gedanke verbindet Wittgenstein mit Russells logischem Atomismus. Dem logischen Aufbau der Welt aus atomaren Elementartatsachen entspricht auf der Ebene der Sprache der logische Aufbau der Sätze (vgl. Kap. II, S. 140).

Die beiden ersten Sätze betreffen die *Welt*, der dritte, *wie* die Welt Thema des Denkens ist. Der vierte zielt auf die Bindung des Denkens an die sprachliche Struktur oder darauf, dass Denken über sinnvolles Sprechen definiert wird. Sprache und Welt stehen sich wie zwei Seiten eines Buchs gegenüber, sind aber aufgrund einer strukturellen Entsprechung aufeinander bezogen. Diese Zurückführung des Denkens auf sinnvolles Sprechen ist bezeichnend für die linguistische Wende innerhalb der modernen Philosophie (in der die Sprachphilosophie in weiten Teilen an die Stelle der Erkenntnistheorie tritt). Der fünfte Satz macht eine Aussage darüber, dass jeder Satz sich aus weiteren Sätzen (Elementarsätzen) zusammensetzt; sein Sinn ergibt sich aus der (wahrheitsfunktionalen) Kombination von Elementarsätzen. Satz sechs sagt etwas über die allgemeine Form des Satzes: über die Form, die Sätze als sinnvolle Sätze qualifiziert. Satz sieben verdonnert nicht alles Sprechen und Schreiben zum Schweigen, sondern (zunächst) nur die vorausgegangenen Sätze (des *Tractatus*), insofern sie nicht zu denen gehören, die allein Eindeutigkeit und Wahrheit besitzen: die Sätze der Naturwissenschaften. Dieser letzte Satz ist die Konsequenz aus der im *Tractatus* vertretenen Auffassung über Sein, Denken und Welt im Sinne einer logischen Idealsprache, welche die Tatsachen der Welt abbildet.

Im *Tractatus* ist die Welt oder die Wirklichkeit im Ganzen als „alles, was der Fall ist" bestimmt, d. h. als „die Gesamtheit der Tatsachen" oder der bestimmten Sachverhalte. Nicht Gegenstände bilden die Substanz der Welt, sondern Sachverhalte, die Gegenstände in Verbindung mit anderen Gegenständen darstellen. Von diesen Tatsachen machen wir „Bilder" oder „Modelle", durch die wir die Welt abbilden bzw. vorstellen. Die Struktur der Tatsachen entspricht der Struktur der Modelle in irgendeiner Weise, die Wittgenstein als „Form der Abbildung" (2.17) bezeichnet. Anders gesagt, für Wittgenstein ist Erkenntnis eine Art Repräsentation der Welt. Er ist der Auffassung, dass es denkbare (weil logisch widerspruchsfreie) Sachverhalte gibt, von denen wir uns entsprechende Bilder oder Gedanken machen können.

Entscheidend ist jedoch der nachfolgende Schritt, er führt vom Denken zum Sprechen, vom Gedanken zum Satz. „Im Satz drückt sich der Gedanke sinnlich wahrnehmbar aus." (3.1) Damit wird der Satz, der ausgesprochen wird, zu dem, was wir per Bild oder Modell von der Welt verstehen können. Die Gesamtheit der Sätze bildet die Sprache. Ihre Wahrheit besteht in ihrer (Sprach-)Logik, die der logischen Struktur der Wirklichkeit bzw. ihren Sachverhalten parallel läuft. Wittgenstein unterstellt offensichtlich, dass es auch – standpunkt- oder darstellungsabhängige – falsche Vorstellungen in der Welt geben kann. Vor allem die Umgangssprache gilt als logisch unangemessen (wobei er nicht erklärt, wie das möglich sein kann).

Die Sprache dient der Abbildung. Wittgenstein versteht dieses Abbildungsverhältnis als vollständige Korrespondenz: Den Gegenständen bzw. den Tatsachen korrespondieren aufseiten der Sprache die Namen, aufseiten der Sachverhalte die Sätze. Sind die Sachverhalte aus einzelnen, nicht weiter teilbaren Gegenständen zusammengesetzt, so sind die Bestandteile der Sätze die (unanalysierbaren) Namen, die „Urzeichen", die dafür stehen.

Wittgenstein jedenfalls geht es darum, die wahre, ideale Sprachlogik zu finden. Dazu muss er die gewöhnliche Sprache aus ihrer unwahren Verpackung herauslösen: „Die Sprache verkleidet die Gedanken. Und zwar so, daß man nach der äußeren Form des Kleides nicht auf die Form des bekleideten Gedankens schließen kann; weil die äußere Form des

Kleides nach ganz anderen Zwecken gebildet ist als danach, die Form des Körpers erkennen zu lassen." (4.002)

Wittgenstein rührt damit an ein altes Problem, das schon Platon tief beunruhigt hat. Zwischen dem Gedanken und seinem sprachlichen Ausdruck bestehen mehr oder weniger große Diskrepanzen, denn alle geschichtlich gewachsenen Sprachen sind ungenau und mehrdeutig. Wenn das aber der Fall ist, dann ist über jede Philosophie, die sich in der Darstellung ihrer Gedanken auf die Umgangssprache stützt, das Urteil gesprochen. „Die meisten Sätze und Fragen, welche über philosophische Dinge geschrieben worden sind, sind nicht falsch, sondern unsinnig. Die meisten Fragen und Sätze der Philosophen beruhen darauf, dass wir unsere Sprachlogik nicht verstehen [...] und es ist nicht verwunderlich, daß die tiefsten Probleme eigentlich *keine* Probleme sind." (4.003) Aus dieser Annahme – die das Denken an einer richtigen, idealen Sprache ausrichtet – resultiert für Wittgensteins neue und alle philosophischen Probleme lösende Philosophie: „Alle Philosophie ist ‚Sprachkritik'." (4.0031)

Wittgenstein scheint, wenn er so argumentiert, anzunehmen, dass eine Art idealer Sprachlogik der gewöhnlichen Sprache (der Menschen) zugrunde liegt bzw. in ihr enthalten ist, und weiter, dass es gilt, diese offenbar verborgene Struktur sprachkritisch freizulegen. Wittgenstein denkt, diese ideale Sprache in den formalen, künstlichen Sprachen der mathematischen Naturwissenschaft finden zu können. „Die Gesamtheit der wahren Sätze ist die gesamte Naturwissenschaft (oder die Gesamtheit der Naturwissenschaften)." (4.11) Es ist klar, dass dieser Satz, sofern er ein philosophischer Satz ist, wenn nicht falsch, so doch unsinnig ist. Philosophische Sätze wie dieser sind seiner Meinung nach außerordentlich problematisch. Der Satz kann aber verständlich machen, was Wittgenstein unter Philosophie versteht. „Die Philosophie ist keine der Naturwissenschaften. (Das Wort ‚Philosophie' muß etwas bedeuten, was über oder unter, aber nicht neben den Naturwissenschaften steht.)." (4.111)

Wittgenstein lässt an dieser Stelle offen, wo genau er die Philosophie positionieren möchte. Er schreibt ihr die Rolle einer kritischen Hilfsfunktion zu, wenn er ihr, wie zitiert, die Aufgabe des „Klarwerdens von Sätzen" zuweist. Weil die Grenze der Naturwissenschaft selbst nicht klar ist, „begrenzt [die Philosophie] das bestreitbare Gebiet der Naturwissenschaft". (4.113) „Sie soll das Denken abgrenzen und [...] das Undenkbare von innen durch das Denkbare begrenzen." (4.114) „Sie wird das Unsagbare bedeuten, indem sie das Sagbare klar darstellt." (4.115) Das Sagbare aber reduziert sich auf das Erkennbare, d. h. auf das, was man widerspruchsfrei denken und klar aussprechen kann.

Rückblickend ist uns Wittgenstein noch eine Antwort darauf schuldig, wie das Problem der logischen Form, welche die Sätze mit den Tatsachen verklammert, und damit die Möglichkeit des Erkennens (als Möglichkeit sachlich sinnvollen Sprechens) gelöst werden soll. „Der Satz kann die gesamte Wirklichkeit darstellen, aber er kann nicht das darstellen, was er mit der Wirklichkeit gemein haben muß, um sie darstellen zu können – die logische Form. Um die logische Form darstellen zu können, müßten wir uns mit dem Satze außerhalb der Logik aufstellen können, das heißt außerhalb der Welt." (4.12)

Da Wittgenstein ein Außerhalb der Welt für unmöglich halten muss, wird das Band zwischen Sprache und Welt, Sein und Denken zwar vorausgesetzt, selbst aber undarstellbar. Dieses Band kann nicht Gegenstand der Erkenntnis sein.

Im Zusammenhang von Wittgensteins Auffassung, dass Sprache und Welt zwei Seiten ein- und derselben Medaille sind, hat Schopenhauers Idee, dass, im Blick auf die Erkenntnis der Welt, Subjekt und Objekt sich wechselweise bedingen („kein Objekt ohne Subjekt", „kein Subjekt ohne Objekt") eine entscheidende Rolle gespielt. Wittgenstein überträgt die erkenntnistheoretische Beziehung zwischen Subjekt und Objekt, wie sie für die neuzeitliche Philosophie und ihre Grundbegriffe von Vorstellung und vorgestelltem Gegenstand charakteristisch ist, in die semantische Beziehung von Sprache und Welt, bei der das (erkennende) Subjekt in den Hintergrund tritt, ja gänzlich verschwindet. „Das denkende, vorstellende Subjekt gibt es nicht." (5.631)

Was es gibt und erkennbar ist, sind die Tatsachen bzw. die höherstufigen Sachverhalte und die Sätze, die sie abbilden. Dasjenige aber, was beide Seiten verbindet, was Sätze und Tatsachen, Sprache und Welt in ihrer Entsprechung erhält – die logische Form –, ist unerkennbar: Sie kann sich nur *zeigen*. „Der Satz kann die logische Form nicht darstellen, sie spiegelt sich in ihm. Was sich in der Sprache spiegelt, kann sie nicht darstellen. Was *sich* in der Sprache ausdrückt, können *wir* nicht durch sie ausdrücken. Der Satz *zeigt* die logische Form der Wirklichkeit. Er weist sie auf." (4.121) Das, was sich zeigt, ist so wenig Gegenstand der Erkenntnis wie die gerade benutzten Begriffe („Tatsache", „Sachverhalt" usf.), mit denen wir *über* die Welt reden. Formale Begriffe dieser Art gehören nicht der naturwissenschaftlichen Objektsprache (dem Inbegriff sinnvollen Redens), sondern der philosophischen Metasprache (unsinnigen Redens) an.

Man kann dieses Resultat, das Wittgenstein in seinem *Tractatus* erbringt, auch so ausdrücken: Die fundamentalen Kategorien der Sprache zeigen sich von ihr her, ohne dass ihre Strukturen und Relationen sich unter den Dingen befinden, über die wir Aussagen machen können. Im Versuch, nur das zu sagen, was sich bestimmt, d. h. *clare et distincte* sagen lässt (wie die Sätze der Naturwissenschaft), muss notwendig das in Anspruch genommen werden, was sich nicht klar (die unsinnigen, aber nicht sinnlosen Sätze des *Tractatus*) oder überhaupt nicht sagen, sondern nur zeigen lässt.

Alles, was nicht exakt im Sinne der Naturwissenschaft erkannt werden kann, wird von Wittgenstein als unerkennbar oder unaussprechlich deklariert. Ihm kann zwar – wie in der Logik oder auch der Philosophie – ein bestimmter Wert im Sinne der logischen Klärung unserer Gedanken zukommen, grundsätzlich aber bleibt deren Denken in den Bereich des Unaussprechlichen oder, wie Wittgenstein auch sagt, den des „Mystischen" verwiesen.

Anders gesagt, da Erkenntnis sich strikt auf die Abbildung von Tatsachen verpflichtet sieht, vermag sie keine Antwort auf Sinn- und Wertfragen zu geben. „Der Sinn der Welt muß außerhalb ihrer liegen. In der Welt ist alles, wie es ist [...]; es gibt *in* ihr keinen Wert – und wenn es ihn gäbe, so hätte er keinen Wert." (6.41) Entsprechend haben Sätze der Ethik keinen Wert, einen Erkenntniswert schon gar nicht. Was aber paradoxerweise Wittgenstein nicht daran hindert, die Ethik für das Wichtigste überhaupt zu halten, sie ist unaussprechlich.

Aber nicht nur die Ethik, auch die Existenz der Welt kann nicht von der wissenschaftlichen Erkenntnis zum Thema sinnvollen Fragens gemacht werden, da sie, wie die Ethik, ein Mysterium ist: „Nicht *wie* die Welt ist, ist das Mystische, sondern *daß* sie ist." (6.44) Die Überlegungen des *Tractatus* laufen darauf hinaus, dass sie zuletzt den Unterschied zwischen Wissenschaft und Leben radikal zuspitzen, sie haben sich nichts zu sagen: „Wir fühlen, daß, selbst wenn alle *möglichen* wissenschaftlichen Fragen beantwortet sind, unsere Lebensprobleme noch gar nicht berührt sind. Freilich bleibt dann eben keine Frage mehr; und eben dies ist die Antwort." (6.52) Wittgenstein entzieht nicht nur allen erkenntnistheoretischen Fragen den Boden, sondern auch allen, die das Leben insgesamt betreffen.[16] Über Lebensfragen lässt sich nicht sinnvoll streiten, insofern sie nicht in einer formal exakten Sprache der Naturwissenschaft formuliert werden können. „Die Lösung des Problems des Lebens merkt man am Verschwinden dieses Problems." (6.521) Was aber nicht heißt, dass es sich angesichts der Unmöglichkeit seiner logischen Rekonstruktion in nichts aufgelöst hätte. Verschwinden in dem Sinne, dass die Probleme des Lebens uns nicht mehr belästigen, tun sie partout nicht. Sie verschwinden nur, insofern es keine vernünftige (sinnvolle) Rede über sie geben kann.

Der *Tractatus* schließt mit dem Hinweis, dass seine Sätze von dem richtig verstanden werden, der sie „am Ende als unsinnig erkennt, wenn er durch sie – auf ihnen – über sie hinausgestiegen ist (er muß sozusagen die Leiter wegwerfen, nachdem er auf ihr hinaufgestiegen ist). Er muß diese Sätze überwinden, dann sieht er die Welt richtig." (6.54)

Sprache, Lebensform und Welterschließung
Von L. Wittgenstein und J. L. Austin bis J. Butler

[...] eine Sprache vorstellen heißt,
sich eine Lebensform vorstellen.
L. Wittgenstein

Man könnte vermuten, dass eine Umfrage unter Philosophen, wer unter ihnen im 20. Jahrhundert denn der größte gewesen sei: „Wittgenstein" mit großer Mehrheit auf Platz Eins setzen würde. Wittgenstein hat neben der politischen Unverdächtigkeit (sollte man beim *ranking* auch an Heidegger denken) noch den großen Vorzug, dass er in zwei Versionen vorkommt, nämlich als „Wittgenstein I" und „Wittgenstein II", die beide eine ungeheure und nachhaltige Wirkung entfaltet haben. Man spricht auch von der frühen und der späten Phase seiner Philosophie.[17]

Die erste Phase, die sich ganz eng an den Naturwissenschaften orientiert, verbindet sich mit dem Werk, das richtungweisend geworden ist für die positivistische Philosophie, für den *Logischen Positivismus*:[18] dem erwähnten *Tractatus logico-philosophicus*. Es handelt von der Philosophie der idealen Sprache, von Fragen der Logik und dem Weltzugang, den die Naturwissenschaften eröffnen. Dazu braucht man, glaubt Wittgenstein, eine ideale formale, begrifflich durchkomponierte Sprache, die klare und durchsichtige Sprache der Logik. Dieser sollte es möglich sein, die Wirklichkeit exakt abzubilden, indem sie die gleiche Struktur wie diese aufweist.

Ein Schüler, später Freund und Herausgeber von Wittgensteins Werken, Georg H. v. Wright, hat Wittgenstein mit einem anderen großen Philosophen, mit Blaise Pascal (1623–1662), verglichen, vor allem hinsichtlich zweier ausgeprägter Persönlichkeitszüge, der des Mathematikers, der nach Klarheit, Strenge, Exaktheit, Beweis und einem durchdringenden Verstehen strebt, und der des Mystikers, der eine (in sich unterschiedene) Einheit sucht. Das zeigt sich vor allem in seinen Tagebüchern, aber auch im *Tractatus*. Vielleicht erhellt sich dieser mystische

Zug ein wenig durch den Umstand, dass ihn neben Schopenhauer und Augustinus auch Kierkegaard sehr berührt hat und darüber hinaus zwei russische Schriftsteller, Dostojewski und Tolstoi, von denen er sich besonders tief beeindruckt gezeigt hat.

Philosophische Untersuchungen

In den Jahren 1936/37 hielt sich Wittgenstein in Norwegen auf, dort beginnt er die Arbeit an dem Werk, das später zum Hauptwerk seiner zweiten Phase werden sollte, an den *Philosophischen Untersuchungen*. Bis zu seinem Tode 1951 verwendet Wittgenstein viel Zeit darauf, es wieder und wieder zu überarbeiten und zu erweitern. Dieses Werk, das erst postum herausgegeben wird, ist eine lose Aneinanderreihung von Paragraphen, die verschiedene Themen behandeln. In relativ kurzen Passagen von zehn bis zwanzig, manchmal nur drei Zeilen sind seine Gedanken aphoristisch gedrängt niedergelegt. Wo der *Tractatus* eine systematisch komponierte Abhandlung von sieben Sätzen (und weiteren, die Hauptsätze erläuternden Sätzen) ist, sind die *Philosophischen Untersuchungen* eher ein Patchwork von Fragen und Antworten, Thesen und Antithesen, die sich philosophisch im weitesten Sinne damit beschäftigen, wie Sprache und Sprechen, Denken und Wahrnehmen im Zusammenhang des Lebens funktionieren. Während im *Tractatus* vom Satz als sinntragender Einheit ausgegangen wird, zielen die *Philosophischen Untersuchungen* in eine andere Richtung. Hier erscheint Sprache aufs Engste mit einer bestimmten Lebensform oder Praxis verbunden. Mit der Vorstellung des Satzes als Wahrheitsfunktion von Elementarsätzen (Verkettung von Namen, die wiederum stellvertretend für Gegenstände stehen, deren Namen sie sind) wird gebrochen, eine solche Auffassung verfehlt die Sprache, wie sie im Umgang der Menschen miteinander gesprochen wird. In der alltäglichen Praxis erscheint die Sprache eher als eine Sammlung von zusammenhängenden und sich überschneidenden „Sprachspielen“, sie ist unauflösbar mit den Regeln oder den Gepflogenheiten der sozialen Praxis verknüpft.

Sprachspiele sind teils eingeübt, teils entstehen sie neu, sie können auch veralten. *Sprachspiel* ist wie *Lebensform* ein zentraler, aber ein der Definition kaum zugänglicher Begriff der *Philosophischen Untersuchungen*. Es ist ein wesentlicher Zug (fast aller) philosophischen Grundbegriffe, in einem wesentlichen Punkt undefiniert zu bleiben. Gleichwohl ist die Charakterisierung hilfreich, die K.-O. Apel gegeben hat, wenn er schreibt, dass es sich bei „Sprachspielen“ um „Einheiten von Sprachgebrauch, Lebensform und Welterschließung“[19] handle. Als Beispiele werden von Wittgenstein genannt: Befehle geben und Befehlen gehorchen, Aufforderungen folgen, Gefühle ausdrücken, das Aussehen von Dingen beschreiben, das Darstellen von Ergebnissen eines Experiments in Tabellen und Diagrammen, über Ereignisse berichten, Geschichten erfinden, Spiele spielen, Witze erzählen, Rätsel raten, fragen, grüßen, beten und anderes mehr.

Wir müssen diese und viele andere Sprachspiele alltäglich praktizieren, um zu verstehen, was Sprache ist und wie sie funktioniert. Die Bedeutung eines Wortes oder eines sprachlichen Ausdrucks wird erklärt, indem man zeigt, wie der entsprechende Ausdruck in verschiedenen Situationen (oder Sprachspielen) verwendet wird. Hieraus leitet sich jene Idee ab, die für viele Interpreten zum Kernbestand der Wittgenstein'schen Spätphilosophie gehört: „Die Bedeutung eines Wortes ist sein Gebrauch in der Sprache.“[20] Diese Behauptung zielt weniger auf eine allgemeine Theorie der Bedeutung, sie erinnert vielmehr daran, dass, falls wir Rechenschaft über die Bedeutung eines Wortes geben wollen, wir besser nachschauen sollten, welche Rolle das Wort im Rahmen unserer Sprachspiele und unseres Lebens spielt. Auch sollte der Hinweis auf unsere Sprachpraxis als ein Spiel nicht dazu verleiten, zu glauben, es handle sich um etwas Triviales. Vielmehr dient er dazu, die linguistische Aktivität zu beschreiben, wenn diese oder jene Formel eines sprachlichen Ausdrucks gewählt wird. Darüber hinaus gibt es kein allgemeines Kennzeichen des Spiels, das allen Spielformen gemeinsam wäre – allenfalls, und das ist ein weiteres interessantes Konzept der *Philosophischen Untersuchungen* – existieren *Familienähnlichkeiten* zwischen den zahllosen Sprachspielen.

Wittgenstein hat bei allen Unterschieden zwischen seiner frühen Sicht und der späteren die Auffassung nicht aufgegeben, dass Philosophie eine bestimmte Aktivität sei – und keine Theorie. Philosophie kann keine neuen Wahrheiten aufdecken, auch werden philosophische Probleme nicht gelöst durch die Hinzunahme von neuen Informationen, sondern durch ein Umstellen oder ein Neuarrangement von dem, was wir immer schon wissen. Wittgenstein kommt in diesem Punkt Hegels Philosophieverständnis sehr nahe, der schreibt, dass etwas nicht darum, weil es bekannt auch schon erkannt sei. Erkannt werde es erst durch seine Explikation oder Darstellung.

Ein Kampf gegen die Verhexung des Verstandes

Ein zentraler Punkt von Wittgensteins Denken ist die kritische Aufgabe der Philosophie im „Kampf gegen die Verhexung des Verstandes durch die Mittel unserer Sprache".[21] Diesen Kampf hat er als Therapie begriffen, als Logotherapie, die Krankheiten des Verstandes zu heilen. Dieser wird nämlich, wenn er denkt und urteilt, leicht von der Sprache in die Irre geführt. Das kann auf sehr unterschiedliche Weise passieren, z. B. durch die schwer durchschaubare Vermischung von Sprachspielen oder durch „einseitige Diät: man nährt sein Denken mit nur einer Art von Beispielen".[22] Das sprachkritische Motiv findet sich bereits bei Nietzsche außerordentlich weit entwickelt. Immer, wenn der Verstand denkt und urteilt, ist die Gefahr groß, dass er durch die Sprache in die Irre geschickt wird. Er, der Verstand, scheint geheilt oder mindestens aufgeklärt zu sein, wenn er nicht mehr, wie Wittgenstein sagt, durch philosophische Fragen „gepeitscht" und gepeinigt wird. Darin kommt im relativen Gegenzug zum *Tractatus* eine positivere Einschätzung der Philosophie zum Tragen. Nicht jeder Versuch, eine philosophische Einsicht zu formulieren, sieht sich zur Sinnlosigkeit verurteilt. Philosophieren kann helfen, übersehene Sachverhalte oder falsche Schlüsse aus Sprachspielen zu korrigieren. Philosophische Bemerkungen dienen daher oftmals der Aufgabe, verschiedene Arten und Weisen des Sprachgebrauchs übersichtlich darzustellen.

Das Urteilen und Denken, Wahrnehmen und Erfahren sind in die Sprache des Alltags eingebettet. Wenn sie in der Kindheit als Muttersprache erlernt wird, werden alle ‚Verstandeskrankheiten' mit übernommen, die in ihr angelegt sind. Wie erwähnt, bilden Sprache und Lebensform eine Einheit, die Wittgenstein auf den Begriff des Sprachspiels bringt. Unsere Sprachen enthalten bestimmte Hinsichten auf unser Leben, unser Leben reflektiert sich in den Sprachspielen, auf die wir „abgerichtet" sind. Die Philosophen bauen nur bestimmte Sichtweisen, die in der Sprache liegen, zu problematischen Weltanschauungen aus. Sie bilden aus den in der Sprache liegenden Möglichkeiten ein philosophisches System, indem sie regelmäßig den einen oder anderen Aspekt der „Grammatik" aufgreifen. Die Unterscheidung von Erfahrung(ssätzen) und grammatischen Strukturen ist grundlegend, auch wenn Wittgenstein sie nicht näher expliziert.

Grammatik meint nicht nur das, was im Sinne der Schulgrammatik, als Regelsystem unserer Sprache begriffen wird, sondern die konstitutiven Züge eines Sprachspiels in seiner Einheit mit der jeweiligen Lebenspraxis. Den Kampf gegen die Sprache versucht Wittgenstein als Kampf gegen die, wie er sagt, in ihr transportierte Mythologie und Ideologie zu verstehen. Die Hauptquelle der philosophischen Verwirrung ist mangelnde Übersicht beim Gebrauch der Worte. Der ‚Grammatik' unserer Sprache fehlt es an Transparenz, viele Ausdrücke, verschieden im Gebrauch, weisen gleichwohl eine ähnliche Oberfläche auf.

Als Ziel der Therapie nennt Wittgenstein die „übersichtliche Darstellung" unseres Sprachgebrauchs, den man nur deshalb nicht überblickt, weil man ihn ständig vor Augen hat und darum nicht bemerkt, aber auch, weil er sich mal schneller, mal langsamer ändert. Wir leben in unserer Sprache wie Fische im Wasser und bemerken nicht, wie diese Sprache, z. B. indem wir zwischen Subjekt und Objekt trennen, uns die Welt als eine spiegelt, der wir disparat gegenüberstehen. Das Ziel der Therapie ist eine Neubeschreibung oder übersichtliche Darstellung, was durch die Tatsache erschwert wird, dass zwischen den Menschen, ihrem Sprechen und ihrer Wahrnehmung – und da trifft sich Wittgenstein mit vielen anderen Philosophen – eine große Verwandtschaft besteht. Wie Nietzsche an einer Stelle sagt: „allzu nah ist allzu fern". Wenn wir den Dingen zu nah oder sie uns zu vertraut sind, fehlt der nötige Abstand, um sie wirklich zu verstehen. Das Kunstprodukt ‚Theorie' ist eine interessante Art, Abstand zu schaffen, Wittgenstein möchte sie, wegen des verfremdenden Charakters, den sie immer auch hat, vermeiden.

Eine Strategie, die Wittgenstein dabei verfolgt, ist die Abwehr des tief verwurzelten philosophischen Glaubens, dass es auf die Frage nach dem „Was ist …" eine eindeutige und das Wesen eines Sachverhalts spiegelnde Antwort (Definition) gebe; dass *einer* Rede oder *einer* Vorstellung von etwas, dem „Spiel", z. B., ein allen Spielen gemeinsamer Begriff bzw. eine ihnen gemeinsame Bedeutung entsprechen müsse. Die Vorstellung von „Spiel" ist Wittgensteins bevorzugtes Beispiel eines Begriffs, der auf viele Dinge zutrifft, für den zwar kein gemeinsames Merkmal festgestellt werden kann, wohl aber „Familienähnlichkeiten". Wittgenstein möchte Unterschiede sehen lehren und dem Drang widerstehen, nach zugrunde liegenden Einheitsmerkmalen zu suchen, deren Vorhandensein von den gemeinsamen grammatischen Formen (bloß) suggeriert wird. Er spricht auch von den „Luftgebäuden" der Philosophie, die er durch eine Analyse der Sprache freilegen, und d. h. zum Verschwinden bringen möchte.[23]

Wie in diesem Zusammenhang ersichtlich, leben Wittgensteins *Untersuchungen* vom Widerstreit unterschiedlicher Motive, in diesem Fall sowohl von der therapeutischen Vorschrift, der Philosoph solle sich doch – der Philosophie und Theorie möglichst enthaltend – an dem üblichen Sprachgebrauch orientieren als auch lernen, die Dinge anders oder neu zu sehen: Unterschiede zu machen, wo üblicherweise keine gesehen werden.

Sprachanalyse und Oberflächengrammatik

Peter M. S. Hacker (geb. 1959) hat die negative oder problematisierende Seite in seinem ausgezeichneten Buch über *Wittgenstein im Kontext der analytischen Philosophie* eindringlich beschrieben: „Wird man von begrifflichen Problemen bezüglich der Empfindungen (Beispiel: Schmerzen) heimgesucht und neigt man zu der Ansicht, der Schmerz sei ein – freilich geistiger und privater – Gegenstand wie eine Nadel, müssen wir die grammatischen Regeln für den Gebrauch des Wortes ‚Schmerz' neben die Regeln für den Gebrauch des Wortes ‚Nadel' halten. Denn wir lassen uns leicht täuschen von den oberflächengrammatischen Ähnlichkeiten zwischen ‚Ich habe Schmerzen' und ‚Ich habe Nadeln', zwischen ‚Ich fühle einen Schmerz' und ‚Ich fühle eine Nadel', zwischen ‚Mein Schmerz gleicht deinem Schmerz' und ‚Meine Nadel gleicht deiner Nadel'. Von diesen Ähnlichkeiten irregeführt, sind wir geneigt, die Grammatik des Besitzens (‚Ich *habe* eine Nadel') auf die Grammatik der Empfindungen zu übertragen und den Leidenden als Besitzer der Schmerzen anzusehen."[24]

Was genau aber ist anders am Haben von Schmerzen als am Haben von Nadeln? Ich habe Schmerzen, ich besitze sie vielleicht, aber sie sind nicht zu veräußern. Ich kann einem anderen meine Schmerzen nicht überlassen. Sie sind unveräußerlich *meine* Schmerzen, im Unterschied zu Gegenständen sonst, die man weggeben kann. ‚Haben' kann offensichtlich in unserer Sprache ganz Unterschiedliches bedeuten, d. h. man kann ein Phänomen wie Empfindungen womöglich nicht verstehen, wenn man einfach der Grammatik folgt und davon ausgeht, mit den Empfindungen verhalte es sich genauso wie mit den anderen Gegenständen (z. B. Nadeln). „Ebenso übertragen wir die Grammatik von ‚Eine Nadel fühlen' auf die Grammatik von ‚Einen Schmerz fühlen' und behaupten, das Fühlen der Schmerzen laufe aufs gleiche hinaus wie das *Wahrnehmen* der Schmerzen (das Fühlen der Nadel läuft ja aufs gleiche hinaus wie die Wahrnehmung der Nadel) und man wisse, daß man Schmerzen habe, *weil* man den Schmerz wahrnehmen könne (wie man auch weiß, daß da eine Nadel ist, weil man sie wahrnimmt). Kurz, wir übertragen die Grammatik der wahrnehmbaren Gegenstände auf die Grammatik der Empfindungen und folgern anschließend, daß ‚geistige Gegenstände' wie die Schmerzen noch weitere frappierende Eigenschaften besitzen: Sie sind unveräußerlich, denn offenbar kann niemand anders meine Schmerzen haben, sondern nur qualitativ gleiche Schmerzen; sie sind in puncto Erkenntnis privat, denn der andere kann nicht in der gleichen Weise wie ich selbst erfahren, wie meine Schmerzen beschaffen sind."[25]

In der Sprachanalyse versucht Wittgenstein u. a. zu zeigen, dass die Untersuchung von Empfindungen in die Irre führt, wenn sie in der gleichen Weise wie sonst auch bei Gegenständen erfolgt. Womöglich ist das Haben/Sein von Zuständen anders aufzufassen als das Haben von Gegenständen.

Beispiele von Wittgenstein (die Hacker allerdings systematisiert, weshalb sie hier einfacher, aber auch Wittgensteins Denk- und Sprachstil ferner, zu verstehen sind) sind: „‚Einen Schmerz fühlen' kann ersetzt werden durch ‚einen Schmerz haben' – hier besteht kein Unterschied –, doch ‚eine Nadel fühlen' ist nicht das Gleiche wie ‚eine Nadel haben'. Man kann glauben, eine Nadel zu fühlen, aber im Irrtum sein (wenn es etwa ein Dorn ist). Dagegen hat es keinen Sinn zu glauben, man könne einen Schmerz fühlen und sich irren. Man kann sich fragen, ob der gefühlte Gegenstand eine Nadel ist und nachschauen oder nochmals fühlen. Dagegen hat es keinen Sinn, sich zu fragen, ob das Gefühlte ein Schmerz ist, um dann nachzuschauen oder erneut zu fühlen. Eine Nadel fühlen heißt: eine Nadel wahrnehmen. Aber Schmerzen fühlen ist ebensowenig eine Art von Wahrnehmung wie sich froh fühlen oder Lust auf einen Spaziergang fühlen. [...] Gleicht mein Schmerz genau dem des anderen, so haben wir beide den gleichen Schmerz. (Daß dein Schmerz in deinem Kopf und mein Schmerz in meinem Kopf ist, heißt nicht, daß wir verschiedene Kopfschmerzen haben – wenn wir beide einen dumpfen, hämmernden Schmerz in den Schläfen haben, so haben wir den gleichen Kopfschmerz. Auch daß ‚deiner der deine und meiner der meine' ist, heißt nicht, daß wir verschiedene Schmerzen haben, denn hier geht es gar nicht um ein Besitzverhältnis.) Dagegen ist die Nadel des anderen zwar womöglich der meinen ganz ähnlich, aber dennoch eine andere. Oder sie kann dieselbe sein wie die, welche ich früher hatte, ehe ich sie ihm schenkte. Denn die Unterscheidung zwischen qualitativer und numerischer Gleichheit läßt sich auf Nadeln anwenden, aber nicht auf Schmerzen.“[26]

Wie immer man diese Interpretation einschätzen mag – Schmerzen und das Sprechen über Schmerzen folgt in unseren Sprachspielen einer anderen ‚Logik‘ als das Sprechen über gewöhnliche Gegenstände. Über den Schmerz täuscht man sich nicht, man kann sich nicht einbilden, ihn zu haben, wenn man ihn hat – das jedenfalls ist Wittgensteins Auffassung.

Man hat in dem letzten halben Jahrhundert Untersuchungen dieser Art auf die verschiedensten Themen ausgeweitet. Nicht alle Kulturen etwa gliedern in ihren Sprachen (und Weltsichten) die Zeit so wie wir in Vergangenheit, Gegenwart und Zukunft und unterscheiden dann noch mal Plusquamperfekt, Futur II usw. Ähnliches gilt für den Raum, viele Phänomene wurden unter diesem Aspekt einer nach Erfahrungssätzen und grammatischen Sätzen unterschiedenen Betrachtung untersucht. Schon Wittgenstein weitet die Sprachanalyse und -kritik in die unterschiedlichsten Richtungen aus. Ein weiterer spannender Topos ist z. B. das Gefangensein in Metaphern als unser Denken strukturierende Module, sie können uns gleichfalls in die Irre führen. Man kann dabei an berühmte Metaphern denken, z. B. solche, die die Natur als Uhrwerk sehen, oder unser Gedächtnis als Speicher, all das sind Metaphern, die womöglich sehr wenig mit den ‚tatsächlichen‘ Verhältnissen zu tun haben. Nur – wer befindet über diese? Ein anderes Beispiel: Obwohl umgangssprachlich davon gesprochen wird, dass (der) Strom ‚fließt‘, handelt es sich dabei – ‚tatsächlich‘ oder physikalisch betrachtet – um eine falsche und unzutreffende Umschreibung. Wie vertrackt die Sache ist, zeigt sich, wenn wir noch einen Schritt weiter gehen und fragen, ob nicht auch in unserer Rede davon, dass bestimmte Bilder der Sprache unser Denken gefangen halten, vergessen wird, dass auch dieses Bild oder besser, dieses Gleichnis der Gefangennahme selbst noch eine Metapher ist. Noch immer zappeln wir im Netz von Metaphern. Ein Lösungsvorschlag besteht darin, zwischen Metaphern und Begriffen (dem Realen/Rationalen) zu unterscheiden und Begriffe als erstarrte, abgestorbene „tote Metaphern“ zu verstehen. Kurz, die ganze Bandbreite der Überlegungen zeigt, wie sehr die figurativen Elemente der Sprache unser Denken präformieren und strukturieren. Und Wittgenstein schüttelt mehrdeutig den Kopf: „Der Philosoph behandelt eine Frage; wie eine Krankheit.“[27]

How to do things with words

Mit *How to do things with words* sind die Vorlesungen überschrieben, mit denen John L. Austin (1911–1960), Philosoph in Oxford, sich in der Sprachphilosophie einen Namen gemacht hat. Nach dem Zweiten Weltkrieg hat er sich intensiv mit Frege und Wittgenstein auseinandergesetzt und gilt seit dem Beginn der 50er-Jahre als einer der Begründer der *Ordinary Language Philosophy*, häufig auch Oxford-Schule genannt. Seine Vorlesungen wurden nach seinem Tod veröffentlicht. Mit Gilbert Ryle (1900–1976) und Peter Strawson (1919–2006) teilt er die Annahme, dass den meisten philosophischen Problemen ein Missbrauch der Alltagssprache zugrunde liegt. Leitend ist dabei Wittgensteins Verständnis von Philosophie als therapeutischer Unternehmung.

Die Ausgangsbedingung Austins ist die Unterscheidung zweier Sprechakte: *konstativer* und *performativer* sprachlicher Äußerungen. Ein Satz, mit dem man etwas konstatiert, stellt etwas tatsächlich Gegebenes fest: „Es regnet“ oder „Der Zug läuft in den Bahnhof ein“. Performative Äußerungen dagegen sind keine Feststellungen, die im Vergleich mit den Fakten „wahr“ oder „falsch“ sein können, sondern Sprechakte, die, indem sie getätigt werden, die Dinge ändern, über die sie berichten. Sie rufen das ins Leben, was sie als sprachliche Äußerung ausführen. Eine Handlung wird vollzogen, indem ein Satz ausgesprochen wird. Beispiele sind: „Ich taufe dieses Schiff auf *Queen Elisabeth*“ oder „Ich bitte dich, mir zu helfen“. Das englische Wort *to perform* heißt zunächst durchführen, vollziehen, praktizieren, tun, machen, es bedeutet aber auch – mit einer Konnotation an das Theater – aufführen. Austin geht von der einfachen Überlegung aus, dass Wörter sich nicht darin erschöpfen, Tatsachen wiederzugeben; vielmehr schaffen wir mit manchen Äußerungen auch Tatsachen.

Performative Äußerungen schaffen etwas, bringen etwas hervor, das gleichzeitig mit ihrem Selbstvollzug zusammenfällt: „Hiermit eröffne ich die Sitzung.“ Durch das Aussprechen des Satzes wird eine neue Wirklichkeit instituiert. Die Sitzung ist eröffnet, ab diesem Augenblick sind die durch die Satzung eines Verbands oder Vereins geltenden Regeln in Kraft. Interessant aber auch, dass nicht ein zu jeder Zeit an beliebiger Stelle und jedwedem Sprecher geäußerter performativer Sprechakt jene Wirkung zeitigt, eine neue Realität zu stiften. Ein anderes, von Austin immer wieder bemühtes Beispiel ist das Versprechen. Wenn ich ein Versprechen äußere, mache ich nicht nur eine Aussage, sondern vollziehe den Akt des Versprechens, der mit der Äußerung identisch ist: Ich lege mich zukünftig auf diese Handlung fest – durch eine Sprach*handlung*. Austin hat versucht, verschiedene Klassen performativer Redehandlungen zu beschreiben, wie Beten, Absprachen treffen, Einspruch einlegen usf., aber auch bemerkt, dass mit dem Performativen ein allgemeiner Grundzug der Sprache verbunden ist, an dem jede Äußerung partizipiert. In der Weiterentwicklung seiner Theorie werden vor allem drei Elemente der Sprechakte bedeutsam: das *Lokutionäre*, das *Illokutionäre* und das *Perlokutionäre*.

Einmal unterstellt, jemand sagt zu mir: „Erschieß ihn", dann steht das lokutionäre Element für die bloße Äußerung oder dafür, die Bedeutung von ‚Erschießen' und den Bezug auf ‚ihn' zu spezifizieren. Die illokutionäre Kraft bezieht sich auf das, was angeordnet wird; der perlokutionäre Äußerungsanteil (der nur stattfindet, wenn der illokutionäre Akt sein Ziel erreicht) beschreibt – um beim Beispiel zu bleiben: ‚Sie machte, dass ich ihn erschoss' – den Effekt, der mit einer Äußerung beim Gegenüber in der realen Welt erzielt wird.

Austin führt im Laufe seiner Untersuchungen viele neue technische Termini ein, um bestimmte Unterscheidungen zwischen Sprechakten und ihren Elementen zu identifizieren. Aufs Ganze gesehen, ist es seine Absicht, in das weite und wichtige Feld der Philosophie der gesprochenen Sprache und in großer Nähe zu den tatsächlichen Redehandlungen der Akteure größere Klarheit zu bringen.

Judith Butler (geb. 1956) nutzt diese und andere Begriffe der Sprechakttheorie, insbesondere das Performative, um mit ihrer Hilfe politische und sozialphilosophische Analysen, vor allem mit Blick auf die Unterdrückung der Minderheiten in den USA, durchzuführen. Besonders *Hate speech* (1997, dt.: *Haß spricht*, 1998) ist eine ausgezeichnete Studie darüber, wie man mit Sprache/Sprechen verletzen kann. Das Verletzen mittels Sprechakten erfolgt in einem starken Sinne der Performativität. Der Untertitel des Buchs lautet *Zur Politik des Performativen*. Neben John Austins Sprechakttheorie basieren Butlers Überlegungen zur verletzenden Kraft der Sprache auf der Theorie der Anrufung des französischen Philosophen Louis Althusser (1918–1990). Die von Althusser analysierte Anrufung eines Passanten durch einen Polizisten dient Butler als Beispiel für eine Konstitution des Angerufenen als Objekt der Unterwerfung. Hass-Sprache konstituiert den Adressaten als Objekt. Butler untersucht in diesem Zusammenhang vor allem rassistisches und sexistisches Sprechen. Sie deutet Althussers Text so, dass die Individuen erst durch die Sprache - im wörtlichen Sinne - zur Existenz kommen. Gegen Althusser macht sie allerdings geltend, dass Sprache immer auch eigensinnig und widerständig angeeignet werden kann. Sprache entmächtigt und ermächtigt die Individuen zugleich. Die Performativität unserer Sprechakte ermöglicht auch die Freiheitsspielräume, diese Akte des Er- und Entmächtigens zu beobachten bzw. ihnen Widerstand entgegenzusetzen.

Sprache, Struktur und Geschichte
F. de Saussure, C. Lévi-Strauss und M. Foucault

[...] eine beliebige Sprache zu einem beliebigen Zeitpunkt ist nichts anderes als ein ungeheures Netz von Analogiebildungen.
F. de Saussure

Die Anfänge der philosophischen Strömung des Strukturalismus liegen zu Beginn des 20. Jahrhunderts. Als Initialzündung wird gemeinhin der Vorlesungszyklus *Course de linguistique générale* von Ferdinand de Saussure (1857–1913) begriffen, den er zwischen 1906 und 1911 gehalten hat.[28] Zu einer führenden kulturellen Strömung Europas wurde dieser *linguistische Strukturalismus*, der das ganze Jahrhundert hindurch ausgebaut wurde, in den 50er- und 60er-Jahren, vor allem durch Claude Lévi-Strauss. Man könnte sagen, dass in dieser Zeit die intellektuelle Welt, vor allem in Frankreich, strukturalistisch gedacht hat: Vom Marxismus und der Psychoanalyse über die Sprachwissenschaft und die Kulturtheorie bis hin zur Kunst- und Literaturwissenschaft dominierte das strukturalistische Paradigma.

De Saussures Denken geht von der Überlegung aus, dass sich Philosophie und Wissenschaften zwar seit ihren Anfängen mit der Sprache beschäftigen, aber keine strenge wissenschaftliche Untersuchung der Sprache vorgenommen haben. Natürlich haben die Philosophen darüber nachgedacht, wie Wörter zu den Dingen in Beziehung stehen, oder auch, worin der Ursprung der Sprache liegt: Hat es vielleicht eine Ursprache gegeben? Benutzte Adam eine Ursprache, die dann durch die Sprachverwirrung, die Sprachzersplitterung im Zuge des Turmbaus zu Babel vergessen wurde? Solche Überlegungen zum Ursprung der Sprache gab es seit langer Zeit, eine strenge wissenschaftliche Untersuchung aber nicht. De Saussure ist derjenige, der sie sich explizit zum Ziel gemacht hat. In diesem Zusammenhang sind allerdings auch die ersten großen sprachphilosophischen und sprachwissenschaftlichen Untersuchungen Wilhelm von Humboldts zu würdigen. Er ist wohl derjenige, der sich zu Beginn des 19. Jahrhunderts am weitesten auf diesem Gebiet vorgewagt hat. W. v. Humboldts Überlegungen waren von nachhaltiger Bedeutung für die moderne Sprachwissenschaft. An ihn knüpft auch de Saussure an.

Sprache und Struktur

Was heißt in diesem Kontext „Struktur"? Es geht einerseits um den Befund, der bereits für Hegel und andere wichtig war, dass man, um einen Text, einen Sachverhalt oder ein Ereignis zu verstehen, einen Vorbegriff des Ganzen entwickeln muss. Dieser generell für die hermeneutische Diskussion wichtige Grundsatz ist auch die methodische Grundlage des Strukturalismus. Ihm geht es um die Entwicklung, Beschreibung, Analyse einer jeweiligen Struktur, eines Modells oder einer Gleichung, die es gestattet, zwischen verschiedenen Phänomenen eine ganz bestimmte Beziehung herzustellen. In der Alltagssprache heißt Struktur Gliederung, Anordnung, Organisation, Schema, Modell. Und vor allem auf diesen Modellaspekt zielt der Strukturalismus ab, weil er glaubt, dass sich innerhalb eines solchen Modells bestimmte Regeln entwickeln lassen, die ein Phänomen mit einem anderen verknüpfen; und zwar über die Methode des Vergleichs.

Der Strukturalismus überlegt, welches Element einer Menge von Zeichen er mit anderen Elementen in Beziehung setzen, verketten, verknüpfen kann. Um das Ganze in den Blick zu bringen, geht es dem Strukturalismus nicht mehr um ein Bewusstsein- und Welttranszendentes. Sein Anliegen ist es vielmehr, alles innerhalb der Sprache aufzuklären. Die Sprache wird als Universum, als ein Kosmos vorgestellt, dessen Regeln es zu entdecken gilt, und diese lassen sich rein intern erklären. Es geht also um das Zusammenspiel der Teile oder Elemente der Sprache, die auf der Ebene der Syntax, man könnte ganz grob sagen, der Grammatik, aber auch der Phonetik und der Lexik liegen können. Vor allem auf dem Gebiet der Phonetik hat die Sprachwissenschaft sehr früh große Erfolge erzielt, dies war nicht der geringste der Gründe, das strukturalistische Programm auch auf alle übrigen Gebiete der Sprache auszuweiten. Jeder dieser Bereiche hat bestimmte Regeln, die immer wiederkehrende Strukturen aufzuweisen scheinen. Die Sprache wird als System von Zeichen betrachtet, die ihren Sinn allein aus einem Spiel von Entgegensetzen/Differenzieren und Zusammensetzen/Synthetisieren entwickeln.

Hinzu kommt, dass die Bedeutung von Wörtern, von Satzteilen insgesamt nicht durch den Hinweis auf eine externe Referenz erläutert wird, also auf das, was da „draußen" an Dingen und Ereignissen passiert, sondern die Erklärung von Bedeutung rein aus der Kenntnis der internen Regeln der sprachlichen Zeichen resultiert. Dieser Gedanke hat außerordentlich revolutionär gewirkt. Es geht nicht darum, eine geheimnisvolle Beziehung der einzelnen Begriffe zu außersprachlichen Dingen zu unterstellen, sondern die sprachlichen Elemente erhalten ihre Bedeutung intern. Sie ergibt sich aus den Regeln, die z. B. die Grammatik vorschreibt. Wir brauchen nicht auf die Realität ‚da draußen' zu schauen, worauf sich die Wörter beziehen, denn sie erläutern sich durch andere Wörter innerhalb der Sprache. *Differenz* heißt das Zauberwort. Was immer ein Wort in einer Sprache auch bedeuten mag, es kann dies nur im Kontext von anderen Wörtern oder im Unterschied zu anderen Wörtern, die an seiner Stelle gerade nicht gewählt wurden. Seine Bedeutung ergibt sich relational.

Nicht weniger bedeutsam ist das zweite Prinzip der Sprachwissenschaft de Saussures: *Arbitrarität*. Während W. v. Humboldt bei seinem vergleichenden Sprachstudium zu der Einsicht gelangte, dass Sprachen keineswegs Mengen konventioneller Zeichen sind, geht de Saussure vom Gegenteil aus: vom rein konventionellen oder willkürlichen Charakter sprachlicher Zeichen. Das Band zwischen gegebenem Lautbild und bestimmtem Begriff – aus dem der Wert des Zeichens resultiert – ist ein radikal willkürliches Band.

Die Sprache wird verstanden als die Gesamtheit der Regeln, denen sich die Sprecher unterwerfen und die die Sprecher beherrschen müssen, um verstanden zu werden. Wir beherrschen sehr viele sprachliche Regeln, ohne sie, wenn uns jemand danach fragen würde, benennen zu können. Wer kennt schon die Regeln der Grammatik oder Phonetik? Nichtsdestotrotz gelingt es, sie in unserer Rede vollkommen richtig anzuwenden. Ihnen unterwerfen wir uns in unserem sprachlichen Gebrauch, den wir im Verlauf unserer muttersprachlichen Sozialisation eingeübt haben. Diese Sozialisation ist, wie indirekt auch immer, eine unserer Gefühle, unserer Überzeugungen, unserer Wünsche, unserer Einstellungen, eben in der Sprache, die wir erlernt haben.

Wenn man daran festhält, dass die Sprache verstanden wird als die Gesamtheit von Regeln, wird eine andere Unterscheidung wichtig, nämlich die zwischen *Synchronie* (dem Gleichzeitigen) und *Diachronie* (dem

Nacheinander), zwischen einer synchronischen Betrachtung und einer diachronischen Betrachtung. Begreift man die Sprache allein als einen Gegenstand, als die Gesamtheit unterschiedlichster Regeln, besteht der Witz darin, sie gleichsam zu einem bestimmten Augenblick zu untersuchen - deswegen Synchronie. Man interessiert sich zunächst einmal nicht für die geschichtlichen Veränderungen und Entwicklungen, welche die Sprache durchläuft. Letzteres ist der Gesichtspunkt der Diachronie, die das Werden und die Wandlungsprozesse der Sprache untersucht. Die synchrone Perspektive beschreibt den Satz der Regeln, der in einem ganz bestimmten Augenblick gültig ist, deswegen ist der synchrone Aspekt jener der Gleichzeitigkeit. Wir machen einen Querschnitt durch die Regeln, denen die Sprache im Augenblick folgt, und stellen sie uns dabei ahistorisch und relativ statisch vor. Damit bietet sich die Möglichkeit, überhaupt wissenschaftlich an die Sprache heranzutreten. Um das aber durchzuführen, braucht man eine zweite Unterscheidung, die von *langue* und *parole*.

La parole ist der besondere, der aktuelle Gebrauch, den jeder Einzelne von der Sprache macht. Er ist virtuell in der Sprache als System enthalten. Er kann zu einer Veränderung der Sprache führen. In unserer *aktuellen Rede*, in unserem Sprachgebrauch beziehen wir uns immer auf Bedeutungen, die schon da sind, die die Sprache uns vorgibt, aber gleichzeitig eröffnet uns der aktuelle Sprachgebrauch die Möglichkeit, die Bedeutungen zu verändern. Wie häufig kommt es vor, dass wir aufgrund von Fehlleistungen oder von Einfällen einen anderen Gebrauch von der Sprache machen als den, den wir ursprünglich vorhatten. Dann schließen wir uns einerseits dem normalen Sprachgebrauch an, andererseits eröffnen wir einen neuen Aspekt der Sprache, der aber auch in gewisser Weise im gängigen Sprachgebrauch enthalten ist. Interessant ist, dass die oben angesprochenen Relationen zwischen den einzelnen sprachlichen Zeichen, die in Form von Oppositionen die Bedeutung des Sprachzeichens markieren, durch *Analogien* hergestellt werden. Bezeichnungen werden in Analogie zu anderen gefunden. Darin sieht de Saussure das Prinzip der sprachlichen Kreativität. Die Analogie hat aber in Philosophie und Wissenschaft einen schlechten Ruf, sie ist neben den wissenschaftlich hochgeschätzten Verfahren Induktion und Deduktion eine mehr als problematische Verwandte. Ihre Indienstnahme hat daher in erster Linie einen regulativen oder heuristischen Charakter. Philosophisch entscheidend: das, was analogisch organisiert ist, lässt sich ‚nur' verstehen, nicht aber im Sinne einer strengen Wissenschaft erklären.

Die Bedeutungen von Sprachelementen sind nicht gegeben wie in einem Lexikon. Wittgenstein hat diese Vorstellung kritisiert und gesagt, dass die Bedeutung sich regelmäßig überhaupt erst – wenn auch nicht in allen Fällen – aus dem Gebrauch entwickelt. Erst der Gebrauch klärt uns darüber auf, was im Augenblick gemeint sein kann. Haben Wörter sich in einer bestimmten Verwendungsweise institutionalisiert und sich derart stabilisiert, dann finden sie irgendwann ihren Niederschlag im Lexikon. Das Lexikon ist mehr an der Stabilität der Sprache orientiert – doch das soll hier nicht weiter bedacht werden. Bei *la parole* handelt es sich um die gesprochene Sprache, um die aktuelle Sprache, um die Aktualisierung unseres Sprechens im normalen Gebrauch. Deswegen wird in Übersetzungen oft auch von aktueller Rede gesprochen: als Sprechen im Sinne von konkret realisierter Sprache, während *la langue* das System der Regeln bezeichnet, dem wir folgen.

Unter dem Einfluss der amerikanischen Linguistik wird häufig auch ein anderes Begriffspaar benutzt, das uns im Rahmen von Noam Chomskys (geb. 1928) Syntaxtheorie überliefert ist, nämlich *Kompetenz* und *Performanz*. Kompetenz bezeichnet die Disposition, die es uns ermöglicht, sprechen zu können. Wir sind fähig, wir sind kompetent, den entsprechenden Satz von Regeln zu aktualisieren, wann immer wir sprechen wollen. Die Performanz bezieht sich auf den Vollzug unserer Rede. Das ist in gewisser Weise parallel zu setzen mit der französischen Begrifflichkeit von *la parole*. Diese beiden Unterscheidungen: *synchron/diachron* und *la langue/la parole* sind für die Linguistik entscheidend. Von hier aus kann man die Sprache gegenständlich untersuchen: Welchen Regeln folgen die Sprecher, wenn sie sprechen, auf der Ebene der Lexik, der Phonetik und anderer Teildisziplinen der Sprachwissenschaft?

Der entscheidende Gedanke hinsichtlich einer als System verstandenen Sprache ist die Synchronizität der Untersuchung. Traditionell hat man sich, wenn man sich mit der Sprache beschäftigte, in erster Linie auf die Diachronie bezogen. Also auf den geschichtlichen Verlauf, auf das Werden. Man hat nach dem Ursprung der Sprache gefragt. Aber man hat sie nie streng, nämlich – wenn man Marx' Ausdruck benutzen will – gleichsam im „idealen Durchschnitt" erforscht. De Saussures Überlegungen wollen die historischen Veränderungen der Sprache, die Sprachentwicklung nicht ausschließen, aber wenn man sie wissenschaftlich untersuchen will, so muss man sie als ein gleichzeitiges System ansetzen, in dem jedes Element von der Gesamtheit der Beziehungen zu anderen Elementen abhängt. Das ist der Grundgedanke: Alle Elemente einer Sprache hängen von dem Zusammenspiel mit und der Differenz zu anderen Zeichen ab. Man kann diese Herangehensweise auch auf ein früheres sprachliches System anwenden, z. B. auf das Mittelhochdeutsche, und dann versuchen, die zu einem bestimmten historischen Zeitpunkt herrschenden Regeln zu systematisieren. Dann interessieren nicht so sehr die Übergänge zum Neuhochdeutschen, vielmehr wird dieses wiederum als eine nächste systematische Stufe von Sprachregeln im idealen Durchschnitt erfasst. So kann man dann auch, wenngleich in der Perspektive verändert, die Geschichte betrachten: als eine Abfolge von Paradigmen, von jeweiligen Sprachmodellen. Der entscheidende Punkt ist die Veränderung in der Methode. Man trägt die Schichten ab wie ein Archäologe, interessiert sich aber weniger dafür, wie die Übergänge aussehen.

Die zusammenfassende These, die für die Philosophie wichtig ist, lautet: Die Bedeutung, die sich mit sprachlichen Zeichen verbindet, resultiert nicht in erster Linie aus dem Bezug der Sprache zu den Dingen außerhalb (der Sprache), sondern aus dem Spiel der sprachlichen Zeichen untereinander. Wenn man sich im kommunikativen Austausch über Dinge, Personen und Ereignisse verständigt, dann nicht, weil man auf etwas außerhalb der Zeichen referiert, sondern weil Zeichen auf andere Zeichen verweisen. Der interne Zusammenhang, der Verweis der Zeichen auf andere Zeichen, die implizite Kenntnis der Regeln, die wir, wenn wir sprechen, anwenden, reicht aus, um zu verstehen, worum es geht. Wir müssen nicht – das ist die Revolution – auf den Gegenstand verweisen, um von außerhalb der Sprache über den sprachlichen Ausdruck belehrt zu werden, sondern wir sprechen über die Dinge vermittels bestimmter Sprechzeichen, und diese erläutern sich selbst im Gebrauch über die Differenz mit anderen Zeichen. Anders gesagt, die Sprache wird als oder in ihrer Eigenwirklichkeit wahrgenommen, ohne Rückbezug auf die empirische Realität. Saussures Sprachverständnis löst die mimetische, die Welt da draußen nachahmende oder abbildende Sprachfunktion zunehmend auf.

Von der Linguistik zur strukturalen Anthropologie

Wir machen einen Zeitsprung von über einem halben Jahrhundert und wechseln von der Sprachwissenschaft in die Wissenschaft indigener Kulturen. In der neueren Diskussion hat der Strukturalismus großen Auftrieb durch die Ethnologie von Claude Lévi-Strauss (1908–2009) erhalten. Seine Methode der strukturalen Anthropologie wurde seit der Mitte des 20. Jahrhunderts zum Vorbild unterschiedlicher Disziplinen. In der Zwischenzeit hatte es auch wichtige Fortentwicklungen des linguistischen Strukturalismus gegeben. Vor allem zwei Schulen sind einflussreich geworden: die Moskauer und die Prager Schule, die stärker die formalen Aspekte des Strukturalismus betonten. Einer der strukturalistischen Vertreter war Roman Jakobson (1896–1982), einer der bekanntesten Linguisten des 20. Jahrhunderts. Vor allem unter seinem Einfluss ist die Linguistik dann eine große Wissenschaft geworden, die, schon ähnlich der Mathematik, eine ganz formale Analyse der Sprache vorgenommen hat.[29]

Der Ethnologe Lévi-Strauss und seine strukturale Anthropologie sind dadurch ausgezeichnet, dass er die Regeln der linguistischen Strukturanalyse auf die Analyse fremder Kulturen übertragen hat. Er hat versucht, die Ethnologie nach den formalen Regelmäßigkeiten zu verstehen, die in der Analyse der Sprache erfolgreich angewendet wurden. Durch Zufall hatte Lévi-Strauss in den 40er-Jahren die Bekanntschaft Roman Jakobsons gemacht, er war ganz begeistert von der Idee, mit einem der Sprachwissenschaft entlehnten Strukturmodell auch Kulturen analysieren zu können. Es wurde eines der größten und erfolgreichsten Unternehmen, das die Ethnologie hervorgebracht hat. Die wichtigsten Analysen betrafen die Mythen der Völker und die Verwandtschaftsbeziehungen, die sich außerordentlich gut mit einer fast mathematischen Modellanalyse durchdringen ließen.

Lévi-Strauss geht von einem Grundproblem der Anthropologie aus: Auf der einen Seite beobachtet sie den singulären und originellen Charakter der Kulturen, denn Kulturen unterscheiden sich voneinander. Auf der anderen Seite zeigen sich bei entsprechender Abstraktion von Äußerlichkeiten anthropologische Konstanten. So findet sich z. B. das Inzesttabu in nahezu allen Kulturen, und fast überall wird Diebstahl bestraft oder ist Lügen verpönt. Das heißt, einerseits eine hohe Variabilität in den kulturellen Ausdrucks- und Lebensformen, andererseits kann man von anthropologischen Invarianten nicht absehen, die in unterschiedlichsten Kulturen anzutreffen sind. Lévi-Strauss' Überlegung war nun die, ob man nicht vielleicht weiterkommt, wenn man bestimmte Umwandlungsregeln,[30] die sehr fruchtbar im Bereich der Sprachanalyse waren, auf die Kulturen anwendet, vor allem eben im Bereich der Mythen und der Verwandtschaftsbeziehungen. Gleichgültig, in welcher Weltgegend man sich befindet, es gibt einen gewissen Satz von Regeln, die innerfamiliäre Beziehungen regeln. Manche Kulturen schreiben beispielsweise vor, dass ein Mann die Witwe des verstorbenen Bruders heiraten muss.

Diese Normen, nach denen die Verwandtschaftssysteme aufgebaut sind, hat Lévi-Strauss in Südamerika, in Südostasien und in Afrika zusammengetragen. Was er dabei entdeckt hat, ist, dass es in der unglaublichen Vielfalt, die in Bezug auf diese Verwandtschaftsregeln in den verschiedenen Kulturen herrscht, nichtsdestotrotz eine relativ hohe Anzahl gemeinsamer Vorschriften gibt.

Eine solche anthropologische Invariante ist z. B. das bereits erwähnte Inzesttabu, das zwar in unterschiedlichsten Formen seine Umsetzung findet, nach Lévi-Strauss aber keinen biologischen Ursprung hat. Vielmehr müsse das Inzesttabu als oberste Regel der Kommunikation zwischen den Familienmitgliedern betrachtet werden.

Am Inzesttabu studiert Lévi-Strauss, wie Natur und Kultur zusammentreffen. Für ihn ist es eine Schnittstelle zwischen Natur und Kultur. Die grundlegenden Normen, die er über die Kulturen hinweg entwickelt, liegen nicht offen zutage; die (wiederkehrende) Struktur muss erst durch Vergleich und Analyse transparent gemacht werden. Sie muss freigelegt werden, sie liegt unter der Oberfläche dessen, was man beobachten kann. Man muss erst durch Analyse und Vergleich herausfinden, über welche Regelmäßigkeiten die Leute sich in unterschiedlichen Kulturen verstehen und interpretieren.

Und zu einem ähnlichen Schluss kommt er in Bezug auf Mythen. Menschen haben natürlich zahllose unterschiedliche Erzählungen über sich erfunden und tradiert (und in der Tradierung modifiziert oder neu erfunden), aber der Vergleich sehr vieler Mythen zeigt einen bestimmten Satz von Erzählungen, der in den unterschiedlichen Kulturen gleich ist. Vergleichbare Motive tauchen in verschiedenen Kulturen immer wieder auf: z. B. die Geburt des Helden oder die Geschichte vom Sündenfall, die große Katastrophe am Anfang einer Kultur, der Raub des Feuers oder das Inzesttabu. Es gibt eine strukturelle Gleichförmigkeit bei gleichzeitiger Vielfalt an der Oberfläche der Kulturen. Kurz und pointiert lautet das methodologische Credo des Strukturalisten: Die Aufgabe ist nicht zu zeigen, „wie die Menschen in Mythen denken, sondern wie sich die Mythen in den Menschen ohne deren Wissen denken".[31]

So lassen sich zwei Punkte verstehen: erstens, warum man Lévi-Strauss Antihumanismus vorgeworfen hat.[32] Dieser Vorwurf taucht deshalb auf, weil er den Menschen in seinem Denken und Handeln als von universellen Strukturvorgaben – wie bestimmten Erzählungen und Verwandtschaftssystemen – abhängig beschreibt. Die Strukturen gehen den Überzeugungen der sozialen Akteure, ihren Entscheidungen und ihrem Handeln voraus. Der Mensch ist (in seinem Selbst- und Handlungsverständnis) in gewisser Weise Anhängsel, Appendix dieser Strukturen. Was er über sich erzählt, ist stets nur die halbe Wahrheit. Die ganze Wahrheit liegt in der strukturellen Gleichförmigkeit der Erzählungen über die verschiedenen Kulturgrenzen hinweg. – Der zweite Punkt ist die mit der Einsicht in die universelle Struktur unseres Geistes einhergehende Kritik des Ethno- und Eurozentrismus. Es gibt überhaupt keinen Anlass dafür, eine Kultur höher zu bewerten als eine andere, wenn alle an den gleichen Strukturen partizipieren. Das Überlegenheitsgefühl der europäischen Kultur beruht auf einem Vorurteil, denn im Grunde folgt auch sie, wie die archaischen Kulturen, einem bestimmten Satz universeller Regeln des Geistes.

Das ist grob umrissen der theoretische Rahmen, auf den sich, vor allem in den 60er-Jahren, auch die Befreiungsbewegungen in der Dritten Welt beziehen können. Die Ethnozentrismuskritik von Lévi-Strauss stellt ein begriffliches Instrumentarium zur Verfügung, durch das der Kulturimperialismus der westlichen Welt durchsichtig wurde. Die intellektuelle Auseinandersetzung mit Ethnozentrismus und Eurozentrismus bildet in den 60er-Jahren den Hintergrund für das Unbehagen an einem totalisierenden Denken, das man im allgemeinen geistigen Klima Europas diagnostiziert. Unter dem Banner dieser Kritik, die so nachhaltig durch die Ethnologie Lévi-Strauss' beeinflusst worden ist, konnte sich ein Großteil der französischen Intellektuellen jener Zeit versammeln. Bei allen Unterschieden im Einzelnen kann man den Fluchtpunkt der Interventionen mit „Differenz" umschreiben: Differenz zwischen den Kulturen bei gleichzeitiger Einsicht in die Verwandtschaft aller Menschen und des Geistes untereinander. Lévi-Strauss' Strukturalismus wirkte sich auf jeden Zweig der französischen Gelehrsamkeit aus, von der Anthropologie über die Soziologie bis zur Kunst und Literatur, von der Geschichte bis zur Politik.

Die Ordnung des Diskurses

Ein hervorragendes Beispiel dafür sind die frühen Studien von Michel Foucault (1926–1984) über das, was er die *Episteme* (oder auch *Diskurse*) nennt (das griechische Wort *episteme* bedeutet Wissenschaft) und womit er die kulturellen Formationen des Wissens, die eine bestimmte Epoche beherrschen und zugleich unsere Erfahrung der Welt vermitteln und präformieren, meint. Dem, was man zu einem bestimmten Zeitpunkt in einer bestimmten Kultur wissen kann, sind enge Grenzen gesetzt; da gibt es Dinge, die man unmöglich denken kann und Handlungen, die man auszuführen gehindert wird. Der herrschende Diskurs ist der Diskurs der anonym Herrschenden. Wie im Diskurs reflektieren die Episteme einen engen Zusammenhang von Sprache und Denken: eine unauflösbare Einheit von Denken und Diskurs, die die Wissensformen einer Kultur definieren. In ihnen drückt sich aus, was Nietzsche einmal „das Herrenrecht, Namen zu geben"[33] genannt hat, freilich ohne dass die Herren beim Namen genannt werden könnten. Dadurch, dass die Dinge einen bestimmten Namen erhalten und ihnen in den betreffenden Wissensformationen eine bestimmte Stelle zugewiesen wird, gelangen sie in den Rahmen hierarchischer Beziehungen und präziser (scheinbar rationaler) Bedeutungen, wodurch die Menschen und Institutionen, die von ihnen Gebrauch machen, ihnen unterworfen werden.

Der ärztliche Blick auf die Geisterkrankheit z. B. wird strukturiert und geprägt, d. h. auch gestützt und gesichert durch ein medizinisches Diskursuniversum (als machtverkörpernde Institution), das die, die sich in ihm bewegen, zu ausführenden Organen des jeweiligen Wissensregimes bestimmt.

Foucault interessiert sich dafür, herauszufinden, wie die Diskursformationen (der Gefängnisse, Psychiatrien, aber auch der Humanwissenschaften) funktionieren, wodurch sie also in der Lage sind, ihre Ordnungs- und Disziplinierungsfunktion zu erfüllen und zu einem das Wissen beherrschenden (rationalen) Corpus zu werden, wie es ihnen z. B. durch sprachliche Zuschreibungspraktiken (Etikettierungen) gelingt, Gruppen missliebiger (wahnsinniger, kranker, straffälliger, schwuler usf.) Individuen von den sogenannten normalen zu unterscheiden und eine Ordnung der (diskursiven) Vernunft auf der Grundlage dieser soziokulturellen Unterscheidungen zu errichten. Nicht anders als Wittgenstein die Sprachspiele will Foucault das Funktionieren der Ein- und Ausschließungsmechanismen *beschreiben*, durch die – vermittels der Episteme – die (soziale) Ordnung der Dinge (als rationale) generiert wird.[34]

Wie erwähnt (vgl. Kap. I, S. 54 ff.), entzündete sich Foucaults strukturalistischer Antihumanismus an einem Unbehagen des in den 50er-Jahren in Frankreich dominierenden Humanismus und an einer Rhetorik, die wesentlich von existenzialistischen Motiven, insbesondere der Dramatisierung von „Wahl“, „Freiheit“, „Angst“ und „individueller Verantwortung“ geprägt waren. Foucault entwickelt dagegen ein Kant-analoges Erkenntnisinteresse, das sich auf die formalen Bedingungen der Möglichkeit historisch wirksamer Wissenssysteme und ihre machtbasierten Interessen konzentriert. Diese sozialen Wissenssysteme zeigen in Vielem eine Verwandtschaft mit den von Th. S. Kuhn sogenannten (wissenschaftlichen) Paradigmen. Anders als der Existenzialismus, der zum Verständnis der sozialen Welt mentalistische Begriffe wie Subjekt, Intentionalität, Erlebnis, Bewusstsein usf. verwendet, füllt sich Foucaults Begriffsapparat mit Konzepten, die der Beobachterperspektive entlehnte, strukturell objektive Züge tragen. Gleichwohl ist seine Untersuchung der formalen Bedingungen eine in politisch-praktischer Absicht: Es geht darum, die Strukturen und Mechanismen genauer explizieren zu lernen, die uns in unsere Diskurse – als Einheiten von Sprachgewohnheiten und Praktiken – einschließen. Foucaults Programm: „Eine Geschichte, die stumm geblieben ist“[35] zur Sprache zu bringen und ihr damit möglicherweise zur Anerkennung zu verhelfen; der verordneten Stummheit den Kampf anzusagen, sodass die, deren Sprach- und Stimmrecht kassiert wurde, selbst lernen, für sich zu sprechen.

Ob die Bezeichnung ‚Strukturalismus‘ Foucaults Studien über *Wahnsinn und Gesellschaft* (1961), die *Geburt der Klinik* (1963), *Die Ordnung der Dinge* (1966) und *Die Archäologie des Wissens* (1969) richtig charakterisiert, ist zweitrangig, in jedem Fall steht zu dieser Zeit die Diskursanalyse im Mittelpunkt, wie später die *Dispositive der Macht* und zuletzt die *Hermeneutik des Selbst*. In nicht wenigen Punkten gleicht Foucaults Denken demjenigen von Adorno und Horkheimer in der *Dialektik der Aufklärung*, auch darin, das Subjekt als Effekt eines „normende(n), normierende(n), normalisierende(n)“[36] Disziplinarzwangs zu verstehen, mit dem Problem, dass sich in dessen Internalisierung das Subjekt weitgehend erschöpft.

Aus dem Geist der Hermeneutik
H.-G. Gadamer und P. Ricœur

Sein, das verstanden werden kann, ist Sprache.
H.-G. Gadamer

Die Aufmerksamkeit dieses Unterkapitels gilt der *Hermeneutik*, besonders jener, die mit dem Namen Hans-Georg Gadamer (1900–2002) verbunden ist. Zunächst, woher kommt dieser Begriff? „Hermeneutik" lässt sich vom griechischen Gott *Hermes* herleiten, lateinisch *Merkur*, dem Gott der Diebe und auch der Händler, uns aber vor allem geläufig als Bote der Götter: der Götterbote Hermes. Ganz allgemein versteht man unter Hermeneutik die Lehre des Verstehens oder auch die Kunst der Interpretation. Für Gadamer ist die Hermeneutik eine *Kunstlehre des Verstehens*. Was an ihr Kunst ist und inwiefern sie sich von der Wissenschaftlichkeit im strengen Sinne der Naturwissenschaften unterscheidet, das sollte im Verlauf der folgenden Darstellung klar werden. Zunächst hat man die Lehre des Verstehens und der Interpretation auf bestimmte Textsorten, nämlich juristische Texte bezogen, sie als *juristische Hermeneutik* verstanden, dann – wichtig und zentral für die Vorstellung von Hermeneutik – als die Auslegung der Bibel, *biblische Exegese*. Innerhalb dieser hat es, schon im 18. Jahrhundert, viele und erbitterte Konflikte gegeben, vor allem was die Autorität der Auslegung betrifft, heute spielt die *literarische Hermeneutik* eine große Rolle.

Wichtige Studien zur Grundlegung der Hermeneutik im 19. Jahrhundert hat insbesondere Wilhelm Dilthey (1833–1911) verfasst. Dass wir zwei Arten von Wissenschaften – die Natur- und die Geisteswissenschaften – wie selbstverständlich unterscheiden und entsprechend für Naturerscheinungen *Erklärungen* suchen; bei allen Phänomenen der Kultur, d. h. des Psychischen und des Geschichtlichen, aber auf ein *Verstehen* drängen, ist u. a. der Arbeit von Dilthey zu verdanken. Eine weitere wichtige Station ist dann M. Heideggers Hermeneutik, er versteht das Dasein als ein über Rede, Verstehen und Befindlichkeit sich in der Welt auslegendes Wesen.[37]

Das klassische Werk Gadamers, *Wahrheit und Methode*,[38] ist 1960 veröffentlicht worden. Er selbst ist ein Jahrhundertmann, 1900 geboren und 2002 gestorben, also 102 Jahre alt geworden. Er hat dieses Buch schon in fortgeschrittenem Alter geschrieben, er gehörte zu den Philosophen, die bis in das letzte Lebensjahrzehnt hinein aktiv waren, gereist sind, Vorträge in aller Welt gehalten haben.

Gadamer möchte für den Sektor der Geisteswissenschaften, den der Literatur, für den ganzen Bereich der Kultur, der wesentlich um das Verständnis von Texten kreist, eine Methode finden, die es ermöglicht, auch in diesem Bereich von Wahrheit und Wirklichkeit zu sprechen. Es geht ihm um diesen besonderen Erfahrungszusammenhang, um das unsichere Terrain, auf dem sich die Geisteswissenschaften bewegen. Dabei bemüht er sich in auffälliger Weise um die Klärung dreier Typen des Erkennens, nämlich die historische Erkenntnis, die philosophische sowie die ästhetisch vermittelte Erkenntnis. In diesen drei Bereichen stellt die Hermeneutik die Frage nach der Wahrheit.

Ein kurzer Rückblick scheint an dieser Stelle vonnöten, um Gadamers Anliegen innerhalb der Philosophie des 20. Jahrhunderts zu verorten. Warum wird in diesem Jahrhundert – das war die Ausgangsfrage – die Sprache so wichtig, sowohl in der analytischen Philosophie als auch, wie wir jetzt sehen, in der Hermeneutik als der stärker kontinentalen Tradition? Bis hin zu Kant und zum *Deutschen Idealismus* ist das philosophische Denken von der Vorstellung getragen, dass man die Welt, die anderen Menschen, die anderen Kulturen von einem einheitlichen Subjektivitätsbegriff her verstehen könne. Die Philosophie hat lange Zeit eine Art Gleichförmigkeit der Welt oder vielmehr des unsere Auffassung von ihr prägenden kognitiven Apparats unterstellt. Das heißt, man stellte sich eine für alle menschlichen Wesen gleiche Art und Weise der Wahrnehmung und Wahrnehmungsverarbeitung, der Begriffe und der Begriffsbildung vor: von allen menschlichen Subjekten geteilte Bewusstseinsstrukturen, von denen ausgehend sie die Welt auffassen.

Man könnte es auf die Vorstellung zuspitzen, die Menschheit sei ein einziges logisches Subjekt. Man unterstellte bis hin zu Kant und dem Deutschen Idealismus einen mehr oder weniger für alle Menschen und Kulturen, über alle Zeiten und Räume hinweg verbindlichen Logos, einen verbindlichen Verstand. Man ging von einer allgemein gültigen

Rationalität aus, auf die man zweifelsfrei rekurrieren könne, auch wenn im Einzelfall heftig darum gestritten wurde. Dem modernen Denken erscheint diese grundlegende Annahme zunehmend fraglich.

Das Anderssein der Anderen

Was spätestens im 19. und 20. Jahrhundert auftaucht und um sich greift, ist der zunehmende Zweifel daran, dass alle Kulturen, alle Andersheiten, alle Fremdheiten von einem alles umgreifenden Logos her verstanden werden können. Die Philosophie setzt einen immer größeren Zweifel in das begriffliche Denken, so wie es noch Kant in seinem Tableau der Kategorien geordnet hatte: nach Quantität, Qualität, Relation und Modalität mit den entsprechenden Unterscheidungen organisiert und den Anschauungsformen von Raum und Zeit unterstellt. Das Fraglichwerden dieser Grundannahme hängt mit den Erkenntnissen der Ethnologie und der Sprachwissenschaft in Auseinandersetzung mit der Geschichte und dem Wesen fremder Völker zusammen, aber auch mit der zu Beginn des 19. Jahrhunderts nachdrücklich vertretenen Einsicht, dass unser Denken in den (präformierenden) Bahnen sprachlicher Ordnungen verläuft. Größeren Einfluss gewinnen auch die dezentrierenden Erkenntnisse der Naturwissenschaften, die den Menschen aus dem Mittelpunkt der Welt und unsere Welt, die Erde, aus dem Mittelpunkt des Universums herauskatapultiert haben. Dazu kommen noch die Einsichten der Soziologie und Psychologie bzw. der Psychoanalyse, auf die wir des Längeren Aufmerksamkeit verwandt haben, insbesondere Marx und Freud, welche den Menschen durch gesellschaftliche Zusammenhänge sowie unbewusste, aber wirkmächtige psychische Kräfte bestimmt begriffen haben.

Der Begriff, der diese allgemeine Krise, die Auflösung der Vorstellung einer von Geschichte und Kultur unabhängigen Rationalität markiert, ist der *Perspektivismus*: Jede Kultur, jede Ethnie, jede Epoche hat ihren Standpunkt und ihre Perspektive, und jeder Einzelne erst recht, und möglicherweise sind sie alle auf ihre Weise gleichermaßen bedeutsam und legitim. Vom *Historismus* zu sprechen meint dasselbe, aber auf der Ebene einer allen Epochen und Kulturen gleichen Geltung in Bezug auf ihre Sitten und Gebräuche, ihre kulturellen Praktiken und Weltanschauungen. Leopold von Rankes (1795–1886) berühmter Satz: „Jede Epoche ist unmittelbar zu Gott" bringt diese Einsicht auf den Punkt. Das heißt, es gibt keine Kultur mehr, die vor anderen ausgezeichnet wäre, jede hat ihre Eigenständigkeit, die gleiche Berechtigung und Autorität, womöglich die gleiche Legitimität, unabhängig davon, welche Riten, Rechtsformen, moralischen und politischen Standards, Verwandtschaftssysteme etc. dort herrschen. Es beginnt sich auch ein Bewusstsein auszubilden, dass keine dieser Kulturen das Recht hat, eine andere zu unterjochen. Was in den Blick gerät, ist die Vielheit der Weltbilder und Perspektiven: Das, was bis dahin unter „der Welt“ verstanden wurde, zerfällt in eine Pluralität von Weltsichten.

Interessanterweise haben sich bereits die Aufklärungsphilosophen, etwa Voltaire, mit der Frage beschäftigt, wie es eigentlich wäre, wenn die Menschen z. B. sehr viel größer dimensioniert wären und wie Gulliver mit riesigen Schritten über die Welt hinwegschreiten könnten – wie nähmen solche großkalibrierten Wesen die Welt wahr? Wie nehmen Tiere die Welt wahr, die mit anderen Sinnesorganen ausgestattet sind? Die in ihrer Größe und Organisation anders dimensioniert sind? Es wird immer offensichtlicher, dass die Wahrnehmungen von der Welt extrem stark davon abhängen, mit welchen kognitiven Instrumenten, in welcher Auflösungsdichte wir sie rezipieren und verarbeiten.

Das ist die Situation, an die die Hermeneutik anknüpft. Sie sucht nach einem neuen Rahmen, innerhalb dessen sich die vom Bewusstsein der Verschiedenheit durchdrungenen Völker und Kulturen wieder treffen könnten, und innerhalb dessen es möglich wäre, die Vielfalt der unterschiedlichen Weltbilder wieder aufeinander zu beziehen. Gadamer glaubt diesen Rahmen im „Gespräch“ zu finden. Das Miteinander-im-Gespräch-Sein wird allerdings vorrangig hinsichtlich seiner rein formalen Bedingungen aufgefasst, da seine Inhalte dem Verdikt des Perspektivismus anheimfallen. Die Hermeneutik versucht erneut einen Gesprächsfaden anzuknüpfen mit den Gestalten der Vergangenheit auf der einen Seite und mit den fremden Kulturen auf der anderen. Was dabei im Unterschied etwa zur philosophischen Tradition des *Idealismus* zum ersten Mal in aller Schärfe auftaucht, ist das Problem, welches das gesamte 20. Jahrhundert begleiten wird, nämlich die Frage, wer oder was der Andere ist, wer oder was die Anderen sind? Sie verschärft sich, wenn der (die) Andere(n) unter der Form des Fremden wahrgenommen werden.

Selbstwertgewinn der Medien

Anders-sein wird eine entscheidende Kategorie der Hermeneutik, und von dort her erschließen sich auch die Diskussionen um den *Strukturalismus* und *Poststrukturalismus* auf nachdrückliche Weise. Kurz, nach dem Abdanken einer allgemeinen Subjektivität, eines verbindlichen Logos, stellt sich in aller Radikalität die Frage, woran wir uns orientieren können, wenn es diesen allgemeinen (universellen) Bezugsrahmen nicht mehr gibt. In dieser Situation findet die Kunst dieselbe Antwort wie die Philosophie: Beide konzentrieren sich auf die Medien, in und mit denen sie operieren. Und innerhalb ihrer ist die Sprache die vornehmste und bedeutendste. Die Kunst fängt an, in der Malerei, in der Literatur z. B. bei Mallarmé, immer zugleich auch die künstlerischen Mittel selbst zu thematisieren, die sie gebraucht. Man hinterfragt den Umgang mit Farben und Formen, den Einsatz verschiedenster Stilmittel. Der letzte Moment dieser Aufwertung der Medien ist ihr Selbstreflexivwerden: Sie selbst werden Thema, sie richten sich auf sich selbst. Vergleichbares widerfährt der Sprache. Die Frage wird immer dringlicher, wie man in der Sprache über sie sprechen und nachdenken könne. Ist eigentlich eine Aufklärung über das Medium, in dem wir operieren, möglich? Ist es nötig und sinnvoll? Oder sollte die Reflexion an dieser Stelle abbrechen? Abzubrechen gezwungen sein? Ganz unterschiedliche Antworten zeichnen sich ab.

Nach Wittgensteins *Tractatus* gestattet es die *Form* der Sprache nicht, sprachlich reformuliert und reflektiert zu werden – sie kann sich nur *zeigen*. Als „Grenze der Welt“ kann über sie nichts gesagt werden. Andere sehen in Metasprachen, d. h. in Sprachen *über* Sprachen, d. h. mit/in (einer) Sprache über Sprache zu sprechen, einen Ausweg. Am anderen Ende stehen Philosophen wie K.-O. Apel und andere, die behaupten, die Alltagssprache sei die letzte Metasprache. Alle Reflexion über Sprache fände in ihr selbst ihren letzten Horizont. Die Idee sinnvoller Rede schließe die Reflexion der Sprache in der(selben) Sprache mit ein. Die Hermeneutik Gadamers teilt dieses Reflexions- und Sprachvertrauen bis zu einem bestimmten Punkt.

Auch in der Kunst tritt der Gegenstand hinter der Beobachtung, *wie* Kunst gemacht wird, immer weiter zurück. Am Ende haben wir eine gegenständlich ganz und gar entleerte Kunst, aber wir haben viel gelernt über die Medien der Darstellung.

In der Philosophie ist das Medium, in dem das Denken operiert und sich selbst darstellt, in erster Linie die Sprache oder allgemeiner, die

Kommunikation. Sie wird nicht nur zum Mechanismus des Transfers und der Koordination von Überzeugungen, Handlungen und Systementscheidungen, alles, was Bedeutung und Geltung beanspruchen will, muss im Kommunikationsmodus verarbeitet werden. Als wahr und wirklich gilt das, was *in* System und Alltagswelt *über* sie kommuniziert wird. Das, was außerhalb kommunikativer Selbstverständigung verbleibt, hat einen schweren, wenn nicht unmöglichen Stand. Das betrifft sowohl die Orientierungen, die auf göttlichen Beistand hoffen, als auch die, welche die Natur zum Vorbild erkoren haben. Hochmoderne Gesellschaften bzw. deren soziale Akteure verstehen sich darauf, sich ihrer Überzeugungen und Handlungen kommunikativ zurückzuversichern. Sie lernen Situationen dadurch zu bewältigen, dass sie die unsicheren Erfahrungen mit dem, *was* sie *wie* tun, in Beratung und Aushandlung einzuholen wissen. Diese Situation ist u. a. eine Folge davon, dass sich für den Einzelnen in einer weitläufig nach Aufgaben und Arbeiten geteilten Welt immer weniger von selbst versteht. Es ist nicht leicht, die unterschiedlichen Verständnishorizonte, seien sie kultureller oder historischer, wissenschaftlich-technischer oder pädagogischer Natur usf., zu koordinieren.

Sprache in Gestalt des Gesprächs, des Dialogs, der Kommunikation rückt auch deshalb ins Fenster der Aufmerksamkeit, weil man – mehr oder weniger bewusst – auf die Medien stößt, in denen und durch die sich die Menschen in ihrer kulturellen Praxis verstehen. Auch angesichts der Erosion einer anderen tragenden Kategorie, der des „Fortschritts", die im 20. Jahrhundert erhebliche Einschnitte in ihr Vertrauenskapital hinnehmen muss, bleibt nur wenig mehr, als sich zuletzt an die Medien zu halten.

Zusammenfassend lassen sich drei eng miteinander verknüpfte Aspekte festhalten: das Abdanken des (allgemeinen) Subjekts und die nachdrückliche Problematisierung der Andersheit sowie die Aufwertung und (Selbst-)Reflexion der Medien.

Gadamer orientiert sich vornehmlich an der Kunst; man könnte sagen, allgemein hänge die Erfahrung der Wahrheit in der Begegnung mit der Kunst zusammen. Die Idee dahinter ist die, dass die Auseinandersetzung mit der Kunst das Leben jedes Einzelnen verwandeln kann. Die Kunst bietet immerhin die Möglichkeit, eine eminente Erfahrung zu machen, in ihr scheint eine Idee von Wahrheit auf, die jeden Einzelnen zu treffen vermag. Poetischen Ausdruck findet dieser Gedanke im berühmten Ausspruch bzw. der Einsicht Rilkes angesichts des Torsos Apollos: „Du mußt dein Leben ändern." Wenn die Auseinandersetzung mit einem Kunstwerk diese Kraft hat, dann ist eine Wahrheit angesprochen, die den mit ihr Konfrontierten existenziell bindet. Dieses Wahrheitsgeschehen setzt natürlich einen völlig anderen Akzent als das erklärende Vorgehen der Naturwissenschaften.

Verstehen, Gespräch, Spiel

Hermeneutik im Sinne Gadamers ist eine ganzheitliche - holistische - Verfahrensweise. Wir können einzelne Teile einer fremden Kultur oder Praxis, einer Rede oder eines Textes nicht recht verstehen, wenn wir nicht versuchsweise Vorgriffe auf ein Verständnis des Ganzen vornehmen, d. h., uns in einem *hermeneutischen Zirkel* bewegen. Man muss immer schon ein Vorverständnis des Ganzen entwickelt haben, um dessen Teile angemessen zu beurteilen. Verstehen in diesem Sinne gleicht dem Kennenlernen einer Person, nicht dem Durchgang durch einen klar strukturierten Beweis. Eine Kultur lernen wir nach dem Modell verstehen, wie wir die Bekanntschaft eines Menschen machen - *knowing by acquaintance* - in Vorgriffen einer Deutung, die wir laufend korrigieren, einschränken wie erweitern müssen, und dies in einem Geflecht von Vorurteilen, Anschauungen und Übertreibungen, das uns in seiner Dichte keineswegs an allen Stellen transparent ist.

Für Gadamer sind vier Momente des Verstehens relevant. Zunächst einmal der elementare kognitive Vorgang: Wir verstehen etwas in der Welt, wenn wir davon Kenntnis haben, wenn die Dinge für uns einsichtig sind, wenn wir sie uns erklären können. Das zweite Moment könnte man übersetzen mit praktischem Können. Das verdeutlicht eine Verwendungsweise des Verbs verstehen, nämlich, *sich verstehen auf*; man versteht sich darauf, Fahrrad zu fahren, und damit ist ein anderer wesentlicher Zug am Verstehen bezeichnet, der den Verstehenden praktisch in die Lage versetzt, etwas tun zu können. Dieses *Können* oder *Know-how* ist häufig gar nicht bewusst, sondern wird routiniert und gewohnheitsmäßig bewältigt, wie das Schreiben, dessen anspruchsvolle feinmotorische Ausführung dem Erwachsenen keine besondere Aufmerksamkeit mehr abverlangt.

Ein drittes und wichtiges Moment dieses Verstehensbegriffs könnte man als das „mediale" bezeichnen. Es spielt in der Kunst und im Spiel eine besonders große Rolle und verweist darauf, dass beide die daran

Beteiligten in gewisser Weise gefangen nehmen. Wer sich auf ein Spiel einlässt, wird von der Spielsituation gefangen genommen. Das lässt sich am Fußballspiel verdeutlichen: Ein gutes Spielverständnis meint hier die merkwürdige Fähigkeit, sich in den Rhythmus des Spiels hineinzufinden, sich auf das Geschehen einzustellen und sich von der Situation tragen zu lassen, ohne dass man sich dabei die Regeln oder bestimmte rational ausgeformte Strategien vergegenwärtigen müsste. Manche können in dieser Situation ihre Fähigkeiten entfalten, weil sie eben ein auf das Ganze des Spielgeschehens bezogenes ‚Organ' haben, das sich nicht auf die Anwendung konkreter Regeln im Rahmen besonderer Fälle reduzieren lässt. Sie besitzen ein fast traumwandlerisch sicheres Gespür dessen, was im nächsten Augenblick mit Ball und Mitspieler geschehen wird, sie können es antizipieren. Genau das ist gemeint mit dieser Art von Verstehen.

Bleibt ein weiteres, das vierte wesentliche Moment, das für die Gadamer'sche Hermeneutik entscheidend ist, nämlich Verstehen im Sinne von *sich verständigen*. „Sich verstehen" ist gebunden an das Gespräch, an das kommunikative Mit- oder Gegeneinander, an die verschiedenen Formen, die ein Diskurs annehmen kann. Der Andere wird der Weg, auf dem man sich zu verstehen und zu verständigen lernt, auf dem man sich selbst erkennt. Alle Vorstellungen, dass man sich selbst erkennt, indem man sich gegen andere abschließt, sind irrig. Erst die Auseinandersetzung mit anderen, in der man sich (selbstkritisch) aufs Spiel setzt, schafft die Möglichkeit der Selbsterkenntnis.

Das Verstehen ist an den sprachlichen Ausdruck gebunden, der in der geisteswissenschaftlichen Tradition Diltheys zunächst Ausdruck des Erlebens ist. Ein Erlebnis sollte für Gadamer, wenn es verstanden werden soll, immer an die sprachliche Äußerung gebunden sein. Was diese weitläufig umfasst, inwieweit z. B. das Schweigen dazugehört, ist noch einmal eine andere Frage; wichtig ist zunächst der sprachliche Ausdruck oder die Darstellung als die äußere Seite des Gesprächs, entlang dessen man in die (Wahrheits-)Nähe zum Anderen gelangt – das ist zumindest die Hoffnung. Das Sich-in-den-Anderen-Hineinversetzen, das bei Dilthey noch eine wichtige Rolle spielte, empfinden Gadamer und andere als außerordentlich problematisch, weil man sich nie sicher sein kann, ob man den Anderen wirklich erreicht, ob man seiner Rede nicht einen falschen Sinn unterlegt, ihn einer falschen Deutung unterwirft. In der Annahme, sich in den Anderen hineinversetzen zu können, steckt häufig genug eine Anmaßung, wenn nicht sogar ein Herrschafts- und Machtanspruch, zu wissen, was der Andere (wirklich) meint, will oder wünscht. Die Gefahr, den Anderen mit den eigenen Vorstellungen, mit dem Bild, das man von ihm hat, zu vereinnahmen, bleibt bestehen – selbst dann, wenn der Andere meiner Auffassung zustimmt oder sich in dem Bild, das ich mir von ihm mache, gefällt.

Gadamers Antwort auf die Herausforderung der Andersheit angesichts der diagnostizierten Abdankung des allgemeinverbindlichen Subjekts ist das *Gespräch*, und zwar als formaler Rahmen. Angesichts ihrer wechselseitigen Fremdheit müssen die Menschen miteinander reden – was bleibt ihnen auch sonst noch? Vorausgesetzt, sie wollen sich nicht die Köpfe einschlagen und ihr Leben scheint ihnen noch von Bedeutung zu sein.

Dieser Ansatz konfrontiert Gadamer natürlich umgehend mit der Frage nach der Übersetzbarkeit verschiedener Sprachen und epochaler Horizonte. Was garantiert denn überhaupt, dass, unter Fremden, wenn sie miteinander reden, tatsächlich Verständigung und Verständnis entsteht? In der Einschätzung dieser Schwierigkeit liegt einer der Unterschiede zwischen Gadamer und Jacques Derrida, einem französischen Philosophen.[39] Gadamer glaubt daran, dass das Gespräch die Macht hat, Unterschiede zwischen Traditionen, zwischen Kulturen, zwischen einzelnen Individuen zu überwinden. In *Wahrheit und Methode* zieht er die Möglichkeit einer „Horizontverschmelzung“ in Betracht. Die Kulturhorizonte vergangener Zeiten können nicht nur aufeinander bezogen werden, im Grund verschmelzen sie ständig mit dem historischen Bewusstsein der Gegenwart. „Im Walten der Tradition findet ständig solche Verschmelzung statt.“[40] Voraussetzung dafür ist das Gespräch – nicht als das Durchsetzen von Standpunkten, sondern als verständigungsorientiertes Reden, in dem die „gemeinsame Sprache [und damit „die Wahrheit der Sache“, G. G.] erst erarbeitet wird“.[41]

Das Gespräch, so die optimistische Position, ist zumindest prinzipiell dazu imstande, den „garstig breiten Graben“, wie Lessing diese Distanz, besonders in ihrer historischen Dimension, bezeichnet hat, zu überwinden. Poststrukturalistische Philosophen, wie Derrida oder Lyotard, teilen diesen Glauben nicht unbedingt; ihnen zufolge weist der Graben der Fremdheit Untiefen auf, die nicht bis auf den Grund erschlossen werden können. Das, was man als „Grund“ (der Verständigung) ansprechen könnte, wird selbst unsicher und abgründig. Wittgenstein hatte geglaubt, durch die therapeutische Anweisung einer „übersichtlichen Darstellung“ der Möglichkeit der Verständigung einen Weg zu eröffnen, zuletzt aber bleibt auch er skeptisch, wie weit dieser Weg reicht.

Für Gadamer ist die formale Einheit des Gesprächs, wie er sagt, die einzige Einheit, die „unbedingt“ ist. Er hält an ihr fest: Selbst wenn alle Deutungen der Welt fragwürdig sind, bleibt die formale Einheit des Gesprächs, sie ist nicht relativierbar. Denn im Gespräch selbst ist das Subjekt kein fixer Punkt mehr, von dem her die Einheit gesetzt würde. Die Einheit ist das Gespräch, nicht das einzelne Subjekt, das sich dem Anderen mittels der Sprache öffnet, sich mit ihm auseinandersetzt oder kooperiert: Auch hier kommt es zu einer Relativierung des einzelnen Subjekts, das hinter dem Eigensinn oder der Kommunikationslogik des Gesprächs zurücksteht. Das Großsubjekt ist der formale Rahmen namens Gespräch, nicht mehr das einzelne Individuum. Diese Figur findet sich auf vergleichbare Weise im Strukturalismus Ferdinand de Saussures, in dessen Auffassung die Sprache gewissermaßen über die einzelnen Köpfe und das je einzelne Sprechen hinweg regiert, der eigentliche Akteur ist. „Das Gespräch“, so erläutert W. Schulz die Hermeneutik Gadamers, „ist das geschichtliche Geschehen selbst, in dem ich schon immer stehe und durch das ich immer schon vermittelt bin“, oder „das Gespräch ist die Geschichte selbst.“[42] Sie wird durch mich nur aktualisiert. Das Gespräch, der prozessual-formale Rahmen, erhält dadurch ein viel stärkeres Gewicht.

Diese geschichtliche Wirklichkeit des Geschehens, des Gesprächs, hat für Gadamer den Charakter des *Spiels*. Beide Traditionen, die *ordinary language philosophy* mit der Sprachspieldiskussion bei Wittgenstein, und die hermeneutische bei Gadamer, greifen – ohne große Kenntnis voneinander zu haben – auf den Begriff des *Spiels* zurück. Bei Gadamer hat der Rückgriff natürlich andere Wurzeln, die bis zu Schiller und der antiken Rhetorik zurückreichen. Darüber hinaus erfährt das Spiel im abgründigen Spiel sprachlicher Zeichen (Derrida), aber auch in Gestalt eines Wettkampfs (Lyotard) in der poststrukturalistischen Philosophie eine prominente Bedeutung (Kap. III, S. 243 ff.). Das Spiel wird nicht von der Subjektivität des Spielers her verstanden, sondern, wie Gadamer sagt, vom sich spielenden Spiel. Das Spiel wird zum Subjekt und bezieht als solches die Spieler ein. Die Sprache wird herausgestellt als ein Medium, in dem sich Diskurse bewegen, als ein sich spielendes Spiel. Sie stellt für Gadamer eine Art Weltverhältnis dar, und aus diesem folgt, wie er es nennt, die Sachlichkeit unserer Rede. Der Redende spricht gewöhnlich nicht über die Rede oder über die Sprache, sondern über die Sache. Verstehen, auch das gegenseitige Verstehen, ist immer sachbezogen. Man versteht sich nicht einfach so, sondern in Bezug auf eine und in Auseinandersetzung mit einer Sache. Dabei kann es sich natürlich auch um uns selbst handeln. Das ist das eigentliche Verstehen, nämlich der Blick auf das, was thematisch ist. Die Philosophie thematisiert (in einem zweiten reflexiven Schritt) die Sprache als Medium der Bezeichnung oder der Verständigung, in dem die Menschen sich bewegen; aber die sich im Alltag verständigenden Menschen beziehen sich in erster Linie auf die Sache, die sie verhandeln. Sie reflektieren in der Regel nicht auf die Sprache, weder auf die Grammatik noch auf die Rhetorik, die sie benutzen: Sie sind an der Sache interessiert.

Dementsprechend gibt es immer auch einen Unterschied zwischen der sprachlich geformten Weltsicht und der Welt an sich. Gadamer sagt: „In jeder Weltansicht ist das Ansich der Welt gemeint."[43] Nun ist der Begriff der „Welt an sich" außerordentlich problematisch, weil dieses „an sich" der Welt, auf das wir uns, wenn wir sprechen, (naiv) per Wahrnehmung und Kommunikation beziehen, natürlich auch eine sprachliche Prägung erfahren hat. Wir erreichen die Welt nie so, wie sie ist. Nietzsche hat sich bereits darüber lustig gemacht, wenn er sagt, es gäbe keine „unbefleckte Erkenntnis". Erkenntnis sei immer schon „befleckt", entweder durch unsere sprachlichen Formen oder durch die Kategorien, durch unsere Interessen oder was auch immer. Es gibt nicht die Welt rein „da draußen", „an sich", abzüglich ihrer Darstellung/Manifestation/Explikation, sondern nur die sprachlichen und sinnlichen Formen, mit denen die Sprecher und Hörer sich auf diese Welt beziehen. Die Sprache erscheint für Gadamer als das Umgreifende, sie selbst ist es, die diesen Unterschied von „an sich" seiender Welt und Welt „für uns" macht. Das heißt, es gibt keine Welt außerhalb der Sprache. „Die sprachliche Welterfahrung ist ‚absolut'."

Diesen starken Satz hat Gadamer jedoch in späteren Schriften modifiziert. Im Zusammenhang lautet er: „In der Sprache stellt sich die Welt selbst dar, die sprachliche Welterfahrung ist ‚absolut'. Sie übersteigt alle Relativitäten von Seinssetzung, weil sie alles Ansichsein umfasst, in welchen Beziehungen (Relativitäten) immer es sich zeigt. Die Sprachlichkeit unserer Welterfahrung ist vorgängig gegenüber allem, das als seiend erkannt und angesprochen wird. *Der Grundbezug von Sprache und Welt bedeutet daher nicht, daß die Welt Gegenstand der Sprache werde.* Was Gegenstand der Erkenntnis und der Aussage ist, ist vielmehr immer schon von dem Welthorizont der Sprache umschlossen. Die Sprachlichkeit der menschlichen Welterfahrung als solche meint nicht die Vergegenständlichung der Welt."[44]

All unsere Welterfahrung ist eine sprachliche Erfahrung: *„Sein, das verstanden werden kann, ist Sprache.*"[45] Es ist klar, dass solch eine kühne Behauptung viel Kritik auf sich gezogen und zu unterschiedlichen Interpretationen Anlass gegeben hat. Bereits in den 70er-Jahren hat Gadamer die starke Behauptung, es gebe gar kein Außerhalb der Sprache, zumindest relativiert. An dieser Stelle zeigt sich, dass Derridas provokante Formel: „Il n'y a pas dehors texte" (Es gibt nichts außerhalb des Textes)[46] zwar um eine Welt (um die von Schrift/Text und Gespräch) getrennt ist, gleichwohl eine epistemologische Parallele aufweist.

Hermeneutik, Psychoanalyse, Narrativität

Paul Ricœur (1913–2005) sieht in der *strukturalen Linguistik* eine Herausforderung für jede Philosophie des Subjekts, sie ist der Herausforderung durch die Psychoanalyse ebenbürtig. Vielleicht kann man sagen, Ricœur verkörpert die Hermeneutik im Frankreich der 60er- und 70er-Jahre wie kaum ein anderer Philosoph; aber auch, weil Hermeneutik sich in jener Zeit mit seinem Namen verbindet, gilt sie als konservativ, restaurativ und nicht frei von theologischen Spuren. Das macht sie vor allem bei denen verdächtig, die zu dieser Zeit in Paris den Ton angeben. Sein Programm zielt auf eine „Wiedergewinnung des Sinns" wie des „Subjekts". Sie waren hinter der strukturalistischen Ökonomie der Zeichen ebenso verschwunden wie hinter der Ökonomie eines unbewussten Triebgeschehens, das, nach J. Lacans Worten, strukturiert ist wie eine Sprache.[47] So hatte Ricœurs Denken einen schweren Stand.

Seine Philosophie hat sich nachweislich nicht unter dem Einfluss von Gadamers Hermeneutik entwickelt – mit der sie dennoch eine Reihe von Parallelen aufweist; eher noch ist Dilthey, neben der französischen Existenzphilosophie und der deutschen Phänomenologie (Husserl), eine feste Bezugsgröße.

Auf drei Bücher soll kursorisch hingewiesen werden, in ihnen laufen verschiedene Fäden zusammen: auf *Die Interpretation. Versuch über Freud* (1965) sowie auf *Hermeneutik und Strukturalismus* (1969) und das drei

Bände umfassende Werk *Zeit und Erzählung* (1983–1985). Die Schrift über *Hermeneutik und Strukturalismus* setzt ein mit einer Kritik am Sprachmodell de Saussures, das *la langue* gegenüber *la parole* akzentuiert, die *Synchronie* der *Diachronie* überordnet und dabei alle substanziellen Sprachaspekte auf formale Differenzen und Werte reduziert.[48] Das führt, Ricœur zufolge, am Ende zu einem in sich geschlossenen *Zeichensystem*, innerhalb dessen alle Subjektivität ein vernachlässigbarer Faktor eines Regelzusammenhangs ist. Ricœur versucht zu einer neuen Verknüpfung von Sprechakt und Sprachstrukturen zu gelangen. Er sieht, dass der linguistische Strukturalismus in der Favorisierung des abstrakten Sprachsystems dem Aspekt des (je individuellen) Sprachgebrauchs nicht gerecht wird, ja, dazu tendiert, ihn auszuschließen. Der Strukturalismus übergeht die Erfahrung, die *wir* mit der Sprache machen, wenn *wir* sprechen. Für uns ist die Sprache nicht Gegenstand einer objektiven, d. h. gegenständlichen Untersuchung (wie für die Wissenschaft), sondern – z. B. im Gespräch – ein Vermittlungsgeschehen zwischen uns selbst und den anderen. Als gesprochene Sprache beruhe sie – so einen großen Gedanken W. v. Humboldts (1767–1835) aufnehmend – auf *Vermittlung*. Die Sprache ist Vermittlung (*médiation*) unserer Existenz als eine Weise, in der Welt zu sein.

Ricœur sieht hier eine Möglichkeit, die Subjektivität wieder ins Spiel zu bringen: Das Subjekt, das spricht, ergreift oder *setzt sich*, während die Welt sich zeigt, doch dieses Diesseits und Jenseits der Sprache tritt nur hervor in der Sprache selber, sie ist das „*Medium*, jenes ‚Mittel' (Milieu), in dem und durch das sich das Subjekt setzt und sich die Welt zeigt"[49]. Das Subjekt wird wieder ins Spiel gebracht, aber so, dass das Sich-selbst-Setzen, das Verhalten zu sich selbst, *in* und nicht außerhalb der Sprache und des Sprechens geschieht. Der Zusammenhang, den das Subjekt durchlebt, ist ein sprachlicher, in dem auch die gesellschaftliche und geschichtliche Welt eine sprachlich-symbolisch vermittelte Welt ist.

In der Auseinandersetzung mit Freud (und den strukturalistischen Interpretationen) geht es um eine neue Verknüpfung von „Begehren"/ „Begierde" und „Sinn", von Energetik und Hermeneutik. Das Subjekt, das spricht, ist ein „begehrender Mensch", dessen Triebenergien immer auch willentlich oder intentional kanalisiert sowie semantisch repräsentiert (Triebrepräsentanz) werden müssen. Die Leitfrage lautet: Wie sind „Begierde/Begehren" und „Sinn" sprachlich, sozial, bewusst oder unbewusst usf. zu verklammern?

Im Denken von Ricœur nimmt das Thema der *Erzählung* einen breiten Raum ein. Wiewohl in vielen Hinsichten uneins mit J.-F. Lyotard – der mit seiner Behauptung, d. h. seiner Erzählung vom ‚Ende der großen Erzählungen', zu einem Wortführer der *Postmoderne* geworden ist[50] –, teilen doch beide die Annahme, dass Rationalität sich in Erzählungen (Narrativen) zu verkörpern vermag. Für die menschliche Existenz sei es bezeichnend, unter der Bedingung der *Zeitlichkeit* zu stehen. Jede Philosophie, die glaube, die Wahrheit ihrer Annahmen an Aussagen in rein begrifflicher oder logischer Gestalt binden zu können, erreiche den zeitlichen Sinn menschlicher Lebensformen nicht. Die Zeitlichkeit begreife man nur in einem Denken, das als *Erzählung* strukturiert sei. Überwältigender Beleg sei die ungeheure Präsenz der Erzählungen in der Geschichte der Menschheit. Von den Mythologien bis in die moderne Literatur erfolge die Selbstverständigung der Menschen über sich und die anderen am Leitfaden narrativer Strukturen. Das eigene Leben verstehe man nicht logisch oder wissenschaftlich, d. h. nach Maßgabe des abstrakten Denkens der Philosophie; eher fühle man sich dazu gedrängt, das eigene Selbstverständnis auf der Grundlage der Schemata (rational) zu organisieren, die die Kultur zur Verfügung stellt, und die seien – auch und besonders in der modernen Kultur – exemplarische Gestalten der Literatur. Und diese wiederum stünden in einem wechselseitigen Bedingungsverhältnis: Die Literatur ahme das Leben nach, verdichte es künstlerisch in bestimmten Formen wie Komödie, Tragödie oder Farce. Aber auch: Das Leben interpretiere und entwerfe sich ständig neu nach der Literatur. Zwischen dem „Leben" und dem „Begriff" stehe das „Narrative", nicht nur als Vermittlung beider, sondern auch als eine fundamentale und in der Wechselseitigkeit erhellende Form, sich des eigenen und des fremden Lebens zu vergewissern. Das Leben liefert den Rohstoff. Die Literatur verwandelt diesen Stoff in ein ganzheitlich organisiertes Gebilde der Kunst. In ihm erscheint das Leben klarer und verständlicher, als es ist. Ob dem tatsächlich so ist oder der Schein (der Kunst) trügt, muss offenbleiben.

Das Apriori der Kommunikation
K.-O. Apel und J. Habermas

Die Vernunft kann nicht blühen ohne Hoffnung,
die Hoffnung nicht sprechen ohne Vernunft.
Th. McCarthy

Man könnte sagen, das, was Gadamer mit „Gespräch" im Sinn hat, haben Karl-Otto Apel (geb. 1922) und Jürgen Habermas (geb. 1929) zum Programm ihres Philosophierens gemacht, allerdings mit einem ungleich größeren politischen und weltläufigen Anspruch. Beide sehen in der *Kommunikation* das zu sich selbst kommen, was Gadamer im Gespräch – als dem Wesen der Sprache – angelegt oder auch erfüllt sieht: die Möglichkeit, sich zu verständigen. Zunächst in der Auffassung Apels, dass Philosophie sich erst als Kommunikationsgemeinschaft von Philosophen bildet. Die „Kategorie der ‚großen Denker'" gilt ihm als überholt. Philosophie ist nach der Umstellung auf Sprache und Kommunikation kein einsames Forschen nach Wahrheit (mehr), sondern ein großes Gespräch, in dem argumentiert und interpretiert, expliziert und experimentiert und zuletzt, wegen der (höheren) Überzeugungskraft des besseren Arguments, ein vernünftiger Konsens gefunden werden sollte. An dieser Diskussion sollten sich im Prinzip alle beteiligen (können). Philosophen sollten Teilnehmer eines großen Gesprächs anstatt Repräsentanten von „Ein-Mann-Weltanschauungen"[51] sein. Die monologische Ausrichtung der Philosophie berge viele Probleme, die es zu überwinden gelte. Das Verständnis von Philosophie als Kommunikationsgemeinschaft hat Apel von Peirce[52] übernommen.

Apel und Habermas sind in der Explikation ihrer philosophischen Überlegungen durchaus gesprächsorientiert verfahren. Weite Teile ihrer Philosophie sprachlicher Kommunikation sind in der Auseinandersetzung mit anderen philosophischen Auffassungen der Philosophie und Wissenschaften im 20. Jahrhundert entstanden, sowohl der angelsächsischen, stark durch den frühen und späten Wittgenstein geprägten Ansichten als auch der kontinentalen Philosophie, die sich in hohem Maß auf Kritik (Kant), Dialektik (Hegel und Marx) sowie Hermeneutik (Heidegger, Gadamer) stützt. So hat Apel immer wieder - und mit Erfolg - versucht, Wittgenstein und Heidegger aufeinander zu beziehen, und gezeigt, wie sehr in der Aufnahme und Kritik beider - der analytischen und der hermeneutischen Momente - ein genaueres und umfassenderes, vor allem den globalen Problemen der technischen Zivilisation angemesseneres Verständnis von Kommunikation entwickelt werden kann. Entsprechend werden im Begriff der Kommunikation sowohl die stärker subjektiv geprägten Konzepte der Hermeneutik wie Erlebnis, Einfühlung und Intentionalität (Ausgerichtetsein auf) mit den auf die objektive Seite zielenden Momenten wie Regelbefolgung und Lebensform verbunden.

Apel und Habermas haben - in einer gleichsam philosophischen Westorientierung - entscheidend an dem intellektuellen Modernisierungsschub mitgewirkt, der in der Bundesrepublik in den 60er-Jahren einsetzt oder deutlich an Fahrt gewinnt. Zwar spiegelt auch Gadamers Hermeneutik eine ungleich größere Urbanität als Heidegger, aber erst Apel und Habermas stellen die Philosophie auf westlichen, d. h. öffentlichen, demokratischen und kommunikativen Durchzug.[53] Und dies nicht nur im Blick auf die Stile und Standards philosophischer Argumentation und Offenheit, sondern auch hinsichtlich einer sozialwissenschaftlich angereicherten Auseinandersetzung mit Politik und Gesellschaftskritik, die sucht, sich ihrer geschichtsphilosophischen und ethischen, d. h. normativen Voraussetzungen zu vergewissern.[54]

Kommunikative Vernunft

Habermas selbst hat seine Idee herrschaftsfreier Kommunikation an einigen Stellen mit Blick auf Adornos Begriff eines „versöhnten Zustands" erläutert. Sein Gedanke ziele auf die nähere (sprachpragmatische) Explikation dessen, was Adorno mit dem Zustand der Versöhnung umschrieben habe: auf das, wie Adorno schreibt, angstfreie „Miteinander des Verschiedenen" oder darauf, dass das Fremde nicht dem philosophischen Imperialismus begrifflichen Denkens zum Opfer falle, sondern „sein Glück daran [hätte], daß es in der gewährten Nähe das Ferne und Verschiedene bleibt".[55] Habermas nimmt diesen Gedanken auf. „Wer sich auf diesen Satz besinnt, wird gewahr, daß der umschriebene Zustand, obgleich nie real, uns doch der nächste und bekannteste ist. Er hat die Struktur des Zusammenlebens in zwangloser Kommunikation. Und ein solches antizipieren wir notwendig, seiner Form nach, jedes Mal dann, wenn wir Wahres sagen wollen. Die Idee der Wahrheit, die im ersten gesprochenen Satz schon impliziert war, läßt sich nämlich allein am Vorbild der idealisierten, in herrschaftsfreier Kommunikation erzielten Übereinstimmung bilden."[56]

In jenem Zustand, der, obgleich nie real, uns doch der nächste und vertrauteste ist, sieht Habermas seine Idee eines Zusammenlebens in zwangsloser Kommunikation vorgebildet. Das kontrafaktische Ideal herrschaftsfreier Kommunikation gründet in dieser Doppelbeziehung: nie real und doch von einer fast unheimlichen, individuellen und institutionellen Präsenz zu sein, deren implizite Verpflichtung, uns zu verständigen, sich bereits an den Regeln, nach denen wir die Sprache gebrauchen (Zeichen verwenden, Sätze bilden usf.), „als an etwas Vorliegendem ablesen" lassen.[57] Die Sprache trage das *telos* (das Ziel, den Zweck) der Verständigung in sich, es sei in sie eingebaut. Die Philosophie „entdeckt eine schon in der kommunikativen Alltagspraxis operierende Vernunft",[58] die der Philosoph auf den Begriff des kommunikativen Handelns und seine relevanten Unterscheidungen zu bringen weiß. Aufs Ganze gesehen, ist die Habermas'sche Theorie von der Annahme beseelt, dass die Ideen der Wahrheit und der Gerechtigkeit als wechselseitig miteinander verknüpfte grundlegende Normen unserer sozialen Praxis bereits in der Struktur sprachlicher Kommunikation verankert sind. Anders gesagt, Habermas hofft, in jenem Ideal „einer unversehrten Intersubjektivität" ein Maß zu finden, von dem aus zuletzt alle Kommunikationsprozesse zu verstehen und zu beurteilen sind. Von Vernunft kann philosophisch auf der Höhe der modernen Welt nur in Begriffen kommunikativen Handelns gesprochen werden, und das auch nur, wenn mehrere Bedingungen erfüllt sind: Wenn erstens das Bewusstsein dieser Differenz von „nie real" und einer gleichwohl in unser öffentliches Sprechen und Handeln eingelassenen Pflicht zur Verständigung wach gehalten wird; wenn zweitens – idealtypisch – die Grundformen kommunikativer Redehandlungen (Sprechakte) ausbuchstabiert und mit den gesellschaftlich-geschichtlich etablierten Kommunikationssystemen in Beziehung gesetzt werden; wenn drittens die für die moderne Welt konstitutive Pluralität von Sprachspielen nicht aufgegeben wird. Im Gegenteil, der gewaltfreie Diskurs hat gerade das Ziel, im Interesse einer begründeten Konsensbildung alle Konfliktparteien zu Wort kommen zu lassen und sie niemals – durch Macht oder nicht-argumentative Mittel – einzuschränken. Die kommunikative Vernunft will die „Vielheit der Stimmen“ als Ausdruck der „Einheit der Vernunft“ gewahrt wissen.

Wie Wittgenstein geht Habermas von einem Pluralismus von Sprachspielen bzw. Lebensformen aus; nur bleibt Wittgensteins Auffassung zuletzt in einem bodenlosen Relativismus hängen, was praktisch damit endet, dass sich, wie Wittgenstein an einer Stelle schreibt, die Gegner unversöhnlicher Standpunkte wechselseitig zu „Narren und Ketzer[n]“[59] erklären und sich je nach der Reichweite ihrer Macht mit der Psychiatrie oder dem Scheiterhaufen bedrohen.

Bei aller Vielfalt von Sprachspielen und Kulturen gibt es für Habermas doch ein Allgemeines oder universell gültige Strukturen, die in den notwendigen Voraussetzungen jeder Art von Verständigung bestehen, auf die jeder, sofern er nur redet, sich nicht nur verlässt, sondern sie auch selber praktiziert. Und diese Strukturen müssten gleichermaßen für alle gelten. Andernfalls würde das, was Verständigung heißt, selbst infrage gestellt. Und nicht nur das, diese unabdingbaren Voraussetzungen jeder kommunikativen Handlung nicht zu beachten, würde die Grundlagen der sozialen Welt und ihrer Teilnehmer selbst untergraben. Diese universalen Bedingungen des kommunikativen Handelns fallen dann mit dem zusammen, was Habermas für die Idealform aller sprachlichen Verständigung hält: den herrschaftsfreien Dialog in Form einer gemeinsam organisierten Argumentation, der zuletzt – aufgrund des „zwangslosen Zwangs des besseren Arguments“ – auf die vernünftigste Lösung hinausläuft.

Das, was als „wahr“ oder „gerecht“, d. h. als „vernünftig“ gelten soll, ermittelt sich erst im Verlauf der Diskussion. Da Habermas der Auffassung ist, dass wer von Vernunft redet, den Verdacht erregt, die objektive Vernunft und damit das Ganze der Weltordnung zu meinen, zieht er die Rede von Rationalität vor, auch, weil sie den erwähnten prozeduralen Charakter hat. Sie besteht darin, dass Äußerungen begründet und kritisiert werden können, sie müssen sich in der Auseinandersetzung bewähren. Die Objektivität, an der dabei festgehalten wird, wird an die intersubjektive Übereinstimmung der am Diskurs beteiligten Akteure gebunden. Jede Behauptung, die sich nicht der Kritik stellt oder der Begründung verweigert, schließt sich aus dem weitläufig differenzierten Universum des Rationalen aus.

Der Prozess der Rationalisierung wiederum fußt auf zwei Säulen: Die *kognitiv-instrumentelle Rationalität* wird daran bemessen, ob und inwieweit der Einsatz technischer Mittel zur Bewältigung oder Lösung bestimmter Aufgaben geeignet ist (pragmatisch). Max Weber hatte in diesem Sinne von zweckrationaler, Max Horkheimer von instrumenteller Vernunft gesprochen. Die *kommunikative* Rationalität stützt sich auf die konsensbildende Kraft argumentativer Rede. Wissen ist auch rational, wenn es sich dem Prüfverfahren intersubjektiver Verständigung unterwirft und kein anderes Kriterium zählt als das, was aus der Überzeugungspraxis des besseren Arguments erwächst. In der Hierarchie der Begründungen steht die kommunikative Rationalität über der instrumentellen. Auch ihr Einsatz und Erfolg muss sich zuletzt vor der auf Verständigung angelegten Rationalität rechtfertigen können.

In diesem Zusammenhang ist es wichtig, darauf hinzuweisen, dass in jenem Prüfverfahren nicht nur Erkenntnisansprüche (deren Form der Äußerung die Proposition oder Behauptung ist), sondern auch Äußerungen zugelassen werden, die sich auf das Gebiet der Gefühle und der moralischen Forderungen erstrecken, d. h. auf *expressive* und *normative* Äußerungen. Sie besitzen einen je eigenen Geltungssinn. Mit diesen Gruppen von Äußerungen werden jeweils verschiedene Geltungsansprüche kommuniziert. Alle Äußerungen, gleich welcher Art, müssen, wenn sie allgemeine Geltung beanspruchen wollen, auf diesem Feld der Rationalitäts- und Realitätskontrolle ihre Gültigkeit beweisen. In Anlehnung an Karl Bühlers (1879–1963) *Organonmodell* unterscheidet Habermas drei unterschiedliche Weisen der Zeichenverwendung: „die kognitive Darstellung eines Sachverhalts, die expressive Funktion der Kundgabe von Erlebnissen des Sprechers und die appellative Funktion von Aufforderungen“.[60] In der Darstellung von Sachverhalten geht es um den Wahrheitsgehalt dessen, was dargestellt oder behauptet wird (propositionale Wahrheit). Bei der Wiedergabe von Erlebnissen sieht man sich mit der Frage konfrontiert, ob der Ausdruck der Gefühle und anderer Geschmacksäußerungen wahrhaftig und aufrichtig ist (expressive Wahrhaftigkeit). Bei den Aufforderungen, die ein moralisches Urteil nach gut oder schlecht verlangen, geht es um eine Antwort in Bezug auf Normen (normative Richtigkeit).

Im Unterschied zum mythischen Denken, das diese Differenzierungen nach Geltungsansprüchen (noch) nicht bzw. einen geringeren Grad an Differenzierung kennt, werden Habermas zufolge in der modernen Welt diese drei Geltungsdimensionen (die in unserer normalen Kommunikation stärker oder schwächer ausgeprägt sind) deutlich voneinander unterschieden. Das technisch-instrumentelle Moment der Rationalität befördert die Verwissenschaftlichung, Technisierung und Bürokratisierung, es zielt darauf, das genaue und berechnende Bewusstsein eines ökonomischen Einsatzes der Mittel zu einem bestimmten Zweck zu sein. Im Unterschied dazu war in vormodernen Gesellschaften eine strikte Abtrennung des moralisch-praktischen und des ästhetisch-expressiven Moments vom technisch-instrumentellen noch nicht möglich.

Habermas weiß natürlich, dass die meisten Gespräche nicht in den vernünftigen Bahnen herrschaftsfreier Kommunikation verlaufen; in fast allen Diskussionen wird – mehr oder weniger bewusst – beschönigt, verdreht, übertrieben, gelogen usf. Im Alltag wie in der Politik, im Geschäftsleben wie im Universitätsbetrieb ist herrschaftsfreie Kommunikation bestimmt nicht die Regel. Apel und Habermas sagen: Umgekehrt wird ein Schuh draus. Wie verzerrt die üblichen Gepflogenheiten der alltäglichen, politischen und sozialen Kommunikation auch sind – noch jede Form von Lüge, Heuchelei und Täuschung, von Vernebelung oder bloßem Taktieren erinnert an die Möglichkeit jenes Ideals einer herrschafts- und angstfreien Kommunikation, vor dessen Hintergrund sie allererst auftauchen und in ihrer Negativität – ihrem Nichtseinsollen – bemerkt werden. Das kontrafaktische Ideal herrschaftsfreier Kommunikation ist in dem Sinne „nicht real", als die Gesprächsteilnehmer tatsächlich nicht (oder nur in wenigen Fällen) den Regeln eines vernünftigen kommunikativen Austauschs folgen, gleichwohl in den Formen verzerrter Kommunikation die ideale Gesprächssituation mit aufrufen oder unbemerkt mitlaufen lassen. In diesem Sinne ist die kommunikative Situation herrschaftsfreier Urteile eine konstitutive Bedingung möglicher Rede. Erst unter dieser Voraussetzung kann man die gelungene von einer misslungenen Kommunikation unterscheiden. Erst die Unterstellung, dass wir im sozial-kommunikativen Handeln in der Regel formal eine Verständigungsabsicht mitkommunizieren, zeigt uns, was Kommunikation heißt.

Man könnte es sich so vorstellen: Auch wenn wir bei einem offensichtlich grammatisch verunglückten Satz die betreffenden Regeln nicht kennen und schon gar nicht zu benennen wissen, wissen wir als kompetente Sprecher gleichwohl, dass der Satz nicht richtig ist. Und eben dies, so könnte man Habermas verstehen, gilt auch in Bezug auf die soziale, d. h. die kommunikative Kompetenz von Sprechern. Bei allen Finten und Fallen, derer wir uns im kommunikativen Austausch bedienen, wissen wir nicht nur immer schon, ob eine Rede gelungen oder misslungen ist, sondern auch, was in diesem Zusammenhang vernünftige Kommunikation heißen soll. Gegen sie zu verstoßen, heißt im Grund, gegen das Soziale selbst zu verstoßen. Denn gleich Wittgenstein betont Habermas, dass Verständigungsprozesse mit Lebensformen verflochten sind, z. B. in der Weise, wie soziale Akteure Probleme lösen, Konflikte regeln, Entscheidungen fällen, sich selbst darstellen und Aufgaben delegieren.

Transzendentalpragmatik

Schon der Begriff ist ein abschreckendes Ungetüm, aber er charakterisiert recht gut die Fragestellung, der sich das Philosophieren von K.-O. Apel verschrieben hat. Es ist in Vielem dem philosophischen Denken von J. Habermas verwandt, setzt aber im Ausbuchstabieren dessen, was Philosophie und Vernunft unter den gesellschaftlichen und sprachphilosophischen Bedingungen der modernen Welt bedeuten, andere Akzente. Sein Philosophieren entwickelt sich wie kaum ein anderes über die Auseinandersetzung mit anderen Positionen, sodass es nicht leicht ist, seine Überlegungen unabhängig von denen der anderen zu rekonstruieren. In allen Aspekten kommt seine Idee von Philosophie als einem unabschließbaren Kommunikationszusammenhang der Forscher, bei dem man sich der Kraft des besseren Arguments zu beugen hat, zum Tragen.

Apels Idee besteht darin, das kantische Programm einer Transzendentalphilosophie unter den Bedingungen des *linguistic turn*, d. h. einer sprachphilosophischen Fundierung, zu wiederholen. Das macht einerseits eine *Transformation* (Umwandlung) der kantischen Bewusstseinsphilosophie in eine Philosophie notwendig, die ihre Fragen nach den *Bedingungen der Möglichkeit* von Erkennen und Handeln (= transzendental) ausgehend von der sprachlichen Kommunikation und Argumentation der Gesprächsteilnehmer stellt. Andererseits muss in dieser Wende zur Sprache auch die Rolle des menschlichen Subjekts – als dem letzten Dreh- und Angelpunkt des neuzeitlichen Denkens – neu bestimmt, d. h. aus seiner beherrschenden Stellung gerückt und in seiner Bedeutung und Geltung im Rahmen der sprachlichen Praxis neu konzipiert werden. Das ist keine geringe Herausforderung, zumal Apel an einer Idee von Philosophie festhält, die ihre Aufgabe vor allem darin sieht, die Grundlagenfragen allen Erkennens und Handelns schlechthin zu klären.

Die Frage der Transzendentalphilosophie im Sinne Kants zielt nicht auf das gewöhnliche (gegenständliche, positive) Wissen über die Welt, wie es die Physik und die Soziologie oder auch der gesunde Menschenverstand ins Auge fassen, sondern auf die dieses Wissen fundierenden Bedingungen, welche es *überhaupt* ermöglichen. Kant sah diese Bedingungen in den grundlegenden Kategorien des Denkens (Quantität, Qualität, Modalität, Relation) und den Formen der Anschauung (Raum und Zeit) als erwiesen an. Mit ihnen ordnen wir „vor" jeder konkreten Erkenntnis der Welt unsere Wahrnehmung und Erfahrung von ihr.

Apel sucht nun eine vergleichbare Ordnung, eine Art Tiefengrammatik der sprachlichen Praxis zu finden, die aber den Kontakt zur Oberfläche des alltäglichen Sprachgebrauchs nicht abreißen, d. h. den Bezug auf die Sprachaktivität und Spontaneität des einzelnen Sprechers wie den Umgang mit den anderen Kommunikationsteilnehmern nicht unbeachtet lassen darf. Anders gesagt, Apel führt in die transzendentalen Voraussetzungen unseres sprachlichen In-der-Welt-Seins reale, pragmatische, d. h. unsere Sprachhandlungen betreffende Größen ein. Wegen dieser Verbindung des Transzendentalen mit dem Empirischen nennt er seine Philosophie *Transzendentalpragmatik*. Man kann auch von transzendentaler Hermeneutik sprechen, oder, wie Habermas, von Universalpragmatik. Man könnte fragen: Gibt es denn überhaupt in der lebendigen Sprache, und d. h. im Sprechen, solche von allen geteilten (universalpragmatischen) Bedingungen, unter denen wir diskutieren und experimentieren, interpretieren und explorieren? Für Apel ist – im Anschluss an Peirce – die *Kommunikationsgemeinschaft* und ihre wie auch immer geregelte Verständigung solch eine transzendentale Bestimmung. Mit ihr werden immer schon (letzte) Voraussetzungen in Anspruch genommen, die jeder Argumentationsteilnehmer machen muss, z. B. Gewaltfreiheit oder die Anerkennung des Anderen als eines gleichberechtigten Gesprächspartners. Die Inanspruchnahme der idealen Kommunikationssituation ist Bedingung schlechthin der Möglichkeit jeder Erkenntnis und damit aller wahrheitsfähigen Aussagen.

Für Apel eröffnet und erschließt uns die Sprache die Welt. Sie ist das Medium, in dem wir lernen, uns in der Welt zu orientieren. Alle Unterscheidungen, die wir über sie treffen, sind uns durch die Sprache vorgegeben. Diese Vorgängigkeit der Sprache kann unsere Weltsicht nicht nur in einem neuen Licht erscheinen lassen, sie begrenzt sie auch. Nicht alles kann zu jedem möglichen Zeitpunkt gesagt werden – nicht, wenn es wirklich verstanden werden soll. Auch können wir nicht ohne Weiteres – bei Strafe der sozialen Exkommunikation oder der Nichtbeachtung – gegen die tief sitzenden Regeln der Semantik und der Pragmatik verstoßen. Gleichwohl ist für Apel die Sprache das einzigartige Medium, in dem wir über die grammatischen und pragmatischen Begrenzungen der Welt und unserer selbst reflektieren können. Die Sprache ist der Spielraum der Welterschließung und der argumentativen Reflexion. Die Menschen in ihrem individuellen wie kollektiven Schicksal sind in die Welt der Sprachspiele und ihre Perspektiven hineingeboren. Sich in ihnen zu bewegen, ist die Regel.

Aber anders als bei Wittgenstein, bei dem die Sprachspiele und Lebensformen unverbunden nebeneinanderstehen (bleiben), werden sie von Apel auf eine allen Menschen gemeinsame (allgemeine) Kommunikationsstruktur bezogen. Man könnte sagen, die sprachliche Erschlossenheit der Welt in einzelnen getrennten Sprachspielen und das Zusammensein in der Kommunikationsgemeinschaft aller sind – mit Heidegger gesprochen – für Apel gleichursprünglich. In der Sprache schlägt die Welt gleichsam als *ganze* ihre Augen auf, auch wenn wir jeweils in bestimmten Sprachspielen befangen sind. Wir könnten unsere Befangenheit nicht sehen, wenn wir nicht in der Lage wären, sie in dieser Einsicht auch zu überschreiten.

Die Sprache enthält sowohl die Möglichkeit der strategischen wie der verständigungsorientierten Reflexion. Wir können von einem Sprachspiel in ein anderes wechseln, wir sind fähig, über die begrenzten Perspektiven von Sprachspielen zu diskutieren: Man kann sie miteinander vergleichen, man kann versuchen, ihre ‚Grammatik' zu identifizieren, man kann fragen, welche Sprachspiele für welche Zwecke erfolgreich sein könnten usf. Die Fähigkeit dazu heißt Reflexion, und die Sprache bietet für Apel die Möglichkeit, in ihrem Medium über sie selbst etwas Sinnkritisches zu sagen.

Wittgenstein hatte diese Möglichkeit sprachinterner Reflexion bestritten, wenngleich auch er nicht umhin konnte, sie ständig zu praktizieren. Ihm war auch nicht bewusst, dass den Menschen durch ihre Möglichkeit, die Sprachspiele, an denen sie teilnehmen, zu thematisieren, die Welt als *ganze* sprachlich eröffnet wird, auch dann, wenn sie den Sprachgebrauch nicht vollständig überblicken.

Für Apel ist Philosophie ein unabschließbares Gespräch (der Philosophen), das den und die Horizont(e) der sprachlich konstituierten Welt abschreitet und – in einem Widerstreit der Argumente – darin besteht, diesen Horizont möglicher Verständigung offenzuhalten. Erst die Philosophie verdeutlicht diesen Gedanken einer sprachlich erschlossenen Welt im Ganzen. Apel sieht u. a. die unendliche Aufgabe der Philosophie darin, gegenüber einzelnen Interpretationen dieser Welt Distanz zu halten, um gleichzeitig im argumentativen Austausch die Idee der Einheit und Ganzheit der Welt, verkörpert im Apriori der Kommunikationsgemeinschaft, wachzuhalten. Gerade das Ganze der sprachlichen Erschlossenheit der Welt ist durch keine Einzelwissenschaft auf den Begriff zu bringen. Das wiederum nötigt die Philosophie zu einer gewissen Abstinenz, sowohl gegenüber den Einzelwissenschaften als auch gegenüber einer unmittelbaren Umsetzung in politische Aktivitäten. Beide vertreten jeweils einseitige Positionen. Der Philosophie obliegt die kritische Prüfung einzelner Sprachspiele, die für sich als einzige das Wahrheitsprädikat reklamieren. In dieser Situation gilt es zu prüfen, ob ihre Behauptungen oder Überzeugungen gerechtfertigt sind oder nicht, vor allem in dem entscheidenden Punkt, inwieweit die Sprachspiele Umstände schaffen, in denen jeder einzelne Kommunikationsteilnehmer die Möglichkeit zur Artikulation seiner Überzeugungen hat.

Die Unhintergehbarkeit der Argumentation

Apels Instrument der kritischen Prüfung ist das berühmt-berüchtigte Letztbegründungsargument: Wenn ich z. B. behaupte, ein (wirkliches) Verständnis von etwas sei unmöglich, widerlege ich mich selbst, weil ich aktuell – im Akt des Behauptens – darauf baue, dass der Andere, dem gegenüber ich mich äußere, meine Behauptung versteht. Ein letzter Grund unserer Kommunikation bleibt der Kritik entzogen. Wir setzen ihn (voraus), sobald wir uns auf eine Diskussion einlassen. Ihn können wir nicht verwerfen; auf ihn können wir uns in Apels Augen stützen, um einen letzten vernünftigen Anhaltspunkt zu finden: Man darf die Grundlagen vernünftigen Argumentierens im Akt der Argumentation nicht bestreiten. Weil man ansonsten, wie es heißt, in einen *pragmatischen* (performativen) *Selbstwiderspruch* geriete, einen Widerspruch, mit dem man das, was man zur Rechfertigung seiner eigenen Behauptung in Anschlag gebracht hat, in der aktuellen Rede in Abrede stellt. Was man inhaltlich behauptet, darf nicht durch das, was man aktuell tut und zur Rechtfertigung verwendet, konterkariert werden. Über diese und andere Versionen des Letztbegründungsarguments – das stets auf die Behauptung des Nichthintergehen-Könnens der argumentativen Verständigung hinausläuft – ist viel diskutiert und gestritten worden, ohne dass, wie immer in philosophischen Angelegenheiten, sich eine Position als eine allseits akzeptierte ergeben hätte.[61] Wie so oft ist der Streit im Sande verlaufen. Daraus sollten jedoch keine voreiligen Schlüsse gezogen werden, denn der Verlauf der Debatten brachte eine Reihe interessanter sprach- und argumentationskritischer Aspekte von Begründungs- und Rechtfertigungsstrategien ans Licht. Sie wären ohne die verschiedenen Kritiken – die sich von den Einwänden der kritischen Rationalisten bis zu den Überlegungen der Poststrukturalisten erstrecken – nicht leicht zu erkennen gewesen. Allein die Frage, ob und inwiefern ein neuer Totalitätsanspruch mit dieser Methode performativen Selbstwiderspruchs verbunden ist, zeigt diesen wahrscheinlich nur negativen Erkenntnisgewinn.

Man braucht sich nur die Schwierigkeiten anzuschauen, die es macht(e), das sogenannte Letztbegründungsargument präzise zu formulieren, um zu bemerken, dass es mit großer Sicherheit nicht möglich sein wird, das ‚rein Logische' des Arguments sprachlich so zum Ausdruck zu bringen, dass bis in die letzte Bedeutungsnuance der Wörter jede Mehrdeutigkeit getilgt wäre oder es nicht einer gewissen Nachsicht oder eines „*principle of charity*" (D. Davidson) bedürfte, um es im strengen Sinne als logisch zwingend zu erachten. Verlangte man beispielsweise den Grad an logischer Präzision, den Quine in seiner Demonstration der Unmöglichkeit, zwischen „analytisch" und „synthetisch" zu unterscheiden, voraussetzt, wäre Apels Argumentation ohne jede Chance. Dass zwei Wörter synonym gebraucht werden (Junggeselle = unverheirateter Mann) ist von logischer Identität so weit entfernt wie der Urknall vom restlichen Universum.[62] Was in aller – sich auf sprachliche Universalien verlassenden – Pragmatik als eine Art Sprachmagie weiter wirkt, ist der logische Furor Johann Gottlieb Fichtes (1762–1840): in einem „sonnenklaren Bericht" den Leser, das sind vor allem die Kollegen, „zum Verstehen zu zwingen". Fichte sieht aber doch besser als Apel, dass in diesem „Kampf" mit dem Autor – in dem der Leser mit „seinem Verstande nur wirklich herausrücken" muss – der Autor den Leser dennoch „nicht zu zwingen" vermag.[63]

Pragmatisches Denken
Von Ch. S. Peirce bis R. Rorty

Kommunikation ist ein Wunder, neben dem das Wunder der Transsubstantiation verblasst.
J. Dewey

Mit dem gleichen Recht, mit dem man für die Philosophie des 20. Jahrhunderts einen *linguistic turn* reklamiert hat, könnte man auch von einem *pragmatic turn* sprechen. Dieser steht jenem in seiner Wirkung und seinem Anregungspotenzial in nichts nach. Beide laufen über weite Strecken parallel und sind in der Entwicklung ihrer Grundgedanken eng aneinander angelehnt. Der Pragmatismus spielt nicht nur in der Universalpragmatik von K.-O. Apel und J. Habermas eine bedeutende Rolle, sondern auch in der sogenannten pragmatischen Wende der Wissenschaftsphilosophie, wie sie Th. S. Kuhn in der Eröffnung neuer Perspektiven im Verständnis der Wissenschaften in die Wege geleitet hat.[64] Und nicht zu vergessen, auch Wittgensteins ‚Grammatik' der Lebensformen und J. Austins Analysen von Sprechakten nähren starke pragmatische Motive. Schon diese bloße Aufzählung von Namen und Positionen lässt aber auch erahnen, wie weit und schillernd dieser Begriff von der Sache her ist.

Der Pragmatismus ist eine seit dem Beginn des 20. Jahrhunderts vor allem in Nordamerika verbreitete philosophische Strömung, die auf dem europäischen Kontinent lange Zeit keinen guten Ruf genossen hat. Das hatte eine Reihe von mehr oder weniger plausiblen Gründen, von denen vielleicht diejenigen am stärksten waren (und sind), die, wie durch unseren Alltagssprachgebrauch nahegelegt, pragmatisch sogleich in die Nähe von „nützlich" bis „opportunistisch" rücken. Pragmatisch verhält sich, wer sich der jeweiligen Situation entsprechend erfolgreich anzupassen und zu behaupten weiß. Wahr ist, was praktische, und d. h. nützliche Konsequenzen zeitigt. *Pragma* entstammt dem Griechischen und heißt „Handlung" oder „Tat". Vor allem die Vorstellung, dass Wahrheit und Nutzen, Wahrheit und Machbarkeit auf das Engste verbunden gedacht; dass Wahrheit und Erkennen überhaupt in die Reichweite dessen gestellt werden, was man - wie mehrdeutig auch immer - unter bestimmten Umständen durch sein Tun herbeiführen (und bewahrheiten) kann, war dem durchweg rationalistisch eingestellten Denken Alteuropas sowohl theoretisch wie praktisch suspekt.

Pragmatismus wurde allgemein als der Versuch verstanden, Kriterien für Bedeutung und Wahrheit in den jeweiligen praktischen Konsequenzen zu finden. Diese Auffassung scheint so mehrdeutig wie diffus zu sein. Man kann sie im weiten Sinne der biblischen Weisheit verstehen: An ihren Früchten werdet ihr sie erkennen. Man kann aber auch annehmen, dass das Prädikat „ist wahr" vor allem dann vergeben wird, wenn man bestimmte Konsequenzen instrumentell herbeizuführen in der Lage ist.

Die Initialzündung des Pragmatismus ging von William James (1842-1910) aus, seine Bücher erreichten ein breites Publikum, mit ihnen erlangte der Pragmatismus in Amerika (in der Zeit vor dem Ersten Weltkrieg) einen Höhepunkt, Pragmatismus wurde nicht nur eine fortschrittliche Welt- und Lebensanschauung, sondern auch eine Modephilosophie, sodass Charles S. Peirce (1839-1914) und andere Philosophen, die stärker auf eine wissenschaftliche und philosophische Grundlegung drängten, auf Distanz gingen. Sie suchten nach neuen tragfähigen Präzisierungen des Pragmatismus und der Erkenntnis.

Neben W. James und Ch. S. Peirce zählen George H. Mead (1863-1931) und vor allem John Dewey (1859-1952) zu den einflussreichsten Philosophen des Pragmatismus. Hilary Putnam (geb. 1926) und Richard Rorty (1930-2007) gehören zur ersten Riege der Neopragmatisten. In allerjüngster Zeit hat in philosophischen Fachkreisen vor allem R. Brandoms *Normative Pragmatik* größere Beachtung gefunden. Diese Philosophen stützen und beziehen sich nicht nur auf die eine oder andere Weise auf den Pragmatismus ihrer Vorgänger, ihr Denken insgesamt trägt in der Art und Weise, wie sie argumentieren und zu überzeugen versuchen, stark pragmatische Züge.

Der Pragmatismus hat in den letzten Jahrzehnten viel an Ansehen und Zuspruch unter Philosophen der verschiedenen Richtungen gewonnen. Dies hängt womöglich nicht nur mit dem Mangel an interessanten Alternativen zusammen, sondern auch mit den anti-essentialistischen und undogmatischen Zügen der Erkenntnis- und Zeichentheorie auf der einen Seite sowie seinen Grundsätzen einer pluralistisch und demokratisch verfassten offenen Gesellschaft auf der anderen.

Die pragmatische Maxime

Auf zwei für das pragmatische Denken von Ch. S. Peirce charakteristische Auffassungen soll besonderer Wert gelegt werden. Die erste zielt auf seine Kritik an der bewusstseinsphilosophischen Idee oder darauf, dass wir wahre Erkenntnisse allein durch Introspektion oder Intuition gewinnen könnten; dass es endlichen Wesen, wie wir es sind, durch Bewusstseinsakte allein gelingen könnte, unabhängig vom Gebrauch bestimmter, auf Gegenstände (oder auf uns selbst) gerichteter Zeichen objektive Erkenntnisse von Sachverhalten zu erlangen. Alles Denken ist zeichenvermittelt. „We have no power of thinking without sign." Das bedeutet, die Macht unseres Denkens entstammt der Möglichkeit des Umgangs mit Zeichen; es heißt aber auch, dass jeder philosophische Gedanke der sprachlichen Zeichen bedarf, um einer Prüfung auf seinen Realitätsgehalt unterzogen werden zu können. Linguistische und pragmatische Interessen reichen sich in Beidem die Hand.

Der zweite Gedanke, der hervorgehoben werden soll, ist der des Pragmatismus schlechthin. Er besagt, dass Wahrheit nicht einem introspektiven Blick entspringt, wie Descartes glaubte, sondern der praktischen Bewährung und der experimentierenden Selbstkontrolle. Pragmatisch verfährt, wer im experimentellen Erproben von Begriffsbedeutungen das, was wahr ist, zu ermitteln sucht. Nicht um selbstgenügsame Analyse von Wortbedeutungen ist es zu tun; erst im Blick auf die künftigen Konsequenzen kann der Bedeutungsgehalt eines Begriffs geklärt werden. Kurz, die Bedeutung eines Begriffs wird vom Gedanken eines – weit gefassten – experimentierenden Erprobens und Erkundens her verstanden. Sinn und Bedeutung eines Gedankens werden durch die experimentelle Vergegenwärtigung derjenigen Handlungen definiert, die er hervorruft.

Immer wieder hat man, um den Pragmatismus von Peirce genauer zu charakterisieren, seine „pragmatische Maxime" herangezogen. Sie findet sich in einem Aufsatz mit dem anspruchsvollen Titel: *How to Make Our Ideas Clear* (1878): *Wie unsere Ideen geklärt bzw. klar gemacht werden können.* Diese Maxime, eine Anleitung zur Analyse von Begriffen, lautet: Man „überlege, welche Wirkungen, die denkbarerweise praktische Bezüge haben könnten, wir dem Gegenstand unseres Begriffs in Gedanken zukommen lassen. Dann ist unser Begriff dieser Wirkungen das Ganze unseres Begriffs des Gegenstandes.“[65]

Die Analyse des Bedeutungsgehalts eines Begriffs soll sich an seinen (möglichen) künftigen Konsequenzen ausrichten. Offensichtlich steht eine Untersuchung der praktischen Wirkungen im Vordergrund, die wir mit unserer Vorstellung vom Begriff verbinden. Einem Begriff von „Härte“ kommen wir nicht dadurch auf die Spur, dass wir in unserer Vorstellung nach seiner Bedeutung suchen, sondern dadurch, dass wir ihn einem Test unterziehen, z. B. eine Hypothese experimentell überprüfen, nach der andere Gegenstände Diamanten im Regelfall keine Kratzer zufügen können. Peirce verfolgt die Idee, dass Begriffe durch experimentelles Handeln erprobt werden können; dass ihre Realitätstauglichkeit bewährt oder bewahrheitet werden kann durch eine Praxis, in der es gelingt, sie von leeren Worten oder bloßen Hirngespinsten zu unterscheiden.

Eine andere, vielleicht plausiblere Version der pragmatischen Maxime ist die empiristische, sie lautet: Man erfasst die Bedeutung eines Begriffs dann vollständig, wenn man weiß, auf welche sinnlich wahrnehmbaren Eigenschaften er sich bezieht. Peirce vertritt in späteren Versionen aber auch (rationalistische) Auffassungen, denen zufolge von Kenntnis der Bedeutung eines Begriffs dann gesprochen werden kann, wenn man weiß, welche Handlungsregel dieser Begriff einschließt. So könnten – operationalistisch verstanden – die Handlungsregeln in experimentellen Anleitungen zur Herstellung wahrnehmbarer Phänomene bestehen (siehe das Diamantenbeispiel). Wie das im Einzelnen geschehen soll, bleibt aber dunkel.

Eine universelle Zeichenlehre

Um die *pragmatische Maxime* nicht verkürzt zu verstehen, haben eine Reihe von Interpreten darauf hingewiesen, dass sich ihre Bedeutung erst im Horizont der Peirce'schen Zeichentheorie entfalte. Erst wenn die komplexe Verbindung von Erkennen, Handeln und Zeichen mitgedacht werde, zeige sich der Witz dessen, was Peirce über die Beziehung von Wahrheitserkenntnis und Realität zur Diskussion beigetragen habe. Peirce' Theorie der Sprache (wie seine Logik) sind eingebettet in eine allgemeine Theorie der Zeichen, die er *Semiotik* genannt hat.

Ihr Ausgangspunkt ist der Bruch mit der Vorstellung, dass wir es beim Erkenntnisprozess mit dem Problem des Übergangs zweier Ge-

genstandsbereiche zu tun hätten: von der Sphäre des Subjekts in die des Objekts. Er geht davon aus, den Erkenntnisprozess als eine Relation von Wissendem und Gewusstem anzusetzen, die man nicht verstehen könne, wenn man nicht die Elemente dieser Relation zueinander in Beziehung setze, d. h., wenn man nicht bei der Betrachtung die beiden Elemente der Relation im Zusammenhang mit der Definition des jeweils anderen Elements dieser Relation in Rechnung stellte. Peirce sieht, was vorher bereits im Idealismus Grundlage seines Begriffs von Wissen gewesen ist,[66] dass das Problem der Erkenntnis und der Realität eine Reihe von Implikationen enthält, die sich erst lösen lassen, wenn das komplexe Verhältnis der Relationalität (Relativität) von Wissendem und Gewusstem ausreichend geklärt ist.

Peirce nähert sich diesem Problem durch die Entwicklung einer Zeichentheorie, deren zentraler Gedanke der ist, dass „alles Denken in Zeichen geschieht" und „jeder Gedanke [...] ein Zeichen" ist. Das ist zunächst nicht neu, sondern steht in der Tradition des *Britischen Nominalismus*, der annimmt, dass unser Denken unvermeidlich in Worten oder allgemeinen Zeichen stattfindet. Peirce nimmt an, dass wir überhaupt nur mit den Gedanken vertraut sind, die uns durch Zeichen übermittelt sind. Nur über äußere Tatsachen wie Zeichen kann Denken erkannt werden. „Das einzige Denken, das also möglicherweise erkannt wird, ist Denken in Zeichen. Aber Denken, das nicht erkannt werden kann, existiert nicht. Alles Denken muß daher ein Denken in Zeichen sein."[67] Dieses Denken in Zeichen – „jeder Gedanke ist ein Zeichen" – steht immer schon mit anderen Gedankenzeichen in Beziehung, jedes Gedankenzeichen folgt einem anderen. Entsprechend gibt es keine absolut erste Erkenntnis eines Gegenstands, sondern nur einen ständigen Prozess des Denkens, der dann, wenn es sich um Erkenntnis handelt, aus einem Prozess gültiger Schlussfolgerungen besteht. Kurz, kognitive Prozesse lassen sich als Folgen von Schlüssen beschreiben. Wobei mentale Zustände zur Erklärung nur herangezogen werden dürfen, wenn sie über intersubjektiv zugängliche Phänomene wie beobachtbares Verhalten oder Zeichenhandlungen dargestellt werden können. Schließen ist Handeln mit Zeichen.

Peirce nimmt an, dass eine universelle Zeichenlehre drei Grundrelationen aufweist: „Nun hat ein Zeichen als solches drei Bezüge: erstens ist es ein Zeichen in Relation *zu* einem Gedanken, der es interpretiert; zweitens ist es ein Zeichen *für* ein Objekt, für das es [...] steht, drittens ist es ein Zeichen *in* einer Hinsicht [...], die es mit seinem Objekt in Verbindung bringt."[68]

Dieser Definition zufolge hat jedes Zeichen eine dreidimensionale Struktur. Es kann als Zeichen ‚an sich' betrachtet werden, es hat selbst einen Zeichenkörper, der z. B. aus unterschiedlichen Stoffen oder Materialien bestehen kann. Aber es wäre kein Zeichen, wenn es nicht auch „als" Zeichen, als Gegenstand unter Gegenständen, aufgefasst und somit als *etwas* (Bestimmtes) von anderen Zeichen unterschieden werden könnte. Es ist zweitens charakteristisch für ein Zeichen, dass es *für* ein ‚Objekt' steht, dass es sich auf ein bestimmtes Etwas in der Welt bezieht, es repräsentiert. Drittens verweist jedes Zeichen auf ein anderes Zeichen, das sein Interpretant ist. Nach Peirce können sich Zeichen nur durch Vermittlung anderer Zeichen – ihrer Interpretanten – repräsentierend auf Objekte beziehen. Das eben bedeutet, dass sich auch das Denken grundsätzlich nicht direkt, sondern nur vermittelt auf eine bewusstseinsexterne Realität beziehen kann.

Die Referenz auf ein Objekt kann nach Peirce wiederum auf ganz unterschiedliche Weise erfolgen: ikonisch, indexikalisch oder symbolisch. *Ikonisch* ist der Zeichenbezug immer dann, wenn eine Repräsentation aufgrund einer gewissen (bildlichen) Strukturähnlichkeit zwischen Bildzeichen und Abgebildetem vorliegt, wie z. B. bei einigen Hieroglyphen, die aufgrund einer Schemazeichnung bestimmte Arten von Tieren erkennen lassen oder Icons, die einen Parkplatz für Rollstuhlfahrer abstrakt oder schematisch durch einen Rollstuhl markieren. Von *symbolischen* Sprachzeichen ist bei Peirce die Rede, wenn es sich um bestimmte Kennzeichen, Kürzel, Notationen usf. handelt, bei denen keine Ähnlichkeit zwischen Zeichen und Abgebildetem besteht und wie in einer „Legende" zu einer Karte in einem Weltatlas die Symbole relativ arbiträr zu den abgebildeten Sachverhalten gewählt werden. Der Objektbezug eines Zeichens wird *indexikalisch* hergestellt, wenn, über eine reale Beziehung zum Objekt hinaus, ein Hinweis enthalten ist, wo man – z. B. beim Blick in die Karte – sich selbst gerade aufhält.

Die dreistellige Zeichenlehre unterscheidet also Zeichen, Objekt und den Interpretanden, wobei das Objekt, also das, worauf sich das Zeichen bezieht (wofür es in Gedanken steht), von Peirce weiter unterteilt wird, um der Fülle der Wirklichkeit gerecht zu werden. Drei Dinge gehören zur Funktion eines Zeichens, das Zeichen selbst, sein Referenzobjekt und sein Interpretant, wobei der Interpretant das ist, was ein Zeichen in einem Interpreten erzeugt, indem es ihn zu einem Gefühl, einer Handlung oder einem Zeichen veranlasst oder auch determiniert.

Seit Peirce hat man in der Semiotik (oder auch der Sprachphilosophie) drei Disziplinen unterschieden: die *Syntax*, das Studium der Grammatik oder das, was auch immer grammatischen Strukturen unterlegt ist; die *Semantik*, die Untersuchung der Bedeutung bzw. die Beziehung zwischen Sprache/Sprechen und Realität, sowie der *Pragmatik*, das Studium der sozialen Kontexte, in denen die Bedeutung vermittels der Kommunikation der Sprecher ausgehandelt wird. Peirce hat mit großem Interesse auf allen drei Ebenen geforscht. Die sogenannten Pragmatisten haben ihre Diskussionen vor allem auf zwei Kernkonzepte der Pragmatik konzentriert: auf Wahrheit und Bedeutung.

Im Zusammenhang der Vorstellung eines unendlich vernetzten Zeichenuniversums ist auch Peirce' Kategorienlehre zu erwähnen. Wie Hegel war Peirce von triadischen (dreiteiligen) Strukturen fasziniert. Das wahrscheinlich originellste metaphysische System des späten 19. Jahrhunderts stammt von ihm.

In seiner Kategorienlehre unterscheidet er drei Konzeptionen, die so allgemein sind, dass sie auf jedes Phänomen mehr oder weniger zu passen scheinen und es erschließen, sie tragen etwas ungewöhnliche Bezeichnungen und beleuchten sich stets wechselseitig: Erstheit, Zweitheit und Drittheit. Dieses triadische System wurde durch seine Arbeiten an der Relationslogik inspiriert. Die *Erstheit* ist eine Konzeption von etwas, das völlig unabhängig ist von etwas anderem (relationslos), es bezeichnet das reine „Dass“ (*dass* etwas ist) und geht jeder Unterscheidung voraus. Im Vokabular der Prädikation nennt er sie ein einstelliges oder monadisches Prädikat („... ist rot“). *Zweitheit* ist ein Begriff von etwas, betrachtet „im Hinblick auf“ oder „relativ zu“, also ein zweistelliges Prädikat („... das Kind von“). Sie ist die Welt des Bewusstseins und durch die Erfahrung einer Widerständigkeit von Objekten charakterisiert. Bleibt die *Drittheit* als Konzeption der Vermittlung, welche Erstheit und Zweitheit in Beziehung setzt. Sie kann dadurch exemplifiziert werden, dass ein Zeichen ein Objekt mit einer interpretierenden Intelligenz (einem Sprecher z. B.) vermittelt/mediatisiert. Universelle Ideen sind Paradebeispiele der Drittheit.

Die Rückkehr des Pragmatismus

Der wahrscheinlich einflussreichste amerikanische Philosoph des Pragmatismus im 20. Jahrhundert war John Dewey. Im deutschsprachigen Raum wurde vor allem sein Buch *Demokratie und Erziehung* (1916, dt. 1930) rezipiert. In ihm hat er seine Auffassung von Philosophie als einer allgemeinen Theorie der Erziehung dargelegt. Seine im engeren Sinne philosophischen Arbeiten versuchen eine Variante des Pragmatismus, den *Instrumentalismus*, auszuarbeiten. Ganz allgemein geht es in dieser Vorstellung – die vor ihm bereits W. James vertreten hatte – darum, Begriffe und Theorien als Instrumente aufzufassen, deren Wert und Nutzen danach zu beurteilen ist, ob sie den Menschen ‚weiterbringen'; ob und welche zukünftigen Ergebnisse und Konsequenzen sie herbeizuführen in der Lage sind. Dewey hoffte einerseits, eine genaue Beschreibung derjenigen Bedingungen zu liefern, die erschließen, wie wissenschaftliches Denken und Forschen auf diese instrumentelle Weise funktionieren. Andererseits war er bestrebt, die kontextuellen Zusammenhänge zu sehen, in die Denkprozesse und wissenschaftliche Forschung eingebettet sind. Entsprechend gilt seine besondere Aufmerksamkeit der „Situation", zu der neben den Objekten der Forschung auch die Handlungen der Menschen gehören, welche die Situation wahrnehmen und aufgrund von Zweifeln und Ungewissheiten sie überhaupt erst nach Anhaltspunkten für ihre Erfahrung suchen lassen.

Sprachphilosophische Überlegungen im engeren Sinne spielen für Deweys Pragmatismus eine geringe Rolle. Sein eigentliches Anliegen resultiert aus einer großen „intellektuellen Beunruhigung" über einen Skandal, den er in einer grundlegenden Dichotomie (Zweiteilung) zwischen „Wissenschaft" auf der einen und „Moral" auf der anderen Seite sieht. Er sucht eine Logik zu konstruieren, die ohne abrupten Bruch eine gewisse Kontinuität zwischen beiden Bereichen herzustellen lehrt. Denken ist ein Erfinden von Instrumenten, mit denen die Probleme des Lebens gelöst werden sollen. Zwischen der Tätigkeit der wissenschaftlichen Forschung und den übrigen biologischen und physischen Fähigkeiten bzw. Aktivitäten gibt es in Deweys Auffassung eine Kontinuität. Dewey weicht in dieser allgemeinen Vorstellung des Lebenszusammenhangs die strengen Kriterien, die der logische Empirismus an die wissenschaftliche Forschung (der Naturwissenschaften) gestellt hatte, auf.[69] Den Wissenschaften wird ein bestimmter Ort in der Welt der Menschen zugewiesen, Dewey betrachtet sie als eine Lebensform unter anderen. Anders gesagt, der Liberalisierungsprozess der positivistischen Philosophie bedeutet eine Wiedergewinnung der pragmatischen Wurzeln der amerikanischen Philosophie. Und ein großer Teil der neueren amerikanischen und auch europäischen Philosophie, die sich auf die Tradition des Neoempirismus berufen, ist zugleich geprägt durch eine Wiederaufnahme des Pragmatismus.

In diesem Sinne hat vor allem Rorty den Prozess der Liberalisierung des Neopositivismus fortgesetzt, und zwar in Richtung des Pragmatismus. Auch das philosophische Denken im weitesten Sinne stellt sich dar als eine Art Interaktion von Lebewesen mit ihrer Umwelt, ungefähr so, wie es auch bei biologischen Organismen der Fall ist. Rorty verbindet Motive der Philosophie der Alltagssprache, wie sie auf Wittgenstein zurückgehen, mit hermeneutischen Reflexionen von Heidegger und Gadamer. Philosophie als metaphysische Bestimmung des Wahren, des Guten und Schönen muss aufgegeben werden, der Bestand der gesellschaftlichen Lebensformen erfordert keine objektive Grundlegung durch philosophisches Wissen, sondern nur die Garantie, dass der öffentliche Dialog nicht abgebrochen wird. Und dies sichert vor allem die Demokratie.

Es geht weniger um Kriterien für die absolute Zuverlässigkeit von wissenschaftlichen oder alltäglichen Erkenntnisprozessen, sondern darum, sich in einer unendlich komplexen Welt zurechtzufinden und nach Wegen zu suchen, auf denen es gut, d. h. ohne die Leiden der Menschen zu vergrößern, weitergeht. Ob dieser Weg wissenschaftlich oder künstlerisch, philosophisch oder literarisch zum Ziel führt, ist zweitrangig. Kein Zugang zur Welt ist von vornherein besser als der andere, wenn er nur zur Verbesserung der menschlichen Lage beiträgt. Um aber nicht vollständig in den Relativismen dieser Konzeption unterzugehen, trifft Rorty eine Unterscheidung, die vor allem Übrigen ausgezeichnet ist, die von *öffentlich* und *privat*. Sie bildet das unhintergehbare Fundament all seiner antifundamentalistischen Provokationen. Ob Gesellschaften diese Grenze anerkennen bzw. institutionalisiert haben, lässt Rückschlüsse darüber zu, ob es sich um totalitäre oder offene, autoritäre oder liberale Gesellschaften handelt. Wie Rorty freimütig zugesteht, ist die Grenze zwischen beiden fließend, im Grunde ist sie immer verwischt. Nur weniges kann ausschließlich als privat oder öffentlich bezeichnet werden, das meiste liegt in der Mitte zwischen den Polen. Dennoch erlauben für Rorty nur die Gesellschaften ein menschenwürdiges und anständiges Leben, „die ausreichend Raum für ein Privatleben lassen".[70] Vorrang der Demokratie vor Philosophie, Kultur statt Erkenntnis, Hoffnung statt Metaphysik lauten dann die entsprechenden Formeln (Kap. IV, S. 325 ff.).

An Stellen wie diesen kommt vielleicht das Spezifische von Rortys Pragmatismus zum Vorschein. Sie zeigen, was in der Tradition des Aristoteles *phronesis* (Klugheit) genannt worden ist. Im Blick auf die soziale Praxis der Menschen sollte man mit Begriffen, die die Praxis aufzuschließen versuchen, vorsichtig sein. Man muss ihnen genügend Raum für die Mehrdeutigkeiten und Unbestimmtheiten des Lebens geben. Man sollte die Begriffe, mit denen man die Praxis expliziert, nicht definitorisch zu (er-)pressen versuchen und ihnen die Vagheit zurückerstatten, die sie im alltäglichen Sprachgebrauch haben – jene Offenheit, die bis an die Grenze zur Widersprüchlichkeit führt, vielleicht auch darüber hinaus.[71] Das ist eine für Theoretiker äußerst heikle Angelegenheit, müssen sie doch, um scharfsinnig und widerspruchsfrei zu argumentieren, trennscharf konzipierte Begriffe verwenden. Das mag sein, sagt Rorty, dann kann man das vielleicht nicht mehr Philosophie im Sinne der akademisch-wissenschaftlich ausgerichteten Philosophie nennen, es ist gleichwohl das, was große Aussicht hat, zur Verbesserung der *conditio humana* beizutragen. Zu welchem intellektuellen Genre – ob Philosophie oder Literatur, Traktat oder Essay – man dieses Schreiben und Denken zählt, ist eher zweitrangig.

Im Bewusstsein der Differenzen
J. Derrida und J.-F. Lyotard

Was als Durchgang klar ist, verdunkelt sich, sobald man dabei verweilt.
P. Valéry

In einer lesenswerten Einführung in den Pragmatismus beschreibt der Wiener Philosoph Ludwig Nagl die Lage der Philosophie heute wie folgt: „Wirkliche Konkurrenz“ – nach der Dauerkrise des Positivismus und der analytischen Philosophie – „haben Pragmatismus und Neopragmatismus im gegenwartsphilosophischen Diskurs [...] nur in der französischen *Dekonstruktion*.“ [72] Diese übertreibe aber den antifundamentalistischen Impuls, den sie mit dem pragmatischen Denken teilt. Sie habe ihre tödliche Schwäche darin, den ‚fallibilistischen Impuls‘ *absolut* zu setzen und zum ästhetischen Spiel zu entgrenzen. Während die Pragmatisten aufgrund der Zuwendung zur Alltagswelt eine gute Balance – einen *fallibilism without relativism* – herzustellen wüssten, riskierten die Anhänger der Postmoderne im pseudoradikalen Relativismus unterzugehen. Der Pragmatismus stehe heute konkurrenzlos da. Nagl zitiert den Neopragmatisten Rorty, der schon zu Beginn der 80er-Jahre prognostiziert habe, dass am Ende jener Straße, die Foucault und die französischen Poststrukturalisten bereisten, William James und John Dewey sie erwarteten.

Ein Vierteljahrhundert später, nachdem fast alle Poststrukturalisten die Bühne des Denkens verlassen haben, könnte man Rortys Urteil prüfen. Aufs Ganze gesehen ist die Geschichte anders verlaufen, als es Rorty prognostiziert (oder sich erhofft) hatte. Dies soll in diesem und in dem Kapitel über *Postmoderne und Vernunftkritik* angedeutet werden, und auch nur in zwei Repräsentanten, Jean-François Lyotard (1924–1998) und Jacques Derrida (1930–2004). Beide haben im „französischen Moment der Philosophie“ (A. Badiou), d. h. zusammen mit R. Barthes, G. Deleuze, M. Foucault, J. Kristeva u. a., in den sprach- und kulturkritischen Diskussionen eine bedeutende Rolle gespielt.

Das abgründige Spiel sprachlicher Zeichen

Im Jahr 1967 erscheinen gleichzeitig drei Werke von Jacques Derrida. In *Die Stimme und das Phänomen* entwickelt er Überlegungen zu einer Philosophie des Zeichens, die im engen Zusammenhang mit einer weiteren umfangreichen Schrift, der *Grammatologie*, stehen. In seiner dritten Schrift, die den Titel *Die Schrift und die Differenz* trägt, unternimmt Derrida eine Auseinandersetzung mit dem zeitgenössischen Denken in Frankreich Mitte der 60er-Jahre. Er befasst sich u. a. mit M. Foucault und E. Lévinas, A. Artaud und G. Bataille, aber auch mit den zu jener Zeit gewichtigen philosophischen Gewährsleuten im Hintergrund, mit Hegel und Husserl, Freud und Lévi-Strauss. In diesem Buch findet sich auch ein Aufsatz mit dem Titel: „Die Struktur, das Zeichen und das Spiel im Diskurs der Wissenschaften vom Menschen". Er soll als Leitfaden dienen, um einige Grundbausteine der *Dekonstruktion* – sofern es sie denn gibt – darzulegen.

Derrida beginnt seine Überlegungen mit der Annahme, dass es in der Geschichte des Begriffs der *Struktur* eine einschneidende Veränderung gegeben habe. Dieser „Bruch" zeige sich, wenn man über die „Strukturalität der Struktur" nachdenke und erkenne, dass diese Frage im Verlauf der Geschichte der Metaphysik „immer wieder neutralisiert, reduziert [wurde]: und zwar durch einen Gestus, der der Struktur ein Zentrum geben und sie auf einen Punkt der Präsenz, auf einen festen Ursprung beziehen wollte. Dieses Zentrum hatte nicht nur die Aufgabe, die Struktur zu organisieren [...], sondern [...] dafür Sorge zu tragen, daß das Organisationsprinzip der Struktur dasjenige in Grenzen hielt, was wir das Spiel der Struktur nennen könnten".[73] Dabei werde der „Begriff der zentrierten Struktur [...] auf widersprüchliche Weise kohärent"[74] gedacht. Dieser soll, wie der archimedische Punkt, nach dem die Philosophie qua Metaphysik (als einer Antwort auf letzte Fragen) immer wieder gesucht hat, unbeweglich sein, er soll feststehen, um an seiner Angel ein „begründetes Spiel" mit den übrigen Zeichen und Begriffen zu befestigen.

Derrida macht auf die Angst aufmerksam, die in den Diskursen der Metaphysik ständig mitlaufe und darin bestehe, in ein haltloses, leeres Begründungsspiel mit Begriffen und Zeichen verwickelt zu werden, sich in den Wiederholungen, Substitutionen und Transformationen der sprachlichen Zeichen zu verlieren. Um Halt gebend oder begründet argumentieren zu können, müsse der Ursprung (*arche*) oder das Ziel (*telos*) stets neu bedacht und „in Gestalt der Präsenz" (einer anwesenden Wahrheit) antizipiert werden.

Derrida denkt die „Geschichte des Begriffs der Struktur vor dem Bruch [...] als eine Reihe einander substituierender Zeichen".[75] Sie haben in der Metaphysik – das ist in der Geschichte des Sinns – zwar verschiedene Formen oder Namen getragen, gemeinsam ist ihnen jedoch das Kreisen um eine „dem Spiel enthobene Präsenz", um die Gewissheit eines Zentrums, das selbst dem Spiel der Zeichen entzogen war. Derrida zufolge fußt die Geschichte der Metaphysik darauf, „daß alle Namen für Begründung, Prinzip oder Zentrum immer nur die Invariante einer Präsenz (*eidos, arche, telos, energeia, ousia* [Essenz, Existenz, Substanz, Subjekt], *aletheia*, Transzendentalität, Bewußtsein, Gott, Mensch usw.) bezeichnet haben".[76] Im Unterschied dazu, so glaubt Derrida, sei unsere Zeit durch die *Abwesenheit* eines Zentrums oder eines grundlegenden Prinzips gekennzeichnet. Weder *Gott* noch *Mensch*, weder die *Natur* noch ein die Sprache bestimmender einheitlicher *Logos* (in Gestalt einer allen Sprachen zugrunde liegenden Tiefenstruktur) oder ein transzendentales *Bewusstsein* seien (noch) in der Lage, das Zentrum zu verkörpern.

Die Philosophie bemerkt diesen tiefen Einschnitt, als sie versucht, sich Aufklärung über das Verlangen nach einem Zentrum zu verschaffen, z. B. in der Bemühung, die grundlegenden Bedingungen der Möglichkeit allen Erkennens und Handelns zu analysieren. Sie stößt auf die Unerreichbarkeit des Zentrums, d. h. auf die Paradoxie, dass im Diskurs der Metaphysik die zentrale Präsenz (also Gott, Bewusstsein, Logos, Sein usf.) eine zugleich *notwendige* wie *unmögliche* sei, und muss also feststellen, dass der traditionelle Diskurs dem wirklichen „Vorgang des Bezeichnens" in seiner *zeitlichen* und *sprachlichen* Verfassung zu wenig Aufmerksamkeit gezollt hatte. Das metaphysische Denken hatte dem schneller oder langsamer laufenden Prozess der Verschiebung und Substitution der Zeichen wenig Bedeutung zugemessen und ihn „dem Gesetz der Präsenz" untergeordnet.

Wie andere Philosophen auch, verweist Derrida darauf, dass sich jeder Versuch, das Zentrum zu erreichen, als Fehlschlag herausstellen muss. Er wird in seinen Schriften nicht müde, die Grundbegriffe der Philosophie zu *dekonstruieren*. In jedem Gebrauch sprachlich fixierter Bedeutungen (Begriffe) sieht er eine Differenz eingespielt, die auch die Grundbegriffe philosophischen Denkens, von anderen Begriffen (und deren Konstellationen), d. h. von anderen Texten und Kontexten, abhängig zeigen. Diese Differenz offenbart sich zeitlich als *Verspätung* und sachlich als definitorische *Unerreichbarkeit* dessen, was ein sprachliches Zeichen in seiner Bedeutung zu sagen vorgibt. Die zentrale Präsenz (die Gegenwart und Macht) kann von den Zeichen nicht erreicht werden – sie stehen nur „für" etwas, sie schießen immer übers Ziel hinaus, sie sagen als Teil der kollektiven Praxis immer *mehr* und *weniger*, als im aktuellen Gebrauch intendiert und assoziiert werden kann. Ebenso wenig ist es möglich, sich bei ihrer Identifikation nicht zu verspäten.

„Ursprüngliche Verspätung" ist ein anderer Ausdruck für die Unfähigkeit der Metaphysik, das Versprechen einer Selbstvergegenwärtigung einzulösen. So gelingt es beispielsweise dem Subjekt niemals, sich in seiner Präsenz (in seiner Gegenwart und dem, was es ist, seinem Sein) zu erreichen, es kommt zu spät, um sich selbst zu erfassen; was es erfasst, ist nicht das Selbst als das tätige, authentische, sich in diesem Augenblick bezeichnende Selbst, sondern das, was es (zuvor) gewesen ist. Man kann auch im Blick auf sich selbst die Zeit nicht anhalten: Sich auf sich selbst zurückzubeugen bzw. die für diese Operation entsprechenden Zeichen zu verwenden, kostet Zeit, es sei denn, man nähme eine unmittelbare Selbstevidenz an, wie die Philosophen, die dem Menschen das Vermögen einer *intellektuellen Anschauung* zugesprochen haben. Sie aber brächte nur ein weiteres Unerklärliches (rein Geistiges) in die Welt, das die philosophische Erkenntnis von einer durch den Gebrauch sprachlicher Zeichen bestimmten Erfahrung abbringen würde.

Jeder Versuch des Subjekts, sich selbst gegenwärtig zu werden, ist zum Scheitern verurteilt, er führt immer nur dazu, sich in der Wiederholung einer (bereits) vergangenen Zeit unendlich zu verspäten (oder auch sich unvordenklich vorweg zu sein). Der Ursprung, die Präsenz, das Zentrum, das Authentische, der ursprüngliche Sinn bleiben unerreichbar. Was bleibt, so Derrida, sind Differenznahmen ohne Unterbrechung: die Differenz zwischen der prädiktiven Bezeichnung und dem Sinn, der sich im Augenblick der Identifikation schon verschoben hat, zwischen dem Ursprung, der sich im Rückgriff auf sich selbst die Ursprünge verbirgt.[77] Ein letzter Grund ist nicht zu finden, auch das Letzte ist in sich geteilt, zerspalten, zeigt ein Spiel von Differenzen, die nirgendwo einen letzten Halt finden. Ein differenzloses Zeichen wäre keines, es hätte uns nichts zu sagen. Der Unterschied, der, wie bei de Saussure, die Bedeutung generiert, ist das Bestimmende. Er selbst aber ist der Bestimmung oder Differenzierung entzogen.

Derrida stößt mit diesen paradoxen Formulierungen strukturell auf eben die Schwierigkeit, die schon Kant beunruhigte, als er den höchsten Punkt seiner Philosophie, das berühmte „Vehikel aller Begriffe", das ‚ich denke, das alle meine Vorstellungen muss begleiten können', in die missliche Lage versetzt sah, es nicht mit einem (diskursiven) Begriff zu tun zu haben, sondern damit, was Kant mehr schlecht als recht als ‚leere Vorstellung' oder ‚bloßes Bewusstsein' bezeichnet hat. In genau diesem Sinne ist die Differenz kein neues Prinzip, sondern jener Ort oder besser Nicht-Ort (einer unbestimmten Bestimmtheit), dem sich weder die alte (kantische) noch die neue (Derrida'sche) Vernunftkritik entziehen kann.

Dieser Vergleich lässt sich am besten mit dem Begriff der *différance* erläutern, mit dem Derrida seine logozentrismuskritische Position – die der *Dekonstruktion* – zu systematisieren versucht. Im Begriff der *différance* sieht Derrida zwei ineinander verschränkte Bedeutungen am Werk. Das Verb *différer* meint sowohl *unterscheiden*: dass etwas mit etwas anderem nicht identisch ist, von ihm differiert, als auch, dass etwas sich aufschiebt oder verzögert, d. h. sich verspätet. Es bezeichnet „die Tätigkeit, etwas auf später zu verschieben, sich von der Zeit und den Kräften bei einer Operation Rechenschaft abzulegen, die Rechnung aufzumachen, die ökonomischen Kalkül, Umweg, Aufschub, Verzögerung, Reserve, Repräsentation impliziert".[78]

Dieser doppelte Sinn von *différance* zeigt sehr gut die voraussetzungsreiche Struktur unseres Umgangs mit sprachlichen Zeichen – einschließlich der Kräfte, die die Dekonstruktion dabei am Werk sieht: Auf der einen Seite ist die *différance* die Bedingung der Möglichkeit von Bedeutung (und allen Verstehens), insofern ein Zeichen seinen Sinn nur über den Bezug auf andere Zeichen erhält. „Die *différance* bewirkt, daß die Bewegung des Bedeutens nur möglich ist, wenn jedes [...] ‚gegenwärtige' Element, das [...] erscheint, sich auf etwas anderes als sich selbst bezieht."[79] Auf der anderen Seite deutet die *différance* auf etwas, das den Prozess der Bedeutungsbildung durch das (momentane) Dazwischentreten von Rechenschaftsgabe, Aufschub, Repräsentation usf. (abrupt) unterbricht. Die Bedeutung, die sich über das Spiel der Differenzen (mit anderen Zeichen) herausbildet, entfernt sich darin gleichzeitig von sich selbst, sie kann (und muss) eine unvorhersehbare Richtung einschlagen. Sie setzt sich immer wieder auch von sich selber ab.

Anders gesagt, durch den Prozess der Bedeutungsbildung geht ein wiederkehrender Riss, der jede Möglichkeit versperrt, in Form einer Vergegenwärtigung an das heranzukommen, um das es geht. „Ein Intervall muß es [das gegenwärtige Element] von dem trennen, was es nicht ist, damit es es selbst sei, aber dieses Intervall, das es als Gegenwart konstituiert, muss gleichzeitig die Gegenwart in sich selbst trennen, und so mit der Gegenwart alles scheiden, was man von ihr her denken kann."[80] Die *différance* setzt also eine (sprunghafte) Bewegung ins Werk, die in der Bewegung auf eine erfüllte Gegenwart (das Erreichen von Wahrheit, Freiheit, Gerechtigkeit usf.) eine permanente Verschiebung (einen Aufschub dieser Gegenwart) auslöst. Sie zerstört damit jedweder Hoffnung, in naher oder ferner Zukunft die erfüllte Gegenwart erreichen zu können.

Die Abwesenheit des transzendentalen Signifikats (des letzten Halt gebenden Bezugs) bzw. die in den lebendigen Zeichengebrauch eingespielten Bedeutungssprünge erweitern das Spiel der Zeichen ins Unabsehbare. Zeichen erläutern sich abschließend (bestimmt) weder durch den Verweis auf andere Zeichen noch auf eine den Zeichen äußere Referenz. Der Bezug von Signifikant und Signifikat ist in der Moderne nicht wie bei Descartes durch die göttliche Güte oder Vorsehung garantiert; auch der Gebrauch unserer Sinne oder eine allen Einzelsprachen zugrunde liegende grammatische Tiefenstruktur gibt uns darüber keinen zuverlässigen Aufschluss.

Zusammenfassend kann man sagen, Bedeutung ergibt sich aus dem „Spiel der Differenzen". Derrida vertritt die Auffassung, dass ein Signifikant (das, was bezeichnet werden soll) nur als Kombination/Konfiguration von Signifikanten (die Zeichen, die etwas bezeichnen) gedacht werden kann. So entsteht eine unendliche Kette von Sinnbedeutungen. Jeder Einzelsinn ist nur eine Momentaufnahme in einem weit verzweigten Universum von Bedeutungen, das es nicht gestattet, einen endgültigen, Abschluss markierenden Sinn anzugeben. Es bleibt immer die *différance*, die dem Umstand entspricht, dass jede Bestimmung zugleich ihre eigene Relativierung einschließt. Jeder Zeichensinn ergibt sich in Relation auf die von ihm in einem Augenblick unterschiedenen Zeichen. Das lässt den Wahrheitsanspruch der Metaphysik zusammenbrechen.

Der Metaphysik ist gleichwohl, wie Derrida herausstreicht, nicht leicht zu entkommen. Alle radikale Destruktion derselben findet sich in einen einzigartigen Zirkel verstrickt: Man kann auf die Begriffe der Metaphysik nicht verzichten, wenn man sie erschüttern will. In ihrer Kritik muss man nämlich auf Begriffe (Identität, Differenz, Totalität, Pluralität, Kommunikation usf.) zurückgreifen, die selbst infrage stehen, z. B. auch auf den Begriff des Zeichens selbst bzw. die Unterscheidung, auf die es sich stützt: die von Signifikant und Signifikat. Zeichen wurden von jeher verstanden als Zeichen von etwas, Zeichen ‚stehen für' dieses oder jenes, eben für das, was sie zu bezeichnen die Absicht haben. Tilgte man jene fundamentale Differenz von Signifikant und Signifikat, müsste man zuletzt das Wort Signifikant selbst als metaphysisch belasteten Begriff aufgeben.

Mit *Dekonstruktion* umschreibt Derrida ein Denken, das – in erster Annäherung – die Funktionsweise solch grundlegender Begriffe (und Diskurse) untersucht, um – unter Weiterverwendung ihrer Form – ihre logischen und rhetorischen Fragwürdigkeiten für unsere Praxis und unser Weltbild herauszustellen. Sie destruiert sie, um sie zugleich in einem neuen Licht erscheinen zu lassen. Die Strategien der Dekonstruktion bestehen wesentlich darin, die eingespielten und festgewordenen Unterscheidungen (Dualismen) und Oppositionsverhältnisse der platonischen und cartesianischen Tradition wieder zu verflüssigen und in ihrem fragwürdigen Setzungscharakter durchsichtig zu machen. Es geht darum, die begrifflichen Schemata wie Stimme und Schrift, Begriff und Metapher, Text und Kontext, Identität und Wiederholung, Identität und Differenz, Performativa und Konstativa usf. auf ihren Realitäts- und Rationalitätsgehalt hin zu überprüfen und zu zeigen, nach welchen Spielregeln sie sich voneinander unterscheiden.

Es geht aber auch und vor allem darum, offenzulegen, dass die Beziehung der Begriffe aufeinander nicht neutral ist, sondern eine hierarchische Ordnung hat, die mit Unter- und Überordnungen, Auf- und Abwertungen operiert. Stets hat das Subjekt einen das Objekt beherrschenden Vorrang, rangiert die Stimme vor der Schrift, spielt die Identität Differenz und Wiederholung in den Hintergrund, soll eine (unerreichbare) Präsenz die Wahrheit sichern, regiert der Begriff oder der eigentliche (logische) Sprachgebrauch über den uneigentlichen der Metapher, gilt die Form gegenüber der Materie als das Bessere. Eine „Opposition metaphysischer Begriffe ist [...] nie die Gegenüberstellung zweier Termini, sondern eine Hierarchie und die Ordnung einer Subordination".[81]

Der ethnologische Diskurs von Lévi-Strauss über *Natur* und *Kultur* dient Derrida als Beispiel, um eine grundlegende Unterscheidung der abendländischen Vernunft zu dekonstruieren. Derrida nimmt an, dass die Kritik des Ethnozentrismus nicht zufällig mit den Auflösungserscheinungen der Metaphysik zusammenfällt. Denn wie der Ethnologe mit seinen Begriffen umgeht, ist nicht zufällig, er nimmt, ob er will oder nicht, die Prämisse des Ethnozentrismus „in dem Augenblick in sich auf, wo er sich von ihm löst". Derrida versucht zu zeigen, dass Lévi-Strauss sich *notwendig* auf Natur und das, was ihr als Kultur entgegengesetzt ist, beziehen muss; es für ihn (Lévi-Strauss) aber auch *unmöglich* ist, dieser Unterscheidung den nötigen Begründungskredit zu verschaffen. Der „Skandal", an dem die traditionelle Entgegensetzung von Natur und Kultur scheitert, ist das *Inzestverbot.* Es ist universell oder, insofern es rund um den Globus verbreitet ist, *natürlich.* Auf der anderen Seite lässt sich seine *kulturelle* Codierung als System sozialer Regeln und Verbote - die kulturell erheblich variieren - nicht von der Hand weisen. Sein Verständnis fordert sowohl die Prädikate der Natur als auch die der Kultur.

Mit den Überlegungen Lévi-Strauss' zum Inzestverbot sieht Derrida die Differenz zwischen Natur und Kultur, die bislang als selbstverständlich hingenommen wurde, ausgelöscht oder infrage gestellt. Derrida vermutet, dass das, was sich den Begriffen von Natur und Kultur entzieht, dasjenige ist, was die Funktionsweise und Macht dieser Begriffe erst ermöglicht; dass die philosophische Begrifflichkeit (von Natur und Kultur) darauf angelegt ist, „das, was sie ermöglicht, im Ungedachten zu lassen", in diesem Fall: „den Ursprung des Inzestverbots".[82] Die Sprache enthält Derrida zufolge in sich die Notwendigkeit ihrer eigenen Kritik. Insofern sich aber alle Mittel und Wege als untauglich erwiesen haben, zu einer in jeder Hinsicht klar und deutlich bestimmten Unterscheidung dieses Begriffspaars zu gelangen, werden beide Begriffe benutzt, ohne zu wissen, was ihre Unterscheidung ermöglicht oder trägt.

Zwei Wege zeichnen sich für Derrida in dieser Situation ab: Der eine zielt auf die strenge und systematische Befragung dieser Begriffe und ihrer Geschichte, was aber nicht bedeutet, diese Arbeit an die klassischen Philosophiehistoriker und Begriffsgeschichtler zu delegieren. Vielmehr heißt das, einen Schritt „aus der Philosophie hinaus" zu tun, was sich aber viel schwieriger gestalte, als man gemeinhin glaubt.

Die andere Möglichkeit bestehe darin, die belasteten Begriffe (trotz allem) als empirische Werkzeuge zu benutzen - ein Weg, den Lévi-Strauss in seinen Forschungen eingeschlagen hat. Er nutzt jene Begriffe als methodische Hilfsmittel der empirischen Forschung, um hier und da an die Grenzen ihrer Brauchbarkeit, einschließlich der ihres Wahrheitswerts, zu erinnern. Interessanterweise enthält aber sein methodischer Begriff der *briçolage* (Bastelei), der für seine Analyse der Mythen leitend ist, zugleich eine Kritik der Sprache, die sich allzu sehr von den Vorgaben der eigenen, strukturalistischen Wissenschaftssprache leiten lässt.

In diesem Augenblick, so Derrida, wird der strukturalistische Diskurs über die Mythen selbstkritisch: Lévi-Strauss weist nämlich darauf hin, dass die Bastelei nicht nur eine intellektuelle, sondern auch eine *mythopoetische* Tätigkeit sei. Was problematisch wird, ist die Grenze zwischen der „Form und Bewegung des Mythos" und der Sprache, mit der über den Mythos gesprochen wird. „Im Gegensatz zum *epistemischen* Diskurs muß der strukturelle Diskurs über die Mythen, der *mytho-logische* Diskurs selbst *mythomorph* sein. Er muß die Form dessen haben, worüber er spricht."[83] Entsprechend kann bzw. sollte ein Diskurs über die a-zentrische Form des Mythos selbst kein absolutes Zentrum (mehr) haben. Die Abwesenheit des Zentrums deutet auf die Abwesenheit des Subjekts und des Autors hin. Darüber hinaus muss der philosophische Diskurs selbst noch auf seine (selbst-)kritische Haltung verzichten, die mit den wissenschaftlichen Modellen des Erkennens verbunden ist.

Spätestens an dieser Stelle wird Derridas kritische Rückfrage laut: Wenn „dieses Buch über die Mythen in seiner Weise auch ein Mythos"[84] ist, haben dann nicht – infolge der Einebnung der verschiedenen Diskursarten – Mythen und wissenschaftliche Diskurse die gleiche Bedeutung bzw. Geltung? Vielleicht kann ja durch diese Einebnung der Unterschiede zwischen Wissenschaft und Mythos der Euro- und Ethnozentrismus der Wissenschaften vom Menschen überwunden werden – aber wenn ja, um welchen Preis? Womöglich nur um den, dass *die* Errungenschaft Europas, die Wissenschaft, selbst zwar ein mächtiger, zuletzt doch trauriger Mythos ist. Das aufgeklärte westliche Denken in Wissenschaft und Philosophie folgte selbst den Linien der ‚großen Erzählungen' (Mythen): Es hätte ihnen (an Rationalität und Realitätserkenntnis) nichts mehr voraus. Hier lichtet sich ein ganzer Horizont von Fragen, auf die weder Lévi-Strauss noch Derrida eine Antwort wissen.

Der Widerstreit

Wie das Schicksal es wollte, wurde J.-F. Lyotard einem breiten Publikum nicht mit seinem Hauptwerk *Der Widerstreit* (*Le différend* 1983, dt. 1987) bekannt, sondern mit einer Publikation über *Das postmoderne Wissen* (*La condition postmoderne* 1979, dt. 1982, überarb. 1986), die ihn schlagartig ins Rampenlicht der intellektuellen Auseinandersetzungen in den Feuilletons brachte. Verfasst wurde die (Gelegenheits-)Studie im Auftrag des Universitätsrats von Quebec anlässlich eines Lehr- und Forschungsaufenthalts in Montreal. Das Interesse des Rats galt den Veränderungen, die das „Wissen" in einer informations- und kommunikationstechnologisch erweiterten Gesellschaft zu erwarten hat.

Die kleine Schrift machte Lyotard zum führenden Theoretiker der Postmoderne – sehr zu seinem Leidwesen in einem Sinne (als handelte es sich bei der Postmoderne um eine neue Epoche), den er selbst nicht mit dem Ausdruck *postmodern* verbunden hatte.[85] Im Mittelpunkt dieser Schrift über das postmoderne Wissen steht das Verhältnis von Wissenschaft und dem, was sein Autor die großen geschichtsphilosophischen (Legitimations-)„Erzählungen" (Christentum, Emanzipation durch Aufklärung, Sozialismus usf.) nennt und deren unwiderrufliches „Ende" er gekommen sieht. In den *grands récits* waren immer schon (wissenschaftliche) Wahrheitsfragen mit den ihre Legitimation betreffenden aufs Engste verbunden.

Die „großen Erzählungen" haben heute nicht nur ihre Glaubwürdigkeit eingebüßt, sondern tendieren auch bei konsequenter Realisierung zu einem Totalitarismus, der die Pluralität (post)moderner Lebens- und Wissensformen unterdrückt. Ein Metadiskurs, welcher der Vielfalt heterogener Sprachspiele und Diskurse eine gemeinsame, vereinheitlichende Verständnisbasis geben könnte, ist nicht nur logisch und epistemologisch fragwürdig, sondern auch politisch von höchst zweifelhaftem Wert.

Mit der Verabschiedung der „großen Erzählungen" plädiert Lyotard für die Eigenständigkeit der jeweiligen Sprachspiele, die, auch ohne geregelte Übergänge zu benutzen, in ihrer Gesamtheit das soziale Band einer Gesellschaft bilden. Wichtig erscheint vor allem Lyotards Wiederaufnahme des aufklärungskritischen kantischen Motivs, dass Wahrheits- und Freiheits- bzw. Gerechtigkeitsfragen zwei grundlegend verschiedene Dinge sind, die bei Nichtbeachtung ihres Eigensinns jenem totalisierenden Denken, das die moderne Welt vielfältig beherrscht (hat), Vorschub leisten. Lyotard wendet sich insbesondere gegen jenes Einheitsbegehren, das er in der technowissenschaftlichen Realität des fortgeschrittenen Kapitalismus am Werk sieht: die ungerechtfertigte

Ausdehnung der kognitiven Erkenntnisschemata der technisch-wissenschaftlichen Welt auf unterschiedslos alle Bereiche der Kultur – gleichgültig, ob sie der objektivierenden oder kalkulierenden Erkenntnis angemessen sind oder nicht. Er wendet sich auch gegen Habermas und seine *Theorie kommunikativen Handelns*, die ihm als Paradebeispiel eines falschen modernistischen Glaubens an Metaerzählungen gilt.

Von demselben kritischen Geist ist auch Lyotards sprachphilosophisches Hauptwerk *Der Widerstreit* geprägt. Es zeigt insofern eine relativ komplexe kompositorische Anlage, als in ihm drei für die kontinentale Philosophie (seit Hegel) charakteristische Züge ineinandergespiegelt werden. Das Buch verbindet die Arbeit an den philosophischen Grundbegriffen (Wahrheit, Freiheit, Zeit, Gerechtigkeit usf.) mit diagnostischen Überlegungen zur eigenen Zeit (der Postmoderne als Reflexion auf die Ambivalenzen und Widersprüche der Moderne) vor dem Hintergrund von Re-Lektüren philosophischer Klassiker, die in diesem Fall Platon/Aristoteles und Kant, Wittgenstein und Lévinas heißen.

Was in diesem Buch in Frage gestellt wird, ist die Annahme einer neutralen, universellen, d. h. allen Parteiinteressen überhobenen Urteilsregel, nach der man Widerstreite zwischen Personen, Gruppen oder Kollektiven gerecht entscheiden könnte. Lyotard bezweifelt, dass es eine Urteilsregel gibt, die hinsichtlich der vielen Konflikte, die die Menschen austragen, stark, weit und klug genug ist, diese Konflikte (einvernehmlich) zu lösen, ohne dass einer der in den Konflikt verwickelten Parteien Unrecht getan wird. Seine Annahme ist die: Wann immer Diskurse über einen Konfliktfall und dessen inkommensurable Ansprüche nach einer bestimmten Regel geschlichtet werden, geschieht einer Partei Unrecht.

Für Lyotard gibt es eine Vielzahl von Diskursarten, z. B. Dialoge führen, Rechtsprechen, Unterrichten, Erzählen, Befragen, Beschreiben usf. Diskursarten sind sprachlich verfasste oder an Sätze gebundene (irreduzible) Regelsysteme. Übergänge (zwischen Sprecher und Hörer) innerhalb derselben Diskursart sind durch diese selbst geregelt. Wenn wir uns innerhalb der Diskursart Erzählen bewegen, dann wissen wir in der Regel entsprechend diesem Genre (des Erzählens) auch den Übergang zu den anderen Sätzen zu gestalten. – Was aber passiert, fragt Lyotard, wenn unterschiedliche Diskursarten wie z. B. Rechtsprechen und Beschreiben aufeinandertreffen? Durch welche Kräfte wird der Anschluss von einem Satz an den anderen getätigt und gesättigt, d. h. gesichert und legitimiert? Wie kommen wir von einem Satz zum nächsten, wenn doch in unserem Satzuniversum partout kein Mechanismus existiert, der Sätze auf bestimmte Weise verknüpft und uns zwingt, einem festgelegten Schema zu folgen?

Wenn wir uns innerhalb einer Diskursart, beispielsweise der des Rechtsprechens, bewegen, dann sind die Übergänge wahrscheinlich kein großes Problem, weil sie durch den Zweck oder die Programmatik der jeweiligen Diskursart geregelt sind. Nur – wie verhält es sich, wenn wir es mit unterschiedlichen Diskursarten zu tun haben? Wenn beispielsweise Politik und Wissenschaft aufeinandertreffen?

Lyotard nimmt an, dass es bestimmte soziale Regeln im Kontext von Diskursen gibt, aber nur oder insofern sie auch in der Praxis aktualisiert werden. Der Übergang von einer Diskursart in eine andere ist nicht geregelt. Sich für eine Möglichkeit, die Fortsetzung oder eben auch den Wechsel in eine andere Diskursart zu entscheiden, schließt unweigerlich ein, andere Möglichkeiten, die gleichermaßen offenstehen, auszuschließen. An dieser Stelle entspringt der Widerstreit: Welche Diskursart auch immer man bevorzugt, man wird damit dem Anderen im Blick auf andere, der Realisierung immer auch offenstehende Möglichkeiten nicht gerecht.

Vergleichbar der (post)modernen Situation, der eine gültige, von allen anerkannte Metaerzählung fehlt, welche die Vielfalt unterschiedlicher Erzählungen „aufheben" könnte, gibt es auch im Blick auf die unterschiedlichen Diskursarten keine übergeordnete Instanz, d. h. keine allgemeine Urteilsregel, mit der zwischen den Ansprüchen und Interessen der verschiedenen Diskursarten gerecht entschieden werden könnte. Gleichgültig, welche Diskursart man wählt, um einen Konflikt zwischen den Diskursarten zu schlichten, es gibt keine, so Lyotard, allen Interessen und Ansprüchen überhobene, freie und neutrale Schiedsstelle, die beiden Parteien gleichermaßen gerecht würde. Der Widerstreit ist *unvermeidlich* und *unlösbar*. Dass er häufig nicht als solcher erkannt wird, sondern als bloßer Rechtsstreit verstanden und behandelt wird, ist das Problem, das Lyotard auf den unterschiedlichen Ebenen des Buchs bewegt.

Neben dem gesellschaftlichen Grundkonflikt zwischen Kapital und Arbeit ist es ein Streit zwischen Historikern, der Lyotard Anlass gibt, sein Konzept eines unvermeidlichen Widerstreits zu klären. Die Wahl und Diskussion seines Beispiels hat große Empörung ausgelöst und Lyotard viel Kritik eingebracht. Es geht um die Leugnung der Existenz der

Gaskammern durch den französischen Historiker Faurisson. Lyotard zweifelt bei der Diskussion dieses Falls keine Sekunde daran, dass es Auschwitz gegeben hat oder daran, dass der französische Historiker mit seinen Behauptungen falsch liegt. Lyotard geht es darum, zu zeigen, welche Fragen das Problem einer (historischen) „Realitätsermittlung" für diejenigen aufwirft, die allein auf der kognitiven Diskursart bestehen, um die Richtigkeit ihrer Aussagen über das, was geschehen ist, zu ermitteln. Denn nach dieser Auffassung muss jedes objektive Erkenntnisurteil durch ein ‚Gesehenhaben' belegt werden. „Wie läßt sich also in Erfahrung bringen, daß diese Umstände wirklich geherrscht haben? Sind sie nicht eine Ausgeburt der Phantasie ihres Gewährsmannes? [...] Oder gab es sie wirklich, dann aber ist das Zeugnis ihres Gewährsmannes falsch, denn er müßte entweder um's Leben gekommen sein oder schweigen, oder er kann – wenn er spricht – nur seine eigene besondere Erfahrung bezeugen, und es bleibt zu ermitteln, ob diese eine Komponente der fraglichen Situation war."[86]

Lyotard bezieht sich nicht auf diese zynische Argumentation, um sie zu unterstützen, sondern um darzulegen, welche Grenzen einer Geschichtswissenschaft gesetzt sind, die allein kognitive oder bestimmende Urteile als Beweise gelten lässt. Auch wenn innerhalb der kognitiven Diskursart die Existenz der Gaskammern nicht bewiesen werden kann, so spricht das doch nicht für deren Nicht-Existenz. Zwischen der wissenschaftlichen oder objektiv belegbaren Erkenntnis und der Erfahrung bzw. dem „Diskurs" der Opfer – der auch ihr aus dem Schrecken und dem erlittenen Unrecht geborenes Nichtsprechenkönnen/-wollen, d. h. ihr Schweigen mit umfasst – besteht ein Widerstreit. Wenn man ausschließlich die Urteilsregel der Erkenntnis gelten lässt, geschieht den Opfern Unrecht, insofern die Gräueltaten sich nicht mehr objektiv – in der rein kognitiven Diskursart – belegen lassen.

Der Historiker, welcher der Geschichte, wie sie gewesen ist, „wirklich" gerecht werden will, muss andere als rein kognitive Beweisverfahren zulassen. Aus dem jahrelangen Schweigen der Opfer von Auschwitz kann (darf) nicht geschlossen werden, Auschwitz sei nie passiert – obwohl Beweisverfahren in der logischen Ordnung des kognitiven Urteils das streng genommen nahezulegen scheinen. „Widerstreit möchte ich den Fall nennen, in dem der Kläger seiner Beweismittel beraubt ist und dadurch zum Opfer wird."[87]

Lyotard bestimmt die Philosophie als diejenige Disziplin, die gegenüber der modernen Tendenz, die Konfliktlagen des Widerstreits in rechtsförmige Konflikte umzuwandeln, skeptisch bleibt. Wird der Widerstreit nicht als solcher erkannt, wird er wie ein Rechtsstreit behandelt - als Streit innerhalb einer Diskursart -, dann wird in der Regel nach der Diskursart der herrschenden Partei entschieden. Aufgabe der Philosophie ist es, sich gegen das Hegemonialstreben einer bestimmten Diskursart, die sich die Rolle des neutralen oder universell gültigen Schiedsgerichts anmaßt, zur Wehr zu setzen. Die Philosophie soll den ausgegrenzten und unterdrückten, den stammelnden und unfreien Spreche(r)n zur Selbstartikulation verhelfen. Das verpflichtet sie dazu, auch in einer anderen, nicht kognitiven Diskursart zu sprechen. Der Widerstreit ist ein Instrument, das hilft, für das in die soziale Realität eingefaltete Unrecht zu sensibilisieren und Artikulationsmöglichkeiten zu finden, durch die das soziale Unrecht bezeugt werden kann.

IV Im Zeitalter der Extreme

Moral, Politik und Gesellschaft
Zum Einstieg

Ich mag eure kalte Gerechtigkeit nicht; und aus dem Auge eurer Richter blickt mir immer der Henker und sein kaltes Eisen.
Sagt, wo findet sich die Gerechtigkeit, welche Liebe mit sehenden Augen ist?
F. Nietzsche

Im Anschluss an eine Vorlesung über Lyotards *Der Widerstreit* wurde ich ganz unvermittelt angesprochen: ‚Schrecklich, fast unerträglich, Herr Gamm, Auschwitz zum Gegenstand einer epistemologischen Untersuchung zu machen, es als Paradigma der Realitätsprüfung zu nutzen, Auschwitz, das Monument des Schreckens schlechthin, zum Thema einer philosophischen Problemerläuterung zu erheben.‘ Eine andere Reaktion, ebenso beiläufig zwischen Tür und Angel: ‚Auschwitz, die Frage nach der Existenz der Gaskammern, ein ausgezeichnetes Beispiel dafür, welche Probleme sich der Philosophie stellen, wenn es um wirkliche Fragen der Realitätsermittlung geht; was ein Widerstreit ist, lässt sich doch gerade an solch einem stark moralisch-praktisch und politisch brisanten Problem sehr gut beobachten.‘

Beide Stimmen machen nachdenklich, und beide bringen ein berechtigtes Anliegen zur Sprache. Sie spiegeln Dilemmata, in die sich ein philosophisches Denken unausweichlich verstrickt: Man kann auch in der Philosophie nicht nicht über Auschwitz sprechen, obwohl jede Rede darüber, wenn nicht verlogen, so doch als fragwürdig oder unwahr erscheint. Es ist, als versage jede Sprache angesichts dieser Größenordnung des Bösen.

Zu diesem Zwiespalt gesellt sich ein weiterer, der alles Nachdenken über den Prozess, den unsere Epoche gegen sich selbst anstrengt, begleitet: der abgründige Verdacht, dass die Philosophen, welche die moralisch-politischen Katastrophen des 20. Jahrhunderts – deren Hauptstücke Auschwitz und Kolyma sind – singularisierten oder zum Dreh- und Angelpunkt ihrer Philosophie bzw. ihrer Zeit- und Gesellschaftsdiagnosen machten, versuchten, sie für ihre Zwecke zu instrumentalisieren; zuletzt auch für den, über die Philosophie selbst den Stab zu brechen und im Eingeständnis der (Mit-)Schuld pathetisch deren „Ende“ einzuläuten.

Das Problem dieser Diskussion besteht darin, dass die Rede von der Unvergleichlichkeit des Verbrechens leicht allen Erklärungen und Beurteilungen den Boden entzieht; dass seine Singularisierung als ein nach menschlichen Maßstäben unvorstellbares Schicksal den Holocaust in ein, wenngleich negatives Mysterium verwandelt.

Sicher tragen die Mittel vernünftigen Denkens, das Benennen und Unterscheiden, Vergleichen und Bewerten, Auswählen und Zusammensetzen, nicht wenig zu seiner Relativierung bei. Die (verstehbare) Einordnung in historische Zusammenhänge und der statistische Vergleich mit dem Völkermord andernorts hinsichtlich Dauer, Zahl der Opfer, Praktiken der Grausamkeiten usf. bricht jedem Gedanken an das Unvordenkliche dieser Gräueltaten die Spitze.

Daraus den Schluss zu ziehen, schweigen sei die einzig angemessene Reaktion wäre ebenso problematisch wie die Verlockung, das Ende der Philosophie damit in Verbindung zu bringen. Nicht nur weil keine Stimme sich des Grauens mächtig erweist oder zu viele Stimmen sich in einen end- und friedlosen Streit über die richtige Form des Gedenkens verstricken, darf das Feld nicht denen überlassen werden, die jede Stimme, selbst noch den Ausdruck stummen Entsetzens, mit Gewalt erstickt haben. Das Schweigen würde nicht nur das Unglück derer verdoppeln, die es schuldlos erlitten haben; auf diese Weise behielten Hitler und seine Handlanger auch darin noch die Oberhand, mit der faktischen Ausrottung des Menschen auch das Medium der menschlichen Existenz: seine sprachlich-symbolisch erschlossene und kommunikativ vermittelte Welt endgültig vernichtet zu haben – eine Welt, in der sich das Unrecht als Unrecht erst zu zeigen und zu artikulieren vermag.

Es hieße darüber hinaus, den Nazis einen letzten seltsamen Triumph einzuräumen, wenn sie es durch die Einführung des schier Undenkbaren ihrer Verbrechen geschafft hätten, die Philosophie zur Kapitulation, zur Selbstaufgabe zu bewegen, und also dazu, nichts mehr für die vernünftige Einrichtung der Welt tun zu können. Sollte das philosophische Denken tatsächlich außerstande sein zu ermessen, was nationalsozialistischer Ungeist und ein fanatischer Antiintellektualismus, kalkulierter Terror und eine totalitäre Ideologie unter Duldung und Beteiligung großer Teile der Bevölkerung zustande gebracht haben?

Nicht nur die Orte und Höhepunkte nationalsozialistischen Schreckens, sondern auch der Kolonialismus und das Aufbegehren der Dritten Welt, der Nationalismus, der Kalte Krieg, ein weltweit grassierender Ethnozentrismus und Rassismus haben in den transatlantischen Gesellschaften des Westens dazu geführt, ein Problem näher und selbstkritischer ins Auge zu fassen, das in der zweiten Hälfte des 20. Jahrhunderts von der Philosophie und der Politik, von der Gesellschaftstheorie und der Ethik mit unvergleichlicher Intensität diskutiert worden ist – in den Kapiteln über Sprache und Hermeneutik, Sprache, Struktur und Geschichte u. a. wurde es bereits angesprochen. Es geht um die Frage: Wer oder was ist der/das Andere? Wer sind wir in Bezug auf ihn oder es, ist er mein Freund oder Feind? Mein Partner oder Konkurrent, oder, dem Losungswort der Französischen Revolution entsprechend, mein Bruder? Ist der Andere der Fremde, der heute kommt und morgen geht, jener Fremde, der nicht recht in das Freund-/Feind-Schema passen will und ständig durch Ausschluss bedroht ist? Der, der den sozialen Frieden stört? Ist der Andere der Fremde oder mein Nachbar oder der, der als Nachbar auch der Fremde bleibt? Und wenn ja, warum: wegen der Anonymität des Lebens und Wohnens in der Großstadt oder wegen seiner Herkunft aus einem anderen Kultur- und Sprachkreis? Aufgrund einer anderen Religionszugehörigkeit? Wegen anderer Hautfarbe usf.? Ist der Andere der, der eine andere soziale Rolle spielt als ich? Oder dieselbe Rolle nur anders? Dessen sozialer Status aufgrund von Reichtum, Bildung und Mobilität unvergleichlich höher ist als meiner? Oder ist der Andere womöglich mein Doppelgänger? Gleicht der Andere mir? Im Wesen oder nur in irgendeiner zufälligen Eigenschaft? Woran lässt sich Maß nehmen? Ist es möglich, nötig und legitim, den Anderen so zu sehen, wie ich mich sehe? Wie überhaupt lässt sich das Anderssein des Anderen verstehen? In meine Sprache und meine Gefühle übersetzen?

Hinter diesen Fragen steht offen oder verdeckt die eigentliche Frage bzw. die Provokation der praktischen Philosophie: Ob oder wie man überhaupt dem Anderen *gerecht* werden kann. Mehr noch als die (nach wie vor brennende) Frage nach der individuellen und kollektiven Freiheit rückt angesichts der Modernisierungs- und Globalisierungsprozesse pluralistischer Gesellschaften die der (sozialen) Gerechtigkeit in den Blickpunkt philosophischen Interesses.

Das folgende Kapitel gibt einen Überblick über die Antwortversuche der neuesten Philosophie, insbesondere der Ethik und der politischen Philosophie. Es stellt diese Antworten überdies in übergreifende, kultur- und sozialgeschichtliche Strömungen und Diskussionskontexte, die in den letzten Jahrzehnten große Bedeutung erlangt haben.

Das Problem, das die Zentrifugalkräfte des Anderen, einschließlich der Gerechtigkeit, aufwerfen, bliebe indes unterbestimmt, wenn nicht gleichzeitig auch die andere Seite der Gleichung, das (liebe) Selbst und seine gerechtfertigten oder ungerechtfertigten Ansprüche zum Vorschein kämen. Sie verweisen auf die gesteigerten Möglichkeiten individueller Lebensführung und darauf, wie im Spannungsfeld von Ethik und Ästhetik, Autonomie und Authentizität die Fragen des guten Lebens heute diskutiert werden.

Unterhalb der Höhenkammliteratur der Philosophie und ihrer Debatten über Lebenswelt- und Diskursethik, über Kommunitarismus und Liberalismus usf. werden ethische Fragen – ausgesprochen oder unausgesprochen – ununterbrochen und in allen Lebenslagen von den sozialen Akteuren kommuniziert. Auch wenn sie nicht als solche aufgegriffen werden, laufen sie ständig mit.

Ethik daher auf das zu reduzieren, was in den Universitäten und Akademien als Teil der praktischen Philosophie diskutiert und gelehrt wird, wird diesem ebenso konstitutiven wie umfassenden Bestandteil unseres individuellen wie öffentlichen Lebens so wenig gerecht wie die wissenschaftliche Expertise der menschlichen Erfahrung. Als Spezialfach der Philosophie, als Lehre und Darstellung abstrakter Theorien oder als kulturbeflissene Auslegung kanonischer Texte erfährt man wenig über die universelle Verbreitung, Bedeutung und Ambivalenz ethischer Intuitionen, wie sie an allen Orten und zu allen Zeiten, im Alltagsleben wie in der Politik, in Wissenschaft und Literatur ihren Ausdruck gefunden haben. Ethik ist überall präsent, wo Menschen miteinander arbeiten und kommunizieren, lieben und hassen, Erfahrungen machen oder sich selbst ins Spiel bringen. Wo sie Güter, Chancen und Risiken verteilen oder Vor- und Nachteile ausgleichen.

Nach Auschwitz
Th. W. Adorno, E. Lévinas

Normale Menschen haben in den letzten fünfzig Jahren vielleicht hundert Millionen normaler Menschen getötet.
R. D. Laing, 1969

Von Michel Foucault, genauer: aus der *Ordnung der Dinge*, stammt die These, die Moderne habe keine Ethik hervorgebracht. Das mag zutreffen, wenn man – wie Foucault in seinen späteren Schriften – unter Ethik eine Hermeneutik und Technologie der Selbstsorge versteht und nach antikem Vorbild weiter annimmt, „dass es keinen anderen, ersten und letzten Punkt des Widerstands gegen die [politische, G. G.] Macht gibt als die Beziehung zu sich selbst".[1] Und man könnte Foucaults Urteil zustimmen, wenn es nicht doch, infolge des Nachdenkens über ein Jahrhundert, das Auschwitz hervorgebracht hat – ethische Reflexionen von großer Eindringlichkeit gegeben hätte, angesichts derer man sein Urteil relativieren muss. Freilich nicht in dem Sinne, als gäbe es in der modernen Welt eine neue Ethik, wie es mit dem Flugzeug eine neue Verkehrstechnologie gegeben hat. Eher könnte man von einer Akzentverschiebung im Verständnis der ethischen Grundlagen unserer Beziehung zu uns selbst und zu den anderen Menschen sprechen.

Theodor W. Adorno (1903–1969), Emanuel Lévinas (1906–1995) u. a. haben es in einer zugleich großen Nähe wie Ferne zu Kant verstanden, unsere Einsicht in den moralischen Sinn zu vertiefen: Einerseits unter dem Eindruck des institutionalisierten Massenmords und der grenzenlosen Verbrechen des Naziregimes, für die Auschwitz zum Begriff geworden ist; andererseits aufgrund eines abgründigen Misstrauens auch gegenüber der traditionellen Philosophie, die dem, was *anders* ist (als sie selbst), zu wenig Aufmerksamkeit gezollt hat. Ein erster Weg zum besseren Verständnis ihres Denkens könnte über ein Wort des zeitgenössischen Schriftstellers Roberto Bolaño führen: „Sie verwandelten den Schmerz der *anderen* in die Erinnerung eines *Einzelnen.*"[2]

Humanismus des anderen Menschen

Um uns und die Anderen zu verstehen, nehmen wir regelmäßig den Weg über uns selbst. Wir unterstellen wie selbstverständlich das eigene Ich als Ausgangspunkt unseres Denkens und Handelns. Die neuzeitliche Philosophie verhielt sich nicht anders. Descartes setzte seine ganze Hoffnung auf das Ich als den archimedischen Punkt, um von seiner Stelle aus die Welt erkennend zu bewegen. So wurde das Ich Grundlage und Garant nicht nur der Wissenschaften, sondern auch unseres Verständnisses vom Politischen und vom Sozialen. „Der Mensch ist das Wesen“, hatte Marcel Proust geschrieben, „das die anderen nur in sich selber kennt“.[3] Es scheint in seine eigene Welt eingeschlossen wie in ein U-Boot, in dem die Welt nur anhand der Daten rekonstruiert und wahrgenommen wird, welche die bordeigenen Instrumente liefern. In allem, was man als wahr und wirklich annimmt, auch in seinen Entscheidungen und seiner Verantwortung, bleibt man mit sich allein.

Taucht auf dem Radar unseres Bewusstseins etwas auf, das von unseren Instrumenten nicht angemessen verarbeitet werden kann, was unbekannt ist oder unsere Erfahrung infrage stellt, versuchen wir es entweder – mit mehr oder weniger Zwang – unseren Instrumenten anzupassen (und es uns dadurch anzueignen) oder es als bedrohlich auszugrenzen. Entweder führen wir es auf das uns Bekannte zurück und machen es mit dem *gleich*, was wir kennen, oder wir halten es uns dadurch vom Leib, dass wir es als das Andere ausschließen: nicht beachten, abwerten, als unsinnig, irrational, fremd, unmenschlich, krank, unnatürlich usf. erklären. Beide Strategien, das, was anders ist, abzuwehren, deuten auf eine mehr oder weniger offene Gewaltsamkeit, das, was fremd ist, entweder zu vereinnahmen oder auch zu erniedrigen, zu unterwerfen und schließlich zu vernichten.[4]

Lévinas sieht unsere Beziehung zum Anderen durchgängig von einem Grundzug der Gewalt bestimmt. Die gesamte abendländische Geschichte des Geistes „von Jonien bis Jena“ wähne sich erst am Ziel, wenn sie alles, was es gibt, auf *dasselbe* zurückgeführt habe: sie beruhe auf der „Reduktion des Anderen auf das Selbe“.[5] Sie lasse das, was anders ist, nicht zu Wort kommen. Das gelte sowohl für die Ontologie, die das Sein umstandslos dem Begriff unterwerfe, als auch für die neuere Bewusstseinsphilosophie, die alles Denken und Handeln dem Maßstab subjektiver Verfügbarkeit unterordne. Hegels Philosophie bilde gewissermaßen den bedenklichen Höhepunkt der ontologischen Metaphysik, wenn das, was lebendiger Geist sei, als Bei-sich-Sein in seinem Anderssein oder als „versöhnte Rückkehr aus dem Anderssein zu sich selbst" definiert werde. Hegels Dialektik habe die abendländische Bewegung eines identifizierenden und totalisierenden Denkens zu einem durch und durch problematischen Abschluss gebracht. In ihr vollende sich eine Ontologie, die in ihrer fatalen Wahrheit erst in den Katastrophen des 20. Jahrhunderts: den beiden Weltkriegen und der industriell betriebenen Massenvernichtung von Millionen von Menschen, ansichtig geworden sei.[6]

Alles, was anders ist, muss mithilfe der Schemata des Verstandes auf das zurückgeführt werden, was in der Reichweite des Selbst bzw. seiner kognitiven Bemächtigungsstrategien liegt. Dabei heißt das Andere auf dasselbe zu reduzieren, es über seine Mechanismen zu erklären oder es in seinen Funktionen abzubilden, seine Motive zu rekonstruieren oder sich seiner Gründe argumentativ zu versichern. Was nicht entzifferbar ist, wird durch die Behauptung seines Codes ersetzt. „Die abendländische Philosophie fällt mit der Enthüllung des Anderen zusammen; dabei verliert das Andere [...] seine Andersheit. Von ihrem Beginn an ist die Philosophie vom Entsetzen vor dem Anderen, das Anderes bleibt, ergriffen [...]; durch alle Abenteuer hindurch findet sich das Bewußtsein als es selbst wieder, es kehrt zu sich zurück wie Odysseus, der bei allen seinen Fahrten nur auf seine Geburtsinsel zugeht. Die Philosophie, die uns übermittelt ist, reduziert nicht nur das theoretische Denken, sondern jede spontane Bewegung des Bewußtseins auf diese Rückkehr zu sich."[7]

Das philosophische Denken entpuppt sich als gigantischer Egozentrismus, der nur notdürftig seinen ursprünglichen Narzissmus kaschiert. Mit Heidegger versteht Lévinas die abendländische Geschichte der Philosophie als „Eroberung des Seins durch den Menschen", in der der Mensch sich die Freiheit herausnimmt, alles Seiende, einschließlich seiner selbst, auf sein „Objektsein" zu reduzieren. Dieser Egozentrismus – im Einzelnen wie im Allgemeinen – bildet auch den Grund für Krieg, Unfrieden und Tyrannei, für die Herrschaft des Menschen über den Menschen. Selbstermächtigung sei sein Prinzip. Gegen Heidegger wendet sich Lévinas, wenn er dessen Denken selbst noch einer unseligen, durch Heldenstolz, Herrschaft und Grausamkeit bestimmten Tradition zurechnet und mit dem Vorwurf bedenkt, aus dem Anderssein – im Rahmen eines anonymen Seinsgeschehens – ein „Neutrum" zu machen.

Vor diesem Hintergrund wird deutlich, was Lévinas Zeit seines Lebens bewegt und zu immer neuen Anläufen bewogen hat: die Frage nämlich, wie eine Philosophie aussehen könnte, die dem Anderssein des Anderen wirklich gerecht wird, der es gelingt, eine vor allem auf Objektbemächtigung fixierte Denkfigur auszuhebeln? Es müsste eine philosophische Orientierung sein, die ohne die üblichen kognitiven und moralischen Zurichtungspraktiken, mit denen man sich gegen die Erfahrung des Anderen wappnet, auskommt.

Das ‚Antlitz' des Anderen

Der Umsturz dieser neutralen, rationalistischen Denk- und Lebensform wird durch die Erfahrung des Anderen in die Wege geleitet, die ihn in seinem Anspruch: in seiner Besonderheit, ernst genommen zu werden, versteht; die ihn nicht nur in Bezug auf seine Gleichheit (auf das, was er mit allen anderen Menschen teilt), sondern auch in dem, was ihn vom Anderen trennt – seinem Anderssein – anerkennt. Die Anerkenntnis dessen aber, was (in seiner irreduziblen Singularität) anders ist, übersteigt jedes Denken, das sich im Medium allgemeiner Bestimmungen bewegt.

Geht man also von der Andersheit des Anderen aus, und d. h. von dem mit ihm verbundenen Anspruch auf Anerkennung eines irreduzibel Singulären, dann wird eine ursprüngliche Verantwortungssituation – ein ethisches Verhältnis – mit aufgerufen, das uns dazu verpflichtet, dafür Sorge zu tragen, dass die Erfahrung des Anderen (in seiner Andersheit) auch eintreten kann.

Lévinas wertet entsprechend unsere (die philosophische) Selbst- und Welteinstellung um. Nicht die Ontologie als Lehre vom Sein oder von dem, was es gibt und seinen universalen Eigenschaften ist die philosophische Grundlagendisziplin, sondern die Ethik, die sich dieser ursprünglichen Verantwortungssituation stellt. Am Anfang steht die Ethik, sie ist die „Erste Philosophie". Die Ethik geht jeder Ontologie und jedem Diskurs, der unter dem Primat des Erkennens steht, voraus. Die Verantwortung angesichts des Anderen kommt „früher", sie ist „ursprünglicher" als jede kognitive Verantwortung gegenüber der Welt, was impliziert, in allem der Würde des (anderen) Menschen den Vorrang einzuräumen.[8]

Lévinas sucht die Würde des Anderen an seinem „Antlitz" festzumachen, von dem er sagt, dass es unendlich offen sei: dass es ein

„über den puren Wahrnehmungsakt hinausweisendes Mehr“[9] darstelle, das mit der Welt, die uns gemeinsam sein kann, breche.

„Antlitz“ ist der Name oder die Metapher für die transzendentale, unbezähmbare und undurchdringliche Subjektivität des Anderen, jene irreduzible Alterität, durch die das Selbst sich seiner unaufschiebbaren Verantwortung bewusst wird. Denn das Antlitz des Anderen erlaubt mir nicht, ihm auszuweichen, es nimmt mich gewissermaßen gefangen: Von ihm werde ich zur Verantwortung oder zur Gerechtigkeit gerufen.

„Antlitz“ bezeichnet die Weise, wie der Andere mir erscheint und in dieser Qualität der Begegnung zugleich meine Idee von ihm überschreitet oder durchkreuzt. Das Antlitz konfrontiert mich mit der Wucht seines individuellen ethischen Anspruchs, es nötigt mich, auf seine schockartige Erscheinung hin eine Antwort zu finden, d. h. Verantwortung für den Anderen zu übernehmen. Es präsentiert sich in einer Blöße und Ungeschütztheit, die mich entwaffnet – mit einem „Blick, der mir alle Eroberung untersagt“,[10] der mich nicht nur aus mir selbst befreit, d. h. selbstlos macht, sondern der auch die Bilder und Masken zertrümmert, die als Medien der sozialen Kommunikation regelmäßig unsere Verständigung steuern. Der Blick, der uns aus den Augen des Anderen trifft, ist, wie Lévinas schreibt, eine demaskierte und demaskierende Offenbarung.

Die Nacktheit des Antlitzes bezeichnet Lévinas auch als ein inständiges Flehen, dessen Sinn darin besteht, zu sagen: Du darfst nicht töten.[11] Dieser nicht endende Appell angesichts des Anderen, ihn nicht zu töten, heißt nicht, ihn nicht trotzdem kaltblütig oder mitleidslos ermorden zu können, er besagt vielmehr, dass das „Gegenüber des Antlitzes [...] in seiner Sterblichkeit [...] mich vor Gericht“ zitiert. „Der Tod des anderen Menschen stellt mich vor Gericht und in Frage, als ob ich [...], noch bevor ich ihm selbst geweiht bin, diesen Tod des Anderen zu verantworten hätte und ich den Anderen in seiner tödlichen Einsamkeit nicht allein lassen dürfte. Gerade in dieser Erinnerung an meine Verantwortlichkeit durch das Antlitz, das mich vorlädt, das mich fordert, das mich beansprucht – in dieser Infragestellung ist der Andere Nächster.“[12]

Verantwortung übernehmen zu müssen, beraubt mich in gewisser Weise meiner Freiheit, wenn sie als das verstanden wird, worüber man verfügen kann. Verantwortung beweist sich dann in der Weise, dass das Selbst aufgrund rationaler Erwägungen oder der Einsicht in eine rational begründete Pflicht (Kant) einen Entschluss fasst und in die Tat umsetzt. Verantwortlich in diesem Sinne handelt auch, wer sich durch sein Mitleid (Schopenhauer) rühren lässt, um entsprechend Hilfe zu leisten. In beiden Fällen geht der entscheidende Impuls von mir aus. Lévinas dagegen glaubt, dass die durch das Antlitz des Anderen provozierte Verantwortung das Selbst entmächtigt, ihm seine Freiheit im Sinne einer Verfügung über seine Intentionen und Entschlüsse raubt. Die moralische Adresse des Anderen ist der Grund meiner Selbstentzogenheit.

In dem asymmetrischen Verhältnis, in das Lévinas das Selbst und den Anderen verstrickt sieht, hat mich der Andere *immer schon* in eine Verantwortung gerufen, der ich selbst dann unterworfen bin, wenn ich ihr zu entfliehen trachte. Nach Lévinas stellt sich diese Adresse einer unaufschiebbaren Verantwortung so dar, dass sie mich, das Selbst, zuallererst in meine wahre Freiheit ruft. Der Aufruf zur Verantwortung ist einer, sich gewissermaßen frei zu entscheiden. Seine Irreduzibilität besteht in dem Hinweis, nicht nicht auf diesen Aufruf zur Verantwortung antworten zu können. In Analogie zu den Kommunikationstheoretikern, nach denen nicht nicht kommuniziert werden kann, geht Lévinas davon aus, dass man nicht nicht verantwortlich sein kann. Die höchste Form der Individualität vollzieht sich in der bedingungslosen Übernahme der Verantwortung für den Anderen. Erst frei von sich, ist man offen für den Anderen.

Der Dritte

Zwar sind auch „das Antlitz“ und „der Andere“ Allgemeinbegriffe, aber jedes Antlitz ist einzig. Seine Einzigkeit trotzt der in der Gattungsbezeichnung inhärenten Vorstellung vom Menschen als einem Exemplar. Angesichts dieser ganz außergewöhnlichen (sittlichen) Tatsache einer unveräußerlichen Einzigkeit des Anderen (die Lévinas auch als göttlich bezeichnet), scheinen nun die meisten, wenn nicht alle Dinge, die unseren Alltag bestimmen, banal oder von einer nur durchschnittlichen Bedeutung zu sein: das Streben nach sinnlichen Genüssen und überhaupt nach allem, was uns selbst zugute kommt, sei es Selbstachtung oder Selbstliebe oder auch die rationale Berechnung des Guten nach Gewinn und Verlust oder die Entscheidung nach bestimmten lebensdienlichen Präferenzen.

Anders gesagt: Versteht man Lévinas in der Radikalität seines Anliegens, wird deutlich, dass der moralische Raum, in dem das Selbst dem Anderen in seiner Exteriorität begegnet, nicht der soziale Raum ist, in dem wir alltäglicherweise agieren. Letzterer ist durch gesellschaftlich definierte Rollen und Rollenerwartungen, durch Statussymbole und Distinktionsinteressen, d. h. durch das weitläufige Gelände sozialer Rhetoriken bestimmt und also nicht der Raum, in dem „der Nächste" (als der ganz Andere) uns begegnet, sondern der Raum „des Dritten". Man könnte sagen, die von Lévinas anvisierte Ethik des Anderen beschreibt zunächst die Begegnung im unmittelbaren Nahhorizont „der moralischen Partei der Zwei" (Z. Bauman).

In seinen späten Schriften und Interviews kommt Lévinas immer wieder auf den Dritten, der die moralische Partei der Zwei heimsucht, zu sprechen, es sind die Anderen in Form der Öffentlichkeit, der Politik, der Ökonomie: die Nächsten des bzw. aller Anderen. Die ursprüngliche Verantwortungssituation, für die die Asymmetrie von Selbst und Anderem charakteristisch ist, wandelt sich um in die Frage nach der Gerechtigkeit. In ihr muss das Unvergleichliche verglichen werden, in ihr wird die „Asymmetrie der Nähe" durch die Notwendigkeit der Anerkennung auch des Fernsten hintertrieben und gleichsam an die Gleichberechtigung der Ansprüche und Interessen aller anderen „verraten".

Nur mittels Reflexion und Kommunikation, die möglichst alle Betroffenen in angemessener Weise berücksichtigen, kann jenem Verantwortungsmoment Rechnung getragen werden, das aus dem Gerechtigkeitsanspruch qua Gleichheit (Gleichstellung, Gleichberechtigung, Gleichverteilung usf.) erwächst. In diesem Kontext aber ist der Andere nicht primär der durch sein Antlitz ausgezeichnete Andere, sondern der räumlich und zeitlich, kulturell und wirtschaftlich weit entfernte Andere, dessen Gesicht mir in der Regel so undeutlich wie fremd bleibt. Man kann über Verantwortung nicht nachdenken, wenn man nicht auch diese (nicht empirische) sittliche Totale mit ins Spiel bringt, die sittliche Tatsache, dass alle Menschen gleich sind und entsprechende Ansprüche stellen können. Sie fordern den Vergleich, aber im Bewusstsein des Vergleichs von Unvergleichbarem.

Man könnte Lévinas, auch wenn das nicht so ausdrücklich formuliert ist, auf die Weise verstehen, dass man zunächst daran festhält, die Beziehung zum Anderen nicht tieferlegen zu können als in der individuellen Verantwortung für den Nächsten. Ihr Ursprung liegt in der Liebe. Da wir aber nicht mit dem Nächsten allein, sondern mit einer Vielzahl von Menschen verbunden sind, von denen jeder der Nächste des anderen ist, kommt unweigerlich auch der unpersönliche Dritte ins Spiel. Aufgrund der Knappheit der Mittel müssen die Ansprüche des Nächsten und des Dritten in ihrer Dringlichkeit gegeneinander abgewogen werden. Der Vergleich aber nötigt wieder zum Gebrauch allgemeiner Grundsätze und Begriffe. Er erfordert entgegen dem Prinzip der Nächstenliebe, die keine Grenzen kennt, Überlegungen zur Gerechtigkeit, die Unvereinbares darin verlangt, jedem das Seine *und* jedem das Gleiche zukommen zu lassen. Was im Blick auf eine universale Verantwortung bedeutet, dass weder die Gerechtigkeit den unmittelbaren Anspruch des Nächsten vergessen machen darf, noch, dass umgekehrt der Nächste einen unbedingten Vorrang vor dem Dritten genießen darf. Fernsten- und Nächstenliebe, Gerechtigkeit und *caritas* (Güte), das Allgemeine und das Individuelle korrigieren sich wechselseitig. Beide sind gleich notwendig, ohne dass eine der beiden Seiten auf die andere reduziert werden könnte.

In der Lévinas'schen Überlegung zu einer Ethik des Anderen geht es nicht, wie bei Kant, um die Grundlegung einer universellen sittlichen Norm, der alle gleichermaßen unterworfen sind bzw. deren Grundsatz für alle vernünftigen Wesen unbedingt verpflichtend ist. Lévinas versteht Ethik eher als einen Versuch, ein besseres Verständnis des moralischen Sinns zu entwickeln, eines Sinns, der sich, wie man sagen könnte, in Sokrates' Maxime, Unrecht zu erleiden sei besser als Unrecht zu tun, ebenso spiegelt, wie in Kants geheimnisvoller Rede vom „moralischen Gesetz in mir". Die Ethik des Anderen dient aber nicht nur zur Verdeutlichung des moralischen Sinns, sie gibt auch dem neuzeitlichen Primat der praktischen Philosophie („die praktische Vernunft ist die Wurzel aller Vernunft", J. G. Fichte) eine neue Wendung, wenn sie zu zeigen versucht, dass sich das (philosophische) Denken nur im Horizont ethischer Bezüge zu artikulieren vermag. Sie ist radikal in dem Sinne, dass sie sich fragt, „ob wir nicht von der Moral zum Narren gehalten werden": was überhaupt an der Ethik als „gut" bezeichnet werden kann, um von dort aus – gleichsam metakritisch – einen Verständigungshorizont ethischer Fragen zu eröffnen, in dem die normativen Praktiken und Intuitionen der Menschen, ihre konkreten, situativen und temporären Moralen, ihre Rechts- und Gerechtigkeitsgrundsätze usf., gespiegelt werden können.

Ohne Angst verschieden sein

Für Adorno ist die Aufhebung der Philosophie durch ihre Verwirklichung – wie Marx es erhofft hatte – misslungen und dies der wichtigste Grund, auf sie zurückkommen zu müssen. „Die ungeminderte Dauer von Leiden, Angst und Drohung nötigt den Gedanken, der sich nicht verwirklichen durfte, dazu, nicht sich wegzuwerfen."[13] Wie aber könnte eine Philosophie aussehen, die sich dieser Situation stellt? Auch im philosophischen Denken hat die moderne Arbeitsteilung tiefe Spuren hinterlassen. Philosophie, die doch immer auch das Ganze im Auge hatte, steht unter dem Diktat der Fachwissenschaft in Gefahr, wo nicht selbst zum Spezialfach zu werden, so doch die Freiheit des Geistes einzubüßen. In die Rolle einer Sachwalterin absoluten Wissens kann sie nicht mehr schlüpfen. Sie nur auf eine Technik zur „Bemeisterung des Lebens" zu reduzieren, würde ihr auch nicht gerecht. Philosophie, wie sie im Sinne Adornos einzig noch zu vertreten wäre, muss sich als *Kritik* verstehen: als Kritik am falschen Zustand der Gesellschaft wie der Wissenschaft, vor allem an den Ideologien und Scheintotalitäten, die beide verbreiteten. Auf diese Weise geraten der Logische Positivismus und die Heidegger'sche Ontologie zwangsläufig ins Kreuzfeuer ihrer Kritik, aber auch eine Gesellschaft, die, wie die spätkapitalistische, das Leben der Menschen ständig mit Angst und Arbeitslosigkeit, sozialer Ungleichheit und einem kaum bekannten Ausmaß ideeller und materieller Abhängigkeiten bedroht.

Zur Anpassung an diese Zustände trägt auch die Moral als ideologischer Kitt der Gesellschaft in einem nicht geringen Maße bei. Über Moral nachzudenken, heißt für die Kritische Theorie, und für Adorno zumal, die Moral einer radikalen Kritik zu unterziehen. Sie erwächst aus der gesellschaftstheoretisch wie politisch motivierten Besorgnis, dass Moral – strategisch oder unbewusst – dazu benutzt wird, die Menschen über die Produktion und Konsumtion ihrer Bedürfnisse an die herrschenden Verhältnisse anzupassen. Adorno sieht sich damit in einer großen Traditionslinie, die von Hegel über Marx und Nietzsche bis zu Freud verläuft. In dieser Tradition wird Moralkritik immer auch als Kritik der (herrschenden) Vernunft verstanden. Dabei können bedenkliche moralische Ansprüche in philosophischen Grundbegriffen wie Freiheit und Gerechtigkeit ebenso versteckt sein wie in den gesellschaftlich approbierten Werten und Tugendkatalogen. Moral ist auch dann im Spiel, wenn Schuldgefühle erzeugt werden, um Menschen auf gesellschaftlich definierte Rollen festzulegen, sie zeigt sich auch in den „guten Sitten", die z. B. Homosexualität als unnatürlich oder pervers brandmarken.

In den *Minima Moralia* und den *Reflexionen aus dem beschädigten Leben*, so der Untertitel, geht Adorno der Frage nach, auf welche Weise im privaten wie im öffentlichen Leben Moral und Herrschaftsverhältnisse verschwistert sind und wie sie die individuelle Existenz bis ins Verborgenste bestimmen. Die Themen erstrecken sich über die ganze Bandbreite des „sittlichen" Lebens: über Ehe und Familie, Mann und Frau, Eros und Tod, Eigentums- und Besitzverhältnisse, Film und Literatur, Liebe und Freundschaft usf. Aber anders als Aristoteles ist Adorno der Auffassung, keine Ethik im Sinne einer Lehre vom richtigen oder guten Leben (mehr) schreiben zu können. Wer die Wahrheit über das unmittelbare Leben erfahren will, kann das nur entlang der „entfremdeten Gestalten" und im Widerstand gegen sie.

Adornos berühmter Satz, es gebe kein richtiges Leben im falschen, fasst die düstere Zeitdiagnose – geschrieben in den Jahren 1944 bis 1947 – pointiert zusammen. Unter dem Eindruck des Zweiten Weltkriegs und der nationalsozialistischen Gräueltaten stellen die *Minima Moralia* Nachforschungen darüber an, wie das, was in seiner Inhumanität die Fassungskraft des menschlichen Verstandes übersteigt und in Adornos späteren Schriften unter dem Namen *Auschwitz* zum Fluchtpunkt seiner Philosophie wurde, eigentlich passieren konnte.

Adorno sucht nach den Voraussetzungen und Spuren dieser Verbrechen gegen die Menschheit im privaten und sozialen Leben, vor allem in dem Sinne, welche moralischen, kognitiven und seelischen Dispositionen es wahrscheinlich gemacht haben, dass es zu dieser moralisch-politischen Katastrophe kommen konnte: Wie im Zusammenspiel der „objektiven Mächte" und der individuellen Existenz Faschismus und Totalitarismus die Oberhand gewinnen konnten. Ein Grund, sich dem Rassismus und dem Nazismus anzuschließen, bestand (und besteht) darin, das, was anders oder fremd ist, nur schwer aushalten zu können. Das Gleichmachen und Gleichschalten als Reaktion darauf ist für Adorno wie für Lévinas eine wesentliche soziale Voraussetzung für diesen totalen Dehumanisierungsprozess, der in den Vernichtungslagern von Auschwitz und Treblinka in seiner routinierten Bösartigkeit endet.[14]

Aber auch angesichts des „ungemilderten Bewusstseins der Negativität" hält Adorno an der „Möglichkeit des Besseren" fest.[15] Trotz des Scheiterns von Aufklärung und Vernunft darf das Gegenbild der emanzipierten Gesellschaft keineswegs untergehen: „Eine emanzipierte Gesellschaft jedoch wäre kein Einheitsstaat, sondern die Verwirklichung des Allgemeinen in der Versöhnung der Differenzen."[16] Den besseren Zustand gelte es zu „denken als den, in dem man ohne Angst verschieden sein kann".[17] Diese nur negativ bestimmbare Utopie lässt Adorno Anschluss an Lévinas gewinnen. Der bessere Zustand der Welt wäre einer, in dem die interindividuellen Unterschiede akzeptiert und nicht nivelliert, unterdrückt oder ausgemerzt würden.

Für Adorno wie für Lévinas steht mit dem, was in Auschwitz geschehen ist, ganz entschieden das philosophische Denken selbst infrage: Welchen Sinn überhaupt die „menschliche Morallehre vom Guten noch haben könne".[18] Adorno und Lévinas sehen das philosophische Problem darin, dass die bisherige Philosophie durch die Ereignisse des 20. Jahrhunderts wenn nicht widerlegt, so doch von einer großen Mitschuld betroffen ist. Angesichts der Ungeheuerlichkeit des Bösen und eines sinnlosen Leidens verschlage es nicht nur einer Philosophie die Sprache, die in Form einer schamhaft verschwiegenen Theodizee auftrete, sondern auch der, die vorgebe, in der modernen Entschlossenheit ohne Theodizee und Transzendenz auszukommen.

Ein neuer kategorischer Imperativ

Die *Negative Dialektik*, Adornos philosophisches Hauptwerk, endet (überraschend) mit „Meditationen zur Metaphysik", die unter der Überschrift „Nach Auschwitz" einige Überlegungen darüber anstellen, was daraus für die Philosophie geschlussfolgert werden muss. Auschwitz ist für Adorno der Name für den „Mord an Millionen durch Verwaltung", für etwas, „was so noch nicht zu fürchten war". Dieser Völkermord wurde überall dort vorbereitet, „wo Menschen gleichgemacht [...], geschliffen werden, wie man beim Militär es nannte".[19] Auschwitz ist der Name für einen „Gattungsbruch", wie R. Zimmermann in seiner Studie *Philosophie nach Auschwitz* geschrieben hat. Für Adorno starb „in den Lagern nicht mehr das Individuum [...], sondern das Exemplar [die Gattung Mensch]".[20] Dieser Tiefpunkt der Menschheitsgeschichte wirft ein grelles Licht auf alles Davorliegende wie auf das Kommende. Wie das Erdbeben von Lissabon die abendländischen Sicherungssysteme der Metaphysik, insbesondere die Leibniz'sche Theodizee und Physikotheologie zerstörte, zerriss Auschwitz das unsichtbare Band, das die Gattung der Menschen wie zu einer großen Familie zusammengeflochten hatte.

„Das Erdbeben von Lissabon reichte hin, Voltaire von der Leibniz'schen Theodizee zu kurieren, und die überschaubare Katastrophe der ersten Natur war unbeträchtlich, verglichen mit der zweiten, gesellschaftlichen, die der menschlichen Imagination sich entzieht, indem sie die reale Hölle aus dem menschlich Bösen bereitete."[21] Diese aus dem menschlichen Bösen bereitete Hölle hat, wie Adorno schreibt, „den Menschen [...] einen neuen kategorischen Imperativ aufgezwungen: ihr Denken und Handeln so einzurichten, daß Auschwitz nicht sich wiederhole, nichts Ähnliches geschehe".[22]

Auschwitz ist kein Begriff, sondern ein Ortsname im heutigen Polen. Mit ihm verbindet sich, wie mit Dachau oder anderen Orten, ein historisch datierbares Konzentrationslager zur Zeit des Zweiten Weltkriegs, geschaffen vom Naziregime zur Ermordung von Hunderttausenden Juden und anderen Verfolgten, das nach der Niederlage der Nazis aufgelöst und heute eine Gedenkstätte für die dort umgebrachten jüdischen Mitbürger ist.

Was hat ein Name in einer philosophischen Untersuchung zu tun? In Meditationen zur Metaphysik und zur Ethik zumal? Wie kann ein Name zur Grundlage einer Ethik, eines neuen kategorischen Imperativs werden? Bei Auschwitz handelt es sich nicht nur um einen Namen statt eines Begriffs, sondern – nach den üblichen Maßstäben der Philosophie – um ein singuläres und kontingentes historisches Ereignis, das niemals in die Stelle eines ethischen Prinzips oder einer letzten Begründung, und schon gar nicht in die Rolle eines kategorischen Imperativs eingerückt werden darf. „Name" ist für Adorno ein Wort: ein Zeichen für das Eingedenken einer Singularität, ein Symbol für etwas, das durch den Begriff in seiner außerordentlichen Bedeutung nicht eingeholt oder dargestellt werden kann. Im Verständnis Adornos ist der Bezug auf den Namen ein Einspruch, eine Revolte gegen das rein begriffliche Denken der Philosophie, gegen seine Macht- und Geltungsansprüche, die das Besondere an den Dingen und Menschen nicht wahrzunehmen erlauben oder es zum Zwecke seiner Beherrschung in bestimmte Kategorien einordnen bzw. auf solche festlegen. Namen haben in der Philosophie fast nur Geringschätzung erfahren, immer kommt es auf die Sache an, der Name tut nichts. An den Namen aber ist, wie es an anderer Stelle heißt, „alle Hoffnung übergegangen". Adorno bedient sich sogar eines religiösen Vokabulars, um diesen, im neuen Imperativ begangenen „Frevel" gegenüber den diskursiven Begründungsansprüchen der Philosophie zu bezeichnen.

Der neue kategorische Imperativ bleibt skeptisch gegen seine diskursive Begründung, wenn er, gegen das philosophische Denken freveInd, die unbedingte Sollensforderung an ein historisches und kontingentes Ereignis bindet. Einzig dem Namen Gottes stünde es zu, Gebote zu erlassen. Auschwitz ist das Gegenteil, in Auschwitz herrscht der Tod, wie Primo Levi (selbst Überlebender in Auschwitz) schreibt, „trivial, bürokratisch, alltäglich". Der Tod in Auschwitz ist die radikale Vernichtung jeder Transzendenz. An dem, was dieser Name symbolisiert, ist jede Spur eines höheren Sinns getilgt.

Nietzsche sah in der ständig durch das Christentum und die modernen Ideen wie Freiheit und Gerechtigkeit genährte Fortschrittshoffnung selbst einen Verrat am Leben: das Urübel einer zuletzt nihilistischen Metaphysik. Die Hoffnung auf Besseres verurteile, ja verdamme die Welt, wie sie tatsächlich ist.

An dieser Stelle muss man für einen Augenblick innehalten. Adorno denkt, wie nicht wenige Philosophen der letzten beiden Jahrhunderte, wie Nietzsche über die Hoffnung, wenn er moralkritisch in der Parteinahme für die Interessen und Bedürfnisse des Einzelnen immer wieder daran erinnert, dass den Menschen mit der Moral, die ein besseres Leben verspricht, regelmäßig das Fell über die Ohren gezogen wird, und zwar in einem solchen Maße, dass sich die Menschen zuletzt noch das Bewusstsein der erlebten Versagungen versagen. In den „Meditationen zur Metaphysik" sieht Adorno sich im Bewusstsein dieses Problems zu einer Teilrehabilitierung der Metaphysik gedrängt, wenn er angesichts Auschwitz, aber auch der menschlichen Hinfälligkeit und der Unausweichlichkeit des Todes schreibt: „so hinfällig in ihm [dem Weltlauf, G. G.] alle Spuren des anderen sind; so sehr alles Glück durch seine Widerruflichkeit entstellt ist, das Seiende wird doch an den Brüchen, welche die Identität Lügen strafen, durchsetzt von den stets wieder gebrochenen Versprechungen jenes anderen."[23] Religion und Metaphysik haben den Menschen mit ihren Vertröstungen auf ein Jenseits oder ein besseres Leben in der Zukunft immer wieder Hoffnung gemacht und – enttäuscht.

Nietzsches Experimental-Philosopie will die (tragische) Bejahung einer „Welt, wie sie ist, ohne Abzug, Ausnahme und Auswahl – sie will den ewigen Kreislauf, – die selben Dinge, die selbe Logik und Unlogik der Knoten".[24] War der Vorschlag Nietzsches schon angesichts früherer Schrecken wie der Inquisition oder der Metzeleien der Konquistadore in

Südamerika fragwürdig, wird er nach Auschwitz vollends absurd. Der italienische Philosoph Giorgio Agamben schreibt: „Stellen wir uns eine Wiederholung des Experiments vor, das Nietzsche in der *Fröhlichen Wissenschaft* im Aphorismus ‚das größte Schwergewicht' vorschlägt. Stellen wir uns also vor, ‚eines Tages oder Nachts' schliche ein Dämon zum Überlebenden und fragte ihn: ‚Willst Du, daß Auschwitz noch einmal und noch unzählige Male wiederkehrt, daß jede Einzelheit, jeder Augenblick, jedes kleinste Ereignis des Lagers sich in alle Ewigkeit wiederholt, daß alles unaufhörlich wiederkommt in derselben Reihe und Folge, wie es geschehen ist? Willst du dies noch einmal und noch unzählige Male?' Es genügt, das Experiment in dieser Weise neu zu formulieren, um es ohne jeden Zweifel zu widerlegen und für immer als Beweismittel für unzulässig zu erklären."[25]

Dazu schreibt Susan Neiman – Autorin einer entlang der Theodizeefrage geschriebenen Geschichte der neueren Philosophie –: „Agambens Gedankenexperiment ist absolut bestechend. Sobald man es formuliert hat, kann man sich unmöglich vorstellen, daß jemand grotesk genug ist, es durchzuführen. Ein Nietzscheanischer Vorschlag, daß ein Überlebender die Wirklichkeit der Todeslager sollte wollen können, scheint noch gräßlicher als der Hegelianische Vorschlag, sich mit ihr durch den Gedanken an ein zukünftiges Gutes auszusöhnen."[26]

Für Adorno ist Auschwitz eine historische Zäsur von metaphysischer Tragweite. Will man seine Bedeutung durch einen Vergleich zu erläutern versuchen, kann man an Kants Verständnis der *Französischen Revolution* erinnern, die er als „Geschichtszeichen" liest, das auf einen *Enthusiasmus* deute, der im Anblick jenes historischen Großereignisses Herz, Gemüt und Geist des Menschen erhebe und vor Freude erzittern ließe.[27] Kant hatte von der Französischen Revolution gesagt, „ein solches Phänomen in der Menschheitsgeschichte *vergißt sich nicht mehr*".[28]

Analog zur Französischen Revolution als „Geschichtszeichen" lässt sich in Bezug auf Auschwitz von einem *negativen Geschichtszeichen* sprechen – die Geschichte hat einen negativen Sprung nach vorn gemacht – und von einer kategorischen Verpflichtung, die angesichts dieses Zeichens erwächst.

Wenn Kants Frage nach der Möglichkeit der Metaphysik lautete: Wie sind synthetische Urteile a priori möglich, so gibt Adorno mit seinem neuen kategorischen Imperativ darauf die richtige Antwort: Dass Auschwitz nicht sich wiederhole. Dieser Satz – wiewohl kein Urteil, keine

Proposition im strengen Sinne – ist synthetisch (empirisch), um gleichzeitig von einer Einsicht getragen zu sein, dass deren logische (analytische) Kraft einem Apriori, einem historischen Apriori im negativen Sinne, gleichkommt.

In diesem Fall, so könnte man Adorno verstehen, kann ein Name den Charakter eines kategorischen Begriffs annehmen. Freilich hängen die Ansprüche auch und wesentlich daran, dass Antworten gefunden werden, dass gleichsam ein ‚ethischer Enthusiasmus' von diesem Negativ der Geschichte ausgeht: Die historische Verkörperung des radikal Falschen (Bösen) ist der aktuelle Anlass, um über die Aktualität hinauszugehen. In diesem Sinne kann auch Adornos Imperativ verstanden werden – nicht als ein für alle Zeit und alle Menschen gültiger Imperativ des Denkens und Handelns, sondern gebunden an das schmerzliche Bewusstsein einer Zeit, wohl wissend, dass die Bindung an die Zeit und das Wechselspiel der Geschichte dem imperativisch verpflichtenden Charakter des Gebots keinen Abbruch tut.

Was mit dem Namen Auschwitz angesprochen wird, reißt die Kantischen Trennungen von historisch Bedingtem und Unbedingtem, von sozialer Erfahrung und reinem Denken (Metaphysik), Individualität und Vernunft ein. Kein Relativismus hat gegen Adornos Imperativ eine Chance. Es ist, als komme dieser Imperativ einem unumstößlichen Naturgesetz gleich. Dass damit womöglich noch nicht viel gewonnen ist, belegt die anschließende Frage: Wie, durch welche praktischen Maßnahmen ließe sich verhindern, dass Auschwitz sich wiederholt? Selbst wenn alle vernünftigen Wesen diesem Imperativ zustimmen, korrespondiert dem ein sofort einsetzender Streit über die Wege, die dahin führen könnten. In *Erziehung nach Auschwitz* und den *Studien zum autoritären Charakter* hat Adorno sehr konkret über politische und pädagogische Maßnahmen, die Auschwitz in Zukunft verhindern könnten, nachgedacht.

Die Rehabilitation der praktischen Philosophie
Ein Überblick

*Circa actiones est justitia.**
Th. v. Aquin

Die *praktische* Philosophie beschäftigt sich seit der Antike mit den unterschiedlichen Aspekten der Frage, wie wir leben bzw. handeln sollen und welche Orientierungsmöglichkeiten uns dazu zur Verfügung stehen. Sie umfasst – mit Blick auf ihre Disziplinen – die Ethik und die Politik (die politische Philosophie), aber auch die Sozial- und Rechtsphilosophie einschließlich der Geschichtsphilosophie. Die praktische Philosophie versteht sich in Abgrenzung zur *theoretischen* Philosophie, die sich vor allem um ein tieferes Verständnis von dem bemüht, was wir wissen und erkennen können. Dass wir aber in der Regel unser Leben nicht gedankenlos führen, zeigt, wie Handeln und Erkennen ständig ineinander greifen, ohne doch ein und dasselbe zu sein.

Um den philosophischen Sprachgebrauch von ‚praktisch' zu verstehen, kann eine andere Bedeutung nicht unerwähnt bleiben. Sie betrifft sein Alltagsverständnis, das ‚praktisch' in die Nähe von dem rückt, was wir unter dem Eindruck einer konkreten Situation oder gewichtiger sozialer Umstände hier und jetzt in die Tat umsetzen, d. h. tun und machen sollten. Dabei gewinnt regelmäßig die Bedeutung von *technisch-praktisch* die Oberhand, die für die praktische Philosophie eine untergeordnete Rolle spielt. Die praktische Philosophie befasst sich vielmehr mit dem, was an unveräußerlichen Gütern oder allgemeinen Grundsätzen wie Freiheit und Gerechtigkeit, Menschenwürde und Solidarität unabdingbare Voraussetzungen für ein gelingendes Leben sind. Ihr Interesse zielt nicht auf die technischen Mittel, die zur Erreichung oder Optimierung der Zwecke eingesetzt werden, sondern auf die Diskus-

* „Wo immer äußeres Handeln ist, da ist Gerechtigkeit im Spiel."

sion der Güter oder Zwecke, die es wert sind, unter bestimmten bzw. unter allen Umständen beachtet zu werden.

Die philosophische Ethik ist ein konstitutiver Teil der praktischen Philosophie und stellt eine reflektierte Betrachtung der menschlichen Handlungen im Blick auf ihre Verbindlichkeit dar. Der Verbindlichkeitsanspruch, der für moralische Handlungen erhoben wird, kann stärker oder schwächer, universell oder zeitlich und räumlich, z. B. kulturell, begrenzt sein.

Idealtypisch betrachtet, geben zwei Konzepte den Ton an: In der Beurteilung menschlichen Verhaltens orientiert sich das eine Verständnis an den *praktischen* Gesichtspunkten, die in den handlungsleitenden Werten und Normsystemen, d. h. im gewachsenen Ethos einer Gemeinschaft, verankert sind. Deren Mitglieder fühlen sich durch den soziokulturell geteilten Moralkodex mehr oder weniger verpflichtet, seinen Regeln zu folgen. Ethisch ist das, was sich gehört und in den Sitten und Gebräuchen der jeweiligen Gemeinschaft zum Ausdruck kommt. Aristoteles hat dieser Auffassung wichtige Studien gewidmet, seine Rede vom *ethos* zielt sowohl auf die in der Polisgemeinschaft überlieferten Sitten und Gebräuche als auch auf die Haltung eines in der Politik engagierten Bürgers, der sich nicht nur verhält, wie es üblich ist, sondern auch unter Rücksicht seiner Urteilskraft das Beste zu erreichen sucht.

Das andere Verständnis von Ethik ist zum Teil neueren Datums und versucht ein *formales, universell gültiges Moralkriterium* zu finden bzw. zu begründen, das – in dem Anspruch, die menschliche Vernunft in ihrem Wollen und Handeln schlechthin zu verkörpern – jedem Einzelnen die unbedingte Verpflichtung auferlegt, seiner Erfüllung Genüge zu tun. Bei dieser moralischen Grundnorm handelt es sich um eine unumgehbare Sollensforderung, die an jeden Einzelnen adressiert ist, insofern er die Menschheit in seiner Person verkörpert.

Die Frage, wie – unter welchem ethischen Kriterium – Menschen handeln *sollen*, hat in exponierter Weise Kant gestellt und mit dem *kategorischen Imperativ* als der signifikanten moralischen Grundnorm beantwortet: Diese liege in der vernünftigen Selbstbestimmung menschlicher Wesen und verpflichte die Menschen auf unbedingte Weise, ihr zu folgen. Eine andere Antwort auf die Frage nach einem allgemein gültigen Moralprinzip hat der Utilitarismus vorgelegt, nach dem der individuelle und allgemeine *Nutzen* das einzig verbindliche Verhaltensregulativ ist, das Menschen zu beachten haben.

Im Folgenden wird ein summarischer Überblick über die Positionen philosophischer Ethik gegeben, die in den letzten Jahrzehnten des 20. Jahrhunderts die Diskussionen in besonderem Maße bestimmt haben. Obwohl sie sich vielfach überlappen, lassen sie sich idealtypisch über drei Diskussionsachsen beschreiben: Neoaristotelische Ethikkonzeptionen und Diskursethik, Politischer Liberalismus und Kommunitarismus, Utilitarismus und Kantische Moralphilosophie.

Neoaristotelische Ethik

Im letzten Drittel des 20. Jahrhunderts erlebt die Ethik – auch im Rahmen der akademischen Philosophie – einen ungewöhnlichen Aufschwung. Ein Werk aus der Mitte der 70er-Jahre trägt bezeichnenderweise den Titel: *Rehabilitierung der praktischen Philosophie*. Die Wiederaufnahme betrifft nicht allein die Ethiken, die erneut an die Antike, insbesondere an Aristoteles, Anschluss zu gewinnen suchen (Neoaristotelismus), sondern auch die Moralkonzeptionen, die, wie der *Kantianismus*, der *Utilitarismus* und der *Kontraktualismus*, direkt mit dem Aufstieg der modernen Welt verbunden sind. Ihr Maßstab ist das Glück bzw. die Selbstbestimmung der Menschheit und meiner individuellen Person.[29]

Neoaristotelische Ethiken im Sinne einer Ethos-Orientierung zeigen in der Regel drei Einstellungen. Sie hegen ein tiefes Misstrauen gegenüber allem, was sich über die jeweils herrschenden guten Sitten hinaus bewegt, seien es utopische Entwürfe als mögliche Instanzen der Kritik gegenwärtiger gesellschaftlicher Zustände, seien es kontrafaktische Unterstellungen, wie sie z. B. in einer verständigungsorientierten Ethik mit dem Ideal „herrschaftsfreier Kommunikation“ (von J. Habermas und K.-O. Apel) im Spiel sind.

Ethiken des neoaristotelischen Typs kritisieren den Universalismus eines der Zeit und den Umständen enthobenen unbedingten Moralprinzips, das, wie der *kategorische Imperativ* Kants, allein die Form betrachtend glaubt, die reine praktische Vernunft oder die Autonomie des Menschen zum Prüfstein moralischen Handelns machen zu können. Neoaristoteliker halten diese Formel aufgrund ihres unbedingt verpflichtenden Charakters für überzogen: Sie stelle eine Überforderung dar, sie ginge in ihrer Grundsätzlichkeit schlicht am Leben vorbei. Die Leitidee neoaristotelischer Überzeugungen liegt entsprechend, wie es bei Odo Marquard (geb. 1928) heißt, auf der Linie „eines Abschieds vom Prinzipiellen“. Gemäß dieser Verabschiedungsgeste weisen sie für die

Moral- wie für die Sozialphilosophie ethische Letztbegründungen entschieden zurück.[30]

Die neoaristotelische Position ist wesentlich dadurch gekennzeichnet, dass sie die Ethik an das jeweils und je schon gelebte Ethos einer politischen und kulturellen Ordnung zurückzubinden versucht. Sie orientiert sich am ehesten an dem, was üblich ist, was in Form von allgemein akzeptierten Verhaltensregeln den Alltag (und die Lebenswelt) der Menschen bestimmt. Die regional oder global geltenden Wertesysteme und Gesetze sind zum Teil in den Institutionen wie dem *Recht*, zum anderen Teil in den Traditionen der jeweiligen Kultur verankert. Ausdruck dieser Werte ist der *common sense*, durch den sie in ihrer lebensweltlichen Sittlichkeit – als selbstverständlich – beglaubigt erscheinen. Werte werden dabei auch in primäre, wie Freiheit und Gerechtigkeit, und sekundäre, wie Selbstdisziplin, Leistung, Mobilität, Pünktlichkeit, Ordnungsliebe usf., unterteilt und schlagen sich – Orientierung und Halt gebend – bei den sozialen Akteuren als Tugenden nieder. Schon bei Aristoteles hatte Ethos immer auch die Bedeutung von ‚Haltung' und ‚Charakter' des Einzelnen. Nach dem schönen Wort von Alfred N. Whitehead sind Werte „latente Imperative", sie fungieren als stillschweigend akzeptierte Verhaltensaufforderungen.

Der Grad, in dem diese Rehabilitierungen der praktischen Vernunft am Ethos einer Kultur festhalten (und glauben, es finden, identifizieren und verteidigen zu können) bzw. es zum Maß der ethischen Beurteilung erheben, kann im Einzelfall sehr unterschiedlich ausfallen. Sie kann z. B. kommunitaristisch – wie bei M. Walzer – in eine Strategie münden, mit der sich im Ausgang von einem gemeinschaftlichen Ethos die sozialen Missstände im Bildungswesen oder in der Gesundheitsversorgung kritisieren lassen. Sie kann aber auch – wie bei O. Marquard – im konservativen Gewand der Affirmation des Bestehenden auftreten und einer über „keine Experimente" definierten Politik philosophischen Flankenschutz liefern: Die Beweislast (für Reform oder Kritik) trage der Veränderer.

Wie sich zeigt, liegt auf dem Grund dieser am Ethos einer Lebensform orientierten philosophischen und politischen Argumentation ein Kulturrelativismus ethischer Werte, der aber wiederum von einigen Repräsentanten dieser Richtung als Problem empfunden wird. Für Joachim Ritter (1903–1974) und die ihm nachfolgende Generation deutschsprachiger Philosophen, wie O. Marquard, H. Lübbe (geb. 1926), R. Spaemann (geb. 1927) u. a., bedeutet dies, dass das ethische Leben wesentlich das Leben in einer (national)staatlich organisierten Gemeinschaft und Gesellschaft ist.[31] Sie wird von einem System allgemein akzeptierter Werte getragen. Diese definieren, was sich gehört. In der philosophischen Terminologie hat sich dafür der Begriff der „Sittlichkeit" eingebürgert. Das Sittliche ist das Gute, das sowohl in den Institutionen der bürgerlichen Gesellschaft als auch den Handlungen der Einzelnen verwirklicht ist; es begleitet auch als latent wirksame (ethische) Aufforderung das Handeln und Denken eines Jeden. Werte sind in gesellschaftliche Rollen und allgemeine Erwartungen eingebettete soziale Botschaften, die im praktischen Leben selten als solche wahrgenommen werden.

Anders gesagt, menschliches Leben in diesem Sinne ist ein zivilisiertes Zusammenleben von Bürgerinnen und Bürgern. Die soziale Praxis besteht in einem durch Recht, Sittlichkeit und Politik geregelten Verhalten der Bürger im Blick auf die Ordnung oder die Gemeinschaft, in der sie leben. Ritter schreibt: „Dies ist das große Prinzip: Die Natur des Menschen als Möglichkeit kommt nicht von der Natur zur Verwirklichung; ihre Wirklichkeit (Aktualität) sind die ethischen politischen Ordnungen, in denen der Mensch zum Stande eines menschlichen Lebens kommt. Hier scheint für Aristoteles auch das Wahre zu liegen, das die frühere Philosophie in der Stadt nicht herausgefunden und offengelassen hat."[32]

Ritter weist immer wieder darauf hin, dass für Aristoteles die praktische Philosophie als Ethik mit der politischen Philosophie zusammenfällt. Sie thematisiert die Institutionen, die das (ungleiche) Leben der Bürger als Freie möglich machen. Es gibt keinen Bruch zwischen dem Einzelnen und dem Allgemeinen, da in der Polis das Gute immer schon verwirklicht ist. Zwar wird bei Ritter die Differenz zu Aristoteles und dem antiken Kosmos der (einen) Welt immer wieder deutlich, die Idee einer relativen Verkörperung des Sittlichen in den Werten und Institutionen der Gemeinschaft bleibt dennoch – auch für das Verständnis der Gegenwart – der Ausgangspunkt. In jedem Fall spielen die Traditionen und das Gewordensein der Institutionen eine überaus wichtige und maßgebliche Rolle. Sie *stabilisieren* die politische und gesellschaftliche Ordnung im besonderen Maße.

Gegenüber dem Verständnis der Ethik als einer im Ethos einer Kultur verkörperten praktischen (praktizierten) Vernunft hat sich die *Diskurs-*

ethik – in enger Anlehnung an Kants Idee eines moralischen Prinzips – darauf besonnen, dass es universelle, den Zeitläufen und Umständen enthobene moralische Normen geben müsse, von denen aus auch die sozial etablierten Ethosformationen einer Kultur noch kritisierbar sein müssten: Auch die Befürworter einer Ethos-Sittlichkeit kämen nicht umhin, unter Rückgriff auf ein der geschichtlichen Relativität entzogenes Prinzip ihre Beurteilungen der Ethos-Sittlichkeit auf ihre Legitimität hin zu überdenken.

Diese Kontroverse zwischen neoaristotelisch orientierten Ethiken und der Diskursethik, zwischen den Kontextualisten und den Prinzipialisten hatte einen Vorlauf in einem Grundlagenstreit der griechischen Antike. Noch bevor der Streit in den 80er-Jahren des 20. Jahrhunderts richtig entbrannte, hatte Ritter in seinem Aufsatz die Frage gestellt: Wie auf die Sophistik, also auf die reagieren, die als Söldner der bezahlten Rede ihre Kunst für beliebige Zwecke zur Verfügung stellen? Versuchen, sie – wie Platon – von einem Prinzip, d. h. von der höchsten Idee des Guten (dem Guten an sich), ausgehend zu bekämpfen? Oder – wie Aristoteles – Bezug nehmend auf das, was im Ethos der Polis, in den Sitten und Gebräuchen eines vernünftig gelebten Lebens vorliegt? Sich also nach dem ausrichten, was sich im Rahmen dieser Ordnung geziemt?[33]

Ist die politische und kulturelle Ordnung eine gute – „gut" in des Wortes doppelter Bedeutung verstanden: von „funktionierend", „optimal", „effektiv", d. h. im technisch-praktischen Sinne, und „gut" im ethischen Sinne eines gelingenden Lebens oder eines charakterlich vortrefflichen Menschen –, dann verspricht die Orientierung an der Tradition und an dem, was üblich ist, eine gewisse Wahrscheinlichkeit, dass das Leben gelingt. Enthält aber die kulturelle und politische Ordnung im Ganzen, wie unter dem Regime der Nazis, nicht die Rahmenbedingungen für ein *allen* Menschen gleichermaßen glückendes Leben – herrscht also Streit oder grundsätzliche Skepsis darüber, ob das Ethos der sozialen Ordnung überhaupt als gut zu bezeichnen ist – dann ist nicht nur die ethische Orientierung faktisch schwer bis unmöglich; vielmehr besteht die Befolgung der kulturellen Normen dann in bloßer Anpassung oder Unterwerfung unter die je geltenden Normen und Werte der betreffenden Kultur. Es bleibt kein ethischer Beurteilungsmaßstab außerhalb der herrschenden politischen Ordnung, der das Verkommene und menschenverachtende dieser Ordnung selbst noch bewerten und verurteilen könnte. Lebt eine soziale oder kulturelle Gemeinschaft in der Überzeugung, eine von der biologischen Rasse oder der göttlichen Vorsehung her privilegierte Spezies zu sein, und deklariert dementsprechend alle anderen als andersartig und minderwertig, als Volksfeinde und vaterlandslose Gesellen, dann ist im Rahmen dieser Kultur die Behandlung derer, die ‚anders' sind – homosexuell, geistig behindert, jüdisch, pazifistisch usf. – vielleicht üblich, eventuell (sogar) legal und gerechtfertigt, aber darum noch lange nicht gut im Sinne von sittlich oder moralisch geboten.

An dieser so einfachen wie grundlegenden Gegenüberstellung von Orientierungsgesichtspunkten – einer *universellen Idee* (des Guten im Sinne) des *Gerechten* als dem, was moralisch richtig und d. h. unbedingt verpflichtend ist auf der einen und einer im *Ethos einer Lebensform* verankerten und verwirklichten (präsenten) Vernunft des Guten auf der anderen Seite – lassen sich bereits alle argumentativ entscheidenden Konfliktlagen um *Moralität* und *Sittlichkeit*, wie es in der deutschsprachigen Diskussion der 70er- und 80er-Jahre heißt, vorausahnen. *Moralität* bezeichnet in diesem von Hegel geprägten Sprachgebrauch das, was Kant zur Moral, d. h. zu einem an vernünftiger Selbstbestimmung ausgerichteten Wollen eines einzelnen Subjekts gesagt hat. *Sittlichkeit* spiegelt die Ethos-Dimension des Aristoteles, die in den Teilen von Hegels Rechtsphilosophie eine Ausarbeitung erfährt, die sich mit der *substanziellen Sittlichkeit* in Form von Familie, bürgerlicher Gesellschaft und Staat beschäftigt. Hegels Begriff der Sittlichkeit versteht sich als die Philosophie, die das *objektive* Moment institutionell geregelten Lebens (des in Sitte und Gewohnheit eingewurzelten moralischen Verhaltens, auf das Aristoteles seine Ethik gründet) mit dem *subjektiven* Moment der Begründung der Moralität auf der Selbstgesetzgebung in reiner Innerlichkeit, wie Kant es entwickelt, zusammenzubinden versucht. In der angelsächsischen Diskussion stehen sich im Rahmen der Sozialphilosophie *liberalistische* und *kommunitaristische* Auffassungen gegenüber.

Solche Diskussionen zeigen die Wiederkehr ethischer, politischer und praktischer Fragen in einer Weise, wie sie die erste Hälfte des 20. Jahrhunderts, die neukantianisch oder phänomenologisch oder im angelsächsischen Raum stärker pragmatisch orientiert war, nicht gekannt hat. Während der *Neukantianismus* sich um eine Fortschreibung der kantischen Intuitionen bemüht, bleiben ethische Fragen im angesprochenen Sinne einer Sollensethik der *Phänomenologie* eigentümlich fremd, sie werden als sinnlos verworfen.[34]

Diskursethik

In die Zeit der Rehabilitierung der praktischen Philosophie fällt auch – nicht ohne ständige Auseinandersetzung mit ihr – die Entwicklung der vielleicht bedeutendsten Moral- und Sozialphilosophie: der Diskursethik von K.-O. Apel und J. Habermas. Lehnt sich die Lebensweltethik an Aristoteles an, so greift die Diskursethik auf Kant zurück. Ihr vor allem politisch motivierter Grundgedanke ist eine an „Verständigung" orientierte Diskussion ethisch strittiger Fragen.

Vorbild eines moralischen Diskurses bzw. eines Diskurses über moralische Normen sind jene Tugend-Dialoge Platons, in denen Sokrates seine Gesprächspartner in ein Frage- und Antwortspiel über Tugenden wie Tapferkeit, Besonnenheit und Gerechtigkeit verwickelt. In den Gesprächen entsteht ein diffizil gespanntes Netz von Gründen und Gegengründen, in dem die Gesprächsteilnehmer – meist etwas ratlos – mit der Aufforderung zurückgelassen werden, die richtigen Verhaltensantworten in ihrem jeweiligen Lebenskontext selbst zu suchen.

Die Diskursethik wendet sich auf grundsätzliche Weise dagegen, die Normen sittlicher Lebensführung mit der Natur des Menschen zu begründen. Diese Normen bilden auch nicht einfach die sittliche Basis einer Gesellschaft, sodass man sich an ihnen – insoweit sie in den Institutionen verankert sind oder von vielen Menschen geteilt werden – orientieren könnte. Die Diskursethik will auch nicht dem weit verbreiteten Realismus derer nachgeben, welche die Ethik vor allem als eine Sache emotionaler Reaktionen oder subjektiver Projektionen betrachten. Befremdlich erscheinen ihr gleichfalls Auffassungen, welche die Ethik auf die Suche nach dem größten individuellen oder kollektiven Nutzen festlegen wollen.

Die Diskursethik rekurriert auf eine andere Begründungsbasis. Sie besagt, dass die Rationalität moralischer Überzeugungen von der vernünftigen (herrschaftsfreien, gleichberechtigten, respektvollen usf.) Diskussion abhängt, die das Ergebnis einer an Verständigung orientierten Beratung ist. Sie erstreckt sich nicht auf Fragen des guten Lebens, sondern folgt einer engeren Moralauffassung, der es allein um die schlüssige Begründung moralischer Normen im Sinne des richtigen, d. h. gerechten Handelns geht. Während die Geltung ethischer Werte stärker auf den Kontext bestimmter Lebensformen oder individueller Lebensgeschichten bezogen bleibt, ist die Geltung moralischer Normen allgemein verbindlich. Eine moralische Norm ist das Ergebnis gemeinsamer Beratung, die dann gerechtfertigt ist, wenn sie für alle in gleicher Weise gelten kann und nicht gegen die Zustimmung derer, die von ihr betroffen sind, verstößt. Dies soll durch das Universalisierungsprinzip gewährleistet werden, das als Argumentationsregel das Erbe des *kategorischen Imperativs* antritt. Die Geltung moralischer Normen ist daran gebunden, dass „die Folgen und Nebenwirkungen, die sich jeweils aus ihrer allgemeinen Befolgung für die Befriedigung der Interessen eines jeden Einzelnen (voraussichtlich) ergeben, von allen Betroffenen akzeptiert [...] werden können."[35] Das heißt, die Diskursethik verteidigt ein objektives Wissen auch in Bezug auf moralische Fragen. Die allgemeine Beratung, oder, wie neuerdings gesagt wird, die Deliberation (Aushandlung) ist dann rational, wenn sie bestimmte formale Voraussetzungen erfüllt, z. B. Gewaltfreiheit, freies Rederecht, die Beteiligung aller Betroffenen usf.

Für Habermas wie für Apel ist die Ethik in erster Linie eine Angelegenheit sozialer Übereinkunft, die an die sprachliche Verständigung der sozialen Akteure gebunden ist. So besehen sind es vor allem zwei Gedanken, die die Diskursethik mit großem Nachdruck in die Debatte eingebracht hat. Der erste Gesichtspunkt ist der der *Intersubjektivität*, der zweite die besondere Bedeutung, die der *Sprache* dabei zukommt.

Die Diskursethik wählt als Ausgangspunkt nicht den bewusstseinsphilosophischen Standpunkt des einzelnen Subjekts, das in monadischer Selbstverkapselung das Sittengesetz in sich selbst findet (und per Gedankenexperiment prüft, ob die Verallgemeinerung einer Maxime dem Gedanken, dass der Mensch niemals bloß als Mittel gebraucht werden darf, widerspricht), sondern den ständigen Dialog, die Kommunikation zwischen den zu Sprache und Handlung befähigten Subjekten. Die kommunikative Natur der Subjekte sieht die Theorie verständigungsorientierten Handelns bereits in der Entwicklung des Selbst angelegt. Seine symbolische Identität (Individualität) als reflexionsfähiges Subjekt erwirbt es im Verlauf langwieriger Sozialisationsprozesse.

In diesem Zusammenhang interessiert sich die Diskursethik besonders für die Sprache, genauer für die sprachliche Kommunikation. Die moralische Grundnorm wird entwickelt aus dem, was wir in einem alltäglichen, durch kommunikatives Handeln bestimmten Sprechen immer schon an normativen Verbindlichkeiten in Anspruch nehmen (müssen). Der Gebrauch der Sprache selbst zeigt eine Regel, die wir – bei Strafe des Unbrauchbarwerdens der Sprache – nicht verletzen dürfen.[36]

Die Diskursethik lehrt ein Verständnis des moralischen Sinns anhand der Situationen, in denen die Menschen gewöhnlicherweise miteinander sprechen. Sie ‚liest' den lebensweltlich bestimmten Sprechsituationen eine normative Logik ab, über die sie das Universum unserer moralischen Intuitionen glaubt nach pragmatischen, ethischen und moralischen Gesichtspunkten (Normen) hin erfassen und beurteilen zu können. Sprache wird dabei weniger als System oder als ein Instrument der Darstellung bzw. der Repräsentation der Wirklichkeit betrachtet, sondern als eine Art Lebensform, die uns zeigt, wie wir *in* der Sprache und *mit* der Sprache *handeln*: welche ethischen Intuitionen wir in den jeweiligen Sprechakten aktivieren. Die Diskursethik ist ein Plädoyer dafür, den Gedanken der Vernunft (Rationalität) nicht auf den Bereich der Wissenschaften zu beschränken und die Moral nicht der relativen Willkür des Gefühls (bzw. des Geschmacks) zu überlassen.

Rawls Idee des politischen Liberalismus

Einen weitreichenden Vorschlag zur systematischen Klärung grundlegender Strukturen moderner demokratischer Gesellschaften hat John Rawls (1921–2002) in seinem Buch *Eine Theorie der Gerechtigkeit* (engl. 1971/dt. 1975) unterbreitet. In ihm geht er davon aus, dass der *Utilitarismus*, der in der angelsächsischen Moral- und Sozialphilosophie eine breite Zustimmung findet, keine ausreichende Grundlage für die Existenz liberaler Demokratien bietet, weil er den allgemeinen Nutzen, d. h. die Wohlfahrt, über die Gerechtigkeit stelle und somit den Vorrang des (Ge-)Rechten vor dem Guten ignoriere. „Jede Person besitzt eine in der Gerechtigkeit begründete Unverletzlichkeit, über die auch nicht unter Berufung auf das allgemeine Wohl der Gesellschaft hinweggegangen werden darf. Deshalb sind in einer gerechten Gesellschaft die Rechte, die sich auf Gerechtigkeit stützen, nicht Gegenstand politischer Verhandlungen oder eines Kalküls sozialer Interessen."[37] Um eine bessere Basis für die Bestimmung unverzichtbarer Freiheitsrechte zu gewinnen, schlägt Rawls – anstelle eines Utilitarismus – einen neuartigen Sozialkontrakt vor. Aufs Ganze gesehen, versteht Rawls seine Theorie der Gerechtigkeit als eine „Beschreibung unseres Gerechtigkeitssinnes".[38]

Ausgangspunkt ist die Vorstellung eines Zustands, in dem es noch keine sozialen Institutionen gibt und die Menschen alle gleich sind. In diesem ‚Urzustand' – der ein Gedankenexperiment oder eine theoretische Fiktion darstellt – kennen wir all die Umstände und Tatsachen nicht, die unsere soziale und individuelle Position in der Gesellschaft bestimmen. Wir kennen weder das Geschlecht noch unsere Religion oder Klassenzugehörigkeit, auch nicht unsere Talente und Fähigkeiten. All dies liegt für uns hinter einem „Schleier des Nichtwissens" verborgen. Selbst das, was im Leben wertvoll für uns ist, kennen wir nicht. Der Zweck, den dieses Gedankenexperiment erfüllt, liegt für Rawls darin, herauszustellen, wie die Grundlage einer unparteiischen Entscheidung aussehen müsste, auf der eine Gesellschaft von Grund auf neu - im Sinne von gerecht - zu gestalten wäre. Die methodische Abstraktion von allen persönlichen Interessen und Positionen, Wünschen und Begabungen usf. soll verhindern, dass eine rationale Entscheidung für die grundlegenden gesellschaftlichen Prinzipien dadurch beeinflusst wird, dass wir uns für Prinzipien entscheiden, die eine für uns besonders vorteilhafte Lage garantieren. Da wir in dieser Situation unsere Interessen nicht kennen, können sie für unsere Entscheidung auch nicht maßgebend sein.

Rawls glaubt, dass unter dieser Annahme zwei Gerechtigkeitsprinzipien die rationale Grundlage für den Aufbau einer Gesellschaft liefern könnten. Der erste Grundsatz besteht darin, dass jede Person das gleiche Recht auf die gleichen Grundfreiheiten wie alle anderen besitzen soll (dass „Jedermann [...] gleiches Recht auf das umfangreichste System gleicher Grundfreiheiten haben [soll], das mit dem gleichen System für alle anderen verträglich ist"[39]). Im Großen und Ganzen geht es dabei um die traditionellen westeuropäischen Freiheitsrechte wie das Recht auf freie Meinungsäußerung, auf Religionsfreiheit, Rechtssicherheit und gleiches Wahlrecht für alle.

Der zweite Grundsatz, das sogenannte Differenzprinzip, lautet, dass „soziale und wirtschaftliche Ungleichheiten [...] so zu gestalten [sind], daß a) vernünftigerweise zu erwarten ist, daß sie zu jedermanns Vorteil dienen, und b) sie mit Positionen und Ämtern verbunden sind, die jedem offen stehen".[40] Mit anderen Worten, das Differenzprinzip besagt, dass wir die Ungleichheit nur dann akzeptieren können, wenn die, die in einer sozialen Ordnung am schlechtesten gestellt sind, größere Vorteile aus der Ungleichheit ziehen können als aus der Gleichbehandlung aller. Falls die beiden Prinzipien in Konflikt geraten, übertrumpft das Prinzip gleicher Freiheiten das der Gleichbehandlung. Rawls hält es für offensichtlich, dass niemand unter der Bedingung des Urzustands einem System zustimmen würde, das die Sklaverei kennt, nicht zuletzt aus der Angst, sich selbst – nachdem der Vorhang des Nichtwissens gelüftet wäre – in der Position eines Sklaven wiederzufinden.

Rawls richtet seine Grundsätze jedoch nicht nur auf weit entfernte Themen wie die Sklaverei, sondern auch auf Fragen der zeitgenössischen Moral- und Sozialphilosophie wie auf die nach einer Gerechtigkeit zwischen den Generationen oder dem zivilen Ungehorsam. In einer pluralistischen Gesellschaft gebe es nur wenige bzw. geringe Chancen, eine umfassende Einigkeit in ethischen Fragen zu erreichen. Wir können allenfalls auf einen Satz allgemein geteilter Werte hoffen; das aber auch nur, wenn wir, im Rückgriff auf die beiden Grundsätze, in Reflexion und vor allem Diskussion über moralische Urteile unseren Sinn für Gerechtigkeit immer aufs Neue zu schärfen wissen und so einen *„overlapping consensus"* zu erreichen suchen.

Einfache vs. komplexe Gleichheit – der Kommunitarismus

Ein Merkmal der *kommunitaristischen* Gesellschaftskritik ist eine Kritik, die sich an den als gesellschaftliche Mitte beschriebenen Überzeugungen und Werten orientiert. Ihr Interesse zielt auf konkrete Reformen und wendet sich gegen abstrakte, formalistische, z. B. universalistische Gesellschafts- und Moralkonzeptionen, wie wir sie mit J. Rawls entwickelt finden.

Eine aufschlussreiche kommunitaristische Interpretation der Gerechtigkeit hat Michael Walzer (geb. 1935) in seinem Buch *Sphären der Gerechtigkeit* (engl. 1983/dt. 1992) vorgelegt. Laut Walzer liegt der Moderne eine Kunst der Trennung zugrunde, auf der Walzers Plädoyer für *Pluralismus* und *Gleichheit* beruht. In dieser Welt von Trennungen erzeugt jede eine neue Freiheit. Die Komplexität des modernen Lebens macht es erforderlich, dass Freiheit und Gleichheit als gleichermaßen konstitutive Bestandteile des politischen und gesellschaftlichen Lebens dennoch zu trennen sind. Am Geschick dieser Trennung hängt das Gelingen des modernen Lebens. Gelingt sie nicht, kann ein Element oder Gut tyrannisch werden. Die Gesellschaft wird als in Sphären getrennt begriffen, entsprechend kann Gerechtigkeit nicht nach einem einheitlichen Schema oder Gesichtspunkt analysiert werden, sondern bedarf auch der Analyse der Güter, die in den unterschiedlichen Sphären zur Verteilung anstehen. Es sind in der Sphäre „Wirtschaft" andere als in der Sphäre „Erziehung und Bildung", wiederum andere im Blick auf „Ämter", „Mitgliedschaften" und „politische

Macht“. Walzer sieht die Grundlage einer gerechten Ordnung schon in unserem Verständnis sozialer Güter enthalten. Spannungen und kritische Impulse ergeben sich aus dem Unterschied zwischen der gesellschaftlich geteilten Überzeugung von Gerechtigkeit und den Formen ihrer Realisierung.

Idealtypisch stellt Walzer *einfache* Gleichheit und *komplexe* Gleichheit gegenüber. Einfache Gleichheit ist problematisch, weil sie einen aktiven, zentralen und starken Staat erfordert, der politische Macht monopolisiert. Fehlt diese, machen die Umwandlungsprozesse des Marktes einfache Gleichheit zunichte. Komplexe Gleichheit errichtet stattdessen ein Netz von sozialen Beziehungen und verhindert Dominanz und Vorherrschaft; die Position eines Bürgers hinsichtlich eines Guts oder einer Sphäre kann durch seine Stellung in einer anderen Sphäre oder hinsichtlich eines anderen Guts nicht unterhöhlt werden. Funktionieren die durch Sphären bedingten Blockaden, ist Ungleichheit in einer Sphäre nur von eingeschränkter Bedeutung. Herrschaft und Ungerechtigkeit ergeben sich aus der Dominanz eines Gutes: Ein Gut bestimmt den Wert in sämtlichen Sphären; die Individuen, die es besitzen, können auch über andere Güter entscheiden. Zur Herstellung einer relativ gerechten Balance gilt es, genau dies zu verhindern. Das grundlegende Prinzip Walzers lautet: die Unterschiede der Sphären und der unterschiedlichen Verfahren zu beachten.

Nehmen wir als Beispiel die Sphäre „Geld und Waren“: Kritik am Medium des Geldes ist traditionell eine Kritik an der Funktion, die Marx den „allgemeinen Kuppler“ – denn für Geld könne man alles kaufen – genannt hat. Im System komplexer Gleichheit, für das Walzer argumentiert, wird die Universalität des Geldes aber durch Werte begrenzt, die sich nicht in geldwertbestimmte Güter übertragen lassen. Die Sphäre des Geldes ist in besonderer Weise problematisch, da Geld als Medium und Instrument des gesellschaftlichen Lebens eine vor allen ausgezeichnete Bedeutung hat und käufliche Waren selbst die Zugehörigkeit zur Gesellschaft vermitteln. Eine Direktverteilung von Waren ist wenig praktikabel. Die ständigen Umwandlungsprozesse und der „freie Tausch“ auf dem Markt führen mit Gewissheit zur Ungleichheit. Wollte man sie rückgängig machen, kann das nur durch Zwang geschehen, d. h. durch einen starken, zentralisierten Staat.[41] Walzer stellt eine Liste von Gütern zusammen, die man nach allgemeiner Überzeugung nicht kaufen kann. Dazu zählt z. B. der Kauf und Verkauf von Menschen, von politischer Macht, von Rede-, Presse-, Religions- und Versammlungsfreiheit, aber auch von politischen Ämtern.

„So kann Bürger X Bürger Y bei der Besetzung eines politischen Amtes vorgezogen werden mit dem Effekt, daß beide in der Sphäre der Politik nicht gleich sind. Doch werden sie generell solange nicht ungleich sein, wie das Amt von X diesem keine Vorteile über Y in anderen Bereichen verschafft, also etwa eine bessere medizinische Versorgung, Zugang zu besseren Schulen für seine Kinder, größere unternehmerische Chancen usw. Solange das Amt kein dominantes Gut ist, ist es nicht allgemein konvertierbar; die es innehaben, stehen – zumindest potentiell – in einem Verhältnis der Gleichheit zu den von ihnen regierten oder verwalteten Männern und Frauen.“[42]

Dieser Gedanke ist der zentrale Ausgangspunkt von Walzers Theorie der Gerechtigkeit. Kein Vorteil in einer Sphäre sollte automatisch Vorteile oder Macht in einer anderen Sphäre bedeuten. Nur weil jemand reich ist, sollte er im Bereich der Politik nicht auch mehr Macht ausüben dürfen. Nur weil jemand mehr Drittmittel in die Kassen des Fachbereichs einspielt, sollte ihm nicht automatisch mehr Recht und Gewicht in der Entscheidung wissenschaftlicher Fragen eingeräumt werden.[43] „Im großen und ganzen werden die besten Politiker, Unternehmer, Wissenschaftler, Soldaten und Liebhaber verschiedene Menschen sein; und solange die Güter, die sie besitzen, ihnen keine weiteren Güter eintragen, gibt es keinen Grund, ihre Fähigkeiten und Leistungen zu fürchten.“[44]

Wie die Trennungslinie zwischen den einzelnen Bereichen gezogen werden soll und welche Art von Verteilung in jedem Bereich als gerecht angesehen wird, hängt in erster Linie von den je geteilten Überzeugungen einer politischen Gemeinschaft ab. Walzers Buch diskutiert in fast enzyklopädischer Breite die verschiedenen Gerechtigkeitsvorstellungen, die in den unterschiedlichen Sphären der Gesellschaft von Bedeutung sind. Nur auf dem Wege der Diskussion und durch den Appell an gemeinsam geteilte Bedeutungen und Werte können in einer historisch gewachsenen Gemeinschaft angemessene Lösungen gefunden werden.

Führende Vertreter des Kommunitarismus sind neben M. Walzer A. McIntyre, Ch. Taylor, R. N. Bellah, A. Etzioni und viele andere mehr. Für neoaristotelisch geprägte moralphilosophische Positionen („Tugendethiken“) haben sich vor allem Philippa Foot (geb. 1920) und Martha C. Nussbaum (geb. 1947) in verschiedenen Büchern stark gemacht.

Der Utilitarismus und die Moralphilosophie I. Kants

Neben den beiden zuletzt genannten Diskussionslinien, die zeitweilig den Rang von Debatten erreichten, spielt auch die Auseinandersetzung zwischen dem Utilitarismus und der Kantischen Moralphilosophie eine bedeutende Rolle. Der Streit dieser auf die Rationalität von Überzeugungen abzielenden philosophischen Einsätze steht vor der Frage, worin eigentlich der moralische Wert von Handlungen gesehen werden soll: in der *Einleitung* der Handlung (der Orientierung am Sittengesetz, dem unbedingt verpflichtenden ‚reinen' Motiv, dem ‚guten Willen' usf.) oder in ihrem *Ausgang*, d. h. den guten oder schlimmen Folgen, für die man aufzukommen habe.

Der *Utilitarismus* ist aufs Engste mit dem Namen Jeremy Bentham (1748–1832) verknüpft, vor allem mit seiner *Einführung in die Prinzipien der Moral und der Gesetzgebung*, die im Jahr der *Französischen Revolution*, 1789, erschien. Später hat er davon berichtet, die Lektüre von David Humes Untersuchungen *Über die menschliche Natur* (*A treatise of human nature*) habe bewirkt, dass es ihm wie Schuppen von den Augen gefallen und er zur festen Überzeugung gelangt sei, dass ‚Nützlichkeit' der eigentliche Maßstab und Test für die Beurteilung der Tugenden sowie der einzige Ursprung der Gerechtigkeit sei. Das entscheidende Kriterium, an dem sich die Moral und die wirklichen Ziele des Rechts der Bürger auszurichten hätten, sei *das größtmögliche Glück der größtmöglichen Zahl.*

Traurige Berühmtheit erlangte Bentham mit seinem Plan eines perfekten Gefängnisses, dem *panopticon*, das aber niemals verwirklicht wurde, weder als Gefängnis noch als Geschäftsbau. Es sollte so konstruiert sein, dass jeder Gefangene jederzeit dem Kontrollblick der Wärter ausgesetzt würde. Für Foucault wurde es zum Sinnbild einer Stein (Architektur) gewordenen Disziplinarmacht („das kompakte Modell einer Disziplinierungsanlage"), in der die übliche Reziprozität des Sehens und des Gesehenwerdens unterbrochen ist. Alle von der Institution Eingeschlossenen können vom Zentrum aus beobachtet werden, das Zentrum selbst bleibt unsichtbar. „Er [der Gefangene, G. G.] wird gesehen, ohne selber zu sehen; er ist Objekt einer Information, niemals Subjekt in einer Kommunikation."[45] Ständig den (unsichtbaren) Blicken des Wärters ausgesetzt, soll der Insasse die unsichtbar disziplinierende Instanz nach und nach verinnerlichen.

Abschätzig fallen die Urteile von Karl Marx (1818–1883) und von John Stuart Mill (1806–1873) über Bentham aus. Marx glaubt, Bentham habe den britischen *Shopkeeper* (den Ladenbesitzer, die Krämerseele) zum Paradigma des menschlichen Wesens erklärt, für Mill mangelt es Bentham nicht nur an Sympathie für die Menschen – nicht mal Erfahrung in menschlichen Angelegenheiten habe er besessen –, schlimmer noch, Bentham sei menschlich Zeit seines Lebens ein unreifer Junge geblieben: „He was a boy to the last."[46]

J. St. Mill setzt, um sich der leidigen Frage nach dem Verhältnis von Glück und/oder Tugend zu entledigen, Glück und Nutzen gleich. Sein Grundsatz lautet: „Wenn die menschliche Natur so beschaffen ist, daß sie nichts begehrt, was nicht entweder ein Teil des Glücks oder ein Mittel zum Glück ist [...], ist Glück der einzige Zweck menschlichen Handelns und die Beförderung des Glücks der Maßstab, an dem alles menschliche Handeln gemessen werden muss – woraus folgt, daß es das Kriterium der Moral sein muß. Glück ist der Endzweck menschlichen Handelns und daher auch die Norm der Moral."[47]

Dieses Glück gilt es zu maximieren, es soll möglichst vielen zugute kommen. Das Glück wird über den Nutzen definiert, der wiederum an den Folgen von Handlungen gemessen wird. Die Beurteilung der Moral, also das, was als gut oder böse gelten soll, orientiert sich an den nützlichen Folgen von Handlungen, ganz im Unterschied zu Kants *deontologischem* Prinzip, das die Moralität – unangesehen der tatsächlichen Motive und der Folgen von nützlichen oder schädlichen Handlungen – an die Erfüllung der Pflicht bindet oder an die im *kategorischen Imperativ* verkörperte Einsicht einer auf Freiheit gegründeten Selbstbestimmung. Einzig der Wille ist autonom, der sich vollständig durch moralische Einsicht bestimmen lässt.[48] Für den utilitaristischen Verstand ist nicht ein Handeln „aus Pflicht" oder der gute Wille entscheidend, sondern die Vorausschau auf das Resultat einer Handlung. „Die Auffassung", schreibt J. St. Mill, „für die die Nützlichkeit oder das Prinzip des größten Glücks die Grundlage der Moral ist, sagt, daß Handlungen insoweit und in dem Maß moralisch richtig sind, als sie die Tendenz haben, Glück zu befördern und insoweit moralisch falsch, als sie die Tendenz haben, das Gegenteil von Glück zu bewirken."[49] In der *Grundlegung zur Metaphysik der Sitten* schreibt Kant: „Nun ist es doch etwas ganz anderes, aus Pflicht wahrhaft zu sein, als aus Besorgnis der nachteiligen Folgen: indem im ersten Falle der Begriff der Handlung an sich selbst schon ein Gesetz für mich enthält, im zweiten ich mich allererst anderwärtsher umsehen muß, welche Wirkungen für mich wohl damit verbunden sein möchten."[50]

An die Stelle des kategorischen Imperativs tritt der Nutzenkalkül, er wird zur Rechengrundlage entweder für eine einzelne Handlung im Blick auf die guten oder schlechten Folgen, soweit sie nach bestem Wissen und Gewissen praktiziert worden ist (Handlungsutilitarismus), oder für die Regel, unter die die Handlung subsumiert wird (z. B. nicht zu lügen). In diesem Fall bestimmt die Regel das Nutzenkalkül, durch die die guten oder schlechten Folgen ihre Einschätzung erfahren (Regelutilitarismus).

Im Unterschied zu Bentham differenziert J. St. Mill zwischen den Formen von Lust und argumentiert, dass selbst eine geringe geistige Freude, z. B. die am Wissensgewinn, einem größeren leiblichen Lustempfinden vorzuziehen sei. Der bekannte Satz: „Lieber ein unzufriedener Sokrates als ein glückliches Schwein" fasst diese Devise zusammen. G. E. Moore (Kap. III, S. 171 ff.) erweiterte den Katalog der Lusterlebnisse später nochmals um Weisheit, Liebe und bestimmte Formen der Selbstverwirklichung.

Wichtige Einwände gegen den Utilitarismus und seinen rein strategischen Denkstil konzentrieren sich auf die Frage, wie angesichts einer immer unvollständig bleibenden Beschreibung der Handlungsfolgen die notwendige Vergleichbarkeit erreicht werden soll. Darüber hinaus besitzt der Utilitarismus keine theoretische Begründung für den Grundsatz der gerechten Behandlung eines jeden einzelnen Menschen, er bietet keine Grundlage dafür, den Mord an einem möglicherweise unschuldigen Menschen zu verurteilen, falls diese Tat für möglichst viele andere Menschen ein mögliches hohes Gut gewährt. So glaubt beispielsweise Rawls, dass es mit der Gerechtigkeit unvereinbar sei, dass „der Freiheitsverlust einiger durch ein größeres Wohl anderer gut gemacht werden könnte. Das Aufrechnen der Vorteile und Nachteile verschiedener Menschen, als ob es sich um einen einzigen handelte, ist ausgeschlossen. Daher gelten in einer gerechten Gesellschaft die Grundfreiheiten als selbstverständlich, und die auf der Gerechtigkeit beruhenden Rechte sind kein Gegenstand politischer Verhandlungen oder sozialer Interessenabwägung [...]. Der Utilitarist gibt zwar zu, daß seine Theorie, streng genommen, nicht mit diesen Gerechtigkeitsgefühlen übereinstimmt, behauptet aber, die Gerechtigkeitsvorschriften des gemeinen Verstandes und naturrechtliche Vorstellungen hätten nur eine untergeordnete Bedeutung als abgeleitete Regeln [...]."[51]

Postmoderne und Vernunftkritik

Einig zu sein, ist göttlich und gut; woher ist die Sucht
denn unter den Menschen, daß Einer und Eines nur sei?
F. Hölderlin

Was eine ganze Reihe von philosophie- und gesellschaftskritischen Unternehmungen aus dem Anfang der 60er-Jahre in Frankreich, aber auch in den USA und in Deutschland (sowie einigen anderen europäischen Staaten) verbindet, ist eine *Kritik totalisierenden Denkens*.

Diese Kritik präsentiert sich sowohl in Form von Re-Lektüren klassischer philosophischer Texte als auch in direkter Analyse und Deutung von Phänomenen der sozialen Welt. So ist z. B. die Kritik am System zugleich eine an dem geschlossenen und repressiven System des Denkens wie am falschen Zustand der gesellschaftlichen Ordnung. Auch wo sie ihren Namen, den der Kritik, abstreift, zielen ihre Lektüren und Analysen darauf, das in jedem Diskurs oder Text Ausgegrenzte wieder ans Licht zu bringen und das individuell wie kollektiv Verdrängte in den kommunikativen Text symbol- und sinnvermittelten Handelns zurückzuholen; das Heterogene und die irreduzible Vielheit der Welt (der Personen und Kulturen, Arten und Ethnien) zu Bewusstsein zu bringen und Kategorien wie Ereignis und Bruch denen der Struktur und der Totalität vorzuziehen; den Menschen und das Subjekt, den Autor und das Intentionale, Wahrheit, Substanz und Wesen aus ihren Angeln zu heben. Es schien, als würde jene durchdringende Skepsis alles verwerfen, was den Philosophen an letzten Begriffen hoch und heilig war/ist – das Humane und das Prinzipielle, die Vernunft, die Verantwortung und die Freiheit.

Selbst an Konzepten wie Ordnung und Sinn gewahrt man – zu Recht – die repressiven Züge der herrschenden Vernunft, jene Potenziale von Macht, Dogmatik und Gewalt, die daraus resultieren, dass die fortlaufende Hervorbringung des Sinns es erforderlich macht, die Ränder zu beschneiden, Asymmetrien zu invisibilisieren (unsichtbar machen), Möglichkeiten auszulassen und Bedeutungsloses zu übersehen. Das Fazit lautet, dass es keinen Zuwachs an Freiheit ohne Verlust von Sinn bzw. ohne Verzicht auf ihn geben kann.[52]

Dieser (weltumspannenden) Kritik totalisierenden Denkens korrespondierte eine globale Sozial- und Gesellschaftskritik, die nicht weniger heftig und gründlich ihre Motive aus den Totalisierungseffekten der Politik und der Kultur bezog. Es ging um ein allmähliches oder abruptes Abrücken von den Ideen der Totalität und der Universalität zugunsten von Vielfalt und Partikularität. Und es waren nicht nur die Studenten, die in ihren Protestaktionen diesen Losungen folgten; auch die philosophischen Konzepte und Orientierungen zeigten deutliche Spuren. Sie waren und sind ein Widerhall der sich zu jener Zeit formierenden politischen und sozialen Bewegungen. Zu ihnen gehören die Unabhängigkeitsbewegungen der Dritten Welt, aber auch die Empörung und die Schuldgefühle wegen des Kolonialismus und Rassismus, jener Abscheu gegenüber den repressiven Verhältnissen des Kalten Kriegs sowohl im Osten wie im Westen. Der Protest und die Skepsis richten sich gegen die Dominanz zentraler Mächte auf einer Bandbreite vom Patriarchat bis zum Sexismus. In Ablehnung der etablierten Kunst werden Gegenkulturen ausgerufen, Gegenöffentlichkeiten geschaffen, um den Bewusstseins- und Kulturindustrien der Monopole zu widerstehen; sie richten sich im gleichen Maße gegen den kapitalistischen Staat der Metropolen wie gegen den Staatskapitalismus.

Im Ausgang von den Bürgerrechtsbewegungen in den USA kam die Minderheitenfrage auf die Agenda der Politik fast aller westlichen Kulturnationen. Der *American way of life* wird ebenso kritisch beäugt wie der Aufklärungsfundamentalismus der modernen Wissenschaften. Das *Small is beautiful* (E. F. Schuhmacher) richtet sich gegen *big science* ebenso sehr wie gegen die großflächigen An- und Ausgriffe auf die innere und äußere Natur des Menschen. Es wird überdies zur methodologischen Leitidee für die Philosophen, die das Stichwort *Postmoderne* unter sich zusammengewürfelt hat. Auch die große Tradition der Kritik, die in der Folge von Kants *Kritik der reinen Vernunft* und Marxens *Kritik der politischen Ökonomie* über die Kritik der *historischen* (W. Dilthey), der *instrumentellen* (M. Horkheimer) und er *dialektischen* (J.-P. Sartre) bis zur Kritik der *funktionalistischen* Vernunft (J. Habermas) reicht, sah man an ein Ende gekommen.

Der Universalcode der Meisterdenker wird durch eine Politik der Nadelstiche ersetzt, durch ein subversives Schreiben oder mindestens dramatische Artikulationen des Unbehagens, das die Menschen angesichts der schönen neuen Welt befällt. Vorbild dieser anarchischen Kritik sollte die Unberechenbarkeit der Guerilla sein. Dadurch glaubte man am ehesten den großen geschichtsphilosophischen Sinnfiguren einer im Steigerungsspiel befangenen Welt des Fortschritts und der Emanzipation, des Wachstums und der Kapitalisierung, der Globalisierung und Mobilisierung entkommen zu können.

Plädoyer der Differenz

Eurozentrismus und Ethnozentrismus bilden den allgemeinen Hintergrund für das Unbehagen am totalisierenden und identifizierenden Denken, insbesondere in jenem Klima der Kritik, dessen Geist so nachhaltig durch die Ethnologie von C. Lévi-Strauss beeinflusst worden ist; in ihm konnte sich ein Großteil der französischen Intellektuellen jener Zeit versammeln. Bei allen Unterschieden im Einzelnen kann man den Fluchtpunkt ihrer Interventionen mit ‚Differenz' umschreiben. Sie bildet das kognitive Gerüst und die Strategie, um gegen die unterschiedlichen Spielarten des Totalitären vorzugehen. J.-F. Lyotard hat das 1982 mit der Ausrufung des „Endes der großen Erzählungen" sehr schön auf den Begriff gebracht: „Wir haben die Sehnsucht nach dem Ganzen und dem Einen, nach der Versöhnung von Begriff und Sinnlichkeit, nach transparenter und kommunizierbarer Erfahrung teuer bezahlt [...]. Die Antwort darauf lautet: Krieg dem Ganzen, zeugen wir für das Nicht-Darstellbare, aktivieren wir die Differenzen, retten wir die Differenzen, retten wir die Ehre des Namens."[53]

Ein Hauptgrund der Abkehr von der großen Fortschrittsgeschichte der westlichen Zivilisation ist in dem wachsenden Bewusstsein für die Dinge, die ausgelassen oder übersehen wurden, zu suchen. Er liegt darin, dass dieses Übersehen, Weglassen, Zurechtmachen und Invisibilisieren unweigerlich mit einem Unrecht – mit dem Gewahrwerden eines Unrechts – einhergeht.

Vor dem Hintergrund der Befreiungsbewegungen der Dritten Welt, aber auch der Skepsis gegenüber dem Sowjetkommunismus (Stalinismus, Interventionen in Ungarn und der Tschechoslowakei) und der repressiven Politik der USA (Vietnam) wurde beinahe jede Form des Universalismus infrage gestellt. Auch die intellektuelle Linke begriff, in welchem Maße der Ethnozentrismus eurozentristische Züge trug. Große Vorarbeit zu dieser Aufklärung hatte der Ethnologe C. Lévi-

Strauss mit seiner strukturalen Anthropologie geleistet: *Traurige Tropen* gehört mit zu den ganz großen Büchern des 20. Jahrhunderts. Sein Strukturalismus löste nicht nur den existenziellen Humanismus J.-P. Sartres ab,[54] der das französische Denken nach dem Zweiten Weltkrieg bestimmt hatte; wichtiger noch war seine gründliche Kritik jener Ideologien (und Illusionen) eines offenen oder verdeckten Kollektivismus und Zentralismus, aber auch eines aufgeklärten Humanismus', welche das westliche Denken gefangen genommen hatten (Kap. I, S. 54 ff.). Dass sich sein Strukturalismus gegen Totalität und einen Universalismus in Wissenschaft und Politik zur Wehr setzte, trug wesentlich zu dem Aufkommen verschiedener Schulen des Strukturalismus (und des Poststrukturalismus) bei. Lévi-Strauss zufolge „impliziert Zivilisation die Koexistenz von Kulturen, die sich untereinander das Maximum an Vielfalt bieten, ja sie besteht sogar genau aus dieser Koexistenz".[55] Seine Epistemologie der Differenz war das Stichwort für die Anerkennung und Förderung von Pluralität und Vielfalt. Sie wirkte sich in jedem Zweig der Gelehrsamkeit aus, von der Anthropologie und Soziologie bis zur Kunst und zur Literatur, von der Geschichte bis zur Politik. Für einen Augenblick schien es, als seien alle Strukturalisten: von Althusser (Marxismus) über Foucault (Ideen- und Diskursgeschichte) bis Lacan (Psychoanalyse), nur um kurze Zeit später zum Teil heftige Attacken gegen den Strukturalismus zu reiten.[56]

Diese wissenschaftliche Methode wurde – berechtigter- oder unberechtigterweise – wiederum zur Zielscheibe jener strukturskeptischen Diskurse von J. Derrida bis J.-F. Lyotard und anderer französischer Philosophen und Intellektuellen wie R. Barthes, M. Blanchot, G. Deleuze, F. Guattari, M. Foucault, S. Kofman u. a., die man in der Folgezeit gern unter den Namen *Poststrukturalismus* und/oder *Postmoderne* zusammengefasst hat, Bezeichnungen im Übrigen, gegen die sich jene regelmäßig gesperrt haben.

Postmoderne – Eröffnung und Ernüchterung

Der Begriff der Postmoderne umfasst weniger eine homogene Doktrin oder eine Epochenbezeichnung als einen Komplex offener und kritischer Fragen, die sich auf die Verfassung oder das richtige Verständnis der Moderne beziehen. Im allgemeinen kulturellen Kontext wird das Prädikat „postmodern" mit der Entkanonisierung autoritativer Lebensstile, dem Ende der „großen Erzählungen", mit Pluralität, Performance und Partizipation, mit Ich-Verlust und Ironie, mit der spielerischen Anerkennung von Oberflächen und einem tiefen Misstrauen gegen die naive und ernste Fortschrittsgläubigkeit der Moderne in Verbindung gebracht. – Mit dem Vorwurf „postmoderner Beliebigkeit", „schrankenlosen Relativismus'" und „neokonservativer Politik" reagieren die Verteidiger der Moderne.[57]

Dieser Streit um das richtige Verständnis der Gegenwart umfasst im Großen und Ganzen die beiden letzten Jahrzehnte des 20. Jahrhunderts, er beginnt Mitte der 70er-Jahre und flaut gegen Ende der 90er deutlich ab. Neben den erwähnten politischen Hintergründen und gesellschaftlichen Bezugspunkten werden auch tiefgreifende Veränderungen in der Technologie und der Kunst relevant: die Entgrenzung der Kunst und der Künste in Richtung ästhetischer Erfahrung (Design, Mode, Alltagserfahrung usf.) einerseits und die Kritik des Formalismus, Purismus und Minimalismus andererseits. Die neuen (immateriellen) Informations- und Kommunikationstechnologien versprechen neue Modelle der Zusammenarbeit und der Vernetzung, was ein verstärktes Interesse an den neuen Medien nach sich zieht.

Mitte der 70er-Jahre führt C. Jencks den Postmoderne-Begriff in die *Architekturtheorie* ein, um – gegen den Funktionalismus gerichtet – für eine Erweiterung der Sprache der Architektur in verschiedene Richtungen zu werben – zum „Bodenständigen, zur Überlieferung und zum kommerziellen Jargon der Straße". Der „radikale Eklektizismus" soll nicht nur verschiedene Architektursprachen kombinieren, sondern sie sich auch einander ironisch kommentieren lassen.

In der *Kunst* bezeichnet postmodern u. a. den spielerischen Rückgriff auf das Bilder- und Zeichenangebot der modernen Malerei, um es sogleich als Zitat oder Paraphrase zu zeigen. Nicht selten geschieht das parodistisch oder gar zynisch. Stilmischungen, Gattungs- und Grenzüberschreitungen, die Verwendung von Trivialikonographien usf. sind dabei weniger traditionsvergessene Einfälle, sondern Akte der Entideologisierung und der Befreiung von der Programmatik der Moderne – ihren Utopieansprüchen und dem „Glauben an die Folgerichtigkeit und den kanonischen Rang von Geschichtsprozessen".[58]

In der *Literatur* plädiert Umberto Eco in der *Nachschrift zum ‚Namen der Rose‘* für eine zugleich experimentelle *und* populäre, d. h. les- und konsumierbare Literatur, die zwar um die Unglaubwürdigkeit der Metaerzählung und des linearen Erzählens weiß, auch für das Spiel mit der narrativen Syntax offen ist und dennoch die Rückkehr zum traditionellen Erzählen wie zu den klassischen Themen von Tod, Schuld, Liebe nicht für verfehlt hält.[59]

Für die Diskussion in der *Philosophie* müssen an erster Stelle J.-F. Lyotards Reflexionen auf die *condition postmoderne* genannt werden: das Obsoletwerden der Metaerzählungen (des Christentums, des Humanismus, des Hegel-Marx'schen Geschichtsverständnisses, der Aufklärung usf.) und die Heterogenität und Inkommensurabilität der Sprachspiele, die, durch ein vertieftes Bewusstsein für die Differenzen zwischen den Kulturen, Ethnien usf., die Diskussion der Wahrheits- und Gerechtigkeitsfragen vor neue Herausforderungen stellt.[60] R. Rortys Weltbild ist bestimmt durch die „liberale Ironikerin", die in ihrer Kritik an universellen Wahrheits- und Objektivitätsansprüchen für eine ästhetische, ironisch-distanzierte und spielerisch entspannte Einstellung zu den eigenen Überzeugungen und zum Gang der Geschichte plädiert.[61] Mit „Wahrheitsgewissheitsschwund" hat O. Marquard diese Situation umschrieben, sein „Abschied vom Prinzipiellen" zeigt – anders als der eher liberale Rortys – eine in ihren Konsequenzen konservative Rahmung der Postmoderne.[62] J. Baudrillard sieht die Gegenwart in der falschen Unmittelbarkeit endloser Bilder- und Zeichenströme versinken. Die mediale Inszenierung geht dem Realen voran, das nur dadurch zu dem wird, was „es gibt", wenn es durch seine (mediale) Simulation die entsprechenden Formate und Weihen erhält. Es sind die Letzteren, die das Reale mustergültig prägen.[63] Der Verfasser dieser Seiten rekonstruiert in Studien zu einer anderen Theorie der Moderne die Philosophie zwischen Kant und Nietzsche als den philosophiegeschichtlichen Ort, an dem das radikalmoderne Bewusstsein einer *Wahrheit als Differenz* erwacht.[64] Für Zygmunt Bauman (geb. 1925) ist Postmoderne ein kritischer Begriff, er artikuliert das Bewusstsein der zerstörerischen Konsequenzen moderner Ordnungsmächte.[65] Für Gianni Vattimo (geb. 1936) fordert und fördert die Postmoderne die neue Konzeption eines „schwachen Denkens".[66]

Wollte man aus der schier unübersehbaren Meinungsvielfalt postmoderner Theoreme zwei wiederkehrende Themen bzw. Motive herausstellen, die ebenso bezeichnend wie erhellend (gewesen) sind, könnte man an zwei gleichsam ‚intentionslose Intentionen' denken und sie mit „Eröffnung" und „Ernüchterung" umschreiben. J. Derrida hat in einem Interview davon gesprochen, dass sich seine Aufmerksamkeit in besonderem Maße auf Struktursysteme oder Begriffe richtet, die eine „abschließende Wirkung" hervorbrächten, „ohne sich zu öffnen". Dieses Erkenntnisinteresse scheint für viele Postmoderne maßgebend zu sein: Bestimmte Dinge (Texte, Diskurse, Praktiken, Künste und Techniken, Ökonomien und Systeme usf.) daraufhin zu befragen, wie deren gedanklicher oder sachlicher Schließungsmechanismus funktioniert, aber auch, welche ungeahnten Möglichkeiten sich bei einer nur geringfügigen Verschiebung der Perspektive sehen lassen, welche ergreifenden Szenen sich an den Grenzen nicht nur der großen Rahmenerzählungen (der *metaécrits*, J.-F. Lyotard) abspielen, sondern auch an denen der philosophischen Grundbegriffe: Wie die „Funktion" oder die „Struktur", das Szientifische oder das Utilitaristische, aber auch die leere Betriebsamkeit des Pragmatismus' das Selbstverständnis der Moderne fest im Griff haben.

Heftige Attacken hat in diesem Zusammenhang vor allem der höchste methodologische Grundsatz der Philosophie auf sich gezogen: der für die Moderne charakteristische Glaube, eine *Metasprache* besitzen zu können, d. h. eine vor allen anderen Sprachen ausgezeichnete Sprache, in der man vernünftig und relativ unabhängig in gleichsam reinen oder neutralen Begriffen (Bedeutungen) über das Gewusel der vielen, mit irrationalen Momenten durchsetzten Kultursprachen vergleichend urteilen könne.

Eng verbunden mit der Kritik der Metasprache ist die von Derrida bis Rorty reichende radikale Infragestellung der Philosophie vor allem in der neuen Art und Weise begrifflichen Schreibens, in der man versucht, die für das Selbstverständnis der Philosophie grundlegende Unterscheidung zwischen Logischem und Rhetorischem (zwischen Vernunft und Macht, Überzeugen und Überreden, Diskursivem und Metaphorischem usf.) außer Kraft zu setzen – auch und gerade im (ironischen) Bewusstsein, in der eigenen Denkpraxis nicht auf sie verzichten zu können. Die Wege, die man dazu einschlägt, sind so zahlreich wie die Probleme, Projekte und Programme, auf die man dabei zielt. Massiv unterstützt wird die Vernunftkritik durch die Großwetterlage der Philosophie in ihrer Orientierung an der Sprache. Diese Großeinstellung besitzt – anders als die, die den Geist, das Bewusstsein, das Subjekt usf. favorisiert – einen fast natürlichen Hang zum Relativismus.

Man demonstriert, dass sich Sätze und Wörter auf alternative und auch einander widerstreitende Weise ‚sinnvoll' miteinander „verketten" lassen (J.-F. Lyotard). Man plädiert dafür, andere als die üblichen Vokabulare zur Beschreibung bestehender Sachverhalte zu verwenden, besser noch wäre es, man erfände neue (R. Rorty). Man versucht die Bedeutung eingespielter Begriffe und Diskurse, die sich aus dem „Spiel der Differenzen" (J. Derrida) herleitet, durch Buchstabenvertauschung/-ersetzung oder Dekontextualisierung zu verschieben. Mittels einer Umlenkung des Blicks erhöht man die Aufmerksamkeit für Supplemente, Kontexte, Rahmen usf., die immer und überall notwendig sind, um die Bedeutung oder den Sinn einer Behauptung zu stützen. Anders gesagt, man sensibilisiert dafür, welche Rolle Supplemente, d. h. die Bedeutung der Ränder für die Gestaltung des Zentrums spielen (J. Derrida).

Man arbeitet mit Metaphern, z. B. in der Absicht, verfremdende Effekte zu erzielen, indem man menschliche Verhaltensweisen ironisch mittels eines rein technischen Vokabulars beschreibt (und dabei bedauerlicherweise manchmal vergisst, dass es sich um eine „Übertragung" handelt: So gibt man die Methode für die Sache aus). Man rügt die Umwegvergessenheit philosophischer Argumentationslogik im Blick auf ihre rhetorischen Voraussetzungen: dass man damit die humane Substanz der Rhetorik übergehe (H. Blumenberg). Man schaut sich die „Stepppunkte" einer „Vernähung" an (A. Badiou). Kurz, in allem übt man sich, wie P. Valéry vor bald hundert Jahren geschrieben hat, in der „Kunst, sehen zu lernen, was man nicht sieht und was doch sichtbar ist und eigentlich unmöglich übersehen werden kann/was notwendig sichtbar werden muss, sobald es im Sichtbaren gezeigt worden ist".[67]

Dieser Seite des Sichtbarmachens und Sehenlernens korrespondiert (unvermittelt) eine andere Seite der Postmoderne: das Bewusstsein der *Ernüchterung* darüber, wie wenig mit all dem geleistet werden kann, wie unerbittlich die Systeme operieren und wie wenig im Großen und Ganzen geändert werden kann. Die Postmoderne stellt die Ernüchterung der Moderne dar, vor allem im Blick darauf, dass, wie die Moderne glaubte, die Welt in Form von funktional ausdifferenzierten Projekten verbessert oder in Ordnung gebracht werden könn(t)e. Postmoderne in diesem Sinne ist vor allem die Reflexion auf die Moderne, auf ihre Widersprüche und Ambivalenzen, auf ihre hochfahrenden geschichtsphilosophischen Hoffnungen auf einen humanen, durch Wissenschaft und Technik gerahmten Fortschritt.

Wir sind gefangen in einer medientechnisch und kulturell bedingten Kommunikations- und Informationskultur, ohne uns auch nur vorstellen zu können, wie ein Weg da herausführen könnte. Die Postmoderne ist der ernüchterte Blick auf diese Lage, während die Moderne nicht nur den Reformwillen verkörpert, sondern auch die tief verwurzelte und institutionalisierte Überzeugung hegt, die schauerliche Ökonomie der Informations- und Kommunikationskultur verändern, d. h. zum Besseren wenden zu können. Zum Beispiel dadurch, dass sie an Unterschieden festhält, die ihr infolge der Selbstreflexion zugleich fraglich geworden sind: an den Unterschieden zwischen Aufklärung und (der bloßen Verbreitung von) Meinung, zwischen Bildung und Training (Ausbildung), Information und Interpretation, Nachricht und Kommentar, Politik und Unterhaltung, zwischen dem, was man zum Leben braucht und dem bloßen Konsum (um des Konsums willen), zwischen theoretisch stringenter Analyse und der bloßen Aufzählung von Ereignissen und Trends, zwischen *facts and fiction*, menschlichen und nichtmenschlichen Akteuren usf.

Insbesondere Jean Baudrillard (1929–2007) mit seinen magischen Formeln aus dem Handbuch postmoderner Grundbegriffe (Simulation, Implosion, Hyperrealität, Medialität, Obszönität, Transparenz des Bösen usf.) hat sich in dieser Hinsicht am weitesten vorgewagt. Seiner Diagnose zufolge scheint die Gegenwart in der falschen Unmittelbarkeit endloser Zeichen- und Bilderströme zu versinken. Eine Simulation ist eine Kopie oder Imitation, die die Wirklichkeit ersetzt: Sie ist „wirklicher als wirklich" und damit hyperreal. Ihre Realität – das ist ihre Präsentation – geht dem Realen voran. Was ein Politiker sagt, ist allein auf seine Ausstrahlung in den Medien berechnet. Viele Hochzeiten finden nur statt, um schöne Bilder oder Videos über sie zu machen. Es ist die Welt im Bild des Zynikers: Die mediale Wirklichkeit geht in ihren wahrnehmungs- und realitätserzeugenden Effekten dem, was tatsächlich geschieht, voran. Sie prägt sie bis in die innerste Fiber. Real ist nur, was nach den Drehbüchern der Medien geschrieben wird.[68]

Die Postmoderne ist, anders gesagt, die (große) Erzählung vom „Ende der großen Erzählung" oder die wie aus einem Traum erwachte Erzählung von den – trotz allem in der Moderne – präsenten geschichtsphilosophischen Hoffnungen auf eine Zukunft, die sich im Blick auf die illegitime Herrschaft und eine weltweite soziale Ungerechtigkeit von der Gegenwart und der Vergangenheit emanzipiert hat. Die Postmoderne selbst klammert sich dabei entweder krampfhaft an das „Ereignis", an die Zeit bzw. den Augenblick radikaler Intervention, die das schlechte

Kontinuum des immer Gleichen aufzusprengen verspricht oder daran, dass sie die kulturell veredelten Ereignisse zynisch bejaht. Denn dies scheint ihr Problem zu sein: Opfert sie eine jede wie vage auch vorgestellte geschichtsphilosophische Leitidee, lässt sie den Glauben an eine wenigstens minimal in die Wege leitbare Verbesserung gesellschaftlicher Zustände fallen, dann bestätigt sie - wenngleich wider Willen - zynisch, dass es, so wie es ist, auch gut ist. Die Postmoderne besteht in dieser ständig reflektierten Gratwanderung zwischen Ausbruchsversuchen und Desillusionierungsstrategien.

Bezeugen, dass es das Unrecht gibt

Charakterisiert man die Postmoderne auf eine den spielerisch-pluralen, d. h. ästhetisch-ornamentalen Grundzug betonende Weise, wird nicht nur leicht ihr primär modernitätskritisches Engagement heruntergespielt, mehr noch geht das politisch-ethische Anliegen, das große Teile der Postmoderne (Lyotard, Bauman, Baudrillard, Rorty u. a.) auszeichnet, verloren. Dieses Anliegen wird mal offen, mal uneingestanden kommuniziert. Es äußert sich in der Kritik des totalisierenden Denkens, aber auch in der kritischen Darstellung jener Diskurse, Praktiken und Institutionen der modernen Welt, die vom Geist und den Strategien der Disziplinierung und Normalisierung, der Repression und der Ausgrenzung, der Stigmatisierung und Demütigung durchdrungen sind.

Foucaults Konzepte wie Disziplinierung und Normalisierung, Ausgrenzung und Ausschließung sind in diesem Zusammenhang alles andere als neutrale Beschreibungen, selbst dann nicht, wenn sie vom Autor als solche verstanden werden möchten. Sie funktionieren und funkeln nur im Ethos der Kritik als latent wirksame Werte und Botschaften: dass es so, wie es ist, trotz allem nicht gut ist, dass es anders besser wäre. Geboren aus dem Geist des strukturalistischen Angriffs auf den Existenzialismus und seiner Grundbegriffe (Subjekt, Wahl, Freiheit, Intentionalität, Entscheidung), lebt in den Foucault'schen Konzepten wider Willen das vor der Zeit heftig kritisierte, existenzialistische Pathos fort: ein in den Vokabeln verstecktes und strukturalistisch unterkühltes normatives, d. h. ethisch-politisches Engagement. Platzhalter ist nicht mehr der „allgemeine Intellektuelle", wie Sartre, sondern der „spezifische", wie Foucault, der - im Blick auf seine Parteinahmen für die Reform der Gefängnisse, Psychiatrien usf. - über sich selbst schreibt. Seinen sprachlichen Ausdruck findet dieses zur Revolte geneigte Ethos in einer nicht geringen Zahl metaphorischer Rede- und Schreibweisen.

Im Unterschied zu U. Eco, G. Vattimo u. a. konzipiert J.-F. Lyotard keine mit der Kulturindustrie des Spätkapitalismus versöhnte Postmoderne. Seine Ästhetik, die von der Negativität der Erhabenheit geprägt ist und sich z. B. am abstrakten Expressionismus B. Newmans exemplifiziert, nötigt den Künstlern die Verpflichtung zur Darstellung des Undarstellbaren ab. Diese Frage ist in Lyotards Augen die einzige, die im kommenden Jahrhundert den Einsatz von Leben und Denken lohnt.[69] Die Kunst, die Zeugnis vom Undarstellbaren ablegt, ist in Lyotards Auffassung ein Versuch, der globalen Unterwerfung der Kultur unter die Gesetze des Marktes Widerstand entgegenzusetzen. „Das Postmoderne wäre dasjenige, das im Modernen in der Darstellung selbst auf ein Nicht-Darstellbares anspielt; das sich dem Trost der guten Formen verweigert, dem Konsensus eines Geschmacks, der ermöglicht, die Sehnsucht nach dem Unmöglichen gemeinsam zu empfinden und zu teilen; das sich auf die Suche nach neuen Darstellungen begibt, jedoch nicht, um sich an deren Genuss zu verzehren, sondern um das Gefühl dafür zu schärfen, daß es ein Undarstellbares gibt."[70]

Für Lyotard ist „die Postmoderne keine Epoche"[71] oder ein neues Zeitalter, sondern eine Ethik und Ästhetik, die ihre Antriebe (vielleicht auch ihre Ziele) darin sieht, die Inkommensurabilität, d. h. die Unvereinbarkeit und, stärker, die Unversöhnlichkeit einander widerstreitender Diskurse (Realitätsauffassungen, Sprachen, Satz-Regelsysteme, *metaécrits* usf.) festzustellen, um sie im Blick auf ihre gerechten oder ungerechten Ansprüche hin zu diskutieren und – insofern es sich nicht um einen Rechtsstreit handelt – zu zeigen, dass es keinen gerechten Ausgleich z. B. zwischen Kapital- und Arbeiterinteressen geben kann. Anders als im Rechtsstreit zeugt der *Widerstreit* von einem Unrecht, bei welchem dem Opfer die Möglichkeit, das erlittene Unrecht darzustellen, genommen wird: „indem der Kläger seiner Beweismittel beraubt ist und dadurch zum Opfer wird".[72] Dem Kläger wird seine Sprache – seine Art zu sprechen – entzogen. Sprachentzug erleidet der, dem die Möglichkeit, frei zu sprechen, aber auch zu schweigen, durch eine Leib und Leben gefährdende Drohung genommen wird. „Dem Widerstreit gerecht werden", heißt für Lyotard, dem Unrecht die Möglichkeit sprachlichen Ausdrucks zu verschaffen.[73]

Gerechtigkeit liegt nicht fertig vor. Weder lässt sie sich als gerichtsverwertbarer Gegenstand vor einem Gericht einklagen, noch handelt es sich um ein in der Realität oder der Idee vorliegendes und vorstrukturiertes Gut. Gerechtigkeit zeigt sich für Lyotard als offene und performative Suche nach einer Sprache des Verdrängten und Ausgeschlossenen. Es bedürfte einer neuen, der Arbeitskraft vergleichbaren produktiven „Satzbildungskraft", um dem Widerstreit gerecht zu werden: „neue Empfänger, neue Sender, neue Bedeutungen [significations], neue Referenten einsetzen, damit das Unrecht Ausdruck finden kann und der Kläger kein Opfer mehr ist".[74] Das Unterfangen, den Widerstreit zu bezeugen, bleibt daher stets prekär. Keine Rede kann von sich (mit gutem Gewissen) behaupten, sie sei gerecht gewesen.

Zu dieser Aussicht gelangt auch J. Derrida in seinem Vortrag *Gesetzeskraft. Der mystische Grund der Autorität* aus dem Jahr 1989. In ihm setzt sich Derrida mit Recht und Gerechtigkeit auseinander. Danach sind ihm Dekonstruktion (Kap. III, S. 245 ff.) und Gerechtigkeit ein und dasselbe. Derrida versucht im Kontext der Auseinandersetzung mit W. Benjamins Text *Zur Kritik der Gewalt* zu zeigen, dass es zum einen unmöglich ist, Recht und Gerechtigkeit miteinander zu identifizieren – Gerechtigkeit geht ständig über das Recht hinaus – zum anderen aber auch, dass sie zum Verständnis ihrer Praxis, d. h. hinsichtlich dessen, was sie tun (und bewirken) in wechselseitiger Korrekturnotwendigkeit aufeinander angewiesen sind. Anders gesagt, Derrida bestreitet, dass sich der Kerngehalt von Gerechtigkeit in positiven oder fixen Regeln (Prinzipien) fassen lässt. Skeptisch wie nur Kant gegenüber den Ideen (der theoretischen Vernunft) sieht Derrida die Idee der „unendlichen Gerechtigkeit" durch Aporien gekennzeichnet, die jedem Versuch, sie in einem System codifizierbarer Regeln darzustellen, widerstehen. Dementsprechend sucht Derrida den Nachweis zu führen, „daß man nicht *unmittelbar auf direkte Weise* von der Gerechtigkeit sprechen kann: man kann die Gerechtigkeit nicht thematisieren oder objektivieren, man kann nicht sagen, ‚dies ist gerecht' und noch weniger ‚ich bin gerecht', ohne bereits die Gerechtigkeit, ja das Recht zu verraten".[75]

Das Aporetische der Gerechtigkeit besteht darin, dass die Bedingungen, die die Gerechtigkeit ermöglichen sollen, zugleich die sind, die sie unmöglich machen. Gerechtigkeit stellt Forderungen, die einander widersprechen.[76] Gerechtigkeit soll möglich gemacht werden, aber sie kann nur praktisch werden, wenn sie sich nach einer Regel richtet, d. h.

gesetzesförmig urteilt. Entsprechend müssen alle Rechtsentscheidungen regelhaft verfasst sein. „Wenn jedoch die Handlung, die Tat [...] einfach in der Anwendung einer Regel, in der Entfaltung eines Programms, in der Durchführung einer Berechnung besteht, wird man vielleicht sagen, daß sie gesetzmäßig sind und dem Recht entsprechen [...]; allerdings würde man zu Unrecht behaupten, es sei eine gerechte Entscheidung getroffen worden."[77]

Aporetisch ist die Gerechtigkeit immer dadurch, dass das positive Recht im Gegensatz zu ihr immer in Form allgemeiner Regeln auftritt. Die Allgemeinheit der Regel ist der Grund, warum sie von sich aus nicht jedem besonderen Fall angemessen sein kann. Das Recht trägt deshalb immer ein Moment der Repression in sich. Das Recht als ein System regelbestimmter Vorschriften kann niemals dem konkreten, singulären Individuum in seiner besonderen Lage gerecht werden. Die Kritik am Recht bzw. an der ihm zugrunde liegenden Idee der Gleichheit entzündet sich an der Erfahrung, dass ein Gesetz nicht für alle gleichermaßen gerecht sein kann.

Die Gerechtigkeit dagegen erinnert gegenüber diesem Moment der Gleichheit, auf deren Grundlage das Recht operiert, an ein Besonderes in einer besonderen Lage, an Individuen, Gruppen, an unersetzbare Existenzen. Die Kritik entzündet sich an der Erfahrung, dass ein Gesetz in seiner Anwendung einem besonderen Anderen nicht gerecht wird: „Die Gerechtigkeit beruht hier nicht auf Gleichheit, auf einem berechenbaren Gleichmaß, auf einer angemessenen Verteilung, auf der austeilenden Gerechtigkeit, sondern auf einer absoluten Asymmetrie."[78]

Die Gefahr der unendlichen Gerechtigkeit liegt gleichsam in ihrem Übermaß, im Übermäßigen der aus ihr entspringenden Forderung: jedem in dem, was es (in seiner Besonderheit) ist, hier und jetzt und zur Gänze gerecht zu werden. Derrida zufolge ist das keine Überforderung, wie die Pragmatiker der Moral nicht aufhören wollen abwiegelnd zu behaupten, sondern nichts anderes als die „unendliche Forderung der Gerechtigkeit" selbst. Ihr Übermäßiges lässt sich nicht durch allgemeine Regeln oder Gesetze, die dem Recht seine Verfassung geben, bändigen. Sie ist unableitbar aus Kriterien.[79]

Dem Übermäßigen der unendlichen Gerechtigkeit begegnet man nicht dadurch, dass man es verdrängt, sondern nur durch die Erinnerung daran, dass die unendliche Gerechtigkeit auch auf das Korrektiv der Gleichheit (des Gesetzes) angewiesen ist, freilich nicht so, als könnte es zwischen beiden Seiten einen Kompromiss, ein vermittelndes Drittes oder einen „höheren" Ausgleich geben, als hörte die unendliche Gerechtigkeit auf, die Kreise der Gleichheit des Gesetzes zu stören, als wäre die unendliche Gerechtigkeit in ihrer Erhebung über das Gesetz nicht immer auch des Rechts bedürftig. „Das Recht ist nicht die Gerechtigkeit. Das Recht ist das Element der Berechnung; es ist nur (ge-)recht, daß es ein Recht gibt, die Gerechtigkeit indes ist unberechenbar: sie erfordert, daß man mit dem Unberechenbaren rechnet."[80]

In der Idee der „undarstellbaren Gerechtigkeit" geht es nicht um eine romantische oder idealistische Utopie (die sich dem Sog einer Utopie überlässt, die alle Gesetze glaubt transzendieren zu können), sondern um die doppelsinnige Vertiefung einer Kritik, die den nicht festzulegenden Grenzverkehr zwischen Recht und Gerechtigkeit zum Anlass nimmt, in die Praxis einzugreifen. Die aporetische Erfahrung ist für eine Praxis der Gerechtigkeit unumgänglich. Es gehört nämlich zu den Aufgaben der Dekonstruktion, „daß man nicht allein die theoretischen Grenzen anzeigt, sondern auch konkrete Ungerechtigkeiten denunziert, solche Ungerechtigkeiten, die dort geschehen und deren Wirkungen dort besonders sinnfällig sind, wo das gute und ruhige Gewissen dogmatisch bei dieser oder jener überkommenen Bestimmung der Gerechtigkeit stehen bleibt".[81]

Ist die Unvereinbarkeit beider mit der Gerechtigkeit transportierter Ansprüche unausweichlich, erweist sich ein Kompromiss gleichwohl als notwendig und unumgehbar. „Doch bleibt dieser Kompromiß", wie Derrida im Postscriptum zu seinem Vortrag schreibt, „einer, der zwischen zwei inkommensurablen und radikal heterogenen Dimensionen geschlossen wird? Vielleicht können wir daraus an dieser Stelle lernen, daß der Kompromiß zwischen zwei heterogenen Ordnungen nötig, daß er etwas Zwangsläufiges ist, geschlossen im Namen einer Gerechtigkeit, die uns befiehlt, dem Gesetz der Repräsentation (Aufklärung, Vernunft, Objektivation, Vergleich [...], Beachtung der Vielheit einzigartiger Einzelheiten und ihrer Eingliederung in Serien) und zugleich jenem anderen Gesetz zu gehorchen, das die Repräsentation übersteigt und das Einzigartige, jede Einmaligkeit ihrer Einschreibung in die Ordnung des Allgemeinen oder des Vergleichs entzieht."[82] Das heißt, man kann und darf bei aller Nötigung zum Kompromiss nicht vergessen, dass er nach beiden Seiten darum nicht aufhört, ein Unrecht zu sein, dass der Kompromiss kein versöhnendes Drittes darstellt.

Überdies ist „die Gerechtigkeit“ ein ausgezeichnetes Exempel dafür, wie die Dekonstruktion „tickt“. Das Denken der Dekonstruktion (ihre Methode) zeigt alle Facetten, die auch für die aporetische Bestimmung der Gerechtigkeit von entscheidender Bedeutung sind. Was Derrida zu der verknappten, leicht anmaßenden Behauptung führt: „Die Dekonstruktion ist die Gerechtigkeit.“[83]

Ethik und Ästhetik

[...] welche den besten Gewinn des Lebens ausmacht [...], etwas Kunst in seine Gefühle zu legen.
F. Nietzsche

Große Aufmerksamkeit hat – vor allem in der zweiten Hälfte des 20. Jahrhunderts – das Verhältnis von Ethik und Ästhetik auf sich gezogen. Seine bedenkenswerte Vorgeschichte erstreckt sich bis weit in die Zeit der Heraufkunft der modernen Welt. – Heute sprechen wir in der Regel von *ästhetisch*, wenn es sich um Fragen der künstlerischen Gestaltung unterschiedlicher Gegenstände handelt – von Kunstwerken bis zum Design – einschließlich des Geschmacks, den man bei der Wahrnehmung oder Beurteilung von Kunstwerken beweist. Entsprechend bezieht sich Ästhetik auf die Lehre vom Schönen, besonders in der Kunst. Eine Ästhetik im Sinne einer philosophischen Theorie des Schönen (und des Erhabenen) hat in der Tradition Kants beispielsweise das Schöne der Natur vom Schönen in der Kunst unterschieden. Das Wort selbst hat griechische Wurzeln, es leitet sich von *aisthesis* her und bedeutet Wahrnehmung. In diesem Sinne findet es in der Philosophie heute verstärkt Beachtung, u. a. auch, weil sich in der modernen Kunst die enge Verknüpfung zwischen der Kunst und dem Schönen gelöst hat.

Eine andere Bedeutung von ästhetisch wird aufgegriffen, wenn man auf ein eher betrachtendes, genießendes, wenig engagiertes Verhältnis zu einem Artefakt oder auch zum Leben anspielt. An diese Bedeutung vor allem schließt Kierkegaard an, wenn er den Begriff auf die Art und Weise, wie ein Einzelner sein Leben gestaltet, anwendet. Bereits Mitte des 19. Jahrhunderts hat er fast alle Register seiner Reflexion gezogen. Mit ‚ästhetisch' ist dann eine Existenz- und Lebensform gemeint, die, im Unterschied zu einer ethischen, Verantwortung und Verpflichtung gegenüber anderen als nachrangig ansieht. Es geht in erster Linie um den (unmittelbaren) Genuss, den ein Einzelner aus der (selbstentworfenen) Dramaturgie von Situationen und Stationen seines eigenen Lebens zieht.

Verwendet man das Prädikat insgesamt für die Stile des Lebens, die ein Einzelner wählt, um sich in der Welt zu verwirklichen, erweitert sich die Wortbedeutung nochmals erheblich, das Wort erstreckt sich dann auf das ganze Feld moderner und postmoderner Lebensmöglichkeiten. Entsprechend geht es im Unterschied zum guten (und gerechten) Leben nicht nur um das schöne Leben, sondern auch um Konzepte, für die die *Authentizität* des eigenen Selbstentwurfs im Mittelpunkt steht. Im Streben nach Selbstverwirklichung scheint, nach Auffassung einer Reihe von Philosophen, ein irreduzibel *ethischer* Kern angelegt zu sein. Darüber hinaus können Elemente des Spielerischen und Inventorischen eine tragende Rolle spielen. Das Rätsel rangiert da vor der Lösung, die Neugier und das Interessante (einer Situation) vor der Übernahme einer Schuld. Das Leben wird auf Hypothesen und Experimente hin gelebt, nicht auf die Einrichtung ethischer Grundsätze und Institutionen.

Wie leicht zu erkennen ist, weist die Beziehung von Ethik und Ästhetik eine enorme Vielfalt auf. Sie reicht von einer strikten Trennung beider bis zu ethico-ästhetischen Annäherungen, die beide Konzepte ununterscheidbar werden lassen. „Lebenskunst", „Authentizität", „Selbstsorge", „Ästhetik der Existenz" bilden solche Zwischenlagen ab. Mit ihnen verbindet sich ein großes inner- wie außerakademisches Interesse. Dass sie für die Philosophie relevant sind, kann nur übersehen, wer einen allzu engen, szientifisch begrenzten Begriff von Philosophie hat. Gleichzeitig ist jede Rede über sie problematisch, denn sie unterlaufen die für die moderne Welt charakteristischen Wertsphären, die Kant nach drei großen Diskursformationen – epistemisch, moralisch und ästhetisch – ausdifferenziert hat. Im ersten Fall geht es um erkenntnisbezogene (kognitive) Urteile, die Sachverhalte darstellen, im zweiten um solche, die der Forderung danach Ausdruck geben, was wir tun sollen (moralische, rechtliche) und zuletzt um die, welche von unserer sinnlichen Affektion ausgehen und eine Bewertung nach schön oder nicht schön verlangen (ästhetische). Grundsätze des Geschmacks sind andere als die, die uns verbieten, andere zu töten. Bei Letzteren steht deutlich mehr auf dem Spiel – was für eine nachdrückliche Trennung beider Bereiche spräche.

Entweder/Oder

S. Kierkegaards Urteil ist in dieser Hinsicht eindeutig: *Entweder/Oder*. Seine frühe geniale Schrift (1843), die diesen Titel trägt, plädiert für eine strikte Trennung. Auch scheint die ethische Lebensorientierung (wie die religiöse) der ästhetischen übergeordnet zu sein. Der fiktive Herausgeber dieser vielfach verschlüsselten Schrift (aus Papieren unterschiedlicher Verfasser) lässt diese Frage jedoch offen. Das Buch reflektiert grundlegende Fragen der Ethik und Ästhetik – in einer literarischen Form, die aus einer Mischung von Philosophie und Poesie, Ethik und Erotik besteht.

Im Unterkapitel *Abstraktes Denken und konkrete Existenz* (Kap. I, S. 30 ff.) war davon die Rede, dass Kierkegaard die Existenz als Aufgabe begreift, die daraus erwächst, dass man sich zu sich selbst verhalten muss: dass man die Freiheit, die in der Wahl liegt, wählt. Die Freiheit wiederum, welche die Existenz des Einzelnen charakterisiert, ist ihm als „Notwendigkeit" auferlegt. Aus dieser Spannung des Existierens zwischen Freiheit und Notwendigkeit erst erschließt sich der Unterschied zwischen Gut und Böse. „Mein *Entweder/Oder* bezeichnet nicht die Wahl zwischen Gut und Böse, es bezeichnet die Wahl, durch die man Gut und Böse wählt oder sie ausschließt. Die Frage ist hier, unter welchen Bestimmungen man das ganze Dasein betrachten und selber wählen will."[84] Mit anderen Worten, entscheidend ist der Schritt, das eigene Leben auf grundsätzliche Weise in den Raum der Unterscheidung von Gut und Böse zu rücken, es von dieser Position aus *verstehen zu wollen* oder sich dieser Wahl zu verweigern. Wählt man das Wollen, ist dadurch „das Gute und das Böse gesetzt". Es geht nicht um die Wahl zwischen weltlichen Dingen oder alternativen Handlungsmöglichkeiten, sondern darum, was man heute als eine ‚Wahl zweiter Ordnung' bezeichnen würde – sich selbst grundsätzlich als frei und verantwortlich für das eigene Leben zu betrachten. Die einzelne Wahl mag dann ausfallen, wie sie will.

Im Unterschied zu diesem Ethos der Existenz bewegt sich ein „ästhetisches Leben" nicht im Medium von gut und böse, sondern, wie Kierkegaard schreibt, im Medium der „Indifferenz" (718). Es widmet sich dem Genuss und dem Augenblick, entsprechend fehlt ihm ein durchdringendes, in Deutlichkeit und Klarheit gegliedertes Bewusstsein seiner zeitlichen Kontinuität (Gedächtnis, Identität). Erst auf der Basis eines solchen Bewusstseins können moralische Phänomene wie Versprechen, Verantwortung, Schuld und Gewissen verständlich werden und Bedeutung bzw. Gültigkeit erlangen. Während der Ästhetiker sich von den jeweiligen Attraktionen gefangen nehmen lässt, löst sich das ‚Selbst' in seiner Freiheit von dem, was es gerade *ist*. Das „Mehr", das in der „Stimmung" nicht aufgeht, ist für den Ethiker eben das Kontinuierliche, d. h. seine Identität, die ihm „das Höchste ist. Wer ethisch lebt, hat [...] ein Gedächtnis für sein Leben, das hat derjenige, der ästhetisch lebt, ganz und gar nicht" (791). Dieser lässt sich von einer anderen Kraft leiten, der „Federkraft des Menschen", die Kierkegaard, nicht anders als Nietzsche nach ihm, als die „Kraft zu vergessen" bezeichnet. „Der Hauptunterschied, um den alles sich dreht, ist, daß das ethische Individuum sich selbst durchsichtig ist und nicht ‚ins Blaue hinein' lebt [...]. Wer ethisch lebt, [...] durchdringt mit seinem Bewußtsein sein ganz konkretes Sein, erlaubt es unbestimmten Gedanken nicht, in ihm herumzuwirtschaften, und lockenden Möglichkeiten nicht, ihn mit ihrem Gaukelwerk zu zerstreuen" (825).

Das ästhetische Lebensmodell ist dadurch charakterisiert, dass alles aus einer distanziert-genießenden Perspektive erlebt wird: Man engagiert sich nicht, man bringt keine wirkliche Leidenschaft auf, nicht einmal sich selbst gegenüber. In einer Art interesselosen Wohlgefallens verhält man sich zum Leben, wie man es der Kunst gegenüber praktiziert. Die Komödien und Tragödien des Lebens erlebt man als Zuschauer, nicht als Teilnehmer. Der Ethiker hingegen übernimmt die vielfache Verantwortung, die ihm aus der Stellung, die er im bürgerlichen Leben innehat, erwächst – mag sie auch noch so strapaziös sein. Er lebt im Bewusstsein alltäglicher Rechte und Pflichten. Sein Leben kommt einer langweiligen Normalexistenz gefährlich nahe. Der Ästhetiker wiederum ist nicht nur der stille Genießer und Betrachter, sondern entwickelt ein *ironisch-reflektiertes* Verhältnis zum Leben. In ihm kreuzen sich die experimentelle, d. h. wissenschaftlich-explorative, wie die ästhetische Einstellung zum Leben. Beide laufen auf dasselbe hinaus, weil bei beiden der Möglichkeitssinn vor dem der Wirklichkeit rangiert. Ihr Fluchtpunkt, und das sieht Kierkegaard sehr scharf, ist das Medium der „Indifferenz" – mit seinen zur Verzweiflung, Melancholie und Depression neigenden Folgen. Der ästhetisch-experimentelle Umgang mit sich selbst unterscheidet sich dann interessanterweise nicht mehr vom wissenschaftlich-technischen, er muss die gleichen Stadien der Entfremdung und Selbstverdinglichung durchlaufen. Das ironisch-reflexive Selbstverhältnis des Lebenskünstlers und das wissenschaftlich-experimentelle des neugierigen Forschers reichen sich in dieser Erfahrung die Hand. In genau dem Sinne, in dem mein Leben ästhetisch wird oder das reine Spiel mit dem Leben überwiegt, verliert es seine Bedeutung (für mich). Ich muss die innere Entfernung zu ihm bis zum Äußersten ausreizen; auch die anderen dürfen nur interessante Spielzüge in meiner Inszenierung sein.

Der Ästhetiker hält zu sich und zur sozialen Umwelt, in der er lebt - wie überhaupt zu jeder Art von Engagement - Distanz. Existenzielle Wahlen wie deren lebensgeschichtliche Konsequenzen sind ihm relativ gleichgültig oder suspekt. Einem Leben im Horizont des Möglichkeitssinns mangelt es an Leidenschaft (inter-esse) fürs Existieren. Es fehlt das Ethos der engagierten Selbstübernahme für das, was man getan und erlitten, verschuldet oder eingebüßt hat. Dass zuletzt alles ein Spiel ist, beherrscht die Einstellung dessen, der auf der Jagd ist nach immer neuen und interessanten Szenen des Lebens, die er entweder aufsucht oder, sofern möglich, selbst zu arrangieren versucht. Der Ästhetiker ist der, der zwischen den verschiedenen Rollen und Lebensmöglichkeiten hin- und herschwebt. Die ästhetische Lebensform erscheint so als experimentelle Denk- und Lebensweise, in der das Ethische suspendiert ist. Folge und/oder Voraussetzung: Nichts ist dem Ästhetiker wichtig genug, sich für dieses oder jenes zu entscheiden, wenig hat so viel Bedeutung oder Gewicht, dass es, wie Kierkegaard treffend schreibt, „in das Gewählte hinabsinken könnte“ (711).

Der Ästhetiker ist gleichsam „eine Art Probemensch“ wie Kierkegaard den Quidam, sein Pseudonym in den *Studien auf dem Lebensweg*, über sich selbst sagen lässt.[85] Dessen Sinn für Möglichkeiten oder sich bietende Chancen ist unendlich geschärft, doch ohne Leidenschaft, je eine von ihnen - über die er sich festlegen würde - zu ergreifen. Angesichts seines ästhetischen Experimentalismus stellt sich die Welt als „ungeheurer Reservefonds der Möglichkeit“ dar. Anders dem Ethiker, er sieht überall „Aufgaben“, für ihn konkretisiert sich das Mannigfaltige des Lebens in einer alltagsnahen Ziel- oder Zweckbestimmtheit (817). Er weiß die Welt zu nehmen, wie sie ist und darin seine Souveränität und Sicherheit zu beweisen; aber so, dass er sich - konkret - über sein verantwortliches Handeln individuiert oder er, wie Kierkegaard sagt, er selbst *wird*.

Ist diese Situation realistisch? Die Wahl zwischen einer ästhetischen oder ethischen Lebensform hat mit der Entscheidung, zwischen zwei Hemden eines wählen zu müssen, nichts gemein. Nur idealtypischerweise lässt sich das Leben auf diese Weise charakterisieren, doch diese Modellvorstellung kann helfen, Richtungsentscheidungen einzuschätzen, wie sie sich nach lebensgeschichtlich bedeutsamen Umbrüchen oder Schwellenerfahrungen einstellen. Gibt es Gründe oder Bedenklichkeiten, die uns in der Folge der ästhetischen oder ethischen Lebensform davon abhalten sollten/könnten, die eine oder andere vorzuziehen? Im Kontext von *Entweder/Oder* (aber auch in *Die Krankheit zum Tode*) liegt für Kierkegaard die große Gefahr des Ästhetikers in der „Verzweiflung". Mag der Ästhetiker es auch leugnen, ihn treibt Kierkegaard zufolge eine anhaltende Verzweiflung, die jederzeit aufbrechen kann: privilegiert, aber auch verzweifelt, weil sein Leben leer und zuletzt von Überdruss geprägt ist. Selbst oder gerade Philosophen können davon befallen werden: „es gibt schwerlich ein so betäubendes Mittel wie abstraktes Denken" (770).

Kierkegaards Beitrag zur Kunst und Ästhetik im üblichen Sinne ist eher unbedeutend, ganz anders fällt das Urteil aus im Blick auf seine Entdeckung des Künstlers, der gewillt ist, Leben und Kunst einander anzunähern oder zu identifizieren und entsprechend versucht, einen Lebensstil zu schaffen. Zu dieser Idee, das Leben (des Einzelnen) als Kunstwerk zu betrachten, nimmt Kierkegaards Ästhetiker verschiedene Anläufe. Sein Paradigma besteht darin, alles nur ästhetisch in der Weise des (ironisch) reflektierten Genusses erfahren zu wollen, aber auch aus den Sackgassen, in die er sich dabei manövriert. Eine davon ist ein Leben als Phantasieexistenz, in und an der man verzweifelt.

Ethik der Authentizität

Eine Ethik, die in den transatlantischen Gesellschaften des Westens auf große Resonanz gestoßen ist (vermutlich auch, weil sie das Lebensgefühl bestimmter (Mittel-)Schichten spiegelt) hat man – über alle kulturellen und zeitlichen Spannungen hinweg – *Ethik der Authentizität* genannt. Sie beschreibt einerseits das Selbstverhältnis und das Selbstgefühl vieler Menschen, die nach ‚Selbstverwirklichung' streben, baut andererseits aber auch auf die orientierende Kraft eines ethico-ästhetischen Ideals, die das Streben nach Selbstverwirklichung zu besitzen scheint: Man möchte man selbst sein, nur keine Kopie, sondern in Übereinstimmung und Harmonie mit sich selbst leben – in allem, was man tut, was man denkt und fühlt, im privaten wie im öffentlichen Verkehr, nicht fremd-bestimmt sein, vor allem nicht entfremdet unter Bedingungen leben (und arbeiten) müssen, auf die man keinen oder nur geringen Einfluss hat.

Der amerikanische Soziologe Daniel Bell hatte schon Mitte der 70er-Jahre auf die wachsende Kultur der Selbstverwirklichung aufmerksam gemacht und die Befürchtung geäußert, dass womöglich das (puritanische) Arbeitsethos, auf dem die kapitalistische Wirtschaft fußt, durch eine zum Hedonismus neigende Kultur der Selbstverwirklichung untergraben wird.[86]

In diesem Zusammenhang ist noch ein anderes Moment von großem Interesse, es findet sich bereits in der Antike. Schon Sokrates wird von der *Sorge um sich selbst* umgetrieben, das Seelenheil ist sein leitendes Motiv. In der modernen Welt erscheint es unter der Individualisierungsstrategie der „Wahl" oder des „Wählen-Müssens" und der Bedeutsamkeit, die für die Lebensgeschichte des Einzelnen mit dieser oder jener Wahl verbunden ist: Was in diesem „universe of chance" (Ch. S. Peirce) ist für mich von Bedeutung? Was ist von besonderem Gewicht oder Wert für mein Leben? Welche Ziele und Zwecke habe ich mir – in Übereinstimmung und Unterschied zu dem, was andere präferieren – gesetzt? Denn authentisch lebt, wer anders anders ist.

Man könnte im Groben zwei Versionen einer Ethik der Authentizität unterscheiden, die sich in diesem Sinne verstärkt mit der Krise der Ethik, aber auch mit den Lebens- und Gelingensbedingungen spätkapitalistischer Gesellschaften auseinandergesetzt haben: eine *existenzialistisch* geprägte Linie, die von S. Kierkegaard über M. Heidegger, K. Jaspers und J.-P. Sartre (vielleicht sogar M. Foucault) verläuft, und eine, die sich explizit den Namen einer *Ethik der Authentizität* gegeben hat. Letztere verbindet sich mit Charles Taylor (geb. 1931), einem kanadischen, zeitweilig in der Politik tätigen Philosophen, der in monumentalen Studien zur modernen Welt „die moralische Kraft des Ideals der Authentizität" zu entfalten versucht hat.

Der Gedanke der Authentizität findet sich zunächst in vielfältiger Weise bei existenzialistischen Philosophen, dort trägt er – zumal bei Heidegger – ein anderes sprachliches Kleid: Heidegger spricht von „Eigentlichkeit"[87]. Es geht um die Echtheit und Tiefe (Übereinstimmung mit sich/Selbstsorge und Bedeutsamkeit/Wertsein) des je individuellen Lebens im Unterschied zur uneigentlichen Existenz, d. h. dem Regime eines (bloß) durchschnittlichen Lebens im Medium des „man". Man will der Krisis der Ethik dadurch begegnen, dass man in besonderer

Weise die Entschlossenheit, die Aufrichtigkeit, die Wahrhaftigkeit und die individuelle Wahl hervorhebt, die man bei einer moralischen Entscheidung, einem Verhalten oder einer Intention am Werk sieht. Heidegger wie andere Existenzialisten glauben nicht, dass der Einzelne sich nach irgendeinem allgemeinen Gesetz – dem kategorischen Imperativ oder einem Gesetz der Nutzenmaximierung – richten müsse. Pflicht und Sollen bilden nicht die Basics ihres philosophischen Denkens. Grundlage ist die authentische menschliche Existenz, die als geworfener Entwurf in radikaler Weise Sache jedes Einzelnen ist.

Auch wenn Heidegger eine Ethik im Sinne einer besonderen philosophischen Disziplin nicht kennt, in seinem frühen Hauptwerk *Sein und Zeit* ist er gleichwohl und unverkennbar einem Ethos verpflichtet, dem Ethos eines eigentlichen Daseinsverständnisses. Dieses Ethos drückt sich u. a. aus in Charakterisierungen des Daseins wie Entscheidung, Entschlossenheit, Sorge, Gewissen, Ruf. Kierkegaards Idee einer Ethik als Existenz- oder Lebensform bleibt auch für Heidegger maßgebend. Bestimmend für ethische Einstellungen und Überlegungen dieses Typs ist das Moment der *Negativität*. Diesen Weltverhältnissen gegenüber, die die Menschen in eine unentrinnbare existenzielle Not verstricken, gibt es – mindestens im Augenblick – keine Verbesserungsmöglichkeiten.[88] Das tritt drastisch vor allem in der späteren Phase seines Philosophierens hervor. Auf die Frage, „Wann schreiben Sie eine Ethik?" lautet Heideggers wiederkehrende Antwort: Dafür sei die Zeit noch nicht reif. So verständlich der Wunsch nach einer Ethik sei, man müsse angesichts der Not der Gegenwart, der Hilflosigkeit der Menschen und der Übermacht der Technik erst fragen, was Ethik sei.[89] Diese Frage verweise auf die andere Frage, nach dem *Sein* als epochalem Geschick, unter dessen unheildrohendem Zeichen (Menetekel) wir stünden. Durch menschliche Manipulation daran etwas ändern zu wollen, wäre verfehlt. Dieser kollektive Wunsch und Reformwille stünde selbst noch in der Verlängerung des selbstherrlich-epochalen Geschicks einer Welt, gegen das sie aufbegehrten und uns erst in diese existenzielle Notlage gebracht hätten.

Auch das Denken von Karl Jaspers – „Jeder Mensch muß ursprünglich sein" – und Jean-Paul Sartre gehört in den Umkreis einer Ethik der Authentizität, nicht in dem Sinne, als ließe sie sich realisieren – dafür sind sich beide des Scheiterns aller Lebensentwürfe nur zu gewiss – aber doch in der Weise, dass das Bemühen um Authentizität und die Ablehnung von Banalität, Durchschnittlichkeit und Anonymität ethisch gutgeheißen wird. Der existenzialistischen Lesart einer Ethik der Authentizität haftet unverkennbar ein heroisch-pathetischer Zug des Ausharrens und Standhaltens an – in einer Welt, die den Sinn des Menschen für das wirklich Schöne und Gute, das Besondere und das Große außerordentlicher Augenblicke verflacht; in einer Welt, die ihn infantilisiert durch einen breit gestreuten Konsum von Massenartikeln, Ideologien und anderen Sinn-Surrogaten.

Angesichts dieser Welt wird die radikale Intervention durch ein qualitativ höherstehendes ‚Mehr' an Erfahrung, das Heidegger mit dem „Ereignis" verbunden dachte, zum bloßen *Highlight*. Die lebensgeschichtlich bedeutsame Schwellenerfahrung wird zum öden *Event*. Anstatt das Leben im Vorlauf zum Tod nochmals dramatisch als Ganzes in Erwägung zu ziehen: ein Leben auf der Überholspur, auf der ein Erlebnis das andere jagt. Anstatt einer Wohnung im „Haus des Seins" eine in Leichtbauweise. Diese Welt lässt die Menschen radikal allein und vereinzelt sie, um sie dem kollektiven Schicksal des ‚Masseneremitentums' (G. Anders) und der Erlebnisparks zu überantworten. – Unverkennbar ist aber auch ein Moment unversöhnlicher Härte gegenüber sich selbst (und anderen), das dazu zu gehören scheint, um sich in einer aufs Ganze entfremdeten Welt zu behaupten.

Das Problem dieser mit großem Pathos belegten existenzialistischen Formeln besteht in ihrer Inhaltsleere. Sie besitzen kein inhaltlich qualifizierendes Prädikat, kein Kriterium dafür, was gut und was böse, was wahr oder falsch, richtig oder schlecht, gerecht oder ungerecht, nützlich oder unnütz usf. ist. Wild entschlossen – aber wozu? Jene Konzepte bieten sich jedem an und gleichen darin den Sekundärtugenden wie Ordnungsliebe, Fleiß, Selbstdisziplin, Pünktlichkeit, Engagement usf. Sie können für humane wie inhumane Zwecke, für gute wie für verwerfliche Absichten eingesetzt werden.

Im Rückblick könnte man auch Max Scheler (1874–1928) in diesen Kontext stellen. Scheler geht von einer Art intuitiven Gewissheit moralischer Werte aus, er nimmt an, dass sie keiner diskursiven Rechtfertigung bedarf. Die Evidenz des Guten sei zuletzt in einem Gefühl situiert. Werte, so glaubt er, werden mittels einer emotionalen Erfahrung bewusst, sie lassen sich aber nicht darauf zurückführen und sind auch nicht Ausdruck von Wünschen und Ängsten. Ihnen kommt eine objektive Existenz in dem Sinne zu, dass die mächtigen Gefühle, die wir haben, uns mit etwas konfrontieren, das wir nicht einfach nach Gutdünken manipulieren können. Auf diese Weise entgeht die emotionale Intuition – qua objektivem Moment der Unverfügbarkeit – dem Relativismus, wir können den Gefühlen in ihrer Intensität nicht ausweichen, sie fordern unser Selbstverhältnis, unsere Stellung- und Parteinahme heraus; andererseits handelt es sich bei diesem objektiven Moment der emotionalen Erfahrung nicht um die Art von Objektivität, die wir Tatsachen zusprechen, sondern vielmehr um eine moralische Norm.

Eine relative Verwandtschaft kann man auch mit der im angelsächsischen Raum sehr häufig anzutreffenden Position des „ethischen Intuitionismus" sehen. Dabei handelt es sich um eine vor allem von G. E. Moore entwickelte Auffassung, die davon ausgeht, dass die Aufgabe der philosophischen Ethik darin bestehe, die moralischen Urteile des *common sense* zu analysieren, indem man auf nicht weiter zerlegbare einfache Urteile zurückgeht. Mittels dieser Vorgehensweise glaubt Moore zeigen zu können, dass das Prädikat „gut" etwas ist, was sich nicht auf andere Prädikate zurückführen lässt (z. B. auf nützlich, vernünftig usf.). Dem Gewissen zwingt sich in dieser Erfahrung eine Evidenz auf, die ungefähr derjenigen entspricht, die Scheler im Sinn hat. Bei Ethiken, die versuchen, durch die Analyse moralischer Äußerungen bzw. der entsprechenden Prädikate etwas über die moralischen Intuitionen ihrer Sprecher in Erfahrung zu bringen, spricht man von *sprachanalytischen Ethiken* oder auch *Metaethiken*.

In diesem Kontext sollte auch eine Ethik Erwähnung finden, die weniger im Rahmen akademischer Diskussionen Erfolge erzielt hat als in der breiten Öffentlichkeit einer sozialkritisch eingestellten Mittelschicht: Erich Fromms (1900–1980) Überlegungen zu einer *Humanistischen Ethik*. Bekannt wurde der Gesellschaftstheoretiker und Psychoanalytiker Fromm u. a. durch Bücher wie *Die Furcht vor der Freiheit* (1941, dt. 1945) und vor allem *Die Kunst des Liebens* (1956, dt. 1971). Fromm stand zunächst der Kritischen Theorie um M. Horkheimer und Th. W. Adorno (Kap. I, S. 119 ff.) nahe, später hat er sich – aufgrund seines Verständnisses von Psychoanalyse und Marxismus – mit ihnen überworfen. Seine (paradoxe) Idee ist die Entwicklung einer „humanistischen Ethik als angewandter Wissenschaft der Kunst des Lebens". Die Wissenschaft, die zur Anwendung gebracht werden soll, ist in erster Linie eine humanistisch revidierte Psychoanalyse, die den Menschen weniger als Schauplatz einer blinden Triebdynamik betrachtet, sondern ihn in seiner physisch-geistigen *Totalität*, einschließlich der ihn bedrängenden Sinnfrage, ernst nimmt. Die Bestimmung des Menschen ist: *er selbst zu sein*, was zur Voraussetzung habe, dass der Mensch in seiner Selbstzweckhaftigkeit verstanden werden muss. Anstatt dem modernen Werterelativismus nachzugeben, glaubt Fromm, „daß unsere Kenntnis der Natur des Menschen nicht zu einem ethischen Relativismus führt, sondern im Gegenteil zu der Überzeugung, daß die Quellen der Normen für eine sittliche Lebensführung in der Natur des Menschen selbst zu finden sind". Fromm versucht - was nicht unproblematisch ist - zu zeigen, „daß ethische Normen in Qualitäten gründen, die dem Menschen innewohnen, und daß ihre Verletzung psychische und emotionale Desintegration zur Folge hat". Sein Fluchtpunkt ist „die Charakterstruktur der reifen und integrierten Persönlichkeit, der produktive Charakter, der Ursprung und Grundlage der ‚*Tugend*' ist". ‚*Laster*' bedeute „letztlich Gleichgültigkeit gegen das eigene Selbst und deshalb Selbstverstümmelung". „Soll der Mensch Vertrauen in Werte haben, dann muß er sich selbst und die Fähigkeit seiner Natur zum Guten und zur Produktivität kennen."[90]

Problematisch an Fromms sozialphilosophischen Überlegungen sind weniger seine interessanten, sozialhistorisch, politisch und psychologisch inspirierten Studien über Angst und Freiheit, Moral und Liebe oder die Wurzeln moderner Destruktivität, als sein Versuch, unter Voraussetzung einer als Wissenschaft verstandenen neopsychoanalytischen Charakterlehre Schlüsselerfahrungen einer - Aristoteles analogen - Ethik des gelingenden Lebens abzuleiten. Wo Fromm analytisch verfährt, sind seine sozialphilosophischen Studien nach wie vor lesenswert. Die *Furcht vor der Freiheit* (*Escape from freedom*) ist die Flucht vor der Übernahme der mit der menschlichen Autonomie geforderten Mündigkeit in Urteil und Handlung eines durch den Kapitalismus bedrohten öffentlichen und privaten Lebens. Je nach den historischen Ausgangsbedingungen führt die Flucht vor der Freiheit zum *autoritären Charakter*, der den Boden für den Faschismus bereitet oder zur Unselbstständigkeit und Angepasstheit in der modernen Demokratie. Angesichts des Ohnmachtgefühls des Einzelnen und der Entwicklung des autoritären Charakters sieht Fromm im Sadismus und Masochismus zwei Seiten derselben Sache: Unterwerfung nach oben, Machtstreben und Feindseligkeit nach unten und außen. Ist der Gegner groß und gefährlich und der Kampf aussichtslos, bietet die Unterwerfung noch den besten Schutz. Ist das System (zu) fürsorglich und beschützend, erscheint zuletzt jede eigene Aktivität unnötig.

Zwischen Autonomie und Authentizität

Ironie ist die letzte Phase der Enttäuschung.
A. France

Charles Taylor benennt drei Gründe des *Unbehagens an der Moderne.*[91] Der Hintergrund des Unbehagens ist das Gefühl vieler Menschen, dass die westliche Zivilisation trotz aller technischen Errungenschaften und Fortschritte mit Verlusterfahrungen, wenn nicht sogar mit einem schleichenden, unaufhaltsamen Verfall der Kultur einhergeht. Eine erste Quelle der Beunruhigung sei der in der westlichen Welt grassierende *Individualismus.* Die Menschen hätten das Recht, selbstständig die Lebensform zu wählen, die ihren höchst eigenen Überzeugungen und Ansprüchen in der Familie, im Recht und in der Politik am meisten entsprächen. Kein Jenseits oder keine kosmische Ordnung schreibe ihnen mehr vor, wie sie leben sollten. Sie nähmen sich nicht mehr wahr als Bestandteil einer umfassenden, hierarchisch gegliederten Schöpfungsordnung. Emanzipiert von der kosmischen oder christlichen „Kette der Wesen", hätten sie die Freiheit, ganz sie selbst zu sein. „Die dunkle Seite des Individualismus ist eine Konzentration auf das Selbst, die zu einer Verflachung und Verengung des Lebens führt, das dadurch bedeutungsärmer wird und das Interesse am Ergehen anderer oder der Gesellschaft vermindert."[92]

Kurz, die neuzeitliche Idee der menschlichen Autonomie zeigt sich heute als „Individualismus der Selbstverwirklichung". Darin überwiegen narzisstische und hedonistische Einstellungen, die nicht nur eine Gesellschaft der Gleichgültigkeit und der Kälte zur Folge haben, sondern auch im Namen des Rechts, das ein jeder hat, sein Leben entsprechend seinen Vorstellungen und Wünschen zu gestalten, in einen *Wertrelativismus* führten, der, wo eigene Belange betroffen sind, keine Einmischung mehr zulässt. „Es trifft offenbar zu, daß die Kultur der Selbstverwirklichung viele Menschen dazu verleitet hat, Belange, die darüber hinausgehen, aus den Augen zu verlieren. Auf der Hand liegt ferner, daß diese Kultur triviale und hemmungslose Formen angenommen hat. Daraus können sich sogar [...] absurde Konsequenzen ergeben, wenn sich unter Menschen, die ganz sie selbst zu sein trachten, neue Weisen konformen Verhaltens herausbilden, und wenn sich darüber hinaus neue Formen der Abhängigkeit einstellen, da sich Menschen, die ihrer Identität nicht ganz sicher sind, an alle möglichen selbsternannten Experten und Leitfiguren wenden, die sich den Mantel des Ansehens der Wissenschaft oder einer exotischen spirituellen Lehre umlegen."[93] Diese weitverbreitete Einstellung wird von einem normativen Subjektivismus getragen, der sich der Diskussion moralischer Streitfragen verweigert.

Die zweite Hauptursache des massiven Unbehagens an der modernen Kultur sieht Taylor im Vorrang, den die *instrumentelle Vernunft* genießt. An die Stelle einer umfassend durch sittliche Grundsätze orientierten Vernunft sei die rein instrumentelle Rationalität getreten. Bei ihr gehe es vor allem darum, die ökonomischste Anwendung der Mittel zu einem gegebenen Zweck zu berechnen. Das Maß des Erfolgs sei die Effizienz, mit der das günstigste Verhältnis von Kosten und Produktivität erreicht werden könne. Diese einzig an der Optimierung der Mittel interessierte Rationalität wisse die Frage nach der Güte (Bedeutsamkeit) und der Legitimität (Geltung) der Zwecke gar nicht mehr recht zu stellen. Das Streben der modernen Kultur tendiere dahin, in erster Linie technische Lösungen für menschliche Probleme zu suchen.

Der technisch-instrumentelle Bezug zur Welt werde für die Moderne charakteristisch. Sie zeichne sich durch eine ‚Weltlosigkeit' aus, die damit im Zusammenhang stehe, dass die Gesellschaft keine „geheiligte Struktur" mehr besitze und die gesellschaftlichen Einrichtungen und Handlungen nicht mehr in der Ordnung der Dinge (oder im Willen Gottes) gründeten. Entsprechend seien sie weithin frei verfügbar. Sie verlören ihre angestammte Bedeutung, die ihnen in der großen „Kette der Wesen" zugekommen sei. Und so könnten sie als Rohstoffe und Werkzeuge, eben als Instrumente, für unsere eigenen Vorhaben in Dienst genommen werden. Zwar habe die instrumentelle Rationalität die Eingriffs- und Verfügungsmöglichkeiten des modernen Menschen im Umgang mit sich selbst, den Anderen und der Umwelt beträchtlich erweitert, d. h. neue Spielräume für individuelles Glück und Wohlergehen geschaffen; aber diese Befreiung habe zwiespältige Folgen gehabt, auf der einen Seite habe sie zu einer Trivialisierung der Gefühle, Einstellungen und sozialen Beziehungen geführt, auf der anderen Seite, z. B. bei Risikoanalysen, zähle tendenziell nur, was in Geldwert aufgewogen werden könne. Was darauf hinausliefe, Menschenleben gegen Geld aufzurechnen. Der wissenschaftlich-arbeitsteilige Ansatz der Medizin z. B. verdränge oftmals jene Art der Fürsorge, welche die „ganze Person" und ihre Lebensgeschichte im Auge behalte, er mache den Patienten zum Gegenstand eines technischen Problems.

In der Frage, welche lebenswerten Zwecke wir uns setzen sollten, sei der Spielraum – trotz des Diktats zum *making choices* – außerordentlich begrenzt. Angesichts des fast schicksalhaften Verlaufs der Dinge tendierten die uns zu Gebote stehenden Freiheitsgrade gegen Null. Dennoch seien sie nicht unveränderlich.

Dieser Mangel an Freiheit ist für Taylor die dritte Quelle des Unbehagens an der Kultur. Er hängt auf vertrackte Weise damit zusammen, dass in einer Gesellschaft, in der sich die Menschen in die ‚Einsamkeit ihrer eigenen Herzen' eingeschlossen fänden, kaum mehr der Wunsch verspürt werde, sich politisch und sozial aktiv an der Selbstregierung und den öffentlichen Angelegenheiten zu beteiligen. Damit drohe, was Alexis de Tocqueville (1805–1859) in seinem Werk *Über die Demokratie in Amerika* (1840) bereits als „milden" Despotismus beschrieben habe. Demotiviert und hilflos stehe der einzelne Bürger den enormen bürokratisch organisierten Staatsapparaten gegenüber, die ihre „gewaltige Bevormundung" auch noch durch das Desinteresse der selbstbezogenen Individuen bestätigt sähen. So schließe sich „der schädliche Zirkel" einer Entfremdung des Einzelnen von der öffentlichen Sphäre.

Die moralische Kraft des Authentizitätsideals

Taylor predigt dennoch keinen Kulturpessimismus, er praktiziert, was man mit Hegel – über den er eine ausgezeichnete Studie verfasst hat – *immanente Kritik* nennen könnte. Taylor zeigt, wie in dieser Kultur der Selbstverwirklichung auch die Bedingungen latent vorhanden sind, unter denen es möglich sein könnte, die „moralische Kraft des Ideals der Authentizität"[94] zur Geltung zu bringen. Die gegenwärtige Kultur der Selbstverwirklichung sei eine „Auseinandersetzung ohne Artikulation", man müsse sie aus ihrer Inartikuliertheit herausholen und zum Gegenstand öffentlicher Debatten machen. Die Artikulation selbst enthalte eine Politik der individuellen und kollektiven Selbstaufklärung.

Niemand könne sich selbst verwirklichen ohne dialogische Bezugnahme auf signifikante Andere, durch die die Kreise der eigenen Selbstbezogenheit ständig gestört und modifiziert würden. Authentische Selbstverständigung gebe es nicht als innerliche, sondern nur im Kontext kommunikativer Anerkennungsprozesse, und sie erstreckten sich über die ganze Bandbreite der sozialen Interaktionen, vom Alltagsleben über das Recht bis in die Politik. *Keine Authentizität ohne Artikulation*. Sobald die Ansprüche auf Selbstverwirklichung in Erscheinung treten, werden sie in Auseinandersetzungen hineingezogen. Das gelte erst recht für die öffentliche Diskussion unter den Bedingungen demokratisch verfasster Gesellschaften und ihren politischen Institutionen. Dies setze aber voraus, dass sich die Bürger für ihr Gemeinwesen engagierten, ja, sich in gewisser Weise mit ihm identifizierten. Was jedoch bedeutet, dass jeder Einzelne über den engen selbstbezogenen Horizont seiner individuellen Interessen und Freiheitsrechte hinausschauen und sich auf diese Weise seiner Verantwortlichkeit für die öffentlichen Belange bewusst werden muss.

Dass diese Besinnung auf den Horizont gemeinsamer Werte – wie Gemeinsinn und Solidarität – zum Selbstverständnis westlicher Demokratien gehöre, ist der Ausgangsgedanke Taylors. Die moderne Kultur narzisstischer Selbstbespiegelung speist sich durchaus aus moralischen Idealen. Das Problem besteht darin, dass sie Schritt für Schritt zur „Travestie" verkommen. Taylor erinnert an die ältere Rede von einer „Treue zu sich", sie lässt noch etwas von der widerspenstigen und eigensinnigen moralischen Kraft jenes Ideals anklingen, das vormals mit dem Aufstieg des neuzeitlichen Individuums und seiner Emanzipation von kirchlichen und staatlichen Autoritäten verbunden war. Unter der Ideologie des Individualismus wird es vom Zwang ereilt, sich in die durch Markt- und Kulturmechanismen standardisierten Individuen-*Rollen* einpassen zu müssen.

Aufgrund des Eintretens für die Belange des Gemeinwesens hat man Taylor im Spektrum der amerikanischen Intellektuellen zu den *Communitarians* gezählt – mit Recht.[95] Dabei sollte man aber seine liberalistische Einstellung nicht übersehen, die sich zum einen in der Betonung der individuellen Freiheitsrechte westlicher Demokratien äußert. Zum anderen betont Taylor, gleich Herder, dass jeder Mensch nicht nur das Gesetz seiner selbst in sich trage; vielmehr gehöre zur Kultur der Authentizität auch deren Artikulation als konstitutiver Teil seiner Selbstdarstellung.

Taylors Ethik der Authentizität besitzt eine breite realistische Basis, die darin besteht, auf die gesellschaftlich-geschichtlichen Gelingens- und Geltungsbedingungen zu reflektieren, in die alle Praktiken der Selbstkultivierung eingelassen sind. Und in der Tat nimmt Taylor seinen Ein- wie Ausgang mit der These, dass die Menschen immer schon in einer ethisch und politisch strukturierten gemeinschaftlich organisierten Welt leben, in der sie ihre allgemeinen Orientierungen finden. Das Moralische ist nichts, was den Menschen von außen angetragen wird, sondern gehört ursprünglich zu der jeweiligen Gesellschaft oder Gemeinschaft, in der sie leben. Nur starke Abstraktionen, wie sie im Gefolge des neuzeitlich-cartesianischen Rationalismus ausgearbeitet worden sind, machen die immer schon moralische Verfasstheit des menschlichen Lebens und ihrer Urteile nach Werten wie gut und schlecht, richtig und falsch, nützlich und unnütz, gerecht und ungerecht usf. unsichtbar. Die Annahme einer wertneutralen Welt, der nachträglich moralische Urteile implementiert worden sind, sei die Folge einer problematischen Philosophie und Wissenschaft, die, beherrscht vom Naturalismus, eine immer schon sprachlich und sozial ausgelegte Welt auf eine scheinbar wertneutrale, den Naturgesetzen analoge Sozialphysik reduziere. Dieses Paradigma des Denkens selbst sei für die tiefgreifende Entfremdung der modernen Welt mit verantwortlich.

Damit zielt Taylor auch gegen eine liberalistische Position, wie sie J. Rawls eindrucksvoll vertreten hat (Kap. IV, S. 286 ff.). Taylor glaubt, dass individuelle Autonomie im Sinne einer neutralen oder vorurteilsfreien („reinen") Wahl von Lebensformen eine illusorische Idee ist. Er bezichtigt die liberalistische Theorie der Ignoranz gegenüber der weithin akzeptierten Annahme, dass gelingende Identität eines kulturellen Horizonts bedarf und somit nicht neutral sein kann, sondern stets vor einem bestimmten Hintergrund von Werten und ihrer Geschichte zu sehen ist. Anders gesagt, Taylors Dialektik tendiert dazu, die schwer überbrückbare Spannung, die zwischen Selbstbestimmung qua *Autonomie* (moralischer Selbstgesetzgebung) und Selbstbestimmung qua *Authentizität* (ästhetischer Selbstverwirklichung) herrscht, abzuschwächen. Die Ethik authentischen Lebens ist so eine zu ermäßigten Preisen, d. h. dem modernen Lebensstil angemessen. Als ethico-ästhetisches Ideal sieht Taylor es in die Fundamente unserer Kultur, in unsere Sprache und Alltagswelt eingelagert, d. h. immer auch realisiert. Taylor versucht die qualitative Differenz zwischen Autonomiemoral und Authentizitätsstreben einzuebnen, auf die er sich gleichwohl stützen muss, wenn er den übertriebenen Individualismus der modernen Kultur, die Verengung und Verflachung der Erfahrung usf. kritisiert.

Laut Taylor befindet sich der Westen in einem „Zeitalter der Authentizität", in dem jeder seine eigenen spirituellen Wege sucht, ob nun in Richtung von „New Age" oder aus quasi humanistischen Antrieben. Die Gegenwart werde in ihren Weltanschauungen immer pluralistischer, was aber zur gegenseitigen Infragestellung und damit zu einer erhöhten inneren Fragilität der Gesellschaften führe.

Später hat Taylor seine Überlegungen erweitert und die verschlungenen Wege der Verweltlichung in seinem Buch *Secular Age* (dt.: *Ein Säkulares Zeitalter*) nachgezeichnet. Danach fühlen sich die meisten Menschen heute hin- und hergerissen zwischen den Extremen von materialistischem Atheismus und christlicher Orthodoxie, oder sie wandeln unstet im neutralen Niemandsland oder auf Mittelwegen eines *Glaubens á la Carte* oder einer Suche nach Transzendenz im Ästhetischen. Es sei nicht zu erwarten, dass eine der Extrempositionen so bald einen Sieg davontragen werde. Das ethische Dilemma der Moderne bestehe darin, dass sie sich weder ganz vom Streben nach Transzendenz noch gar völlig von einer Wertschätzung der Erfüllung im ‚gewöhnlichen' diesseitigen Leben verabschieden könne.

Was es in der modernen Welt zu erklären gilt, ist nicht allein der Niedergang der Religion als öffentliche Institution oder individuelle Praxis, sondern das, was Taylor eine dritte, bisher übersehene Dimension der Säkularisierung nennt, eine grundlegende Verschiebung der westlichen Erfahrungs- und Vorstellungswelt (*social imaginaries*) und die Entstehung eines „exklusiven Humanismus", der einzig weltimmanente Formen menschlicher Erfüllung anerkennt.

Kulturpolitik statt Philosophie

Diese These bietet Anlass, nochmals auf Richard Rorty (1931–2007) zurückzukommen (Kap. III, S. 240 f.), der sich mit seinen Überlegungen gleichfalls auf diesem Terrain bewegt, wenn auch in Ton und Inhalt viel provokativer. Rorty gelangt – im Blick auf Taylor – zu einer genau umgekehrten Wertungsweise: „Selbst wenn der typische Charakter der Menschen in liberalen Demokratien tatsächlich fade, berechnend, kleinlich und unheroisch sein sollte, kann die Vorherrschaft solcher Personen dennoch der angemessene Preis sein für die politische Freiheit."[96]

Rorty ist der vielleicht prominenteste Autor auf diesem Gebiet der Grenzgänge zwischen Ethik und Ästhetik. Im Kontext philosophischer Denkweisen propagiert er offen eine Antiphilosophie: Das Heil der Menschen und der westlichen Demokratien liege keinesfalls in vernünftig begründeten Argumenten; Rhetorik sei die bessere Alternative. Man solle den griechischen Begriff des Menschen als eines vernünftigen Lebewesens verabschieden und durch den eines außergewöhnlich toleranten, schöpferischen, einfühlsamen Tieres ersetzen, das sich mehr als jede andere Spezies um das Leiden von anderen Seienden kümmere. Rorty hält am Geist der Aufklärung fest, nicht aber am Rationalismus, der aus ihm entspringt. Dieser mündet seiner Auffassung zufolge leicht in einen Totalitarismus des Denkens und Handelns.[97]

Angesichts der eingangs zitierten starken Behauptung Rortys – die sogleich einen Nerv seiner Philosophie trifft – liegt die Frage nahe, ob nicht dieser flache, unheroische, banale, kleinliche, berechnende, lethargische und mittelmäßige Charakter, der sich heute massenhaft in Äußerungen und Handlungsweisen von *political correctness* wiederfindet, ob das „anstelligste Arbeitstier, das Europa je gekannt hat", wie Nietzsche sagt, nicht doch auch Rückwirkungen auf das politische System westlicher Demokratien hat; ob es funktionieren und fortdauern kann unter den Bedingungen, die für diesen angepassten Charakter typisch sind. Ja, ob die westlichen Demokratien und ihre sozialen Akteure nicht nur gegen die massive Bedrohung von außen durch den Islam und den Terror von El Kaida, sondern auch gegen den Terror, der durch diesen Charakter vom Inneren her droht, ein gewisses kämpferisches Interesse an den Tag legen müssten, eine Standhaftigkeit und ein kritisches Bewusstsein, von dem offenbleiben muss, ob es von diesem mittelmäßigen Charaktertyp erwartet werden kann. Es könnte sein, dass unter den Bedingungen dieses Typs das politische System sich selbst untergräbt. In dieser Richtung, scheint es, könnte ein durchaus realistischer Einwand im Anschluss an Taylor formuliert werden: Untergräbt das politische System der westlichen Demokratien nicht seine eigenen Fundamente, wenn es die Menschen, die es tragen, verteidigen und erneuern sollten, auf fade, berechnende, kleinliche Arbeitstiere abrichtet? Rortys intelligentes Plädoyer für das Mittlere und – ununterscheidbar davon – das Mittelmaß, übersieht den vertrackten, auch für Kultur und Demokratie hochwahrscheinlichen Zusammenhang, über den P. Valéry schreibt: „Die Welt hat durch die Extreme Wert und nur durch das Mittelmaß Bestand."[98]

Es sind Fragen dieses Typs, wie sie nach Jean-Jacques Rousseau (1712–1778) besonders von Nietzsche mit großem Nachdruck gestellt worden sind. Rorty schließt Fragen dieser Art, die, anders gesagt, auf die „Dialektik der Aufklärung" zielen, als verrückt und daher unzulässig aus dem Corpus öffentlich relevanter Fragen aus. Sie seien für die Weiterentwicklung der liberalen Demokratien nicht von Interesse. Sie gehen der „liberalen Ironikerin" zu weit. Allenfalls dienen sie der privaten, d. h. der ästhetischen oder literarischen Selbsterbauung. Zu sehr legen sie den Finger auf eine Wunde der modernen westlichen Kultur und Demokratie. Rorty nennt Nietzsche, Heidegger und Derrida, die er als überaus phantasievolle Repräsentanten eines privaten Lebens- und Denkstils schätze. Was aber ihre Überlegungen zur Demokratie betreffe, hätten sie nichts zu sagen. Am besten, man läse ihre diesbezüglichen Äußerungen als Konfessionen eines erlesenen literarischen Geschmacks, da sie einzig ästhetischen Idealen, d. h. ihrer Selbstdarstellung und Selbstvervollkommnung, dienten.

Selbst wenn Nietzsche und Heidegger unnütze oder gar politisch gefährliche Ansichten und Ambitionen hegen und ihre Fundamentalkritik im Begriff steht, das Kind der westlichen Welt, die liberale Demokratie, mit dem Bade der Nihilismusdiagnose auszuschütten, ist von ihnen in öffentlicher und politischer Perspektive weit mehr zu lernen als nur dies, dass ihre Kritik die liberale Demokratie gefährde und den Sinn für Solidarität unterminiere. Gerade wenn es darum gehen soll, die Sensibilität gegenüber Grausamkeit und Verletzungen, die aus Demütigungen entstehen, zu erhöhen, bieten ihre oft befremdlichen Intuitionen ein reiches Anschauungsmaterial. Warum sollte Heideggers Technikanalyse nicht von großem öffentlichen Interesse sein? Inwiefern bedroht sie in ihrer politischen und gesellschaftlichen Aktualität die Stabilität der Institutionen der westlichen Demokratie? Im Gegensatz zu Rorty könnte man zur Auffassung gelangen, dass es für den Fortbestand jener Institution viel gefährlicher sei, die Gefahr, die Heideggers Analyse zu sehen lehrt, zu ignorieren, als sie öffentlich zu diskutieren. Derridas Überlegungen zur „undarstellbaren Gerechtigkeit" sind gerade in der wechselseitigen Kritik des ‚Pragmatismus' und des ‚Idealismus' von ebenso weitreichender wie grundlegender Bedeutung für die politische Philosophie (Kap. IV, S. 303 ff.). Sie aus dem Kreis der politisch korrekten und philosophisch respektablen Stimmen auszuschließen, wäre nur töricht.

Kunst, Technologie und Gesellschaft

Die Natur des Menschen ist Kunst.
J. G. Herder

Weg hat er aller Wege, an Mitteln fehlt's ihm nicht.
J. P. Hebel

Man kann die Überlegungen zu Ethik und Ästhetik und ihre außerordentlich starke Wiederannäherung in der Philosophie der zweiten Jahrhunderthälfte auch stärker kulturkritisch betrachten. Diese Herangehensweise könnte dann in dem, was man die *Entkunstung der Kunst* und die *Entmoralisierung der Moral* nennen kann, ihren Ausdruck finden.

In einem viel zitierten Aufsatz mit dem Titel *Das Kunstwerk im Zeitalter seiner technischen Reproduzierbarkeit* (1936) vertritt Walter Benjamin (1892–1940) die Auffassung, dass die neuen Technologien wie Fotografie, Tonaufnahmen, Kino usf. das Wesen der Kunst bzw. das der ästhetischen Erfahrung grundlegend verändern würden. Vorbereitet durch die Gesetzmäßigkeiten der kapitalistischen Warenproduktion, verliert das Kunstwerk im Zeitalter der Reproduktionstechnologien seine „Aura", den mythischen Nimbus des Originals. Die technische Reproduzierbarkeit der Kunst entmystifiziert die Kunstwerke für den Betrachter. Die für die sakrale Kunst typische und einzigartige Ortsgebundenheit (das „Hier und Jetzt") wird aufgehoben. Die Einmaligkeit des Kunstwerks, seine Echtheit und Unnahbarkeit, verwandelt sich in ein massenhaft reproduziertes Angebot, was nicht nur zur Aufklärung darüber führt, die Vermengung des ästhetischen Werts mit dem ökonomischen Wert des Kunstwerks aufzulösen, sondern auch den kultischen Zusammenhang als einen entfremdeten zu verstehen. In seiner technischen Reproduzierbarkeit löst sich das Kunstwerk aus dem „Dienst des Rituals", dessen Ausdruck und Bestandteil es ursprünglich war. Anstatt die „Aura" des Geheimnisvollen, des Genies und des Schöpfertums aufrechtzuerhalten, soll die Kunst – in Benjamins marxistisch bestimmter Perspektive – etwas Gewöhnliches werden. Die neuen Kommunikationstechnologien sollen nicht nur in den Dienst der revolutionären Forderungen der Kulturpolitik gestellt, sondern auch ihre Benutzer in die Lage versetzt werden, zugleich Autor und Zuschauer zu sein.

Wie anfechtbar auch Benjamins engagiertes Votum für die Möglichkeiten der neuen Ausdrucks- und Kommunikationstechnologien ist, es wirft zwei Fragen auf, die die Diskussion über ästhetische Gegenstände bis heute nicht loslassen: Inwieweit führt der massenhafte Einsatz neuer Technologien (von der Videokunst bis zu den Klangkompositionen aus dem Computer usf.) zu gravierenden Veränderungen bei dem, was wir *Kunst* nennen? Und, weiterreichend, welche Rolle spielen diese Veränderungen im Blick auf das mögliche „Ende" einer Kunst, die lange Zeit als außergewöhnliche, aus der Prosa des Alltags herausfallende Erfahrung betrachtet wurde?

Entkunstung der Kunst

Von *Entkunstung der Kunst* zu sprechen, kann Verschiedenes bedeuten. Es besagt zunächst und in allgemeiner Weise, dass das, was Kunst ist oder Kunst sein soll, immer weniger deutlich von anderen vergleichbaren Phänomenen wie Design und Graffiti, Mode und Reklame, von alltäglichen Praktiken der Selbstinszenierung und Spielen in künstlich (virtuell) hergestellten Welten usf. abzugrenzen ist. Es lässt sich auch, wie von Benjamin in Erwägung gezogen, auf die massenhafte Verbreitung und Nutzung von Technologien und wissenschaftlichen Erkenntnissen in der Produktion und Rezeption der Kunst beziehen. Eine Folge davon könnte sein, dass die Kunst und die Künste sich (wieder) aus dem Bannkreis kultureller Höchstplatzierungen – schöpferisches Genie, Intuition sowie dem (romantischen) Anspruch, Organon höherer Wahrheit zu sein – herauslösen, in den sie sich seit dem 19. Jahrhundert manövriert haben, und den Anschluss an Rationalität, an das allgemeine Verständnis, den alltäglichen Gebrauch und die globale Kulturentwicklung suchen. Entwickeln sich seit dem 19. Jahrhundert Kunst und Wissenschaft, Kunst und Gesellschaft in teils heftiger Konkurrenz zueinander und also auseinander (zwischen Künstler und Ingenieur z. B. liegen Welten), so lassen sich – verstärkt seit der Mitte des 20. Jahrhunderts – Tendenzen einer Annäherung beobachten. Mit einem von Hegel geborgten Vergleich könnte man sagen, die Kunst als „Sonntag des Lebens" rückt in den „Werktag, wo der Mensch auf seinen Beinen steht,

Herr ist und nach seinen Interessen handelt" ein.[99] Und das geschieht im Mehrebenensystem unseres Lebens sowohl auf kunstinterne als auch auf kunstexterne Weise.

So hat im Blick auf die kulturgeschichtlichen Veränderungen Rüdiger Bubner plakativ von der „Ästhetisierung der Lebenswelt" gesprochen und recht verschiedenartige Phänomene unter diese Diagnose subsumiert. Sie reichen von den Niederungen der allgegenwärtigen Reklamewelt über die in immer kürzeren Abständen stattfindenden Masseninszenierungen der Subkultur in Sport und Musik, Film und Mode, Kunst und Theater bis zu den postindustriell aufgerüsteten Übersetzungen des Traums der Avantgarde: nämlich Kunst und Leben zu verschmelzen, d. h. ein Lifestyle-Programm sowie ein umfassend optimiertes Seelen-, Körper- und Selbstdesign aufzulegen.

Der kulturkritische Verdacht, der in weiten Teilen hinter diesen Diagnosen steht, lautet, dass diese durch die kapitalistische Ökonomie (Kommerzialisierung) und die neuen Kommunikationstechnologien unendlich forcierte, auf Verschönerung und Verbesserung angelegte Befreiung der Menschen sie nicht aus ihrer mitverschuldeten Unmündigkeit heraus-, sondern noch tiefer in sie hineinführt; dass die ästhetischen Selbsterweiterungsprogramme die ernsten Fragen des Lebens im Medium eines spielerischen Umgangs mit sich selbst verhandeln; dass, aufs Ganze gesehen, die Ästhetisierung der Moral und der Politik eine Leichtigkeit des Seins vorgaukelt, die glauben macht, sich die Auseinandersetzung mit der anstrengenden Wirklichkeit ersparen zu können; dass hinter einer an ästhetischen Wahlmöglichkeiten ausgerichteten Welt (der Selbstverwirklichung) eine andere steht: eine, die jedem Einzelnen eine in Wahlmöglichkeiten verkleidete Verantwortung aufbürdet, die er angesichts eines eng bemessenen Spielraums gar nicht tragen kann. Verantwortung werde dem Einzelnen im Übermaß und in einer von ihm selbst nicht zu bewältigenden Weise zugeschrieben, d. h. diktiert. Die Verantwortungszuweisung werde gesellschaftlich als Individuationsmechanismus, als neue Form, sein Verhalten zu optimieren und ihn selbst zu disziplinieren, missbraucht. Angesichts dieser neuen Herrschaftspraxis weigerten sich die Individuen massenhaft, sie selbst zu sein. Man verstecke die Angst, man selbst zu sein, hinter der Erschöpfung, man selbst zu sein. Die ständige Aufforderung, man selbst zu sein, wie sie sich beispielsweise in der Verantwortungszuschreibung spiegelt, führe geradewegs in das quälende Gefühl der eigenen Unzulänglichkeit,

d. h. in depressive Handlungshemmung. Diese Störung korrespondiere einem erschöpften (ausgebrannten) Subjekt in einer (ästhetisch) befreiten Gesellschaft. Nicht – wie noch im „Zeitalter der Nervosität" – die Schuld und die seelische Konfliktbeladenheit stünden im Vordergrund, sondern die „*Erschöpfung*, die mich entleert und mich handlungsunfähig macht [...]. Sich befreien macht nervös, befreit sein depressiv."[100]

Der *Entkunstungsprozess* der Kunst scheint aber auch innerhalb der Kunst selbst stattzufinden. Die Entgrenzungen der (klassischen) Moderne in Richtung Kunst und Leben, Kunst und Politik, Kunst und Theorie werden vielfältig ergänzt durch die Einbeziehung der neuen Medien. Die Installation z. B. gilt als Prototyp dieser Tendenz oder als Ausdruck von Entgrenzung und Vermischung, Aufnahme und Überschneidung verschiedener Gattungen: vom stillen Bild zum bewegten Bild, vom Leinwandbild zum Videobild und zur Medienkunst. Unter den neueren technologischen Bedingungen erscheint die Differenz zwischen einer nur technischen oder nur ästhetischen oder bloß sozialen Praxis tendenziell aufgehoben. Weniger ein einheitlicher Stil oder ein genau bestimmtes ästhetisches Konzept scheinen entscheidend zu sein. Was sich an neueren künstlerischen Praxen, an interaktiven Installationen, an Montage- und Demontagetechniken bis hin zur Sozialen Plastik und zu Performances beobachten lässt, ist eine grenzüberschreitende Kunst, die von unterschiedlichen Techniken und Gestaltungsprinzipien Gebrauch macht. Diese verknüpfen Kunst und Kommunikation mit Wissenschaft und Technik, verbinden Populäres mit Fachlichem, Banales mit Existenziellem. Sie sind, wie man heute sagt, Hybridformen von Technik und Natur, von menschlichem Körper und Medien, von Materialien aller Art, wobei sie wiederum im Rückgriff auf unterschiedliche Codes oder Semantiken ihre gegenstandslosen Gegenstände zu überschreiben versuchen.

Auf diese Tendenz der „Entkunstung" der Kunstgegenstände hatte Th. W. Adorno schon in den 50er- und 60er-Jahren hingewiesen – sowohl im Blick auf die Auflösung des (Kunst)*Werk*begriffs („Die einzigen Werke heute, die zählen, sind die, welche keine Werke mehr sind"[101]) als auch in Bezug auf die unterschiedlichen Gattungen der Kunst, die, wie er schreibt, „auszufransen" beginnen. „Urphänomen der Verfransung der Kunst war das Montageprinzip, das vor dem Ersten Krieg in der kubistischen Explosion und [...] bei Experimentatoren wie Schwitters [...] hochkam."[102] In der Beschäftigung mit dem Eigensinn ihrer Elemente sind die Kunstwerke im Begriff, gegen die traditionellen Erwartungen an die Kunst zu verstoßen und gegen ihre säuberliche Einteilung in Gattungen zu rebellieren.

Was in diesen beispielhaft erwähnten Hybridisierungen von Kunst und Technik mitschwingt, ist die von Benjamin erahnte oder erhoffte Möglichkeit, dass sie womöglich eine ästhetische „Erlösung" der gesamten alltäglichen Praxis erlaubten.[103] An diesem Ideal orientieren sich auch heute nicht wenige Überlegungen zum Design, die der Möglichkeit nachgehen, das alltägliche Leben und die Umwelt in schönere Formen zu kleiden. Aber wie kaum anders zu erwarten, sind diese Ergebnisse zweideutig. Nicht wenigen erscheinen diese Formen der Ästhetisierung nicht nur banal – Konfektion, Warenhausästhetik und glamouröser Schick –, sondern auch politisch und ästhetisch bedenklich. Es ist, als verspielte die Kunst ihre aufreizende Chance, mehr als eine dem jeweiligen Milieugeschmack angepasste Warenästhetik zu sein.

Die kommerzialisierte Kunst verdrängt auf obsessive Weise, dass die Kunst auch Potenziale birgt, die nicht allein auf Anpassung, Unterhaltung und Vermarktung ausgelegt sind. Was Philosophen wie Th. W. Adorno, aber auch M. Heidegger u. a. immer wieder versucht haben in Erinnerung zu rufen, ist etwas anderes: Dass das Erleben von Kunst eine beunruhigende Erfahrung sein kann, die uns nicht nur eine „neue Welt" eröffnet, sondern uns auch wie bei einer Initiation verwandeln kann. Die Erfahrung der Kunst kann unsere Gewohnheiten und Sicherheiten erschüttern, sie kann unsere Fähigkeiten zur Kritik wecken, anstatt sie konsumistisch einzuschläfern. Sie kann das Bewusstsein wachhalten, dass wir zwar in eine Welt der Routinen und standardisierten Erwartungen eingesperrt sind, aber dennoch die Freiheit besitzen, diese Welt wie uns selbst verändernd zu überschreiten.[104]

Entmoralisierung der Moral

Die *Entmoralisierung der Moral* betreffend, zeichnet sich ein ähnliches Bild ab. Es scheint, als verlöre die auf das Persönliche und das Gewissen, den eigenen Vorsatz und die Schuld zielende Moral immer mehr an Boden, als berge die auf radikal-moderne Lebensformen umgestellte Gesellschaft für den Einzelnen nurmehr wenige Möglichkeiten, sich ethisch auszuzeichnen, als würde die auf sozialstaatliche Regularien, rechtlichen Ausgleich und kapitalistische Konkurrenz bedachte Gesellschaft ein ethisch qualifiziertes Leben weithin überflüssig machen. Eine Individualmoral scheint in dem Sinne funktionslos zu sein, als die Gesellschaft für die im sozialen Verkehr ständig aufbrechenden Konflikte zwischen den Individuen sachliche oder formelle Problemlösungen gefunden hat. Die das Leben rundum begleitenden Versicherungen nehmen viel von der persönlichen Verantwortung ab. Die umfassende Professionalisierung von Erziehen, Beraten, Unterstützen, Pflegen, Trost spenden usf. erscheint als weiterer Schritt, die eng mit der ethischen Praxis verbundenen Kernfähigkeiten des Sozialen zu versachlichen. Oder, Vertrauen braucht immer weniger persönliche Initiative, wenn z. B. die staatliche Lebensmittelbehörde den Transport, die Herstellung und den Vertrieb der Nahrungsmittel ständig überwacht.

Schon zu Beginn des 20. Jahrhunderts hat G. Simmel eine Situation beschrieben, in der eine durch Geldwirtschaft und Handel, Arbeitsteilung und Politik eingerichtete Gesellschaft eine Einstellung hervorbringt, die eine notwendige „Konzentrierung des Bewusstseins auf das Wollen und Fühlen und Denken der Mitmenschen“[105] mit sich bringt. Wenn ich dem anderen etwas verkaufen will, muss ich wissen, welche manifesten oder latenten Bedürfnisse er hat. Ich muss mich auf ihn einstellen und versuchen herauszufinden, was er im Grunde seines Herzens will. Dabei muss ich von mir selbst und meinen Wünschen weitgehend absehen. In der Aussicht auf materiellen Gewinn muss ich lernen, auf den anderen, seine Interessen und unbewussten Bedürfnisse einzugehen. Auf diese Weise, glaubt Simmel, werden Selbstverhältnisse eingerichtet, in denen das grundlegende Sozialdispositiv der Moderne, das Eingehenkönnen auf den Anderen, erworben wird. Anders gesagt, das Geschäftsleben führt zu einer weitläufigen Versachlichung moderner Lebensverhältnisse – im Inneren der Menschen wie im Äußeren. In dieser Welt unpersönlicher Sachlichkeit dominiert, wie Simmel in seiner *Philosophie des Geldes* darlegt, „Objektivität und charakterologische Unbestimmtheit“.[106]

Vieles deutet darauf hin, dass der moralische Gesichtspunkt der Selbstbeherrschung und der Triebdisziplinierung hinter dem ästhetischen zurücktritt, der darauf abzielt, das Selbst für seine verborgenen und unentdeckten Möglichkeiten, für seine Chancen auf dem Marktplatz des Lebens zu sensibilisieren. Die äußeren Umstände sind dafür günstig und liegen auf der Hand: die verbesserte ökonomische Lage großer Teile der Bevölkerung, mehr und nicht für die unmittelbare Reproduktion des Lebens benötigte Zeit usf. Es scheint, dass Selbstbeherrschung, Affekt- und Stimmungskontrolle eine maschinenmäßige Höhe erreicht haben, die es gestattet, sich verstärkt den Praktiken der Selbstmodellierung und Selbstgestaltung zuzuwenden. Infrage steht weniger, wie die innere und äußere Natur zu beherrschen und moralisch auszulegen ist, als das Funktionelle des Alltags und der Arbeitswelt an das Ästhetische anzuschließen.

Das *Erkenne dich selbst* wird unter der Regie des Spätkapitalismus umgeschrieben, es enthält eine zumindest ergänzende, auf Selbststeigerung und Selbsterweiterung angelegte ästhetische Bedeutung: ‚Versuche, mehr aus dir zu machen.' Der philosophische Diskurs wird dem sekundieren: ‚Erzähle, erfinde (ohne zu lügen) freundliche, aufbauende, positiv eingestellte Geschichten über dich.'

Die Selbst- und Zeitdisziplin der protestantischen Ethik, die psychischen und physischen Anpassungs- und Koordinationsleistungen der Menschen an die Vorgaben des Systems werden als selbstverständlich vorausgesetzt. Als leidvoll erfahrener Zwang standen sie in der Phase der *industriellen Revolution* im Vordergrund. Was heute interessiert, ist eher die systemnotwendige Erschließung neuer Ressourcen, die, was Produktion wie Konsumtion betrifft, auf die Wandlungs- und Steigerungsfähigkeit menschlichen Verhaltens angelegt ist. Die Gesellschaft befördert das Bestreben des Einzelnen, über sich selbst hinaus- und zu neuen und individuellen Lebensformen, zu allseitiger Mobilität und lebenslangem Lernen und Experimentieren zu gelangen. Diese Einstellung hat im „ethischen" Imperativ des einflussreichen Kybernetikers Heinz von Foerster (wider Willen) einen prägnanten Ausdruck gefunden: „Handle stets so, dass die Anzahl der Wahlmöglichkeiten größer wird."[107] Dabei fällt die Ethik mit der Ästhetik zusammen. Die Ethik erreicht ihren grundlegenden Schlusspunkt ausgerechnet in der zentralen Kategorie des ästhetischen Bewusstseins, in der Möglichkeit zur Wahl und der abstrakten, maßlosen Steigerung ihrer Optionen – *making choices*.

Wie im Blick auf die Entkunstung der Kunst zeigt auch die Rede von der Entmoralisierung verschiedene Bedeutungsfacetten. Natürlich kann man darunter auch das Verschwinden der Moral in dem Sinne verstehen, als setzten sich, je weiter der „Turbokapitalismus" fortschreitet oder das „egoistische Gen" sein Unwesen treibt, immer stärker nichtaltruistische Maximen und Verhaltensprogramme durch, als scherten sich die Menschen in einer „Ellenbogengesellschaft“ immer weniger darum, den anderen Menschen, die bei uns oder in der Dritten Welt in Not, Hunger und Elend leben, zu helfen. Wieder andere glauben, dass alles – von BSE und Aids bis zur Klimakatastrophe und zur Entwicklungshilfe usf. – nicht mehr auf sachliche, sondern vorschnell auf moralische Weise diskutiert und skandalisiert und die gesamte öffentliche Diskussion – in der die „Gutmenschen“ den Ton angeben – viel zu sehr im Medium der Moral, und d. h. des Moralisierens, geführt wird und auf diese Weise die funktionale Betrachtung der Probleme hinter einer – die Politik dominierenden – ethischen Beurteilung zurücksteht.

In beiden Zeit- oder Kulturdiagnosen (der Moralisierer und Entmoralisierer) ist nicht zu übersehen, dass sie von einer gemeinsam geteilten Voraussetzung getragen werden, die aber nicht ausreichend in Betracht gezogen wird. Sie besteht darin, dass das geradezu exponentielle Wachstum ethischer Wertfragen der Tribut ist, den die Moderne an ihre Kräfte der Rationalisierung (Spezialisierung, Versachlichung, Verwissenschaftlichung, Enttraditionalisierung usf.) zu zahlen hat. Je neutraler und objektiver die Wirtschaft, die Wissenschaft und die Technik ihre Gegenstände und Ereignisse, ihre Probleme, Projekte und Programme beschreiben und bearbeiten, desto größer wird auch die Dringlichkeit, diese komplexen Materien auf ihre werthaften, d. h. ethischen, politischen, rechtlichen, pädagogischen, sozialpathologischen Implikationen hin zu erschließen und abzuschätzen. Ihre (bloße) Funktion muss auf die für unser Leben bedeutsamen Sinn- und Symbolsysteme hin ausbuchstabiert und dargestellt werden: Verbessert es die Möglichkeiten einer gelingenden Lebensführung tatsächlich, wenn wir einen dem Herzschrittmacher analogen Hirnschrittmacher (mittels Neurochip), wie er im Versuchsstadium bei an schwerer Depression erkrankten Patienten erprobt wird, in Anwendung bringen? Welchen Gebrauch sollen wir zu Therapie- oder Optimierungszwecken von ihm machen? Welche neuen und interessanten Optionen stehen uns mittels dieser Technologie offen? Wie groß ist das Risiko, dass diese Technologie als Gedanken- und Gefühlskontrollinstrument benutzt wird? Wo sich (fast) nichts mehr von selbst versteht, sehen wir uns ständig – ausgesprochen oder unausgesprochen, direkt oder indirekt – herausgefordert, unter Rückgriff auf normativ bestimmte Urteilskriterien die jeweilige Sache nach ethischen und politischen Wertgesichtspunkten abzuarbeiten.

Körpertechnologie, Ästhetisierung, Optimierung

Mit der Darstellung von M. Merleau-Ponty und den Überlegungen zu *Mon corps propre* war das Thema des menschlichen Körpers (Kap. I. S. 73 ff.) zunächst nicht weiter verfolgt worden. Vor allem in der zweiten Jahrhunderthälfte, und genauer, im Kontext der Ästhetisierung der Lebenswelt und der eigenen Person (‚Versuche, mehr aus dir zu machen'), erlebt der Körper – gerade unterhalb der Höhenkammliteratur der Philosophie – eine ungeheure Konjunktur. Der Körper des Menschen bzw. sein Leib wird das ausgedehnte Objekt wissenschaftlicher, technischer und ökonomischer Anstrengungen. Er wird zur Zielscheibe dessen, was der französische Philosoph und Diskurstheoretiker Michel Foucault die Biopolitik genannt hat. Aus diesem Grund soll der Körper als Beispiel dienen, das Zusammenspiel von Kunst, Technologie und Gesellschaft zu beleuchten.

Die gesellschaftliche Macht greift auf den verschiedensten Ebenen am Körper an. Seine Industrialisierung und Kapitalisierung umfasst mittlerweile alle Regungen und Äußerungen des menschlichen Lebens, seine Innen- so gut wie seine Außenseite. Von der Kosmetik- und Diätetikindustrie über Wellness-Farmen bis zur plastischen Chirurgie wird nichts ausgespart, um dem Körperäußeren – Bauch, Beine, Po – die entsprechende Passform zu geben. Sein heißt Körperdesign. Der menschliche Körper wird auf jede erdenkliche Weise dramatisiert und theatralisiert, inszeniert und schönheitsoperiert, diszipliniert und transplantiert, vor allem aber, *optimiert*. Seiner ‚Eroberung' scheinen keine Grenzen (mehr) gesetzt zu sein. Kunst und Technik, beides Säulen der Kultur, arbeiten dabei Hand in Hand, sie entwickeln eine Affinität bis zur Ununterscheidbarkeit. Die Regie führt die mediale Ästhetik, die auf immer neue und hysterische Weise den Körper als schön und begehrenswert in Szene zu setzen weiß.

Was seine Innenseite betrifft, sind es vor allem die neuen Informationstechnologien und bildgebenden Verfahren, die gesteigerte Eingriffsmöglichkeiten eröffnen. Sie machen nicht nur wegen ihrer Mächtigkeit vielen Leuten Angst. Sie scheinen darüber hinaus in den Tiefen des menschlichen Lebens und Bewusstseins zu verschwinden: sie werden unsichtbar. Ob sie überhaupt Spuren hinterlassen, ist ungewiss.

Die Schnittstellen von Mensch und Maschine, Mensch und Pharmakon, Mensch und Computer verlieren sich in nicht sichtbaren, nicht fühlbaren, nicht erfahrbaren Bereichen und sind in ihren Wirkungen wie in ihren langfristigen Folgen nur schwer nachzuvollziehen. Aber sie verheißen, scheinbar lang gehegte Lebensträume der Menschen zu erfüllen. Auf die gegenwärtige Bio- und Körperpolitik fällt dabei der lange Schatten einer neuen Dreifaltigkeit: der der *Gene*, der *Zwerge* (griechisch *nanoi*) und der *Bits* bzw. der Informationen verarbeitenden Maschinen.

Bio- und Gentechnologie, Informations- und Nanotechnologie stoßen zur Verbesserung der körperlichen Fitness bis in die molekulargenetische Tiefenstruktur des menschlichen Lebens vor. Kompensation möglicher Fehlfunktionen und Optimierungsstrategien unterschiedlichster Art bilden die Leitlinien der neuen angewandten Technowissenschaften. Krankheiten – so scheint es wenigstens – könn(t)en bald auf einer Ebene behandelt werden, die körperliche Übel an der genomischen Wurzel packt. Das Köperinnere wird nach außen gestülpt und den Kontroll- und Verfügungstechnologien des *Body-Engineering* unterworfen. Präimplantationsdiagnostik ermöglicht schon frühzeitig eine Vorsteuerung körperlicher Prozesse, embryonale Stammzellen versprechen bei entsprechender Nutzung Reparatur- und Regenerationsmöglichkeiten ungeahnten Ausmaßes, um den Alterungsprozess zu verlangsamen und die Sterblichkeit womöglich abzuschaffen.

Was sich zeigt, ist eine technische Hochrüstung des Körpers unter dem Zwang zur allseitigen Erhöhung seiner Fitness und Lebenstüchtigkeit. Die gesellschaftliche Erwartung, das eigene, suboptimale Körperdesign durch Schönheits-Operationen zu verbessern, knüpft nahtlos daran an. Wie die Kunst im Zeitalter ihrer technischen Reproduzierbarkeit steht auch der Körper der Totalvermarktung offen. Nicht nur rückt die Technik dem Menschen näher auf den Leib, auch die Ökonomie lernt, seine Leistungen und Anfälligkeiten als Humankapital zu verrechnen. Wissenschaft, Technologie und Ökonomie arbeiten Hand in Hand, sie forcieren die Erschließung des Körpers in einer Weise, die darauf zielt, alle Gespenster einer dunklen, metaphysischen Vergangenheit zu verscheuchen, die *auf* oder *an* oder *in* der Körpermaschine ihr Unwesen getrieben haben. Der Leib wird nicht mehr, wie der Dichter Adalbert Stifter im *Nachsommer* geschrieben hat, als „Gewand der Seele“ betrachtet, sondern als eine extrem störanfällige Körpermaschine, auf die digitale und analoge Bewusstseinszustände und Lebensvorgänge montiert sind. Sprechen und Denken, Intentionen und Präferenzen, Willensakte und Kommunikationen sind solche einer Körpermaschine implementierte Reaktionen, die nach Art komplex organisierter Software-Programme verstanden werden.

Weite Teile der Philosophie folgen diesem Trend, indem sie die entsprechende Denkform und Terminologie dazu liefern. So ergibt sich eine Situation, die grob vereinfacht durch die Diskrepanz zweier „Sprachen“ gekennzeichnet ist. Auf der einen Seite die technologische Konstruktion unseres Körpers in einer wissenschaftlichen und, wie es heute, alle naturwissenschaftlichen Beschreibungen und Technologien zusammenfassend, heißt, naturalistischen Terminologie. Auf der anderen Seite eine Semantik, wie sie in Alltag und Recht, Politik und Moral nach wie vor unser Selbstverständnis bestimmt.

Gefördert wird dieses Interesse am Körper durch eine Zentraltendenz, die sich über eine vermutlich hochsignifikante Korrelation beschreiben lässt: Je mehr der christlich fundierte Glaube an die (Unsterblichkeit der) Seele in Gesellschaften unseres Zuschnitts in den Hintergrund tritt bzw. verblasst, desto mehr nimmt das Interesse am Körper zu, desto mehr wächst proportional auch der Wunsch nach einem langen und gesunden Leben. Es verstärkt sich gleichfalls der Wunsch, über fernöstliche (Meditation) und westliche Techniken (Biofeedback) der körperzentrierten Selbstwahrnehmung an das heranzukommen, was „er“ an Authentischem über sich erzählt. Aber der Körper scheint sprachlos geworden, auch wenn er sich ständig meldet.

Schon René Descartes (1596–1650) hatte bemerkt, dass in einer stärker am Diesseits orientierten Welt die Erhaltung der Gesundheit zum „ersten aller Güter“ wird. Der Soziologe Niklas Luhmann (1927–1998) bestätigt dies mit seiner Formulierung vom unumstrittenen „Höchstwert der Gesundheit“ in den gegenwärtigen Gesellschaften. Entsprechend diesem Höchstwert konzentriert sich die Sinnsuche weitläufig auf einen stark körperzentrierten Umgang mit sich selbst – vom Körperkult und Gesundheitswahn bis zur Sportversessenheit und den vielfältigen Inszenierungen des Körpers. Der beste Gewinn des Lebens besteht nicht nur, wie Nietzsche glaubte, darin, etwas Kunst in seine Gefühle zu legen, sondern den Körper, seine Intensitäten und Sensationen zum ausgedehnten Gegenstand der Kunst und der Künste wie der Körper- und Selbsttechnologien zu machen.

Neben den neuen technischen Möglichkeiten zur Verbesserung der körperlichen Fitness spielen auch gravierende Veränderungen in der modernen Arbeitswelt eine bedeutende Rolle. Im ständigen Lebenskampf der Menschen wird der menschliche Körper heute nicht mehr in der Weise gebraucht, wie das noch im Zeitalter der harten körperlichen Arbeit – in der Landwirtschaft und Hausarbeit wie in der Industrie – der Fall war. In fast jeder Hinsicht ist harte Arbeit und große schweißtreibende Körperkraft überflüssig – außer natürlich dort, wo sie auf neue und exzessive Weise wie im Sport kultiviert wird. Planungs-, Steuerungs- und Kontrolltätigkeiten lassen seine Bewegung(en) auf ein Minimum schrumpfen. Auch im Blick auf die Medien- und Informationsgesellschaft scheint es, dass wir mehr und mehr körperlos miteinander kommunizieren. Wir können Einkäufe, Bankgeschäfte usf. mithilfe von Computern erledigen, dank Internet setzt selbst Intimkommunikation unter Freunden und Liebenden nicht unbedingt körperliche Präsenz voraus. Kurz, die Menschen in Gesellschaften hochmodernen Zuschnitts entdecken ihren von schwerer körperlicher Arbeit entlasteten Körper neu. Er wird gleichsam in einer Reihe seiner möglichen Funktionen freigesetzt. Körper sucht Ausgleich, Körper sucht Aussehen, Körper sucht Abenteuer. Der Körper wird zum signifikanten Ausdruck menschlicher Ich-Identität. Er wird als Projekt betrachtet, in das man investieren muss wie in jede andere marktwirtschaftliche Unternehmung auch. Man muss den regelmäßigen Betrieb seines Körpers aufrechterhalten, man muss ihn gegen seine natürliche Entropie schützen, ihn reparieren, seine Schwächen ausgleichen und Aufmerksamkeitsverlust nachbessern usf. So begreift man, dass es nicht selbstverständlich ist, dass er existieren kann. Was das menschliche Leben über weite Strecken informiert und garantiert, ist ein Komplex seiner eigenen – eben auch technischen – Leistungen. Sie bilden die Bedingung der Möglichkeit seines Daseins.

Jeder Einzelne wird (selbstverantwortlicher) Unternehmer seiner selbst, seiner Arbeitskraft und seiner Interessen, einschließlich seines Lebensstils, den er je nach Herkunft und Geschmack entweder als Konfektionsware von der Stange kauft oder als authentisches Dokument eines verfeinerten Geschmacks inszeniert. Was sich im Lebensstil (und seiner trendigen Mittelschichtsvariante, dem Lifestyle) spiegelt, ist eine gemischte oder hybride Einheit, die sich aus der Ethik sozialer Lebensformen und der medialen Ästhetik von Selbst- und Körperbildern zusammensetzt, nicht ohne dass die Ökonomie sie mit geprägt hat und von ihr profitiert.

Zusammenfassend könnte man sagen: Je unwichtiger die harte körperliche Arbeit bei der Erledigung der Lebensaufgaben wird, je mehr die

Menschen in der wissenschaftlich-technischen Zivilisation die Lebensrisiken zu minimieren und die Sicherheit zu erhöhen wissen, je mehr Zeit dem Einzelnen zum Ab- und Ausbau seiner überflüssigen Triebenergie zur Verfügung steht, desto größer wird die Suche nach neuen (rein) körperzentrierten Herausforderungen. An diesem Horizont erscheint auch der perfekte Körper als Synonym für Glück – mit der fast hundertprozentigen Aussicht, unglücklich zu werden. Diese Praktiken können sich sowohl auf das äußere Erscheinungsbild (Darstellung) des Einzelnen beziehen, als auch auf das, was das Erleben, die Erfahrung und die Wahrnehmung seines Körperinneren betrifft. Die Arbeit mit dem Körper wird durch eine Arbeit am Körper ersetzt.[108] Die Ausbruchsversuche aus dieser neu gewonnenen Sicherheit und Routine eröffnen wiederum einen neuen Markt: Das Geschäft mit Nervenkitzel, Thrill und Abenteuer, also mit allem, was ‚unter die Haut geht'.

Anhang

Anmerkungen

Einleitung

1 Vgl. W. Schulz, Philosophie in der veränderten Welt, Pfullingen 1972.

2 L. Feuerbach, Vorrede zur 2. Auflage vom *Wesen des Christentums* (1843), in: Das Wesen der Religion. Ausgew. Texte zur Religionsphilosophie, hg. v. H. Esser, Köln 1967, S. 76.

3 E. Cassirer, Versuch über den Menschen (1944), Hamburg 1996, S. 33.

4 J. Habermas, Der philosophische Diskurs der Moderne, Frankfurt/Main 1985, S. 16.

5 *„Ihr könnt die Philosophie nicht aufheben, ohne sie zu verwirklichen."* K. Marx, Zur Kritik der Hegelschen Rechtsphilosophie, in: Werke. Schriften in 6 Bdn., hg. v. H. J. Lieber, Frühe Schriften, Bd. 1, Darmstadt 1971, S. 495.

6 L. Feuerbach, Vorläufige Thesen zur Reformation der Philosophie, in: Kritiken und Abhandlungen II (1839–1843), Werke in 6 Bdn., Bd. 3, Frankfurt/Main 1975, S. 234.

7 Man kann das mit der Geschichtswissenschaft vergleichen, in der verstärkt seit der Mitte des 20. Jahrhunderts das Alltagsleben z. B. im Mittelalter und in der Renaissance „entdeckt" und „erfunden" wird und, im relativen Gegenzug zur Geschichte der großen Herrschaftshäuser und Reiche, ein Interesse an Kindheit und Jugend, Geburt und Tod, Fest und Arbeit, Symbolen und Bräuchen, an der Ehe und der Stellung/Rolle der Frau usf. zunimmt.

8 E. Hobsbawm, Das Zeitalter der Extreme, München/Wien 1995, S. 28.

I Vorphilosophische Welterfahrung

1 J. G. Fichte, Rückerinnerungen, Antworten, Fragen (1799), in: Fichtes Werke, 11 Bde., hg. v. I. H. Fichte, Bd. 5, Berlin 1971, S. 342 f. Fichte zielte mit diesem Satz in Richtung der Romantik, insbesondere Friedrich Schlegels, der Philosophie und Leben eng aneinanderrücken wollte. Schon im Januar 1795 hatte F. Schiller an J. W. Goethe geschrieben: In der Philosophie sei „alles so strenge, so rigid und abstrakt, und so höchst unnatürlich, weil alle Natur nur Synthesis und alle Philosophie Antithesis ist", er fühle nur zu lebhaft „den unendlichen Abstand zwischen dem Leben und dem Raisonnement". Briefe an Goethe. Gesammelt, textkritisch durchges. u. mit Anm. versehen v. K. R. Mandelkow, Hamburger Ausg. in 2 Bdn., Bd. 1, Hamburg 1965, S. 181.

2 Es ist nicht nur von historischem Interesse, dass für Fichte im Blick auf die *kognitive* Lage oder das Erkennen die philosophische Reflexion ‚über' dem Leben steht, es sich im Blick auf die *ontologische* Einstufung aber genau umgekehrt verhält: Da rangiert das Leben vor dem Erkennen. Im Mittelpunkt des unendlichen Lebens steht die Liebe. In der *Anweisung zum seligen Leben* (1806) heißt es, die Liebe sei „höher" als alle Reflexion, sie begleite alles Werden in und für die Reflexion. Die Liebe selbst sei „die Quelle der Vernunft und die Wurzel der Re-

alität, und die einzige Schöpferin des Lebens und der Zeit". J. G. Fichte, Anweisung zum seligen Leben, in: Fichtes Werke, Bd. 5, a. a. O., S. 541 f.

3 Dieses Unbehagen verspürte schon der junge Hegel, als er schrieb, die Macht der Vereinigung sei aus dem Leben der Menschen verschwunden. Wenige Jahrzehnte später richtet sich die geballte Ladung der Vorwürfe gegen ihn selbst. Sein Denken gilt als der traurige Höhepunkt eines lebensfernen und abstrakten Denkens.

4 S. Kierkegaard, Die Wiederholung, in: Ges. Werke, 5. und 6. Abteilung, Düsseldorf 1955, S. 70 f.

5 Von großer Bedeutung ist Kierkegaards Einstellung zum Christentum. Er war auch Theologe und hat seine wichtigsten Werke mit solch ungewöhnlichen Titeln überschrieben wie: Entweder – Oder (1843); Der Begriff Angst (1844); Furcht und Zittern (1843); Abschließende unwissenschaftliche Nachschrift zu den philosophischen Brocken (1846); Die Krankheit zum Tode (1849).

6 S. Kierkegaard, Philosophische Brosamen und Unwissenschaftliche Nachschrift (1846). Unter Mitwirkung v. Niels Thulstrup u. der Kopenhagener Kierkegaard-Gesellschaft, hg. v. H. Diem u. W. Rest, München 2005, S. 492.

7 S. Kierkegaard, Die Krankheit zum Tode (1849), in: Ges. Werke, 24. und 25. Abteilung, Düsseldorf 1957, S. 8.

8 Interessant sind natürlich auch die Strategien, die Kierkegaard in Erwägung zieht, darauf zu reagieren, z. B. den *Sprung in den Glauben* oder auch den *Humor*.

9 S. Kierkegaard, Philosophische Brosamen und Unwissenschaftliche Nachschrift, a. a. O., S. 480.

10 Ebd., S. 482 f., S. 484 f., S. 481. Vgl. dazu auch Kap. IV, S. 309 ff.

11 M. Heidegger, Sein und Zeit, Tübingen ^{2}1972.

12 Heidegger hat sich geringschätzig über Kierkegaard geäußert, dabei aber sehr viel von ihm gelernt.

13 Die moderne Molekularbiologie im naturalistischen Verständnis von Richard Dawkins *Das egoistische Gen* kehrt diese Behauptung um: Der Mensch ist die (gedeihliche) Umwelt der Gene. Sie sind die Subjekte, der Mensch ist ihr Spielball.

14 Vgl. Kap. III, S. 211 ff.

15 M. Heidegger, Sein und Zeit, a. a. O., S. 42.

16 H. Arendt (1906–1975), auf vielfache Weise Heidegger verbunden, wird ein halbes Jahrhundert später die Einsamkeit zu dem Ort erklären, an dem – wenn überhaupt – der Mensch in einer Unterredung mit sich auf den Grund (oder die Rede) der Moral stößt. Vgl. H. Arendt, Über das Böse. Eine Vorlesung zu Fragen der Ethik, München 2006, S. 81 ff.

17 M. Heidegger, Sein und Zeit, a. a. O., S. 262.

18 Weiterführend vgl. Kap. IV: Ethik der Authentizität.

19 J.-P. Sartre, Ist der Existenzialismus ein Humanismus? In: Drei Essays, Berlin 1965.

20 Vgl. Kap. IV, S. 314 ff.

21 M. Heidegger, Über den Humanismus (1946), Frankfurt/Main 1975, alle Zit. S. 17–19.

22 Foucault wird später schreiben: „Mit Ereignis ist nicht eine Entscheidung, ein Vertrag, [...], eine Schlacht gemeint, sondern die Umkehrung eines Kräfteverhältnisses, der Sturz einer Macht, die Umfunktionierung einer Sprache und ihre Verwendung gegen die bisherigen Sprecher, die Schwächung, die Vergiftung einer Herrschaft durch sich selbst [...]." F. Foucault, Nietzsche, die Genealogie, die Historie, in: Von der Subversion des Wissens, hg. v. W. Seitter, München 1974, S. 98.

23 Vgl. Kap. III, S. 196ff.

24 Später wird von Derrida gegen Lévi-Strauss der gleiche Vorwurf erhoben. Dieser gehe nämlich von einer anderen Unterscheidung aus, die ebenso ethno- und eurozentristisch sei. Lévi-Strauss unterscheide die schriftlosen von den schriftkundigen Kulturen, und auch darin liege ein Präjudiz.

25 C. Lévi-Strauss, Traurige Tropen (1955), Frankfurt/Main 1978. Dieses Buch ist ein ganz großes – philosophisch im besten Sinne. Es konzentriert sich in Form eines Reiseberichts durch den brasilianischen Urwald, um es mit Adorno zu sagen, auf „Erfahrung im Medium philosophischer Reflexion“. Es ist ein Schauplatz, auf dem sich Wissenschaft und Poesie, ethnologische Dokumentation und philosophische (anthropologische, politische usf.) Reflexion, Europa und Südamerika, die traurigen Tropen und Europa im Aufbruch, Kolonialismus und Eurozentrismus ineinander spiegeln.

26 C. Lévi-Strauss, Das wilde Denken, Frankfurt/Main 1968, S. 302.

27 Ebd., S. 284.

28 Paolo Caruso, Gespräch mit Michel Foucault, in: M. Foucault, Von der Subversion des Wissens, a. a. O., S. 25–29.

29 V. Flusser, Vom Subjekt zum Projekt, Bensheim/Düsseldorf 1994, S. 16 f.

30 L. Feuerbach, Kleine Schriften, Frankfurt/Main 1966, S. 124, vgl. S. 192.

31 L. Feuerbach, Vorläufige Thesen zur Reformation der Philosophie, in: Kritiken und Abhandlungen II (1839–1843), Werke in 6 Bdn., Bd. 3, Frankfurt/Main 1975, S. 234.

32 Vgl. Kap. I, S. 76f.

33 F. Nietzsche, Nachgelassene Fragmente, 1882–1884, in: Sämtliche Werke: Kritische Studienausgabe (KSA) in 15 Bdn., hg. von G. Colli u. M. Montinari, Bd. 10, München [2]1988, S. 86.

34 L. Feuerbach, Das Wesen des Christentums, in: Ges. Werke, hg. v. der Berlin-Brandenburgischen Akademie der Wissenschaften durch W. Schuffenhauer, Bd. 5, Berlin 1973, S. 177.

35 S. Kierkegaard, Der Begriff Angst (1844), in: Der Begriff Angst, hg. von Th. S. Hoffmann, Wiesbaden 2005, S. 73. Vgl. G. Gamm, Vom Schwindel. Am Nullpunkt der Erfahrung, in: Archipele des Imaginären, hg. v. J. Huber, G. Ziemer u. S. Zumsteg, Zürich/Wien/New York 2008, S. 147–165.

36 F. Nietzsche, Nachgelassene Fragmente, KSA, a. a. O., Bd. 12, S. 205 f.

37 F. Nietzsche, Also sprach Zarathustra, KSA, a. a. O., Bd. 4, S. 40

38 Ebd., S. 39.

39 F. Nietzsche, Die Fröhliche Wissenschaft, KSA, a. a. O., Bd. 3, S. 422.

40 Ebd., S. 272.

41 M. Foucault, Nietzsche, die Genealogie, die Historie, in: Von der Subversion des Wissens, a. a. O., S. 91.

42 F. Nietzsche, Nachgelassene Fragmente, KSA, a. a. O., Bd. 11, S. 644.

43 F. Nietzsche, Jenseits von Gut und Böse, KSA, a. a. O., Bd. 5, S. 86.

44 Vgl. zu Nietzsche und zur Philosophie des 19. Jahrhunderts insgesamt: G. Gamm, Wahrheit als Differenz. Studien zu einer anderen Theorie der Moderne. Descartes – Kant – Hegel – Schopenhauer – Marx – Nietzsche, Berlin [2]2002.

45 F. Nietzsche, Nachgelassene Schriften, KSA, a. a. O., Bd. 11, S. 638 f.

46 Vgl. Kap. II, S. 135ff.

47 Vgl. Kap. I, S. 54ff.

48 E. Husserl, Cartesianische Meditationen. Eine Einleitung in die Phänomenologie, in: Ges. Werke, Bd. 1, Den Haag [2]1963, S. 77.

49 Ob und inwieweit das Programm (gerade) am Leib durchgeführt werden kann, muss hier offenbleiben.
50 M. Merleau-Ponty, Phänomenologie der Wahrnehmung, Berlin 1966, S. 99.
51 Ebd., S. 168.
52 Ebd., S. 7.
53 Es dauert nicht lange, dann kommt Kant und gibt den Gottesbeweisen den Rest – bevor sie Hegel mit guten Gründen rehabilitiert.
54 M. Merleau-Ponty, Phänomenologie der Wahrnehmung, a. a. O., S. 106.
55 Ebd., S. 174 f.
56 Vgl. H. Schmitz, Leib und Gefühl, Materialien zu einer philosophischen Therapeutik, Paderborn 1989, S. 11 ff. Unter den neueren Philosophen kommt Hermann Schmitz und Gernot Böhme das Verdienst zu, in umfangreichen Studien ein Denken „vom Leib (in seiner betroffenen Selbstgegebenheit) her" entfaltet zu haben. Böhmes Interesse richtet sich auf den „Leib als Natur, die wir selbst sind" und auf den Umgang, den wir im positiven wie negativen (kritischen) Sinne mit ihm und seinen Regungen und Betroffenheiten pflegen (sollten). G. Böhme, Leibsein als Aufgabe. Leibphilosophie in pragmatischer Hinsicht, Kusterdingen 2003.
57 M. Merleau-Ponty, Phänomenologie der Wahrnehmung, a. a. O., S. 491.
58 K. Marx, Thesen über Feuerbach, in: Werke. Schriften in 6 Bdn., hg. v. H. J. Lieber, Frühe Schriften, Bd. 2, Darmstadt 1971, S. 4.
59 K. Marx, Zur Kritik der Hegelschen Rechtsphilosophie, in: Werke, a. a. O., Bd. 1, S. 495, vgl. 496, 505 u. a.
60 Es findet seinen Ausdruck in dem folgenden Satz: „Es ist das Große unserer Zeit, daß die Freiheit, das Eigentum des Geistes, daß er in sich bei sich ist, anerkannt ist." G. W. F. Hegel, Vorlesungen über die Geschichte der Philosophie III, in: Werke in 20 Bdn., Bd. 20. Frankfurt/Main 1971, S. 329.
61 K. Marx, Das Kapital. Kritik der politischen Ökonomie, in: Werke, a. a. O , Bd. 4., S. 926 f.
62 K. Marx, Grundrisse der Kritik der politischen Ökonomie, Berlin ²1974, S. 556.
63 I. Kant, Kritik der reinen Vernunft. Nach der ersten und zweiten Original-Angabe neu hg. v. R. Schmidt, Hamburg 1976, A 800, B 828.
64 G. Lukács, Geschichte und Klassenbewußtsein. Studien über marxistische Dialektik, Neuwied/Berlin 1970, S. 51 f.
65 Ebd., S. 114.
66 Für Lukács ist der „Kampf um diese Gesellschaft, wobei auch die Diktatur des Proletariats eine bloße Phase ist, [...] nicht nur ein Kampf mit dem äußeren Feind, mit der Bourgeoisie, sondern zugleich ein Kampf des Proletariats *mit sich selbst*: mit den verheerenden und erniedrigenden Wirkungen des kapitalistischen Systems auf sein Klassenbewußtsein. Erst wenn das Proletariat diese Wirkungen in sich überwunden hat, hat es den wirklichen Sieg errungen [...]. Das Proletariat darf keine Selbstkritik scheuen, denn seinen Sieg kann nur die Wahrheit bringen und Selbstkritik muß deshalb sein Lebenselement sein." Ebd., S. 169.
67 Ebd., S. 112.
68 Ebd., S. 159.
69 Unter den fünf oder sechs Hauptkennzeichen faschistischer Regime im 20. Jahrhundert – so unterschiedlich sie im Einzelnen auch (gewesen) sind, findet sich neben der Gleichschaltung der Medien, der gelenkten Wirtschaft, dem Terror (mit und ohne Zentrum) sowie einer umfassenden Ideologie regelmäßig auch die Einparteienherrschaft.

70 G. Lukács, Geschichte und Klassenbewußtsein, a. a. O., S. 183.

71 G. Gamm, Die Unbestimmtheit des Geldes. Georg Simmels Zeitdiagnose im Geist der Hegelschen Dialektik, in: Aspekte der Geldkultur. Neue Beiträge zu Georg Simmels Philosophie des Geldes, hg. v. W. Gessner u. R. Kramme. Magdeburg 2002, S. 115–137.

72 Beide bedienen sich in der Art und Weise, wie sie die Gesellschaft (Marx) und die Seele (Freud) auffassen, grundlegender philosophischer Kategorien, in diesem Fall der von Wesen, Erscheinung und Schein. Sie setzen sie in ein je durch ihren Gegenstand bestimmtes Verhältnis. Für Marx erscheint das Wesen – die Kernstruktur der kapitalistischen Gesellschaft – auf seiner Oberfläche (der Erscheinung) als der immer wieder real aufbrechende Klassenkonflikt, der aber zu Teilen in seiner Wahrnehmung in die Befangenheit des ideologischen Bewusstseins (Schein) verstrickt bleibt. Marx und Freud exemplifizieren jeder auf seine Weise, was Hegel in seiner *Wissenschaft der Logik* über die Architektur dieser sprachlich bestimmten Begriffe (im Unterschied zur kantischen) gesagt hat: Der Schein sei dem Wesen wesentlich und: Das Wesen müsse erscheinen.

73 S. Freud, Neue Folge zur Einführung in die Psychoanalyse, in: Ges. Werke, hg. v. A. Freud, E. Bibring u. a., Bd. XV, London 1940–1952, S. 80.

74 S. Freud, Die Traumdeutung, in: Ges. Werke, a. a. O., Bd. II/III, London 1940–1952, S. 598.

75 Das Prädikat, absichts- und planvoll handeln und denken zu können, wird in aller Regel nur dem bewussten Ich oder Subjekt zugeschrieben, nicht den unbewussten Affekten und Vorstellungen, Strebungen und Motiven. Verweist die psychoanalytische Erfahrung dem entgegen auf eine unbewusste Intentionalität von Willensregungen, hat das weitreichende Konsequenzen. Nicht allein im Blick auf die Entmächtigung des menschlichen Handlungssubjekts, die damit einhergeht; vielmehr wird die Stelle selbst, die eines einheitlich vorgestellten Zentrums der Person, prekär. Der Gedanke einer Mehrzahl von Epizentren drängt sich auf, die je nachdem wie viel Macht sie auf sich vereinigen können, eine Art zeitlich begrenzter Vorherrschaft einzelner Affekte oder Vorstellungen erzwingen. Die Stelle des Handlungs-Ichs erlebt wechselnde Affektbesetzungen, sodass kaum mehr von einem Subjekt, das sich gleich bleibt, gesprochen werden kann. Darüber lässt sich hier nicht weiter nachdenken. Es genügt zu bedenken, dass an unbewussten Strebungen ein Moment kognitiver Zweckgerichtetheit nicht von vornherein ausgeschlossen werden kann.

76 So will es das Interpretationsklischee im Rahmen einer zweitausendjährigen Deutungsgeschichte, das sich dabei auch auf bestimmte Äußerungen Freuds stützen kann.

77 Im Gegensatz zu derjenigen Soziologie, die sich vom Positivismus A. Comtes (Kap. II, S. 133 ff.) inspirieren lässt, ist Max Weber der Auffassung, dass die Soziologie nicht nur allgemeine Regeln zur Steuerung sozialen Handelns bereitstellen, sondern auch die subjektiven Intentionen und Motive des Handelns verstehen sollte. Dem *Grundriss der verstehenden Soziologie* zufolge – so der Untertitel seines Hauptwerks *Wirtschaft und Gesellschaft* – soll eine Wissenschaft des sozialen Handelns dieses sinnhaft „deutend verstehen und dadurch in seinem Ablauf und seinen Wirkungen kausal erklären". Weber ist der Auffassung, man müsse die Gesellschaft als Interaktion sinnhaft strukturierter Handlungen beschreiben, welche durch die Methode kausaler Erklärung ergänzt und kontrolliert werden müsse. Eine Soziologie, die sich darauf beschränke, das (soziale) Verständnis, das der Einzelne (der Teilnehmer) von sich hat, zu ermitteln, greife zu kurz. Einer Wissenschaft des Sozialen, die sich auf Kollektivbegriffe

(Volkscharaktere, Klassenbewusstsein usf.) kapriziere oder sich allein an objektiven (‚statistischen') Gesetzen nach Art einer ‚Sozialphysik' ausrichte, gelinge es auch nicht, das Spezifische des sozialen Sinns zu erfassen. Auch deshalb nicht, weil in ihr Sphären unterschiedlichster Art und Weise eingelassen seien. So z. B. Werte- und Normensysteme, wie wir sie aus dem Geschäftsleben, aus der Religion oder auch aus der Kunst kennen. M. Weber, Wirtschaft und Gesellschaft, Tübingen 1976, S. 1.

78 M. Weber, Die protestantische Ethik und der Geist des Kapitalismus, in: Ges. Aufsätze zur Religionssoziologie, Bd. 1., Tübingen [8]1986, S. 4.

79 Ebd., S. 203 f.

80 Ebd., S. 190 f.

81 M. Horkheimer, Th. W. Adorno, Dialektik der Aufklärung, Frankfurt/Main 1969, S. 9.

82 Ebd., S. 31.

83 Ebd., S. 12.

84 Ebd., S. 235.

85 Ebd., S. 61.

86 Ebd., S. 35.

87 M. Serres, Hermes IV. Verteilung, Berlin 1993, S. 62.

88 H. Marcuse, Triebstruktur und Gesellschaft. Ein philosophischer Beitrag zu Sigmund Freud, Frankfurt/Main 1970, S. 10.

89 Bekannter noch wurde Marcuse durch sein Buch: *Der eindimensionale Mensch* (1964, dt. 1967). Es wurde zu einer Art Bibel der Studenten- und Jugendrevolte in den späten 60er-Jahren, Marcuse selbst zu einem ihrer Propheten. *Der eindimensionale Mensch* ist eine Abhandlung über den (kollektiven) Verlust des kritischen Bewusstseins, darüber, dass den Menschen in einer kapitalistischen Gesellschaft des Überflusses ihr Glück dennoch versagt und ihr Gerechtigkeitsverlangen unerfüllt bleibt.

90 H. Marcuse, Triebstruktur und Gesellschaft, a. a. O., S. 82.

91 Ebd., S. 47.

92 H. Marcuse, J. Habermas, Theorie und Politik, in: Gespräche mit Herbert Marcuse, Frankfurt/Main 1978, S. 31 f.

93 Zit. nach: V. Descombes, Das Selbe und das Andere. Fünfundvierzig Jahre Philosophie in Frankreich, 1933–1978, Frankfurt/Main 1981, S. 202.

94 G. Bataille, Die Erotik, insbes. II. Teil, Kap. VI: Heiligkeit, Erotik und Einsamkeit, München 1994, S. 247.

95 Ebd., S. 248.

96 Ebd., S. 247.

97 Ebd., S. 256.

98 Ebd., S. 257. Weiterführend zu Bataille: G. Gamm, Vernunft und Eros, G. Batailles Idee der Grenzüberschreitung, in: Nicht nichts. Studien zu einer Semantik des Unbestimmten, Frankfurt/Main 2000, S. 83–103.

II In Auseinandersetzung mit den Wissenschaften

1 E. Husserl, Die Krisis der europäischen Wissenschaften und die Transzendentale Phänomenologie, in: Ges. Werke, Bd. VI, hg. v. W. Biemel, Den Haag 1962, S. 4.

2 Vgl. dazu Kap. III, S. 186 ff.

3 Vgl. Kap. III, S. 222 ff.

4 I. Kant, Kritik der reinen Vernunft, nach der 1. und 2. Original-Ausgabe neu hg. v. R. Schmidt, Hamburg 1976, B XI.

5 Es ist interessant anzumerken, dass in den von Hegel ausgehenden Traditionen, z. B. bei Sartre oder Adorno, das „Positive" als das Unmittelbare dem „Negativen" als das, was sich verändert, gegenübersteht. Das Positive bezeichnet die bestehenden Verhältnisse, das Negative hingegen das, was die gegebenen Verhältnisse überschreitet.

6 Vgl. Kap. III, S. 207 ff.

7 Man könnte vielleicht noch einen Schritt weiter gehen und ein Erklärungsschema heranziehen, das später viel Beachtung gefunden hat: das Hempel-Oppenheim-Schema (beschrieben 1948 in: *Studies in the Logic of Explanation*), das vor allem zwei entscheidende Voraussetzungen thematisiert, ein allgemeines Gesetz (auch mehrere) und die Randbedingungen, die erfüllt sein müssen, damit ein Einzelfall unter jenes gebracht werden kann. Das beliebte Beispiel ist: das Platzen eines Kühlers im Auto. Die Erklärung anhand allgemeiner Gesetze funktioniert nur unter der Voraussetzung, dass bestimmte Randbedingungen erfüllt sind. Also: dass das Auto draußen gestanden hat und die Temperatur unter den Gefrierpunkt gefallen ist, sind Randbedingungen, die erfüllt sein müssen, um mitmilfe des Gesetzes, dass Wasser gefriert und sich bei so und so viel Grad entsprechend ausdehnt, dieses Ereignis erklären zu können. Hempel und Oppenheim waren Physiker, die geglaubt haben, dass der Kern einer Erklärung die Zurückführung eines Einzelfalls auf Gesetzmäßigkeit plus Randbedingungen sei. Das Hempel-Oppenheim-Schema ist freilich nur ein Modell der Erklärung unter anderen, wissenschaftlichen wie außerwissenschaftlichen. Das Beispiel soll nur andeuten, welche Probleme zu überwinden wären, wenn man ernsthaft das für die Naturwissenschaften entwickelte Erklärungsmodell auch für die Geistes-, Geschichts- und Sozialwissenschaften als ausschlaggebend erklären wollte.

8 Im Fall des Erklärungsansatzes von Hempel und Oppenheim hat man von einem nomologisch-deduktiven Verfahren gesprochen.

9 L. Wittgenstein, Tractatus logico-philosophicus, in: Werkausgabe in 8 Bdn., hg. v. G. E. M. Anscombe u. G. H. von Wright, Bd. 1, Frankfurt/Main 1984, S. 85. Vgl. Kap. III, S. 178 ff.

10 Kant hat die Aufgabe der *Kritik der reinen Vernunft* unter die Leitfrage: „Wie sind synthetische Urteile a priori möglich?" gestellt.

11 W. v. O. Quine, Wort und Gegenstand, Stuttgart 1980, S. 59 f.

12 W. Stegmüller, Hauptströmungen der Gegenwartsphilosophie, Bd. 1, Stuttgart 1969, S. 354.

13 K. R. Popper, Logik der Forschung, Tübingen [10]1994.

14 Während meines Studiums in Tübingen Anfang der 70er-Jahre gab es in der Tat auf dem kleinen See in der Nähe des Bahnhofs einen schwarzen Schwan; und Popper hat ihn selbst beobachten können, als er zu dieser Zeit in der Stadt Hegels, Hölderlins und Schellings einen Vortrag gehalten hat.

15 Seit der Antike ist es eines der erregendsten Probleme der Philosophie, wie man Negationen („ist nicht") wahrnehmen und verstehen kann, wie uns etwas durch Erfahrungen, Sätze usf. gegeben sein kann/soll, was nicht (da) ist.

16 K. R. Popper, Logik der Forschung, a. a. O., S. 18.

17 Ebd., S. 67 ff.

18 Ebd., S. 31.

19 „Die Theorie ist das Netz, das wir auswerfen, um ‚die Welt' einzufangen, – sie zu rationalisieren, zu erklären und zu beherrschen. Wir arbeiten daran, die Maschen des Netzes immer enger zu machen." Ebd., S. 31.

20 Vgl. Kap. II, S. 154 ff.

21 K. R. Popper, Logik der Forschung, a. a. O., S. 31.
22 K. R. Popper, Vermutungen und Widerlegungen. Das Wachstum der wissenschaftlichen Erkenntnis, Tübingen 1963/1994, S. 47 f.
23 I. Hacking, Einführung in die Philosophie der Naturwissenschaften, Stuttgart 1996, S. 20 f.
24 Wie etwas *entstanden* ist, ist das eine, es mag von unzähligen Umständen und blinden Zufällen regiert werden. Ob es *gültig* ist oder sich als begründet oder erklärbar ausweisen lässt, ist etwas ganz anderes. *Wie* und *unter dem Einfluss welcher Bilder* das Gravitationsgesetz Newtons Kopf entsprungen ist (es von ihm entdeckt wurde), ist *toto coelo* verschieden von dem für alle Zeit und allen Raum gültigen Naturgesetz, das die ständig zu Boden fallenden Körper durch die wechselseitige Anziehung der Masse zweier Körper (Stein und Erde), ihrer Entfernung und einer Konstante G erklärt.
25 Vgl. Kap. III, S. 209 ff.
26 So wenig die *Evolutionäre Erkenntnistheorie* unter Philosophen (von wenigen Ausnahmen abgesehen) Beachtung und Anerkennung findet, so sehr wird sie von philosophierenden Naturwissenschaftlern und sogenannten Sachbuchautoren geschätzt.
27 St. Toulmin, Einführung in die Philosophie der Wissenschaft, Göttingen 1953, S. 8. „Was da [in der Wissenschaftstheorie, G. G.] gesagt wird, mag luzide und gelehrt sein [...], aber irgendwie scheint es daneben zu treffen. Es ist nicht faktisch falsch [...] oder fehlerhaft, es ist einfach irrelevant: die Fragen, die da so [...] gründlich diskutiert werden, haben mit Physik nichts zu tun." Ebd., S. 8.
28 Krise insofern, als das ganze Ausmaß ihres Nichtwissens offenkundig wird.
29 B. Latour, Wir sind nie modern gewesen, Berlin 1991.
30 B. Latour, Die Hoffnung der Pandora, Frankfurt/Main 2000, S. 31. Zu Latour insgesamt G. Gamm, Menschliche und nichtmenschliche Wesen. Zur Wissenschafts- und Technikforschung von Bruno Latour, in: Der unbestimmte Mensch, Berlin 2004, S. 131–157.

III In Anlehnung an die Sprache

1 K.-O. Apel, Der transzendentalhermeneutische Begriff der Sprache, in: Transformation der Philosophie, Bd. 2: Das Apriori der Kommunikationsgemeinschaft, Frankfurt/Main 1973, S. 330.
2 Eine klassische Definition liefert Johann Gottlieb Fichte, wenn er schreibt, die Sprache sei „Ausdruck unserer Gedanken durch willkürliche Zeichen". J. G. Fichte, Von der Sprachfähigkeit und dem Ursprung der Sprache, in: Fichtes Werke, hg. v. I. H. Fichte, Bd. 8, Berlin 1971, S. 302.
3 Eine solche Gesamtorientierung in zwei oder drei Sätzen ist nicht unproblematisch, weniger, weil sie falsch wäre, sondern, weil daraus nicht hervorgeht, wie vielgestaltig diese Philosophie ist.
4 G. H. von Wright, Die analytische Philosophie. Eine historisch-kritische Betrachtung, in: Information Philosophie, Heft 2, Mai 1993, S. 4. Das Zitat beschreibt die aktuelle Situation, wobei man bedenken sollte, dass (mit einer Verzögerung von einigen Jahrzehnten) die analytische Philosophie gegenwärtig im deutschsprachigen Raum an Zulauf gewinnt – und zwar zu einer Zeit, da ihr Fortschrittsglaube nicht mehr ungebrochen ist und die produktiven Höhepunkte hinter ihr zu liegen scheinen.
5 F. Waisman, Was heißt logische Analyse? Zit. nach G. H. von Wright, ebd., S. 4.
6 Beide Zit.: G. H. von Wright, ebd., S. 6.

7 L. Wittgenstein, Philosophische Untersuchungen, in: Werkausgabe in 8 Bdn., hg. v. G. E. M. Anscombe u. G. H. von Wright, Bd. 1, Frankfurt/Main 1984., S. 300 (Nr. 116).

8 R. Rorty, Introduction. Metaphilosophical Difficulties of Linguistik Philosophy, in: Ders. (Hg.), The Linguistic Turn, Chicago/London 1988, S. 12.

9 Zum „Wiener Kreis" vgl. Kap. II, S. 138 ff.

10 Vgl. Kap. I, S. 37 ff., 53 ff.

11 Vgl. B. Russell, Philosophie des Abendlandes (1945), Zürich [7]1997, S. 836–842.

12 A. Kenny, Philosophy in the Modern World. A new History of Western Philosophy, 4 volumes, vol. IV, Oxford 2007, S. 55.

13 So wird es auch Russell und Moore ergangen sein, als sie versuchten, Wittgenstein den Eintritt in das akademische Leben als Professor zu ermöglichen, indem man den *Tractatus* nachträglich als Dissertation anerkannte. Die Verteidigung seiner Thesen bestand darin, einige Sätze seines Werks zu erläutern. Abschließend bescheinigte Wittgenstein seinen beiden Prüfern: „Keine Sorge, ich weiß, ihr werdet es *nie* verstehen!" Zit. nach R. Monk, Wittgenstein. Das Handwerk des Genies, Stuttgart 1992, S. 292.

14 Th. Mann, Schopenhauer, in: Über Arthur Schopenhauer, hg. v. G. Haffmans, Zürich 1977, S. 114.

15 L. Wittgenstein, Tractatus logico-philosophicus, in: Werkausgabe, a. a. O., Bd. 1, Frankfurt/Main 1984, alle Zit. S. 9 f.

16 Auch dies eine Antwort auf die im Vorspann zu Kap. I, S. 22 ff. gestellte Frage nach dem Verhältnis von Philosophie und Leben, Begriff und Existenz.

17 Wittgenstein ist im gleichen Jahr wie Adolf Hitler geboren, 1889 (Heidegger übrigens auch), in einem der reichsten Elternhäuser Wiens, was für ihn eine große Belastung war, u. a. weil die Eltern ihr Geld auch in der Rüstungsindustrie verdient hatten. Bis zu seinem 14. Lebensjahr wurde er zu Hause unterrichtet, danach besuchte er die Realschule in Linz, auf der Adolf Hitler einer seiner Mitschüler war. Wittgenstein liest schon sehr früh, als Jugendlicher, Schopenhauer, hat aber auch großes Interesse an den Grundlagen der Mathematik und studiert Maschinenbau in Berlin und Manchester, wobei er sich vor allem mit der Flugzeugtechnik und der Aerodynamik beschäftigt. Auf Anraten Gottlob Freges (1848–1925) geht er danach mit seinen philosophischen Interessen nach Cambridge zu Bertrand Russell, der ist einerseits Logiker und Mathematiker, auch Nobelpreisträger für Literatur, andererseits hat er friedenspolitische und gesellschaftlich-reformerische Interessen. Vor dem „Russell-Tribunal" wurden in den 60er-Jahren Völker und Regierungen angeklagt, die Menschenrechte verletzt haben, so 1966 die Amerikaner im Blick auf ihre Kriegsführung in Vietnam. – Als Freiwilliger der österreichischen Armee nimmt Wittgenstein am Ersten Weltkrieg teil, schildert in einem Tagebuch die existenziellen Nöte eines jungen Mannes zwischen unterschiedlichen Bedürfnissen und Antrieben und schreibt zur gleichen Zeit den *Tractatus logico-philosophicus.* Er verzichtet auf sein gesamtes Erbe bzw. verschenkt es zum Teil an junge Künstler und versucht danach, auf die verschiedensten Arten und Weisen durchs Leben zu kommen. Nachdem er eine Lehrerausbildung absolvierte, ist er für sechs Jahre von 1919/20 bis 1926 Volksschullehrer in verschiedenen Dorfschulen in Österreich, eine Zeit lang auch Gärtnergehilfe in einem Kloster. Aus einer Reihe von Erfahrungsberichten geht hervor, dass er kein guter Pädagoge war, 1926 muss er den Schuldienst quittieren, weil er überharte körperliche Strafen verhängte. Er geht zurück nach England. Gemeinsam mit einem Architekten baut er seiner Schwester ein Haus, zwischen 1926 und 1928, ein ganz

und gar schmuckloses Haus, durchkonstruiert, in einer beispiellosen Strenge, das Haus kann man noch heute besichtigen. Auf Drängen der Freunde geht er zurück nach Cambridge, wo er Anfang der 30er-Jahre zunächst einen Lehrauftrag erhält und 1939 schließlich einen Lehrstuhl für Philosophie einnimmt, den er bis kurz vor seinem Tod innehat. Er lebt abwechselnd in Irland und Cambridge, bewohnt aber auch seine kleine Hütte in Norwegen, reist hin und her und stirbt 1951.

18 Vgl. Kap. II, S. 138 ff.

19 K.-O. Apel, Wittgenstein und das Problem des hermeneutischen Verstehens, in: Transformation der Philosophie, Bd. 1, Frankfurt/Main 1973, S. 367.

20 L. Wittgenstein, Philosophische Untersuchungen, in: Werkausgabe, a. a. O., § 43.

21 Ebd., § 109.

22 Ebd., § 593.

23 Vgl. Ebd., § 133, § 109, § 129.

24 P. M. S. Hacker, Wittgenstein im Kontext der analytischen Philosophie, Frankfurt/Main 1997, S. 208 f.

25 Ebd., S. 209.

26 Ebd., S. 209 f.

27 L. Wittgenstein, Philosophische Untersuchungen, § 255.

28 F. de Saussure, Grundfragen der allgemeinen Sprachwissenschaft (1916), Berlin 1967.

29 Literatur- und Sprachwissenschaft haben sich seit den 60er-Jahren weit auseinanderentwickelt. Die Linguisten untersuchen die Strukturen der Sprache, die Literaturwissenschaftler interpretieren Texte in kulturwissenschaftlichen Zusammenhängen.

30 Der Algebra vergleichbare Rechenmethoden, durch die bestimmte Elemente (einer Kultur, eines Mythos, eines Verwandtschaftssystems usf.) mit anderen Elementen oder Unterschieden der eigenen oder fremden Kultur in Beziehung gesetzt werden.

31 C. Lévi-Strauss, Mythologica, 4 Bde. (1964–1971), Bd. 1, Frankfurt/Main 1975, S. 26. Interessanterweise trifft sich diese Auffassung in einigen Punkten mit der Psychologie von C. G. Jung. Dieser nennt die wiederkehrenden kulturellen Muster in den Mythen und Traumbildern der Völker „Archetypen" und sieht in ihnen kollektive Besitztümer des Menschengeschlechts. Verkörpert sind sie im kollektiven Unbewussten (der Seele), das, von persönlichen Erfahrungen losgelöst, Niederschläge von stets sich wiederholenden Erfahrungen der Menschheit enthält. Hauptbeweis: der „universale Parallelismus mythologischer Motive". C. G. Jung, Archetyp und Unbewusstes, in: Grundwerk C. G. Jung, hg. v. H. Barz u. a., Bd. 2, Olten 1984, S. 130. Vgl. dazu kritisch G. Gamm, Wahrheit aus dem Unbewussten, in: Die Macht der Metapher. Im Labyrinth der modernen Welt, Stuttgart 1992, S. 127–160.

32 Vgl. Kap. I, S. 55 ff.

33 F. Nietzsche, Jenseits von Gut und Böse, in: Sämtliche Werke: Kritische Studienausgabe (KSA) in 15 Bdn., hg. von G. Colli u. M. Montinari, Bd. 5, München ^{2}1988, S. 260.

34 Neben anderen aufschlussreichen Parallelen sollte man freilich nicht übersehen, dass beide vom szientifisch-positivistischen Phantasma reiner Beschreibung beherrscht werden. Ihre (vielleicht verständliche) methodologische Voreingenommenheit gegen „Deutung", „Verstehen", „Sinn", „Interpretation" usf., ist grenzenlos. Diese Ideologie reiner Beschreibung findet man heute vor

allem im Umkreis von Luhmanns Systemtheorie und/oder in gedankenloser Verbindung mit der Phänomenologie.

35 Vgl. M. Foucault, Eine Geschichte, die stumm geblieben ist, in: Dits et écrits, 2 Bde., Bd. 2, Frankfurt/Main 2001, S. 703–708.

36 M. Foucault, Überwachen und Strafen, Frankfurt/Main 1976, S. 236. Vgl. dazu: G. Gamm, A. Hetzel, M. Lilienthal, Interpretationen. Hauptwerke der Sozialphilosophie, Stuttgart 2001: M. Foucault, S. 193–224.

37 Vgl. Kap. I, S. 43 f.

38 H.-G. Gadamer, Wahrheit und Methode. Grundzüge einer philosophischen Hermeneutik, Tübingen 1960. Sehr lehrreich: Ders., Wahrheit und Methode, Ergänzungen, Register. Hermeneutik II, in: Ges. Werke, Bd. 2 Tübingen 1993.

39 Vgl. Kap. IV, S. 305 ff.

40 H.-G. Gadamer, Wahrheit und Methode, a. a. O., S. 289 f.

41 Ebd., S. 360.

42 W. Schulz, Philosophie in der veränderten Welt, Pfullingen 1972, S. 536.

43 H.-G. Gadamer, Wahrheit und Methode, a. a. O., S. 423.

44 Ebd., S. 426.

45 Ebd., S. 450.

46 J. Derrida, Grammatologie, Frankfurt/Main 1983, S. 274.

47 Vgl. Kap. I, S. 111 f.

48 Vgl. dazu Kap. III: Sprache, Struktur und Geschichte.

49 P. Ricœur, Hermeneutik und Strukturalismus, München 1973/1974, S. 160.

50 Vgl. dazu Kap. IV, S. 297 ff.

51 K.-O. Apel, Transformation der Philosophie, Bd. 1, a. a. O., S. 12.

52 Vgl. Kap. III, S. 234 ff.

53 Vgl. G. Gamm, Philosophie im Kontext. Die ersten Jahrzehnte nach dem Krieg, in: Grenzgänge – Reflexionen aus einem barbarischen Jahrhundert, hg. v. M. Kronauer u. J. Ranc, Frankfurt/Main (Humanities Online) 2006, S. 277–296.

54 Leider haben sie die Reflexionsfäden, die die Kritische Theorie mit Kunst und Literatur, d. h. mit ästhetischer Erfahrung im weitesten Sinne, verbunden haben, nicht ernsthaft aufgenommen und weitergesponnen. Dadurch bleibt die Modernisierung der Theorie auf halbem Wege stecken. Das bedeutet, die Veränderungen im künstlerischen, kulturellen oder auch sozialen Bereich sowie die Veränderungen im Bereich der Einstellungen und Gewohnheiten nicht verfolgt zu haben.

55 Th. W. Adorno, Negative Dialektik, Frankfurt/Main 1966, S. 192.

56 J. Habermas, Philosophisch-politische Profile, Frankfurt/Main 1971, S. 195.

57 J. Habermas, Nachmetaphysisches Denken, Frankfurt/Main 1988, S. 15.

58 Ebd., S. 59.

59 Vgl. L. Wittgenstein, Über Gewißheit, in: Werkausgabe, Bd. 8, a. a. O., § 611.

60 J. Habermas, Theorie des kommunikativen Handelns, 2 Bde., Bd. 1, Frankfurt/Main 1981, S. 372.

61 Eine in vieler Hinsicht lehrreiche Kontroverse ist die mit Hans Albert und dem Kritischen Rationalismus (vgl. S. 145 ff.). Das Plädoyer für einen uneingeschränkten Fallibilismus, wie ihn K. R. Popper und H. Albert (*Traktat über kritische Vernunft*, 1968) vertreten, muss da Ausnahmen zulassen, wo wir es mit den Grundlagen des Argumentierens zu tun haben, ansonsten sägen sie sich den Ast ab, auf dem sie sitzen. Apel nennt das ein „sinnkritisches Argument".

62 Würde man vom Papst als einem Junggesellen sprechen, selbst wenn er unverheiratet ist? Muss ein Junggeselle prinzipiell dem Heiratsmarkt zur Verfügung stehen usf.?

63 J. G. Fichte, Sonnenklarer Bericht über das Wesen der neuesten Philosophie, in: Fichtes Werke, 11 Bde., hg. v. I. H. Fichte, Bd. 2: Zur theoretischen Philosophie II, Berlin 1971, S. 329. Was Apel und Habermas im argumentativen Diskurs der Universalpragmatik zusammenzuzwingen versuchen, bricht doch wieder auseinander: jene Relation zwischen logischer Kraft und sprachlich zufälliger Form, die nur durch eine real funktionierende Kommunikationsgemeinschaft gestiftet und gewährleistet werden kann.
64 Vgl. Kap. II, S. 160ff.
65 Ch. S. Peirce, Über die Klarheit unserer Gedanken = How to make our ideas clear, Frankfurt/Main [3]1985, S. 63.
66 Vgl. G. Gamm, Der Deutsche Idealismus. Eine Einführung in die Philosophie von Fichte, Hegel und Schelling, Stuttgart 1997, S. 85 ff.
67 Ch. S. Peirce, Collected Papers of Ch. S. Peirce, 8 Bde., Bd. V, hg. v. Ch. Hartshorne u. P. Weiss, Cambridge, Mass. 1965, S. 150.
68 Ebd., S. 169.
69 Vgl. Kap. II, S. 138ff.
70 R. Rorty, Philosophie ohne Fundamente, Gespräch mit R. Rorty, in: M. Ryklin, Dekonstruktion und Destruktion, Zürich/Berlin 2006, S. 147–176, hier: S. 166.
71 Gerade im Zusammenhang ethischer und politischer Fragen zeugt es von Klugheit und Erfahrung, wenn jemand weiß, in welchen Bereichen Strenge und Genauigkeit unerlässlich sind und wo diese Forderung das sichere Indiz für einen ungebildeten Kopf ist (vgl. Nikomachische Ethik, 1094 b 13 ff.) Es „wäre genauso verfehlt, wenn man von einem Mathematiker Wahrscheinlichkeitsgründe annehmen, wie wenn man von einem Redner in einer Ratsversammlung strenge Beweise fordern sollte". „Das Unbestimmte hat ja auch ein unbestimmtes Richtmaß" (ebd. 1094 b 25, 1173 b 29), ohne dass das Regellosigkeit hieße. „Unbestimmt" (*aoristos*) bedeutet nicht, dass es keine Regeln gibt, sondern dass diese von Fall zu Fall dem Sachverhalt neu angepasst werden müssen. Sie hören darum aber nicht auf, Regeln zu sein.
72 L. Nagl, Pragmatismus, Frankfurt/Main/New York 1998, S. 9.
73 J. Derrida, Die Struktur, das Zeichen und das Spiel im Diskurs der Wissenschaften vom Menschen, in: Die Schrift und die Differenz (1967), Frankfurt/Main 1972, S. 422.
74 Ebd., S. 423.
75 Ebd., S. 423.
76 Ebd., S. 424.
77 Vgl.: „Die Verspätung [...] ist ursprünglich." Und: „ Der Aufschub bildet das Wesen des Lebens." J. Derrida, Die Schrift und die Differenz, a. a. O., S. 311.
78 J. Derrida, Die différance, in: Randgänge der Philosophie, hg. v. P. Engelmann, Wien 1988, S. 35.
79 Ebd., S. 39.
80 Ebd., S. 39.
81 J. Derrida, Signatur, Ereignis, Kontext, in: Randgänge der Philosophie, a. a. O., S. 313.
82 J. Derrida, Die Struktur, das Zeichen und das Spiel im Diskurs der Wissenschaften vom Menschen, a. a. O., S. 429.
83 Ebd., S. 433.
84 Vgl. Lévi-Strauss: „So ist dieses Buch über die Mythen [das Rohe und das Gekochte] in seiner Weise auch ein Mythos." Zit. nach: J. Derrida, Die Struktur, das Zeichen und das Spiel im Diskurs der Wissenschaften vom Menschen, a. a. O., S. 434.

85 Zur Diskussion um die Postmoderne vgl. Kap. IV, S. 297 ff.
86 J.-F. Lyotard, Der Widerstreit (1993), München 1987, S. 17.
87 Ebd., S. 27.

IV Im Zeitalter der Extreme

1 M. Foucault, Die Hermeneutik des Subjekts (1982), Frankfurt/Main 2004, S. 313.
2 R. Bolaño, 2666, München 2009, S. 236 f.
3 Und ergänzt: „das nicht aus sich heraus kann und lügt, wenn es das Gegenteil behauptet." M. Proust, Auf der Suche nach der verlorenen Zeit, Frankfurt/Main 1979.
4 Selbst wenn wir – anthropologisch bedingt – nicht anders könnten, als mit unserem Verstand auf diese Art und Weise bemächtigend zu verfahren, können wir trotzdem sehen, dass wir den Dingen (der Natur usf.) Gewalt antun.
5 E. Lévinas, Die Spur des Anderen, Freiburg/München [2]1987, S. 186.
6 Ob Lévinas mit dieser Charakterisierung Hegels ins Schwarze trifft, muss an dieser Stelle offenbleiben. Vgl. dazu: S. Dungs, Anerkennen des Anderen im Zeitalter der Mediatisierung, Hamburg 2006, S. 171 ff.
7 E. Lévinas, Die Spur des Anderen, a. a. O., S. 211 f.
8 Denkt man wie die Ontologie in erster Linie von den allgemeinen Bestimmungen des Seins her, bedeutet das, die einmalige Individualität des Anderen nicht zu achten. Diesem Blick auf die Selbst- und Weltverhältnisse gilt der Einzelne vor allem als Exemplar der Gattung, als Fall eines Allgemeinen: Aber können wir Achtung vor dem Anderen haben, wenn wir ihn in seinem Wesen als Exemplar der menschlichen Gattung betrachten? Wie müssen wir den Anderen verstehen, wenn er nicht bloß ein Fall unter Millionen von Fällen der menschlichen Gattung ist?
9 E. Lévinas, Humanismus des anderen Menschen, Freiburg 1989, S. 61.
10 E. Lévinas, Die Zeit und der Andere, München 1998, S. 198.
11 Vgl. E. Lévinas, Ethik und Unendliches, Graz/Wien 1986, S. 66.
12 E. Lévinas, Wenn Gott ins Denken einfällt, München 1999, S. 251 f.
13 Th. W. Adorno, Wozu noch Philosophie, in: Eingriffe. Neun kritische Modelle, Frankfurt/Main [6]1970, S. 24.
14 Auch wenn sich die Verbrechen wegen ihrer Ungeheuerlichkeit dem Verständnis zu entziehen scheinen, sieht sich „das Bewusstsein, das dem Unsagbaren standhalten möchte, immer wieder auf den Versuch zu begreifen [...] zurückgeworfen, wenn es nicht subjektiv dem Wahnsinn verfallen will, der objektiv herrscht". Th. W. Adorno, Minima Moralia. Reflexionen aus dem beschädigten Leben, Frankfurt/Main 1970, S. 131.
15 Ebd., S. 21.
16 Ebd., S. 130.
17 Ebd., S. 131.
18 E. Lévinas, Zwischen uns, München 1995, S. 126.
19 Th. W. Adorno, Negative Dialektik, Frankfurt/Main 1966, alle Zit. auf S. 353.
20 Ebd., S. 353.
21 Ebd., S. 352.
22 Ebd., S. 356.
23 Ebd., S. 394.
24 F. Nietzsche, Nachgelassene Fragmente, 1887–1889, in: Sämtliche Werke: Kritische Studienausgabe (KSA) in 15 Bdn., hg. v. G. Colli u. M. Montinari, Bd. 13, a. a. O., S. 492.

25 G. Agamben, Was von Auschwitz bleibt, Frankfurt/Main 2003, S. 87.
26 S. Neiman, Das Böse denken, Eine andere Geschichte der Philosophie, Frankfurt/Main 2004, S. 386 f.
27 Was natürlich nicht bedeutet, dass Rückschläge nicht mehr möglich sind.
28 I. Kant, Der Streit der Fakultäten, in: Kants Werke, Akademie-Textausgabe, Bd. VII, Berlin 1968, S. 88.
29 Sicher waren ethische Überlegungen in den verschiedenen Kontexten von Philosophie und Wissenschaft, Politik, Gesellschaft und Geschichte auch in der ersten Jahrhunderthälfte vielfach präsent, als philosophische Disziplin aber hat die Ethik sowohl im angelsächsischen wie im kontinental-europäischen Raum eher ein Schattendasein geführt. Zumindest wurde das Interesse an der Ethik sowohl von der Wissenschafts- und Erkenntnistheorie als auch von der Logik und der Sprachphilosophie weit überflügelt.
30 Wirklich bedenklich ist diese bescheidene, um das Wohl der Menschen und der Menschheit besorgte Geste darin, dass sie die Anmaßung verschleiert, mit der sie spricht: sehr wohl zu wissen, worin das Maß der Menschen liegt, nach dem alle Ethik und die Menschen sich richten sollen. Es ist diese Bevormundung im Gewand scheinbarer Menschenfreundlichkeit, die die Moralkritik zu Recht ins Visier genommen hat.
31 Spaemann argumentiert im Blick auf die Unverletzlichkeit der menschlichen Person vehement gegen jeden ethischen Relativismus.
32 Vgl. J. Ritter, Zur Grundlegung der praktischen Philosophie bei Aristoteles, in: M. Riedel (Hg.), Rehabilitierung der praktischen Philosophie, 2 Bde., Bd. 2, Freiburg 1974, S. 498.
33 Ebd., S. 484 ff.
34 Letztere besitzt zwar im Begriff der *Lebenswelt* ein Konzept, das ethische Bestimmungen im Sinne der Ethos-Orientierung der praktischen Philosophie enthält, zuletzt aber im höchsten Grad unklar bleibt. Durchgängig findet sich die Einstellung, dass das Ethische das Übliche und Selbstverständliche sei und man es aus diesem Grund auch nicht eigens zum Thema zu machen brauchte, dass Dauerreflexion die normative Kraft des Selbstverständlichen womöglich sogar zerstöre. Auffällig ist eine „Aversion gegen Moral und Sollensethik", die nicht selten mit einer Neigung zum Positivismus einhergeht: in der Weise, „das *faktische Geschehen* selbst als einzig maßgebenden Faktor" anzuerkennen. Vgl. W. Schulz, Grundprobleme der Ethik, Pfullingen 1989, S. 228.
35 J. Habermas, Diskursethik – Notizen zu einem Begründungsprogramm, in: Moralbewußtsein und kommunikatives Handeln, Frankfurt/Main 1983, S. 75f.
36 Über sozial- und sprachphilosophische Grundlagen der Diskursethik vgl. Kap. III, S. 221 ff.
37 J. Rawls, Eine Theorie der Gerechtigkeit, Frankfurt/Main 1975, S. 46: „Jedem Mitglied der Gesellschaft schreibt man eine auf der Gerechtigkeit [...] beruhende Unverletzlichkeit zu, die auch im Namen des Wohles aller anderen nicht aufgehoben werden kann. Es ist mit der Gerechtigkeit unvereinbar, daß der Freiheitsverlust einiger durch ein größeres Wohl anderer gut gemacht werden könnte. Das Aufrechnen der Vorteile und Nachteile verschiedener Menschen, so als ob es sich um einen einzigen handelte, ist ausgeschlossen. Daher gelten in einer gerechten Gesellschaft die Grundfreiheiten als selbstverständlich, und die auf der Gerechtigkeit beruhenden Rechte sind kein Gegenstand politischer Verhandlungen oder sozialer Interessenabwägungen."
38 Ebd., S. 66.
39 Ebd., S. 81.

40 Ebd., S. 81.

41 Der, wie im Fall der Krise 2008/09 ff., den Staat in the long run wohl in eine noch schwächere Position bringt, weil er sich, um den Markt, d. h. die zahlungsunfähigen Banken und maroden Unternehmen, zu stützen, weiter in die Abhängigkeit vom Markt und seinen Kräften manövriert und so ein neues Kapitel in der Geschichte der Erpressbarkeit der Politik durch das Kapital aufgeschlagen werden könnte.

42 M. Walzer, Sphären der Gerechtigkeit. Ein Plädoyer für Pluralität und Gleichheit (1983), Frankfurt/Main 1994, S. 49.

43 Die Politisierung der Wissenschaft nimmt heute diesen Weg.

44 Ebd., S. 50.

45 M. Foucault, Überwachen und Strafen. Die Geburt des Gefängnisses, Frankfurt/Main 1976, S. 257.

46 J. St. Mill, Essays on Politics and Culture, New York 1963, S. 94.

47 J. St. Mill, Der Utilitarismus (1861), Stuttgart 1976, S. 66 f., vgl. S. 21.

48 Vgl. dazu: G. Gamm, Immanuel Kant: Grundlegung zur Metaphysik der Sitten, in: G. Gamm u. E. Schürmann (Hg.): Von Platon bis Derrida, 20 Hauptwerke der Philosophie, Darmstadt 2005, S. 135–152.

49 J. St. Mill, Der Utilitarismus, a. a. O., S. 13.

50 I. Kant, Grundlegung zur Metaphysik der Sitten (1785), Kants Werke, Akademie-Textausgabe, Bd. IV, Berlin 1968, S. 402. „Es liegt also der moralische Wert der Handlung nicht in der Wirkung, die daraus erwartet wird, also auch nicht in irgendeinem Prinzip der Handlung, welches seinen Bewegungsgrund von dieser erwarteten Wirkung zu entlehnen bedarf. Denn alle diese Wirkungen (Annehmlichkeit seines Zustandes, ja gar Beförderung fremder Glückseligkeit) konnten auch durch andere Ursachen zustande gebracht werden, und es brauchte also dazu nicht des Willens eines vernünftigen Wesens, worin gleichwohl das höchste und unbedingte Gute allein angetroffen werden kann." Ebd., S. 401.

51 J. Rawls, Eine Theorie der Gerechtigkeit, a. a. O., S. 46.

52 Das ruft – wie wir gesehen haben (Kap. III) – die Verteidiger dieses scheinbar mutwillig, im poststrukturalistischen Überschwang zerbrochenen Sinn-Konsenses auf den Plan. Hermeneutiker wie P. Ricœur suchen nach Wegen einer *„re-collection du sens"*, Neoaristoteliker wie A. McIntyre nach der Erzählbarkeit des eigenen Lebens in Form von Geschichten und H.-G. Gadamer – in Beobachtung einer ständigen „Horizontverschmelzung" – nach Kräften, vermittels derer sich der Sinn neu zusammensetzen und verbreiten kann.

53 J.-F. Lyotard, „Beantwortung der Frage: Was ist postmodern?", in: Postmoderne für Kinder, Wien 1987, S. 30 f.

54 Vgl. dazu die klassisch zu nennende Kritik: C. Lévi-Strauss, Das wilde Denken, Kap. IX: Geschichte und Dialektik, Frankfurt/Main 1968.

55 C. Lévi-Strauss, Strukturale Anthropologie, Frankfurt/Main 1972.

56 Dieser Strukturalismus wurde durch die Wiederaufnahme des linguistischen Strukturalismus Ferdinand de Saussures auf die nachhaltigste Weise angestoßen, ergänzt und gefördert: Sprachliche Zeichen erläutern ihre Bedeutung über den Unterschied zu anderen sprachlichen Zeichen, nicht über den Bezug auf eine externe Referenz, lautete eine zentrale Botschaft de Saussures (vgl. Kap. III, S. 201).

57 Konkurrenten im Blick auf die Deutung der modernen Welt sind auf der einen Seite die Theorie des kommunikativen Handelns von J. Habermas, die für die Fortsetzung des „Projekts der Moderne", d. h. für die Stärkung jener in Recht

und Moral, Bildung und Wissenschaft angelegten emanzipatorischen Potenziale der Moderne eintritt: Die Verbesserung der (Kommunikations-)Situation weltweit und in Europa durch Orientierung an gemeinsamer Verständigung. Auf der anderen Seite steht der Begriff einer sich radikalisierenden Moderne: Die gesellschaftliche Evolution stabilisiert sich – wenn auch außerordentlich prekär – ständig neu infolge blinder Funktionsmechanismen. Diese Vorstellung vom evolutionären Selbstlauf der Dinge liegt der Systemtheorie Luhmanns zugrunde.

58 Gerhard Richter versteht die daraus resultierende Desorientierung sogar als Gewinn: „Ich verfolge keine Absichten, kein System, keine Richtung. Ich habe kein Programm, keinen Stil, kein Anliegen. Ich halte nichts von fachlichen Problemen, von Arbeitsthemen, von Variationen bis zur Meisterschaft. – Ich fliehe jede Festlegung, ich weiß nicht, was ich will, ich bin inkonsequent, gleichgültig, passiv; ich mag das Unbestimmbare und Uferlose und die fortwährende Unsicherheit." G. Richter, Bilder, Düsseldorf 1986 (AK, Kunsthalle Düsseldorf, S. 28).

59 U. Eco, Nachschrift zum ‚Namen der Rose', München 1984.

60 J.-F. Lyotard, Das postmoderne Wissen. Ein Bericht (1979), Wien 1986.

61 R. Rorty, Kontingenz, Ironie und Solidarität (1989), Frankfurt/Main 1989, vgl. Kap. IV, S. 325 ff.

62 O. Marquard, Abschied vom Prinzipiellen. Philosophische Studien, Stuttgart 1981.

63 J. Baudrillard, Der symbolische Tausch und der Tod (1976), München 1982.

64 G. Gamm, Wahrheit als Differenz. Studien zu einer anderen Theorie der Moderne (1986), Berlin ^{2}2002.

65 Z. Bauman, Ansichten der Postmoderne (1992), Hamburg 1995.

66 G. Vattimo, Das Ende der Moderne (1985), Stuttgart 1990.

67 P. Valéry, Cahiers/Hefte 6, Frankfurt/Main 1993, S. 568.

68 „Das Zeitalter der Simulation wird überall eröffnet durch die Austauschbarkeit von ehemals sich widersprechenden oder dialektisch einander entgegengesetzten Begriffen: [...] die Austauschbarkeit des Schönen und Häßlichen in der Mode, der Linken und der Rechten in der Politik, des Wahren und des Falschen in allen Botschaften der Medien, des Nützlichen und Unnützlichen auf der Ebene der Gegenstände, der Natur und der Kultur auf allen Ebenen der Signifikation. Alle großen humanistischen Wertmaßstäbe, die sich einer ganzen Zivilisation moralischer, ästhetischer und praktischer Urteilsbildung verdanken, verschwinden aus unserem Bilder- und Zeichensystem. Alles wird unentscheidbar, das ist die charakteristische Wirkung der Herrschaft des Codes, die auf dem Prinzip der Neutralisierung und der Indifferenz beruht." J. Baudrillard, Der symbolische Tausch und der Tod, a. a. O., S. 20 f.

69 Vgl. J.-F. Lyotard, Das Inhumane, Wien 1989, S. 221.

70 J.-F. Lyotard, Postmoderne für Kinder. Briefe aus den Jahren 1982–1985, Wien 1987, S. 29.

71 J.-F. Lyotard, Das Inhumane, a. a. O., S. 68.

72 J.-F. Lyotard, Der Widerstreit, München 1987, S. 27.

73 In der *Negativen Dialektik* schreibt Theodor W. Adorno: „Das Bedürfnis, Leiden beredt werden zu lassen, ist Bedingung aller Wahrheit. Denn Leiden ist Objektivität, die auf dem Subjekt lastet [...]. Die Freiheit der Philosophie ist nichts anderes als das Vermögen, ihrer Unfreiheit zum Laut zu verhelfen." A. a. O., Frankfurt/Main 1966, S. 27.

74 Ebd., S. 33.

75 J. Derrida, Gesetzeskraft. Der ‚mystische Grund der Autorität', Frankfurt/Main 1991, S. 21.

76 Bei der Konstruktion einer Aporie (einer Ausweglosigkeit, einer Sackgasse) handelt es sich um eine Denkform, in der es sich um zwei (alternative) Optionen handelt, die in der Bestimmung eines Sachverhalts gleich *notwendig* und *unvereinbar* sind.

77 J. Derrida, Gesetzeskraft, a. a. O., S. 47.

78 Ebd., S. 45 f.

79 Wenn der gesunde Menschenverstand im leicht genervten Brustton der Überzeugung feststellt: ‚Man kann doch nicht allem gerecht werden', dann hat er Recht, nur anders, als er denkt, denn er bekennt wider Willen, den Anspruch der unendlichen Gerechtigkeit bemerkt zu haben, den er zu seiner Selbstentlastung und Selbstentschuldigung zurückweist.

80 J. Derrida, Gesetzeskraft, a. a. O., S. 34.

81 Ebd., S. 41.

82 Ebd., S. 123.

83 Ebd., S. 30.

84 S. Kierkegaard, Entweder – Oder, unter Mitwirkung v. N. Thulstrup u. der Kopenhagener Kierkegaard-Gesellschaft, hg. v. H. Diem u. W. Rest, München 1975, S. 718, vgl. auch Kap. I, S. 28 ff.

85 Um fortzufahren: „Ich bin eher eine Art Probemensch. Ich gebe mit einiger Präzision die Temperatur von jeder Stimmung und Leidenschaft an; und indem ich meine eigene Innerlichkeit produziere, verstehe ich das Wort: homo sum, nil humani a me alienum puto. Aber im humanen Sinn kann sich niemand nach mir bilden. Noch weniger bin ich im historischen Sinn prototypisch für irgendeinen Menschen. Ich bin eher ein Mensch, wie er in einer Krise notwendig werden könnte: eine Art Probemensch, welche das Dasein braucht, um sich vorzufühlen."

86 D. Bell, Die Zukunft der westlichen Welt. Kultur und Technologie im Widerstreit, Frankfurt/Main 1976.

87 Th. W. Adorno hat dagegen mit einem schmalen Buch *Jargon der Eigentlichkeit* polemisiert.

88 In dieser großen, das Weltgeschick überblickenden Geste liegt vermutlich die größte Provokation Heideggers, die bei den einen Aversion und erbitterten Protest, bei den anderen Faszination und verhaltene Zustimmung ausgelöst hat.

89 Vgl. dazu auch Kap. I, S. 53 ff.

90 E. Fromm, Psychoanalyse und Ethik. Bausteine zu einer humanistischen Charakterologie (1947), Stuttgart 1982, alle Zit. S. 16.

91 Ch. Taylor, Das Unbehagen an der Moderne (1981), Frankfurt/Main ^{2}1995.

92 Ebd., S. 10.

93 Ebd., S. 22.

94 Ebd., S. 24.

95 Ein gelingendes Leben sollte nach dieser Ethikauffassung das schöne und das gute Leben vereinigen. Ethiken dieses Typs haben im Verlauf des letzten halben Jahrhunderts eine breite Zustimmung erfahren, nicht nur im angloamerikanischen Raum, sondern auch in Europa. Ideengeschichtlich betrachtet, weisen sie eine große Verwandtschaft zur Lebensweltethik im Sinne des Aristoteles auf. Dazu im Überblick: Kap. IV, S. 277 ff.

96 R. Rorty, Solidarität oder Objektivität. Drei philosophische Essays, Stuttgart 1988, S. 103.

97 Unter einem philosophischen, streng systematischen Gesichtspunkt, wie ihn die traditionelle Philosophie in Anspruch nimmt, ist das Urteil über Rorty schnell gesprochen. Danach handelt es sich um ein großes Nest von Widersprüchen auf der einen Seite und um Polemik und Provokation auf der anderen, was aber die Aufmerksamkeit und das öffentliche Interesse nicht erklärt, die Rorty über Jahrzehnte erfahren hat.

98 P. Valéry, Cahiers/Hefte 6, Frankfurt/Main 1993, S. 561.

99 G. W. F. Hegel, Vorlesungen über die Geschichte der Philosophie, Werke in 20 Bdn., Bd. 18, Frankfurt/Main 1971, S. 114. Hegel hatte den Vergleich auf die Philosophie bezogen, die beides bedenken müsse.

100 A. Ehrenberg, Das erschöpfte Selbst. Depression und Gesellschaft in der Gegenwart (1998), Frankfurt/Main 2004, S. 53.

101 Th. W. Adorno, Philosophie der neuen Musik, in: Ges. Schriften, Bd. 12, Frankfurt/Main 1971, S. 37.

102 Th. W. Adorno, Die Kunst und die Künste, in: Ohne Leitbild. Parva Aesthetica, Frankfurt/Main 1969, S. 189.

103 Solche (politisch-emanzipatorischen) Erlösungshoffnungen waren in den Anfangsjahren auch mit der Entwicklung der neuen Informations- und Kommunikationstechnologien verbunden.

104 Eine solche Erschütterung beschreibt Hugo von Hofmannsthal in der Erzählung *Briefe des Zurückgekehrten*. – Beim Besuch einer kleinen Galerie in Amsterdam sieht ein durch seine Rückkehr nach Europa in Sinnkrisen und Selbstzweifel verstrickter Geschäftsmann ein Bild und ist von einem auf den anderen Augenblick wie verwandelt: „und hier gab eine unbekannte Seele von unfaßbarer Stärke mir Antwort, mit einer Welt mir Antwort!" Im vorletzten Brief nennt der Briefschreiber auch den Namen des fraglichen Künstlers – den eines gewissen Vincent van Gogh. H. v. Hofmannsthal, Briefe des Zurückgekehrten, in: Ges. Werke, Bd. 4, Prosa II, Frankfurt/Main 1951, S. 321–357.

105 G. Simmel, Soziologie der Konkurrenz, in: Aufsätze und Abhandlungen, 1901–1908, Gesamtausgabe (GSG), Bd. 7, Frankfurt/Main 1995, S. 227.

106 G. Simmel, Philosophie des Geldes (1900), in: GSG, Bd. 6, Frankfurt/Main 1989, S. 602. Diesen versachlichten Gefühlsbeziehungen, mit ihrem Gewinn an Sicherheit, Ausgleich und Freiheit, stehen gleichsam als deren Kehrseite die Kosten der „bürgerlichen Kälte" gegenüber. Sie finden ihren Niederschlag in den philosophischen und sozialwissenschaftlichen Betrachtungen, die man als „Verhaltenslehren der Kälte" bezeichnet hat. Sie zeigen die „Ambivalenz" der modernen Gesellschaft.

107 H. v. Foerster, Sicht und Einsicht, Braunschweig 1985, S. 41.

108 Die Frage, wie viel an offenem und verdrängtem *Körperhass* durch die neueren Kultivierungspraktiken und technischen Aufrüstungen seiner körperlichen, seelischen und intelligenten Funktionen durchschimmert, kann an dieser Stelle so wenig auf den Grund gegangen werden, wie den möglichen Problemen, die sich für den Umgang mit ‚behinderten' Menschen daraus ergeben.

Literatur

Empfehlenswerte Einführungen zu den Autoren, Werken und Hauptströmungen der Philosophie des 20. Jahrhunderts sind bei C. H. Beck, Junius, Reclam und der Wissenschaftlichen Buchgesellschaft erschienen. Die verwendete Literatur zu den im Einzelnen referierten Schriften und Autoren ist in den Anmerkungen nachzulesen. Im Blick auf die unter „Werke“ genannten Bücher sind weitere Titel aufgenommen, die für ein vertieftes Verständnis der Gegenwartsphilosophie wichtig sind.

Philosophiegeschichtliche Überblicke zum 20. Jahrhundert

Badiou, A., Das Jahrhundert, Zürich/Berlin 2006.

Breuer, I./Leusch, G./Mersch, D., Welten im Kopf. Profile der Gegenwartsphilosophie, 3 Bde., Bd. 1: Deutschland, Bd. 2: Frankreich/Italien. Bd. 3: England/USA, Hamburg 1996.

Bubner, R. (Hg.), Geschichte der Philosophie in Text und Darstellung. Bd. 9: 20. Jahrhundert, Stuttgart 1995.

Ehlen, P./Haeffner, G./Ricken, F., Grundkurs Philosophie. Philosophie des 20. Jahrhunderts, Stuttgart [3]2009.

Descombes, V., Das Selbe und das Andere. Fünfundvierzig Jahre Philosophie in Frankreich, 1933–1978, Frankfurt/Main 1981.

Gamm, G./ Hetzel, A./Lilienthal, M., Interpretationen. Hauptwerke der Sozialphilosophie, Stuttgart 2001.

Höffe, O. (Hg.), Klassiker der Philosophie, 2 Bde., Bd. 2, München 2008.

Hügli, A./Lübcke, P., Philosophie im 20. Jahrhundert, 2 Bde., Reinbek 1992/1993.

Kenny, A., A new History of Western Philosophy, 4 volumes, vol. IV, Oxford 2007.

Lutz., B. (Hg.) Die großen Philosophen des 20. Jahrhunderts. Biographisches Lexikon, München 1999.

Röttgers, K./Bedorf, Th. (Hg.), Die französische Philosophie im 20. Jahrhundert. Ein Autorenhandbuch, Darmstadt 2009.

Schnädelbach, H., Philosophie in Deutschland, 1831–1933, Frankfurt/Main 1983.

Schneiders, W., Deutsche Philosophie im 20. Jahrhundert, München 1998.

Schulz, W., Philosophie in der veränderten Welt, Pfullingen 1972.

Steffens, A., Philosophie des 20. Jahrhunderts oder Die Wiederkehr des Menschen, Leipzig 1999.

Stegmüller, W., Hauptströmungen der Gegenwartsphilosophie, 2 Bde., Stuttgart 1969/1975.

Waldenfels, B., Phänomenologie in Frankreich, Frankfurt/Main 1983.

Werke

Adorno, Th. W., Minima Moralia. Reflexionen aus dem beschädigten Leben, Frankfurt/Main 1970.
Adorno, Th. W., Negative Dialektik, Frankfurt/Main 1966.
Adorno, Th. W., Ohne Leitbild. Parva Aesthetica, Frankfurt/Main 1969.
Adorno, Th. W., Wozu noch Philosophie, in: Eingriffe. Neun kritische Modelle, Frankfurt/Main ^{6}1970.
Adorno, Th. W., Philosophie der neuen Musik, in: Ges. Schriften, Bd. 12, Frankfurt/Main 1971.
Agamben, G., Was von Auschwitz bleibt, Frankfurt/Main 2003.
Apel, K.-O., Transformation der Philosophie, 2 Bde., Frankfurt/Main 1973.
Arendt, H., Vita activa oder vom tätigen Leben, München 1981.
Arendt, H., Über das Böse. Eine Vorlesung zu Fragen der Ethik, München 2006.
Austin, J. L., Zur Theorie der Sprechakte (How to do things with words), Stuttgart 1972.
Bataille, G., Die Erotik, München 1994.
Baudrillard, J., Der symbolische Tausch und der Tod, München 1982.
Bauman, Z., Ansichten der Postmoderne, Hamburg 1995.
Benjamin, W., Das Kunstwerk im Zeitalter seiner technischen Reproduzierbarkeit, in: Ges. Schriften, hg. v. R. Tiedemann u. H. Schweppenhäuser, 7 Bde., Bd. I, 2, Frankfurt/Main 1974.
Bentham, J., Einführung in die Prinzipien der Moral und der Gesetzgebung, München 1975.
Blackburn, S., Gut Sein. Eine kurze Einführung in die Ethik, Darmstadt ^{2}2009.
Bloch, E., Der Geist der Utopie, Frankfurt/Main 1964.
Bloch, E., Prinzip Hoffnung, 3 Bde., Berlin 1953 ff.
Blumenberg, H., Lebenszeit und Weltzeit, Frankfurt/Main 1987.
Blumenberg, H., Wirklichkeiten, in denen wir leben, Stuttgart 1981.
Böhme, G., Leibsein als Aufgabe. Leibphilosophie in pragmatischer Hinsicht, Zug 2003.
Butler, J., Haß spricht. Zur Politik des Performativen, Berlin 1998.
Carnap, R., Der logische Aufbau der Welt. Scheinprobleme in der Philosophie, Hamburg^{2} 1961.
Cassirer, E., Versuch über den Menschen. Einführung in eine Philosophie der Kultur, Hamburg 1996.
Davidson, D., Wahrheit und Interpretation, Frankfurt/Main 1990.
Deleuze, G./Guattari, F., Anti-Ödipus, Frankfurt/Main 1974.
Derrida, J., Die Schrift und die Differenz, Frankfurt/Main 1972.
Derrida, J., Die Stimme und das Phänomen. Einführung in das Problem des Zeichens in der Phänomenologie Husserls, Frankfurt/Main 1979.
Derrida, J., Gesetzeskraft. Der ‚mystische Grund der Autorität', Frankfurt/Main 1991.
Derrida, J., Grammatologie, Frankfurt/Main 1983.
Derrida, J., Randgänge der Philosophie, hg. v. P. Engelmann, Wien 1988.
Dewey, J., Demokratie und Erziehung. Eine Einleitung in die philosophische Pädagogik, Breslau 1930.
Ehrenberg, A., Das erschöpfte Selbst. Depression und Gesellschaft in der Gegenwart, Frankfurt/Main 2004.
Feuerbach, L., Kleine Schriften, Frankfurt/Main 1966.

Feuerbach, L., Vorläufige Thesen zur Reformation der Philosophie, Kritiken und Abhandlungen II (1839–1843), Werke in 6 Bdn., Bd. 3, Frankfurt/Main 1975.
Feuerbach, L., Vorrede zur 2. Auflage vom *Wesen des Christentums,* in: Das Wesen der Religion. Ausgew. Texte zur Religionsphilosophie, hg. v. H. Esser, Köln 1967.
Feyerabend, P., Wider den Methodenzwang. Skizze einer anarchistischen Erkenntnistheorie, Frankfurt/Main 1976.
Fichte, J. G., Die Anweisung zum seligen Leben, in: Fichtes Werke, 11 Bde., hg. v. I. H. Fichte, Bd. 5, Berlin 1971.
Fichte, J. G., Rückerinnerungen, Antworten, Fragen, in: Fichtes Werke, 11 Bde., hg. v. I. H. Fichte, Bd. 5, Berlin 1971.
Fichte, J. G., Sonnenklarer Bericht über das Wesen der neuesten Philosophie, in: Fichtes Werke, 11 Bde., hg. v. I. H. Fichte, Bd. 2, Berlin 1971.
Fichte, J. G., Von der Sprachfähigkeit und dem Ursprung der Sprache, in: Fichtes Werke, 11 Bde., hg. v. I. H. Fichte, Bd. 8, Berlin 1971.
Flusser, V., Vom Subjekt zum Projekt. Menschwerdung, Bensheim/Düsseldorf 1994.
Foucault, M., Wahnsinn und Gesellschaft. Eine Geschichte des Wahnsinns im Zeitalter der Vernunft, Frankfurt/Main 1969.
Foucault, M., Die Ordnung der Dinge. Eine Archäologie der Humanwissenschaften, Frankfurt/Main 1971.
Foucault, M., Die Archäologie des Wissens, Frankfurt/Main 1973.
Foucault, M., Von der Subversion des Wissens, hg. v. W. Seitter, München 1974.
Foucault, M., Überwachen und Strafen. Die Geburt des Gefängnisses, Frankfurt/Main 1976.
Foucault, M., Dits et écrits, 2 Bde., Frankfurt/Main 2001.
Foucault, M., Die Hermeneutik des Subjekts, Frankfurt/Main 2004.
Frege, G., Funktion, Begriff, Bedeutung. Fünf logische Studien, Göttingen 1962.
Freud, S., Die Traumdeutung, in: Ges. Werke, 17 Bde., hg. v. A. Freud, E. Bibring u. a., Bd. II/III, London 1940–1952.
Freud, S., Neue Folge zur Einführung in die Psychoanalyse, in: Ges. Werke, 17 Bde., hg. v. A. Freud, E. Bibring u. a., Bd. XV, London 1940–1952.
Freud, S., Psychopathologie des Alltagslebens, in: Ges. Werke, 17 Bde., hg. v. A. Freud, E. Bibring u. a., Bd. IV, London 1940–1952.
Fromm, E., Psychoanalyse und Ethik. Bausteine zu einer humanistischen Charakterologie, Stuttgart 1982.
Fromm, E., Die Furcht vor der Freiheit, München [14]2008.
Gadamer, H.-G., Wahrheit und Methode. Grundzüge einer philosophischen Hermeneutik, Tübingen 1960.
Gamm, G., Flucht aus der Kategorie. Die Positivierung des Unbestimmten als Ausgang der Moderne, Frankfurt/Main 1994.
Gamm, G., Nicht nichts. Studien zu einer Semantik des Unbestimmten, Frankfurt/Main 2000.
Gamm, G., Wahrheit als Differenz. Studien zu einer anderen Theorie der Moderne, Berlin [2]2002.
Gehlen, A., Der Mensch. Seine Natur und seine Stellung in der Welt, Wiesbaden [11]1978.
Habermas, J., Philosophisch-politische Profile, Frankfurt/Main 1971.
Habermas, J., Theorie des kommunikativen Handelns, 2 Bde., Frankfurt/Main 1981.
Habermas, J., Diskursethik – Notizen zu einem Begründungsprogramm, in: Moralbewußtsein und kommunikatives Handeln, Frankfurt/Main 1983.

Habermas, J., Der philosophische Diskurs der Moderne. Zwölf Vorlesungen, Frankfurt/Main 1985.
Habermas, J., Nachmetaphysisches Denken. Philosophische Aufsätze, Frankfurt/Main 1988.
Hegel, G. W. F., Vorlesungen über die Geschichte der Philosophie I, in: Werke in 20 Bdn., Bd. 18, Frankfurt/Main 1971.
Hegel, G. W. F., Vorlesungen über die Geschichte der Philosophie III, in: Werke in 20 Bdn., Bd. 20, Frankfurt/Main 1971.
Heidegger, M., Sein und Zeit, Tübingen ^{2}1972.
Heidegger, M., Über den Humanismus, Frankfurt/Main 1975.
Horkheimer, M./Adorno, Th. W., Dialektik der Aufklärung, Frankfurt/Main 1969.
Husserl, E., Die Krisis der europäischen Wissenschaften und die Transzendentale Phänomenologie, in: Ges. Werke, hg. v. W. Biemel, Bd. VI, Den Haag 1962.
Husserl, E., Cartesianische Meditationen. Eine Einleitung in die Phänomenologie, in: Ges. Werke, hg. v. W. Biemel, Bd. I, Den Haag ^{2}1963.
Kant, I., Der Streit der Fakultäten, in: Kants Werke, Akademie-Textausgabe, Bd. VII, Berlin 1968.
Kant, I., Anthropologie in pragmatischer Hinsicht, in: Kants Werke, Akademie-Textausgabe, Bd. VII, Berlin 1968.
Kant, I., Grundlegung zur Metaphysik der Sitten, in: Kants Werke, Akademie-Textausgabe, Bd. IV, Berlin 1968.
Kant, I., Kritik der reinen Vernunft. Nach der ersten und zweiten Original-Angabe neu hg. v. R. Schmidt, Hamburg 1976.
Kierkegaard, S., Die Wiederholung, in: Ges. Werke, 5. und 6. Abteilung, Düsseldorf 1955.
Kierkegaard, S., Die Krankheit zum Tode, in: Ges. Werke, 24. und 25. Abteilung, Düsseldorf 1957.
Kierkegaard, S., Entweder – Oder, unter Mitwirkung v. N. Thulstrup u. der Kopenhagener Kierkegaard-Gesellschaft, hg. v. H. Diem u. W. Rest, München 1975.
Kierkegaard, S., Der Begriff Angst, hg. v. Th. S. Hoffmann, Wiesbaden 2005.
Kierkegaard, S., Philosophische Brosamen und Unwissenschaftliche Nachschrift, unter Mitwirkung v. N. Thulstrup u. der Kopenhagener Kierkegaard-Gesellschaft, hg. v. H. Diem u. W. Rest, München 2005.
Korsch, K., Marxismus und Philosophie, hg. v. E. Gerlach, Frankfurt/Main 1966.
Kuhn, Th. S., Die Struktur wissenschaftlicher Revolutionen, Frankfurt/Main 1967.
Langer, S. K., Philosophie auf neuen Wegen. Das Symbol im Denken, im Ritus und in der Kunst, Mittenwald ^{2}1979.
Latour, B., Die Hoffnung der Pandora. Untersuchungen zur Wirklichkeit der Wissenschaft, Frankfurt/Main 2000.
Latour, B., Wir sind nie modern gewesen. Versuch einer symmetrischen Anthropologie, Berlin 1995.
Lévinas, E., Ethik und Unendliches, Graz/Wien 1986.
Lévinas, E., Die Spur des Anderen, Freiburg/München, ^{2}1987.
Lévinas, E., Totalität und Unendlichkeit. Versuch über die Exteriorität, Freiburg/München 1987.
Lévinas, E., Humanismus des anderen Menschen, Freiburg 1989.
Lévinas, E., Zwischen uns, München 1995.
Lévi-Strauss, C., Das wilde Denken, Frankfurt/Main 1968.
Lévi-Strauss, C., Strukturale Anthropologie, Frankfurt/Main 1972.
Lévi-Strauss, C., Mythologica, 4 Bde., Frankfurt/Main 1975.
Lévi-Strauss, C., Traurige Tropen, Frankfurt/Main 1978.

Lukács, G., Geschichte und Klassenbewußtsein. Studien über marxistische Dialektik, Neuwied/Berlin 1970.
Lukács, G., Die Theorie des Romans. Ein geschichtsphilosophischer Versuch über die Formen der großen Epik, Neuwied/Berlin 1971.
Lyotard, J.-F., Das postmoderne Wissen. Ein Bericht, Wien 1986.
Lyotard, J.-F., „Beantwortung der Frage: Was ist postmodern?“, in: Postmoderne für Kinder. Briefe aus den Jahren 1982–1985, Wien 1987.
Lyotard, J.-F., Der Widerstreit, München 1987.
Lyotard, J.-F., Das Inhumane, Wien 1989.
Marcuse, H., Triebstruktur und Gesellschaft. Ein philosophischer Beitrag zu Sigmund Freud, Frankfurt/Main 1970.
Marcuse, H./ Habermas, J., Theorie und Politik, in: Gespräche mit Herbert Marcuse, Frankfurt/Main 1978.
Marquard, O., Abschied vom Prinzipiellen. Philosophische Studien, Stuttgart 1981.
Marx, K., Thesen über Feuerbach, in: Werke. Schriften in 6 Bdn., hg. v. H. J. Lieber, Bd. 2, Darmstadt 1971.
Marx, K., Das Kapital. Kritik der politischen Ökonomie, in: Werke. Schriften in 6 Bdn., hg. v. H. J. Lieber, Bd. 4, Darmstadt 1971.
Marx, K., Zur Kritik der Hegelschen Rechtsphilosophie, in: Werke. Schriften in 6 Bdn., hg. v. H. J. Lieber, Bd. 1, Darmstadt 1971.
Marx, K., Grundrisse der Kritik der politischen Ökonomie. (Rohentwurf) 1857–1858, Berlin ²1974.
McIntyre, A., Der Verlust der Tugend. Zur moralischen Krise der Gegenwart, Frankfurt/Main 1988.
Merleau-Ponty, M., Humanismus und Terror, Frankfurt/Main 1966.
Merleau-Ponty, M., Phänomenologie der Wahrnehmung, Berlin 1966.
Merleau-Ponty, M., Die Abenteuer der Dialektik, Frankfurt/Main 1968.
Mill, J. St., Essays on Politics and Culture, New York 1963.
Mill, J. St., Der Utilitarismus, Stuttgart 1976.
Neiman, S., Das Böse denken, Eine andere Geschichte der Philosophie, Frankfurt/Main 2004.
Nietzsche, F., Also sprach Zarathustra, in: Sämtliche Werke: Kritische Studienausgabe (KSA) in 15 Bdn., hg. v. G. Colli u. M. Montinari, Bd. 4., München ²1988.
Nietzsche, F., Die Fröhliche Wissenschaft, in: Sämtliche Werke: Kritische Studienausgabe (KSA) in 15 Bdn., hg. v. G. Colli u. M. Montinari, Bd. 3, München ²1988.
Nietzsche, F., Jenseits von Gut und Böse, in: Sämtliche Werke: Kritische Studienausgabe (KSA) in 15 Bdn., hg. v. G. Colli u. M. Montinari, Bd. 5, München ²1988.
Nietzsche, F., Nachgelassene Fragmente, 1882–1884, in: Sämtliche Werke: Kritische Studienausgabe (KSA) in 15 Bdn., hg. v. G. Colli u. M. Montinari, Bd. 10, München ²1988.
Nietzsche, F., Nachgelassene Schriften, in: Sämtliche Werke: Kritische Studienausgabe (KSA) in 15 Bdn., hg. v. G. Colli u. M. Montinari, Bd. 11, München ²1988.
Peirce, Ch. S., Collected Papers of Ch. S. Peirce, 8 Bde., Bd. V, hg. v. Ch. Hartshorne u. P. Weiss, Cambridge, Mass. 1965.
Peirce, Ch. S., Über die Klarheit unserer Gedanken = How to make our ideas clear, Frankfurt/Main ³1985.
Plessner, H., Die Stufen des Organischen und der Mensch. Einleitung in die philosophische Anthropologie, Darmstadt 2003.
Popper, K. R., Logik der Forschung, Tübingen ¹⁰1994.

Popper, K. R., Vermutungen und Widerlegungen. Das Wachstum der wissenschaftlichen Erkenntnis, 2 Bde., Tübingen 1963/1994.
Quine, W. v. O., Von einem logischen Standpunkt. Neun logisch-philosophische Essays, Frankfurt/Main 1979.
Quine, W. v. O., Wort und Gegenstand, Stuttgart 1980.
Rawls, J., Eine Theorie der Gerechtigkeit, Frankfurt/Main 1975.
Ricœur, P., Die Interpretation. Ein Versuch über Freud, Frankfurt/Main 1969.
Ricœur, P., Hermeneutik und Strukturalismus, München 1973/74.
Ricœur, P., Zeit und Erzählung, 3 Bde., München 1983–1985.
Riedel, M. (Hg.), Rehabilitierung der praktischen Philosophie, 2 Bde., Freiburg 1972–1974.
Rorty, R., Introduction. Metaphilosophical Difficulties of Linguistik Philosophy, in: Ders. (Hg.), The Linguistic Turn, Chicago/London 1988.
Rorty, R., Solidarität oder Objektivität? Drei philosophische Essays, Stuttgart 1988.
Rorty, R., Kontingenz, Ironie und Solidarität, Frankfurt/Main 1989.
Rorty, R., Philosophie ohne Fundamente, Gespräch mit R. Rorty, in: M. Ryklin, Dekonstruktion und Destruktion, Zürich/Berlin 2006.
Russell, B., Philosophie des Abendlandes. Ihr Zusammenhang mit der politischen und der sozialen Entwicklung, Zürich/München [7]1997.
Sartre, J.-P., Ist der Existenzialismus ein Humanismus?, in: Drei Essays: Ist der Existenzialismus ein Humanismus?, Materialismus und Revolution, Betrachtungen zur Judenfrage, Berlin 1965.
Sartre, J.-P., Kritik der dialektischen Vernunft, Reinbek 1967.
Sartre, J.-P., Das Sein und das Nichts. Versuch einer phänomenologischen Ontologie, in: Ges. Werke in Einzelausgaben, hg. v. T. König, Reinbek 1991.
Saussure, F. de, Grundfragen der allgemeinen Sprachwissenschaft, Berlin 1967.
Schulz, W., Grundprobleme der Ethik, Pfullingen 1989.
Simmel, G., Philosophie des Geldes, in: Gesamtausgabe (GSG), 23 Bde., Bd. 6, Frankfurt/Main 1989.
Simmel, G., Aufsätze und Abhandlungen, 1901–1908, in: Gesamtausgabe (GSG), 23 Bde., Bd. 7, Frankfurt/Main 1995.
Taylor, Ch., Das Unbehagen an der Moderne, Frankfurt/Main [2]1995.
Taylor, Ch., Ein säkulares Zeitalter, Frankfurt/Main 2009.
Vattimo, G., Das Ende der Moderne, Stuttgart 1990.
Walzer, M., Sphären der Gerechtigkeit. Plädoyer für Pluralität und Gleichheit, Frankfurt/Main 1994.
Weber, M., Wirtschaft und Gesellschaft. Grundriß einer verstehenden Soziologie, Tübingen 1976.
Weber, M., Die protestantische Ethik und der Geist des Kapitalismus, in: Ges. Aufsätze zur Religionssoziologie, 3 Bde., Bd. 1., Tübingen [8]1986.
Wittgenstein, L., Tractatus logico-philosophicus, in: Werkausgabe in 8 Bdn., hg. v. G. E. M. Anscombe u. G. H. von Wright, Bd. 1, Frankfurt/Main 1984.
Wittgenstein, L., Philosophische Untersuchungen, in: Werkausgabe in 8 Bdn., hg. v. G. E. M. Anscombe u. G. H. von Wright, Bd. 1, Frankfurt/Main 1984.
Wittgenstein, L., Über Gewißheit, in: Werkausgabe in 8 Bdn., hg. v. G. E. M. Anscombe u. G. H. von Wright, Bd. 8, Frankfurt/Main 1984.

Namenregister

Fett hervorgehobene Seitenzahlen verweisen auf Haupteinträge zum jeweiligen Autor bzw. seiner Philosophie.

